U0667384

权威·前沿·原创

皮书系列为
"十二五""十三五""十四五"时期国家重点出版物出版专项规划项目

B

BLUE BOOK

智 库 成 果 出 版 与 传 播 平 台

乌兹别克斯坦蓝皮书

BLUE BOOK OF UZBEKISTAN

乌兹别克斯坦发展报告
（2024）

ANNUAL REPORT ON DEVELOPMENT OF UZBEKISTAN

(2024)

陕西师范大学中亚研究所
组织编写 / 教育部国别和区域研究基地
陕西师范大学乌兹别克斯坦研究中心

主　编／李　琪
副主编／康丽娜

社会科学文献出版社
SOCIAL SCIENCES ACADEMIC PRESS (CHINA)

图书在版编目（CIP）数据

乌兹别克斯坦发展报告 . 2024 ／ 李琪主编；康丽娜

副主编 . --北京：社会科学文献出版社，2025. 3.

（乌兹别克斯坦蓝皮书）. --ISBN 978-7-5228-5009-2

Ⅰ. F136. 24；D736. 2

中国国家版本馆 CIP 数据核字第 2025Y7F770 号

乌兹别克斯坦蓝皮书

乌兹别克斯坦发展报告（2024）

主　　编／李　琪

副 主 编／康丽娜

出 版 人／冀祥德

责任编辑／李明伟

责任印制／岳　阳

出　　版／社会科学文献出版社·区域国别学分社 （010）59367078

　　　　　地址：北京市北三环中路甲 29 号院华龙大厦　邮编：100029

　　　　　网址：www. ssap. com. cn

发　　行／社会科学文献出版社 （010）59367028

印　　装／天津千鹤文化传播有限公司

规　　格／开 本：787mm×1092mm　1/16

　　　　　印 张：24　字 数：358 千字

版　　次／2025 年 3 月第 1 版　2025 年 3 月第 1 次印刷

书　　号／ISBN 978-7-5228-5009-2

定　　价／178. 00 元

读者服务电话：4008918866

▲ 版权所有 翻印必究

乌兹别克斯坦蓝皮书
编　委　会

主　　编　李　琪

副 主 编　康丽娜

审 稿 专 家　苏　畅　许昌志　肖　斌

编委会成员　〔乌〕努里迪诺夫·埃尔金·祖赫里迪诺维奇

陈东杰　陈　珊　崔晓宇　樊承志　康丽娜

郎正文　李　琪　李　娟　李郁瑜　李志鹏

李燕楠　林秋霞　龙国仁　孙　杨

〔乌〕塞尔达尔·乌马罗夫　　　王田田

王添瑞　王晓红　余　香　苑鹤铧　张华清

主要编撰者简介

李　琪　历史学博士，陕西师范大学中亚研究所所长，二级教授，博士研究生导师，享受国务院政府特殊津贴，教育部国别和区域研究基地陕西师范大学乌兹别克斯坦研究中心主任。陕西省首批哲学社会科学重点研究基地陕西师范大学"一带一路"建设与中亚研究协同创新中心主任。中俄战略协作高端合作智库常务理事、中国上海合作组织研究中心常务理事、中国中亚友好协会常务理事、"丝路新观察"专家顾问团成员。主要研究领域：中亚区域国别、上海合作组织、中国与中亚关系、跨界民族等。主持和完成国家社科基金重大专项 1 项，国家社科基金冷门"绝学"和国别史等研究专项 1 项，国家社科基金重点项目 1 项、一般项目 2 项；主持完成国家社科基金重大项目子课题 4 项；主持完成省部级重大项目 2 项；主持完成教育部委托课题多项。出版学术专著、译著 5 部，发表学术论文、译文 300 余篇。多次获得陕西省哲学社会科学优秀成果奖。

康丽娜　历史学博士，陕西师范大学中亚研究所副教授，陕西师范大学乌兹别克斯坦研究中心科研人员。曾多次赴俄罗斯、吉尔吉斯斯坦、哈萨克斯坦、塔吉克斯坦和乌兹别克斯坦访学和调研。主要研究领域：中亚近代史、中亚粮食安全与农业问题、中亚与中国人文交流合作等。主持国家社科基金一般项目 1 项、中国博士后科学基金面上资助项目 1 项、陕西省博士后科研项目和中央高校专项项目各 1 项，参与国家社科基金重大项目 3 项。在《史学集刊》、《中东研究》、《中国农业大学学报》（社会科学版）、《陕西师范大学学报》（哲学社会科学版）、《俄罗斯研究》、《外国问题研究》、《中国社会科学报》等刊物发表学术论文近 20 篇。

摘　要

乌兹别克斯坦地处亚欧大陆枢纽位置，位居中亚地缘中心，与中亚其他四国和阿富汗接壤，是沟通中亚、南亚和中东的重要通道，对地区安全稳定和发展意义重大。乌兹别克斯坦是享誉世界的文明古国，数千年来通过连接东西方的丝绸之路和沟通南北方的道路进行多元文明的交往互鉴，拥有厚重的历史积淀和丰富的文化遗产。"一带一路"倡议提出以来，得益于"互联互通"，乌兹别克斯坦正在从"陆锁国"转变为"陆联国"，成为中亚地区经济发展最为重要的引擎之一。

2022 年 9 月，习近平主席在撒马尔罕同米尔济约耶夫总统会谈，共同宣布在中乌双边层面践行命运共同体理念，确立了两国关系新定位。2023年 5 月 19 日，习近平主席在古丝绸之路的东方起点西安主持首届中国-中亚峰会，其间，进一步强调构建更加紧密的"中国-中亚命运共同体"。在中国和乌兹别克斯坦两国元首的引导下，中乌全面战略伙伴关系进入快速发展期，深化务实高效的全方位合作，推动两国关系提质升级，不断充实和丰富中乌命运共同体的内涵和实践，更好地造福两国和两国人民。

2022～2023 年是乌兹别克斯坦改革开放的关键之年。在米尔济约耶夫总统的领导下，乌兹别克斯坦政府和人民度过了新冠疫情防控的艰难时期，进入新的发展阶段。国内政局总体稳定；经济形势回升向好；安全治理取得明显成效；多元外交稳中求进。全国人民秉持米尔济约耶夫治国理政思想，在建设"新乌兹别克斯坦"的道路上实施《乌兹别克斯坦-2030 战略》，致力于通过可持续经济发展跻身中高收入国家行列。

2022～2023 年是乌兹别克斯坦进行大规模社会政治变革的决胜之年。国内政局基本稳定，虽然，卡拉卡尔帕克斯坦共和国首府发生了骚乱，但由于领导人坚持与人民协商原则，政府积极采取措施并及时疏通和处理，局势很快恢复正常。国家成功就宪法改革举行了全民公投，通过了乌兹别克斯坦新宪法。米尔济约耶夫顺利连任总统，他实施的改革政策得到了广泛支持。宪政改革成为新形势下解决国家发展问题的必然选择。

2022～2023 年，受新冠疫情和俄乌冲突的负面影响，欧亚大陆经济增长普遍放缓，乌兹别克斯坦的国民经济呈回升向好态势。其经济增长的原因首先是，乌周边主要经贸伙伴国家的经济形势保持稳定发展。其次，乌通货膨胀率继续回落。最后，乌高度重视数字经济、绿色发展和电子商务合作；固定投资增速加快。乌对外贸易平衡增长，形成稳定良好的经贸合作环境。中国仍稳居乌贸易伙伴首位。同时，乌兹别克斯坦经贸发展也面临新的问题、风险和挑战。

2022～2023 年乌兹别克斯坦安全形势总体稳定，但也稳中有患。鉴于当今世界地缘政治对抗加剧，传统安全和非传统安全相互交织，乌经济安全、社会安全、政治安全、网络信息安全等领域问题突出。阿富汗恐怖主义、极端主义、毒品走私等问题的外溢是影响中亚，尤其是乌兹别克斯坦安全的关键因素之一。中亚地区安全面临日益严峻的挑战和威胁。乌兹别克斯坦国内出现许多安全风险，提升了其国家安全治理的难度。保障公共安全是国家安全的首要方向。国家武装力量是维持政权稳定和国家安全的重要保证。

外交上，乌兹别克斯坦在新发展阶段的改革中实行多元、开放、务实和建设性的全方位外交政策，以中亚地区为优先方向，积极推行睦邻外交政策，促进中亚内部的进一步互信、和解与合作，推动整个中亚地区的经济增长和政治稳定；加强与中国、俄罗斯、美国和地区重要国家的关系，充分履行对合作伙伴国和国际组织的义务，以联合国、上海合作组织等国际组织为平台提出了许多重大相关倡议，在地区和国际舞台上的政治作用和地位显著提升。

关键词： 乌兹别克斯坦　社会政治　经济发展　多元外交　安全环境

目 录 ⤵

Ⅰ 总报告

Ⅱ 分报告

Ⅲ 乌兹别克斯坦与世界

Ⅳ　专题报告

附录八

皮书数据库阅读**使用指南**

总 报 告

B.1
乌兹别克斯坦2022~2023年
总体形势与发展趋向

李 琪*

摘　要：　2022~2023年是乌兹别克斯坦改革开放的关键之年。在沙夫卡特·米尔济约耶夫总统的领导之下，乌兹别克斯坦政府和人民度过了新冠疫情防控的艰难时期，进入新的发展阶段。国内政局总体稳定；经济形势回升向好；多元外交稳中求进；安全治理取得显著成效。全国人民秉持米尔济约耶夫总统的治国理政思想，在建设"新乌兹别克斯坦"的道路上实施《乌兹别克斯坦-2030战略》，致力于通过可持续经济发展跻身中高收入国家行列。

关键词：　乌兹别克斯坦　社会政治　经济发展　多元外交　安全环境

---

* 李琪，历史学博士，陕西师范大学中亚研究所所长，教授，博士研究生导师，研究方向为中亚区域国别、上海合作组织、中国与中亚关系、跨界民族等。

2022~2023年是乌兹别克斯坦大改革大开放的关键之年。在沙夫卡特·米尔济约耶夫总统领导下，政府和人民度过了新冠疫情防控的艰难时期，进入新的发展阶段。国内政局总体稳定；经济形势回升向好；多元外交稳中求进；安全治理取得明显成效。虽然，2022年7月该国卡拉卡尔帕克斯坦共和国首府努库斯市发生骚乱，但由于领导人坚持与人民协商原则，政府积极采取措施并及时疏通和处理，国内主流媒体给予积极配合，局势很快恢复正常。2023年4月30日，国家成功就宪法改革举行了全民公投，通过了乌兹别克斯坦新宪法。宪政改革成为新形势下解决国家发展问题的必然选择。

一 社会政治变革的关键之年

沙夫卡特·米尔济约耶夫实施新政以来，在国内加速进行大规模的社会政治变革。2022~2023年是其改革的决胜之年。米尔济约耶夫总统指出，"最重要的是，国家的社会政治生活、人民的思想和世界观正在发生巨大变化。每个乌兹别克斯坦公民，无论其族籍、语言和宗教信仰如何，都感到自己是社会中的一员，是自己命运的真正主人，不仅参与所有正在进行的变革创新，而且是改革进程的实践主体和未来的创造者"[1]。2022年1月28日，米尔济约耶夫总统批准了《2022—2026年新乌兹别克斯坦发展战略》（Стратегия развития нового узбекистана на 2022-2026 годы）。其战略目标是加快社会民主进程、保障法治和提高人民生活水平。2023年9月11日，第UP-158号总统令通过了《乌兹别克斯坦-2030战略》。该战略以"新乌兹别克斯坦"为导向，提出了"国家为人民"的基本原则，涵盖5个优先发展领域和100个目标，是增进人民福祉和可持续经济发展的指导方针。

（一）宪法改革："新乌兹别克斯坦"发展战略的组成部分

改革是"新乌兹别克斯坦"加快发展的基础。2022年乌兹别克斯坦进

---

[1] Конституция лойиҳаси умумхалқ референдумига олиб чиқилади—президент, Жамият, 7декабря 2022 года.

入体制改革的重要阶段。国家元首在《2022—2026年新乌兹别克斯坦发展战略》框架内实施的改革政策得到了国民的广泛支持。为了顺应新一轮科技革命和产业变革，应对国际竞争的压力和挑战，稳步推进国内政治和经济建设，宪政改革成为解决现阶段国家发展问题的必然选择和时代呼唤。米尔济约耶夫总统指出，"人类已经进入科学技术和知识爆炸时代。这自然会导致世界范围内大规模和多样化的变革，加剧竞争和对抗。不同国家人民比以往任何时候都更加认真地思考自己的未来。这让我们清楚地认识到宪政改革应该如何适应民众生活，增进民生福祉，推动社会和国家的发展"①。宪政改革成为社会进步、国家可持续发展的基本保障，是经济行稳致远、社会安定和谐的基础支撑。

2022年6月25日，乌兹别克斯坦最高会议立法院颁布了根据米尔济约耶夫总统倡议制定的《乌兹别克斯坦宪法修正和补充草案》（Проект закона о внесении изменений и дополнений в конституцию Республики Узбекистан），并提交公众讨论和进行全民公投。原本计划于2022年12月8日之前完成，但因卡拉卡尔帕克斯坦共和国首府努库斯市发生骚乱阻碍了公投，公众讨论时间数次延长。经过公众的充分讨论，宪法委员会收到超过22万份公民提案，约1/4的提案得到采纳。新宪法的条款数量从原来的128条增加到155条，修改内容达65%。

2023年4月30日，乌兹别克斯坦成功举行关于修改宪法文本的全民公决。乌中央选举委员会公布的数据显示，90.21%的选民对修正案投了赞成票。本次宪法改革的主要目的是重新设定现任国家元首的任期，将总统任期从5年延长至7年。根据宪法修正案：在国内禁止死刑；强调国家的世俗性质；宣布本国为社会国家（Социальное государство）；等等。

社会国家是一种现代的社会组织体系，其特点是具有高度发达的社会导向，必须具备法治国家的品质。社会国家存在的主要目的是建立普遍的社会

---

① Владимир Шаманов, Узбекистан на пороге фундаментальных перемен, Парламентской газеты, 13 июля 2022 года.

福利，在社会中创造社会正义，保障社会每个成员的平等权利。社会国家具备提供公民高质量生活的事实和法律条件，为生活贫困的人口群体提供社会支持。社会国家的社会和法律特性，在社会政策的实施过程中体现；社会政策的目的是形成社会正义，合理、公正地解决社会中出现的矛盾，并在此过程中确保社会公民的平等机会，创造物质福祉和推动精神发展。

米尔济约耶夫总统指出，"这次宪法改革是由'新乌兹别克斯坦'发展战略的本质和逻辑，我国人民的愿望和建议，以及瞬息万变的时代决定的。今天，我们必须把'人-社会-国家'的原则深入宪法、法律和我们的日常生活之中"①。新版乌兹别克斯坦共和国宪法以全民投票方式获得了通过。新宪法宣布"人民是国家权力的唯一来源"。乌兹别克斯坦共和国的国家权力是为人民利益而行使的，且只能依据乌兹别克斯坦共和国宪法，及其通过的法律授权机构行使。乌法学专家评论"宪法修正案的通过，本质上是缩小国家主要法律规定与社会实践之间差距的结果。如果对这一差距置之不理，将不可避免地导致严重后果"②。宪政改革的关键目标是确保政治制度和公共行政改革进程的可持续性和不可逆转性。《2022—2026年新乌兹别克斯坦发展战略》的本质属性和逻辑性决定了宪法改革的必然性。

（二）延长总统任期：国家进入"政治稳定性时代"③

2023年版《乌兹别克斯坦共和国宪法》第十九章"乌兹别克斯坦共和国总统"第105条、第106条规定："乌兹别克斯坦共和国总统是国家元首，确保政府机构的协调运作和互动。""乌兹别克斯坦共和国公民，年满

① Проект Конституции Узбекистана вынесут на референдум—президент, Политика, 7 декабря 2022 года.

② Александр Воробьев, Если в краткосрочной перспективе общественно - политическая ситуация в Узбекистане выглядит достаточно предсказуемой и благоприятной для властей, Общество, 11 июля 2023 года.

③ Александр Воробьев, Если в краткосрочной перспективе общественно - политическая ситуация в Узбекистане выглядит достаточно предсказуемой и благоприятной для властей, Общество, 11 июля 2023 года.

35岁，精通国语，并在选举前在乌兹别克斯坦境内永久居住至少10年，即可参选乌兹别克斯坦共和国总统。同一人不能连续担任总统超过两届。"
"乌兹别克斯坦共和国总统由本国公民在普遍、平等、直接选举的基础上以无记名投票方式选举产生，任期7年。总统的选举程序由法律确定。"①

根据乌兹别克斯坦中央选举委员会的数据，2023年7月10日，现任总统米尔济约耶夫赢得87.05%的选票，在总统选举中获胜。按照新宪法规定，每届总统任期，由5年延长至7年；"重置"了现任国家元首米尔济约耶夫的总统任期；意味着现任总统在国家政治生活中的作用进一步增强。这样的政治转型对乌国内政治生活必将产生重大影响，使社会政治的不确定性风险降至最低。

无论是从短期和中期考量，还是从长期预测分析，宪政改革确认并延长现任总统任期，有益于能源安全、基础设施建设和改善民生等有关公民福祉问题的解决，进一步强化国家机器，打击腐败之风，尊重公民权利，使公民的社会政治活动朝着建设性的方向发展。就实践意义而言，现任总统已积累了丰富的治国理政经验，并取得了很多成就，获得绝大多数国民的认同。由他继续领导国家，能巩固已取得的改革成果，维持公众的高度支持，有助于持续推进国家的改革开放，加强国家的政治稳定，确保经济的稳步发展，满足公民对解决社会紧迫问题的期许；强化7年改革开放奠定的坚实的法律基础，保证国家的繁荣和发展；在民族国家的构建中，全面落实和实现"新乌兹别克斯坦"的可持续发展目标。

（三）分两步走：优化公共行政体系，加大反腐败力度

乌兹别克斯坦独立30多年来的公共行政体制改革，解决了两个主要任务。一是从行政指令性计划经济向市场经济的转变；二是在新的历史条件下

---

① Конституция Республики Узбекистан（Новая редакция，утверждена Конституционным Законом РУз от 01.05.2023 г. N ЗРУ-837，принятым на референдуме РУз 30.04.2023 г. Конституция Республики Узбекистан，Национальная база данных законодательства，№ 03/23/837/0241，1 мая 2023 года.

政府机构通过行政体制改革，在高效合法的前提下进行合理和科学的行政部门设置，降低各部门间行政职能的重复程度，明确责任，有效运作，提高行政效率。米尔济约耶夫接任总统以后，提出一系列行政改革的新方法、新标准。

2022年12月底，米尔济约耶夫总统在国情咨文中提出2023年进行公共行政体系改革的任务，其目标是向紧凑、高效的公共行政体系过渡。

第一阶段是部委改革，力求政府工作方式发生根本性转变。米尔济约耶夫总统强调，重点关注和提高公共行政效率，计划将国家部委和部门的数量从原来的61个减少到28个。公务员数量逐步减少30%～35%。米尔济约耶夫总统指出，"改革过程中，很多部长将被替换，只有那些深入了解自身领域、无私奉献、赢得人民支持的干部才能留任。这种做法是公平的。公务员的数量将会减少，节省下来的资金将用于解决社会问题"①。

2023年1月25日，米尔济约耶夫总统签署了一项关于有效建立行政部门活动组织措施的1号令。②据此，精兵简政，在若干部门合并的基础上成立新部委已经落实。例如，经济发展部与财政部合并成立经济财政部。其管辖范围还包括国家税务委员会和海关。各部委精简了专职管理等工作人员17447人，占总数的24%。其中各部委副主任人数由207人减少至144人（减少30%）。通过减少人员配备，释放了703辆汽车和10幢办公建筑，节省了1.5万亿苏姆；通过减少运输交通工具，可省700亿苏姆。目前部委和部门限制员工总数为56573人。米尔济约耶夫总统还针对以往部长在制定政府决策过程中，调研准备工作不足、参与程度低、执行力度弱和责任意识欠缺等问题提出严厉批评。他指出，如果一位部长在其负责的领域没有明确的工作方针，不能解决群众的问题，那么这类部长无权照旧工作。③ 通过改

① О чем сказал президент в своем послании, Анастасия Новикова, 21 декабря 2022 года.

② Указ Президента Республики Узбекистан от 25.01.2023 г. N УП-14 "О первоочередных организационных мерах по эффективному налаживанию деятельности республиканских органов исполнительной власти".

③ Послание Президента Узбекистана Шавката Мирзиёева на 2023 год（+полный текст），Инфографика，22 декабря 2022 года.

革，每位部长的政治地位将会提高，同时其对总统、议会和公众的责任也会相应增加。每年初，部长将面向公众提交本领域的发展计划，并在年底报告其实施情况。每位部长将有效和有针对性地分配及使用经费。未能履行职责的部长都将被免去职务。政府决议和影响国家社会经济问题的重大决策在部长参与下集体讨论和通过。米尔济约耶夫总统强调，各部委将负责相关领域国家政策的实施，并管理本行业的委员会、机构和监察部门。各部委工作活动的主要原则是公开、合法、效率和质量。

第二阶段是行政改革。近年来，国家元首大力倡导行政改革，旨在形成一个有效的国家行政管理体系。根据 2022 年 12 月至 2023 年 11 月米尔济约耶夫总统批准的《关于实施新乌兹别克斯坦行政改革措施》（О мерах по реализации административных реформ Нового Узбекистана）等一系列相关法令和决议，"新乌兹别克斯坦"发展战略确定了诸项重要任务，以建立一个更加灵活、完善和富有成效的公共行政体系，简化决策过程，增加管理者的责任并确保其活动的有效性。米尔济约耶夫总统做出行政改革决定的必要性在于，共和国的经济发展和民生福祉直接取决于政府机构的工作质量。

乌兹别克斯坦是一个高度城市化的国家。据统计，截至 2023 年 1 月 1 日，乌兹别克斯坦常住人口为 3602.4 万人。① 其中一半以上的人口居住在大城市。在中亚地区，人口超过百万的城市有 7 个。乌兹别克斯坦首都塔什干市是其中之一。据统计，截至 2023 年 1 月 1 日，塔什干市的常住人口达 295.57 万人；其次是位于乌兹别克斯坦东部，费尔干纳盆地的工业和文化中心纳曼干市，常住人口为 67.8 万人；丝绸之路上最古老的城市之一，撒马尔罕市的居民人口数居第三位，常住人口为 57.3 万人。② 纳曼干市和撒马尔罕市的人口增长速度较快。这两座城市正在进行大规模的创造性建设工程。古丝绸之路上的璀璨明珠撒马尔罕，其作为一座具有 2750 多年建城

---

① Численность населения Узбекистана достигла 36, 024 миллиона человек, Газета. uz, 1 февраля 2023.

② Численность населения Узбекистана выросла в 6 раз. Сейчас республика по этому показателю и не только обходит Украину, 16 февраля 2023.

史的文明交往枢纽城市，现今已发展成国际旅游和商业中心。乌兹别克斯坦的鲜花之城纳曼干市，已是区域工业、创业、教育和文化中心。这两座城市已成为乌兹别克斯坦社会经济发展的"增长点"。米尔济约耶夫总统提议，对撒马尔罕市和纳曼干市实行管理体制单列，有利于居民家庭收入的增长和就业机会的增加，两个城市以及连带地区的发展能够得到更多的关注。这是乌兹别克斯坦行政与经济体制改革调整的重大举措之一。这一决策对于保障和改善民生，加快国内整体和地方社会经济事业的可持续发展，不断增进民生福祉，将产生深远的影响。

行政改革是目前米尔济约耶夫总统治国理政思想话语的主题之一。行政改革的核心要素是公务员制度的变革。根据 2022 年 3 月 2 日乌兹别克斯坦立法会议通过的《国家公务员法》（Закон о государственной гражданской службе），政府职位的招聘将完全在竞争的基础上进行。所有管理人员的考核根据主要绩效指标进行评估。每年国家将派遣 500 名国家公务人员赴国外最好的大学和机构进行培训。自 2023 年起，各区、市政府将把熟悉本职工作、经验丰富、曾在国家部门担任过高级职务的人员调到各区、市政府的领导岗位。各级政府针对各地存在的问题，每月必须举办一次政府接待日，并进行实地走访调研，解决人民群众的实际困难与问题。

国家进入深化改革时期以后，继续坚持反腐败的战略举措。根据乌兹别克斯坦总检察长办公厅提供的官员职务犯罪统计，2022 年，全国共发生 2965 起刑事案件，3116 名官员被追究刑事责任。2103 名官员因挪用公款、盗窃和贪污罪被绳之以法。另外，滥用职权罪 265 人、诈骗罪 243 人、受贿罪 169 人、伪造公文罪 51 人、玩忽职守罪 22 人、其他犯罪 263 人。由于这些渎职行为，国家和公共利益遭受了 10120 亿苏姆（1 亿美元）的损失。初步调查期间，追回 8470 亿苏姆（7560 万美元）。[①] 2023 年 4 月，乌兹别克斯坦批准了一项法律，补充了一个新术语"腐败犯罪"，详细列举了职务犯

---

① В 2022 году в Узбекистане за хищения и растрату задержали свыше 2000 должностных лиц. Загадочная Центральная Азия, 1 февраля 2023 года.

罪清单，加大了对腐败犯罪的处罚力度；要求议会议员和人民代表加强对公务人员腐败问题的监督；政府公务人员必须诚实守信、关心人民、谦虚、真诚、奉献，赢得人民的信任和尊重；政府公务人员必须心系国家命运，齐心协力，为人民谋福利。

上述行政改革框架内的所有新举措都通过立法予以规范，进一步强化了行政改革的法律基础。由于广大民众对提高政府行政工作的质量要求在不断增多，传统的公共行政体系已跟不上形势的变化，无法满足人民群众的需求，"新乌兹别克斯坦"的行政改革是一项宏大复杂的工程，不可能一蹴而就，需要理论基础和实践经验的密切结合。在总统米尔济约耶夫的领导下，2023年开始的行政改革将进一步深入持续地进行。

二　经济形势稳中向好

2022~2023年，受新冠疫情和俄乌冲突的负面影响，欧亚大陆经济增长普遍放缓，但乌兹别克斯坦国民经济持续呈向好态势。经过全面有效的改革，2022年该国的国内生产总值首次突破800亿美元，吸引了80亿美元的外国直接投资，出口额为190亿美元，达乌兹别克斯坦独立以来的最高点。据世界银行评估，2022年乌兹别克斯坦GDP增长5.7%。2023年上半年，国内生产总值为469.62万亿苏姆（约412.36亿美元），较上年同期实际增长5.6%。① 数据显示，当全球经济因高通胀、宏观经济结构性问题和欧美紧缩货币政策等因素深陷低迷之时，乌兹别克斯坦经济增长却驶入快车道，进入经济发展上升期。其成就得益于国家元首的执政理念和改革开放政策。

---

① Анастасия Новикова, ВВП Узбекистана по итогам I полугодия выросло на 5,6%, Экономико, 31 июля 2023, Валовой Внутренний Продукт（ВВП）Республики Узбекистан за I-е полугодие 2023 года, Новость, 31 июля 2023 года.

（一）国民经济快速复苏

2022~2023 年，尽管动荡不安的地缘政治形势严重影响全球经济，但乌兹别克斯坦国内经济形势总体向好。据乌兹别克斯坦国家统计局数据，2023 年 1~9 月乌兹别克斯坦国内生产总值同比增长 5.8%。其中：工业增长了 5.7%，高于 2022 年同期的 5.3%；制造业增长了 6.4%（上年同期为 5.4%）；供水、污水处理、废物收集和处理行业的产值也有所增加；采矿业虽然增长了 0.4%，但低于上年（1.1%）。在电力、燃气和空调行业，增速从 2022 年 1~9 月的 14.7% 放缓至 2023 年前 9 个月的 8.9%。农业增速加快，2023 年前 9 个月增长 4.1%，而 2022 年同期增长为 3.6%。农作物、畜牧业和林业生产增速都有所加快。渔业生产增速有所放缓，2023 年为 10.9%，上年同期为 18.1%。服务业增长 12.1%。[1] 其中，市场服务量增长了 12.1%，上年同期为 15.4%。增长率最高的是信息和通信服务，达 24.8%，教育增长 23.5%，金融服务增长 18.2%，旅馆业和食品服务业增长 10.9%，房地产交易增长 10.2%。交通运输服务量增长 7.3%。货运周转量、旅客周转量增速放缓。零售业成交额增长 7%，但低于上年同期的 10.8%。根据同期周边国家统计结果，哈萨克斯坦的 GDP 同比增长了 4.7%，吉尔吉斯斯坦 GDP 增长了 4.2%，俄罗斯 GDP 增长了 2.5%。[2] 与邻国比较，这些数据诠释了乌兹别克斯坦拥有稳定的经济发展环境和商业氛围。这使乌兹别克斯坦在经济增长率方面处于领先地位。

两年来，乌兹别克斯坦固定资产投资增速大幅提升，从 2022 年前 9 个月的 3.3% 增至 2023 年同期的 11.8%。非集中投资在投资结构中的份额继续增加，2023 年 1~9 月为 86.9%，2022 年同期为 85.5%。特别是，吸引外国直接投资和贷款的增长率达到 16.3%。同时，外国直接投资额增长了 47%；

---

[1] Экономика Узбекистана выросла с начала года на 5,8%, Sputnik Узбекистан, 19 октября 2023 года.

[2] Развитие экономики Узбекистана в январе-сентябре 2023 года（инфографика）, СНГ., 20 октября 2023 года.

商业银行贷款增长了27%；人口投资也增长了10.6%。2023年政府担保贷款增长23.5%，中央投资也随之增长1.3%。综上所述，2023年各经济部门的生产均呈现增长态势。

值得注意的是，消费品生产增速从2022年前9个月的27%放缓至2023年同期的7.7%。2023年建筑业的增长也略有放缓。2022年前9个月的增长率为6.6%，2023年同期则放缓至5.6%。2023年通货膨胀放缓。1~9月物价上涨5.1%，涨幅低于前5年同期。食品通胀率放缓至5.6%，2022年同期为10%。非食品价格上涨4.8%，上年同期为7.9%；服务价格上涨4.7%，上年同期为4.8%。[①]

根据乌兹别克斯坦国家统计局数据，截至2023年7月1日，该国从事零售业的企业数量达到95392家，其中大型企业318家，中小型企业数量达95074家。1~6月该国零售贸易额达到133.17万亿苏姆，较2022年同期增长106.9%。2023年上半年，乌兹别克斯坦公共餐饮领域经营企业数量达24504家，其中大型企业177家，中小型企业数量达24327家。同期，该国餐饮企业营业额达6.63万亿苏姆，较2022年同期增长107.9%，其中75.4%的营业额来自中小型企业。乌兹别克斯坦经济研究与改革中心的调查显示，该国商业环境明显改善，商业景气指标不断接近近年的高点。超过73%的企业整体经营状况有所改善。

欧洲复兴开发银行认为，中亚的经济发展对周边地缘政治冲击表现出了韧性，其中以乌兹别克斯坦最为突出。根据世界银行发布的《乌兹别克斯坦经济形势和发展预测报告》，乌兹别克斯坦将成为欧洲和中亚地区GDP增长率最高的国家(5.1%)。[②]世界银行发布的《全球经济展望》报告也指出，从2024年起，乌兹别克斯坦将成为中亚经济增长的领

---

① Руслан Абатуров, Инфографика: Развитие экономики Узбекистана в январе-сентябре 2023 года, ЦЭИР, 19 октября 2023 года.

② В Узбекистане ожидается самый высокий рост ВВП в регионе Европы и Центральной Азии—5, 1 процента в 2023г, «KUN. UZ», 7 апреля 2023 года.

头羊。①

2022~2023 年的经济发展成果表明，在世界经济持续低迷、基本原材料价格下降、预算融资机会有限的形势下，乌兹别克斯坦在计划发展向量的框架内，基础建设投资活动增长，通胀率持续走低，经济继续保持积极增长，有助于使经济环境趋于稳定，有效应对内部和外部的挑战。与此同时，本国货币汇率波动加剧和预算赤字增加也带来了额外风险。专家预测，乌兹别克斯坦经济将继续保持强劲增长势头。

（二）对外贸易平衡增长

根据乌兹别克斯坦经济研究与改革中心和国家统计局的数据，2023 年乌兹别克斯坦出口额同比增长 23.5%。仅 2023 年 9 月的商业活动指数同比增长 7.3%，原因是企业实体银行账户交易量增加（2.8%）、商品交易所原材料采购量上升（13.8%）、经营商业实体增加（1.5%）。"商业和工业"类别的搜索查询量增加 17%，"机动车辆"查询量增加 17%，"购物"查询量增加 18%，食品和饮料查询量增加 29%。② 2022~2023 年乌兹别克斯坦对外贸易平衡增长的重要原因之一是主要贸易伙伴国已形成稳定良好的合作交往环境。

2023 年，乌兹别克斯坦采取了刺激出口、优化进口的策略，在扩大外贸总额的同时小幅平衡了进出口结构。根据乌国家统计局报告，2023 年 1 月，乌国对外贸易额达 50.425 亿美元，其中出口额达 20.828 亿美元，同比增长 45.1%，进口额为 29.597 亿美元，与上年同期相比增加了 14.908 亿美元。出口结构中增长最显著的是饮料和烟草，增长 2.1 倍（320 万美元），化学品类产品增长 29.6%（1660 万美元），各种制成品增长 13.3%（890 万美元）。进口结构中增长最显著的是机械和运输设备，增长了 87.6%

---

① Узбекистан сможет сохранить быстрые темпы роста экономики—ВБ, Экономика, 7 июня 2023 года.

② ЦЭИР прогнозирует рост ВВП Узбекистана в 2023 году на уровне 5,6%, ЦЭИР прогнозирует рост ВВП Узбекистана в 2023 году на уровне 5,6%, 2 ноября 2023 года.

（6.302亿美元），矿物燃料、润滑油和类似材料增长了33.5%（3720万美元）。①

2023年1~5月，乌兹别克斯坦对外贸易额超过258亿美元，同比增长52亿美元，增长25.2%。出口额为105亿美元，同比增长24.1%。其中，43亿美元来自黄金出口。贵金属的出口同比增长47%。此外，很大一部分是工业品出口，为17亿美元。进口增长26.4%，超过153亿美元，其中汽车进口最多，为59亿美元，增长42.9%。汽车零部件进口6.618亿美元。飞机采购大幅增加，达7.563亿美元。

2023年1~6月，乌兹别克斯坦对外贸易额为291.7亿美元，同比增长19.4%，其中出口商品与服务业121.4亿美元（同比增长23%），进口商品与服务业170.3亿美元（同比增长17%）。在183个贸易对象国中，排名前五的贸易伙伴为中国（18.1%）、俄罗斯（15.1%）、哈萨克斯坦（7.5%）、土耳其（5.1%）和韩国（3.6%）。由于进行了旨在增加出口潜力、扩大出口产品范围的改革，乌兹别克斯坦出口企业数量上升至5510家。乌兹别克斯坦高度重视和扶持农业发展与出口，出口农产品的质量与数量不断提高。同期该国水果与蔬菜出口额达5.62亿美元，同比增长24.9%。

据统计，2023年1~9月乌对外贸易额增长22.1%，达到447亿美元，尽管增长显著，但仍低于上年同期的29.4%。出口增长23.5%，达177亿美元；进口增长21%，达270亿美元。出口增长的原因是黄金出口增加了近90%，机械和运输设备增加了44%，服务业增加了21%，制成品增加了20%，食品增加了19%。同时，乌机械和运输设备进口增加45%，燃料产品进口增加45%，制成品进口增加14%，化工产品进口增加14%。2023年1~10月对外贸易额的数据报告显示，乌兹别克斯坦对外贸易总额达510亿美元，其中出口额为205亿美元，进口额为305亿美元。

1. 中国稳居乌兹别克斯坦贸易伙伴首位

2022~2023年，中国继续稳居乌兹别克斯坦贸易伙伴第一位，双边贸易

---

① Внешнеторговый оборот Узбекистана в январе достиг ＄ 5 млрд, Экономика и Бизнес, 22 февраля 2023 года.

呈增长态势。2022年，乌兹别克斯坦向中方的管道天然气供应额达10.7亿美元，比2021年增长33.9%。2023年1~9月，双边货物贸易额达94亿美元，比上年增长36.2%。2023年1~10月对外贸易数据显示，中国仍保持乌兹别克斯坦第一大贸易伙伴地位。双边贸易额约为108亿美元，同比增长42.1%。中国是乌兹别克斯坦出口额最大的国家，为20.5亿美元，进口额为87.4亿美元。①

2023年5月中国-中亚峰会期间，习近平主席和米尔济约耶夫总统签署联合声明，并通过《中华人民共和国和乌兹别克斯坦共和国新时代全面战略伙伴关系发展规划（2023—2027年）》。中国同乌兹别克斯坦商界达成价值250亿美元的交易。中国对乌投资额增长了5倍，企业数量增加了2倍。中方投资企业2141家，其中2022年创建275家，大型企业有华为、中兴通讯、温州金盛贸易、鹏盛合资、中国重汽等。2023年1月，乌兹别克斯坦汽车公司与比亚迪公司达成协议，在乌成立了生产和销售新能源汽车的合资企业——比亚迪乌兹别克斯坦制造厂。这是中国电动汽车巨头在境外的第一家合资企业。

32年来，中国与乌兹别克斯坦相互贸易额增长了140多倍。目前，中国同乌兹别克斯坦正在积极论证建设多条物流路线的可行性，例如，中—吉—乌多式联运货运走廊、中—塔—乌高速公路和中—哈—乌铁路。2023年10月17日，中国和乌兹别克斯坦两国元首一致认为，有充分理由在未来5年将两国贸易额增加到200亿美元，并建立高附加值创新产品联合生产。②

2. 俄罗斯在乌兹别克斯坦对外贸易中位居第二

2023年上半年，乌兹别克斯坦与俄罗斯两国之间的贸易额共计44亿美元。乌兹别克斯坦国家统计局报告称，2023年第一季度，俄-乌两国贸易额较2022年同期增长19.5%，达22.38亿美元。俄罗斯占乌对外贸易总额的15.1%，在乌兹别克斯坦主要对外贸易伙伴中名列第二。中国以

---

① Список крупнейших торговых партнеров Узбекистана, Узбекистан, 21 наября 2023 года.
② Лидеры Узбекистана и Китая провели переговоры, Политика, 17 октября 2023 года.

15.9%的份额位居榜首，哈萨克斯坦以7.5%的份额跻身前三。

2023年1～3月，乌兹别克斯坦对俄的出口额同比增长了20.5%，达到5.854亿美元，占出口总额的10.3%。俄市场取代中国消费市场，成为乌产品第一出口地。对俄出口中，乌传统上的纺织业和水果蔬菜业仍处于领先地位：纺织业为2.684亿美元，水果蔬菜业为4520万美元。同期，乌对俄进口额增至16.52亿美元，增长19.1%，占乌兹别克斯坦进口总额的18.2%。乌兹别克斯坦国家统计委员会指出，2021年俄罗斯在乌兹别克斯坦对外贸易国家中曾排名第一。2022年底，乌兹别克斯坦与俄的贸易总额较2021年增长23%，达到92.8亿美元。但俄的供应结构以冶金产品、机械和运输设备和食品为主，总体而言位居中国之后。[①]

2023年10月5日，俄副总理兼工业和贸易部部长丹尼斯·曼图罗夫宣布，俄仍然是乌国的主要投资者之一。俄公司已经投资超过1万亿卢布，用于在乌兹别克斯坦开发联合项目。2023年1～7月，俄罗斯与乌兹别克斯坦的贸易额达4768亿卢布。两国贸易额按价格计算增长了14.5%，以实物计算，增长率接近40%。目前俄有89个实体都与乌开展合作。工业产品进出口供应、石油、天然气、燃料以及油田服务和医疗服务领域的潜在联合项目清单已经形成。正在开发的此类项目有60多个，总金额达2.2万亿卢布。2023年吉扎克市科技园等项目启动。这些项目的总投资预计达290亿卢布。[②]

（三）经济呈现高质量增长势头的原因

2022～2023年乌兹别克斯坦经济呈现较高质量的增长势头，保持了高速增长的动力，并对不稳定且不断变化的外部环境具有一定的抵抗能力。该国经济保持高速增长的主要原因有以下几点。首先，乌周边主要经贸伙伴国家

---

① Россия заняла второе место во внешней торговле Узбекистана в январе-марте 2023 года, Внешнеэкономические новости, 20 апреля 2023 года.

② Торговый оборот между РФ и Узбекистаном за семь месяцев достиг 476, 8 млрд рублей, Информационное агентство ТАСС, 5 октября 2023 года.

的经济形势保持稳定发展。2023 年上半年，中国经济增长 5.5%，哈萨克斯坦经济增长 5.0%，吉尔吉斯斯坦经济增长 3.9%。其次，乌通货膨胀率继续下行。2023 年 1~6 月，该国物价仅上涨 3.5%，是 5 年来的最低水平。最后，固定投资增速加快。2023 年前 6 个月乌固定资产投资增长 7.9%，2022 年同期为 6.6%。其中企业投资增长 15.8%，居民投资增长 8.7%，商业银行贷款和其他借款增长 36.5%。此外，乌在吸引外国直接投资方面也有两位数的成绩，达到 21% 的增长水平。

乌兹别克斯坦是欧亚经济联盟的观察员国，在欧亚经济联盟贸易伙伴中乌排名第一。贸易和产业、运输和物流、移民和旅游、化工和制药、机械工程和仪器制造、电气和农业等领域是双方合作的优先领域。2022 年，乌与欧亚经济联盟成员国的贸易额占本国对外贸易总额的 25.4% 以上，呈现逐年上升态势。据乌国家统计局报告，2022 年乌与欧亚经济联盟之间的贸易额为 157 亿美元，较上年增长了 23%。① 2023 年前 10 个月乌与欧亚经济联盟国家的对外贸易额达 128 亿美元。出口额为 45 亿美元，进口额为 83 亿美元。其中，大部分对外贸易额由俄罗斯贡献，共计 79 亿美元，2022 年同期为 75 亿美元。2023 年 1~10 月，乌与哈的外贸额为 36 亿美元，乌与吉为 8.14 亿美元，乌与白俄罗斯为 5.08 亿美元，乌与亚美尼亚为 3300 万美元。欧亚经济联盟国家占乌国年对外贸易的 40%，其中俄罗斯占 18%~19%，哈萨克斯坦占 9%~10%，吉尔吉斯斯坦占 2%~3%。② 乌兹别克斯坦不仅与欧亚经济联盟的贸易额不断增长，而且合资企业和项目数量也不断增加，在工业、农业、物流、教育、科技、旅游等领域合作的规模和计划正在扩大，共同寻找新的增长点和机遇。与欧亚经济联盟合作不仅进一步提升了乌国的对外贸易水平，而且助力其吸引投资，促进社会经济发展。

另外，俄乌冲突爆发后移民涌入乌，境外汇款增加也是重要因素之一。

---

① Товарооборот Узбекистана с ЕАЭС за 8 месяцев 2023 года превысил ＄10 млрд, Sputnik. uz., 29 сентября 2023 года.

② Внешнеторговый оборот Узбекистана со странами ЕАЭС достиг ＄12, 8 млрд, Sputnik. uz, 21 ноября 2023 года.

根据世界银行2023年4月发布的《欧洲和中亚地区经济报告》，2022年，由于汇款、消费和出口增长，乌兹别克斯坦国内生产总值增长5.7%。非黄金出口增长21%（以美元计），包括纺织品、有色金属、化肥和食品出口，很大程度上得益于对俄出口量的强劲增长（达52%）。有赖于来自俄的游客或移民人数增加了3倍，以及来自哈、吉、塔的游客人数增加。服务行业，主要是运输和旅游业收入增长了53%。2022年，由于上述因素，境外汇款占GDP的比重达18.9%。其中一些资金的流入反映了俄乌冲突爆发后移往乌的俄罗斯人和俄罗斯公司的私人汇款增加。由于国家预算收入增加，预算赤字占GDP的比重从2021年的6.1%下降到2022年的4.2%。截至2022年底，乌兹别克斯坦黄金和外汇储备达358亿美元。

概言之，2023年乌兹别克斯坦经济政策的落实，提高了宏观经济的稳定性，减少了负面因素对经济的不利影响，加强了投资活动，为经济部门的增长积蓄了动能。乌经济有望保持稳健且高速的增长节奏。

（四）面临的问题与挑战

从国际层面讲，在当今世界地缘政治分裂和保护主义日益抬头的背景下，能源危机、俄乌冲突和逆全球化等问题，都将通过对外贸易、投资和移民流动对乌兹别克斯坦保持稳定增长态势构成新的挑战，对其可持续发展目标的实现产生负面影响。

从地区层面看，气候变化、冰川融化速度加快，导致乌兹别克斯坦最重要的河流阿姆河和锡尔河严重缺水，水资源短缺，干旱频率增加，荒漠化造成土壤生产力下降等地区性问题，将对乌生态环境和农业发展构成严重威胁。预测30年内该国主要农作物产量将减少25%～63%。[1]

从国内层面讲，在全球通胀、世界能源和食品价格上涨的背景下，乌兹别克斯坦经济将面临通货膨胀率上涨，借贷成本上升，人民福祉降低，贫困

---

[1]　В чем состоят риски и угрозы устойчивого развития Узбекистана, Наука и технологии, 7 сентября 2023 года.

化加剧等风险。乌兹别克斯坦是补充俄罗斯劳动力资源的主要输出国。受俄乌冲突和俄罗斯经济衰退，且劳动力市场需求下降，大量劳务移民返迁等因素影响，乌兹别克斯坦跨境汇款额锐减，失业率上升，贫困率走高。这种情况主要威胁到乌兹别克斯坦人口中平民阶层的福祉。

国家货币苏姆的疲软是乌兹别克斯坦经济面临的另一个挑战。2022～2023年由于全球市场汇率波动剧烈，乌货币苏姆汇率下跌约4%。[①] 在全球经济衰退尚未消失的情况下，苏姆汇率的压力将显著增加。外部环境的不确定性，以及基本账户财政情况的恶化会导致本国货币走弱。持续的价格压力也会迫使政府采取适度从紧的货币政策。

乌兹别克斯坦是中亚最大的经济体之一，也是电子商务发展潜力巨大的国家。统计数据证实，尽管近年来乌兹别克斯坦经济发展平稳向好，对外贸易加速，但2023年中亚国家与乌的贸易份额仍然较低。该地区其他四个国家中，只有哈萨克斯坦位列乌兹别克斯坦进出口贸易伙伴前五名。这也是乌兹别克斯坦积极推进中亚国家区域经济合作进程的堵点之一。

各种风险和挑战，会减缓乌兹别克斯坦经济增长速度。未来几年，国际环境将变得更加严峻，吸引投资和资本的竞争将更加激烈。因此，乌国需要不断提升其国际吸引力和竞争力，进一步加大改革开放的力度。

三　多元化外交政策和国际关系

实践经验表明，一个国家的繁荣与发展，很大程度上取决于国家内政和外交政策的协调水平。新版乌兹别克斯坦共和国宪法阐明，"乌兹别克斯坦共和国是一个成熟的国际关系主体"。其"外交政策基于国家主权平等、不使用武力或以武力相威胁、边界不可侵犯、国家领土完整、和平解决争端、不干涉他国内政的原则以及其他公认的国际法原则和规范"，"奉行和平外

---

① Что ждет экономику Узбекистана в 2023 году, Экономика, 31 декабря 2022 года.

交政策，全面发展与各国和国际组织的双边和多边关系"。① 现任总统米尔济约耶夫推行的务实改革开放政策及其取得的成果折射出，新的外交政策取向为其国家的经济改革和发展提供了必要条件。

（一）优先方向：积极推进与中亚各国的睦邻关系

米尔济约耶夫执政后，乌兹别克斯坦共和国外交政策发生重大变化，最重要的优先方向是中亚国家。新宪法序言阐明了乌兹别克斯坦共和国外交政策的原则："加强本国与国际社会的关系，尤其是在相互支持、合作与尊重，以及和平、和谐的基础上，增进与邻国的友好关系。"② 米尔济约耶夫继任总统后的中亚政策分三个阶段修复本国与周边国家的关系。

一是解决历史形成的水资源管理、边界划定等敏感问题造成的邻国关系紧张化，迅速缓和恢复与接壤国家的睦邻友好关系。政治上，乌兹别克斯坦主动与中亚其他国家建立了高层互访，积极推进"五边"高层协调机制，强调国家间的高度互信，为本地区创造安全、开放、可持续的伙伴关系，加强在国际舞台上的联合活动，为区域合作提供政治保障和强大动力；通过加强中亚国家元首之间开放和信任的政治对话，寻求解决本地区存在问题的有效途径。乌国首先改善了与塔吉克斯坦、吉尔吉斯斯坦等国的关系，为与邻国建立跨境合作提供了可能。乌兹别克斯坦与哈萨克斯坦两国的边界线长2300多千米。2022年12月22日，两国总统在塔什干签署了关于乌兹别克斯坦与哈萨克斯坦划定国家边界的协定。

二是采用经济理性的实用主义方法进行运作，从政治导向转变为经济导向，致力于发展区域经济合作，促进国家和地区的繁荣。随着乌兹别克斯坦与中亚国家政治联系迅速加强，彼此之间的经贸关系进一步扩展。乌

---

① Конституция Республики Узбекистан, Национальная база данных законодательства, № 03/23/837/0241, 1 мая 2023 года.

② Конституция Республики Узбекистан（Новая редакция, утверждена Конституционным Законом РУз от 01. 05. 2023 г. N ЗРУ-837, принятым на референдуме РУз, 30 апреля 2023 года.

兹别克斯坦创建"中亚国际经贸合作中心",以吸引战略性投资;推动中亚联通世界的诸多交通项目投入建设。2023年米尔济约耶夫总统在中亚国家领导人磋商会议上发言提出,中亚五国加强经贸合作、发展产业合作、深化互联互通、维护能源安全、确保粮食安全、应对气候挑战,推进数字化经济发展,启动电子贸易区,建立统一规则的边境贸易区制度等多项建议。[①]

三是扩大安全领域的合作是乌兹别克斯坦对中亚国家外交政策取向的重要领域之一。其"国家安全新概念"主张"建立安全、稳定、睦邻的'周边关系带'";政治上坚持"安全不可分割"原则,经济上推行"区域走廊建设",文化上打造"同一文明空间";主动应对共同的挑战和威胁;支持定期举行安全会议;继续开展联合演习,以制定应对传统和新安全威胁的方案,建立区域突发事件预报、预防、预警和联合响应体系;维护和加强中亚国家的边界安全。

乌兹别克斯坦在外交政策中针对性地落实"优先中亚"原则,在本地区形成了全新的政治氛围,友好信任关系得到加强。作为实际成果,乌兹别克斯坦为确保中亚的安全、稳定和发展,消除了许多障碍,为促进公民自由流动、促进相互贸易投资增长、创建有效的供应链和价值链、加强人文交流和旅游合作营造了良好环境。

(二)建立协调机制:不断调整与国际组织和金融机构的合作战略

为了加快国家经济发展,乌兹别克斯坦不断调整与国际组织的合作战略,在联合国、上海合作组织、世界贸易组织、独联体等框架内建立了行动协调机制。该国已成为100多个不同国际组织的成员和200多个国际多边条约的缔约国。2022~2023年乌兹别克斯坦努力与非独联体国家和国际组织建立相互信任和建设性战略伙伴关系。目前,该国正在推进与欧洲复兴开发银

---

① Выступление Президента Республики Узбекистан Шавката Мирзиёева на Консультативной встрече глав государств Центральной Азии, 14 сентября 2023 года.

行等其他金融和经济机构的合作。

乌兹别克斯坦与联合国的关系进入新的发展阶段。近两年，在其国家元首倡议下，联合国通过了完善区域互动、促进宗教理解、发展旅游等领域的国际合作基础和机制建设的多项决议。

上海合作组织（以下简称"上合组织"）作为一个国际组织，致力于发展亚欧地区多维度合作。乌兹别克斯坦在上合组织框架内的活跃度不断提升。2022年，在乌兹别克斯坦担任上合组织轮值主席国期间，该组织签署了创纪录的44份文件。其中，乌兹别克斯坦倡议签署的文件有30份。2022年9月在撒马尔罕举行的上合组织成员国元首理事会，以共同安全与繁荣为主旨，作为有效的对话与合作平台，在该组织建设史上留下了深刻的历史印记。粮食安全是乌兹别克斯坦与上合组织国家合作的主要领域之一。鉴于当今世界粮食安全风险日益增加，与上合组织国家加强农业合作，提高粮食产量、扩大出口地域、协调粮食安全，已成为乌兹别克斯坦优先方向。乌正在积极打造将上合组织作为国际层面就粮食安全问题进行经验交流的重要平台。

旅游业是经济发展的重要驱动力之一。乌兹别克斯坦与上合组织国家合作的另一个优先方向是旅游领域。米尔济约耶夫总统在上合组织撒马尔罕峰会上提出"2023年上合组织国家旅游发展年"的倡议。针对上合组织框架内经济实惠和高端旅游产品开发的短板问题，乌兹别克斯坦提出在"2023年上合组织国家旅游发展年"活动计划内，举办"上合组织旅游业发展科学务实联席会议"，加强主要旅游运营商与航空公司之间的关系等务实举措。从具体数字看，2021年，上合组织成员国赴乌兹别克斯坦旅游的游客数量达186万人次；2022年，为494万人次。2023年10月26日，乌总理阿里波夫提议开发上合组织平价旅游产品。扩大旅游领域合作必将对乌兹别克斯坦与上合组织国家经济、社会、文化发展，加强各国友好关系产生积极影响。

青年潜力巨大。青年外交在亚欧大陆新型国家关系的构建中发挥着重要作用。经过两轮扩员，上合组织已覆盖世界近一半人口。有8亿多名青年生活在上合组织的地理空间，几乎占到世界青年人口的一半。青年事务是上合组织国家间对话的优先领域之一。2022 年 9 月，成员国元首在上合组织撒马尔罕峰会上就加强上合组织青年对话等问题达成多项协议。《撒马尔罕宣言》特别强调了加强青年互动、全力支持青年倡议的重要性。许多创意在上合组织撒马尔罕峰会通过的《〈上合组织成员国长期睦邻友好合作条约〉实施纲要（2023—2027 年）》中得到落实。2023 年 7 月 4 日，乌兹别克斯坦总统米尔济约耶夫在上合组织峰会上发布了《扩大青年交流行动纲领：上合组织——未来创意和倡议的空间》（Программа мероприятий по расширению молодежного обмена мероприятий по расширению молодежного обмена "ШОС-пространство креативных идей и инициатив будущего"）。两年来乌兹别克斯坦上海合作组织公共外交中心①、乌兹别克斯坦上合组织民间外交中心②始终将加强上合组织国家青年联盟和妇女组织等机构间的友好合作，推动上合组织国家间人文合作、文明交往和民心相通作为优先方向，开展了一系列重大活动。

乌兹别克斯坦作为"突厥国家组织"成员国，不断发展与该组织各成员国和观察员国的外交关系。2022 年 11 月，"突厥国家组织"元首理事会会议在撒马尔罕举行。该会议主题为"突厥国家组织新时代：走上共同进步和繁荣之路"。该会议通过了《突厥国家组织首脑会议撒马尔罕宣言》，旨在进一步扩大这一结构框架内的多方面合作。撒马尔罕古城作为历史上的科学和教育中心，被宣布为"突厥文明之都"。乌兹别克斯坦提出的在"突厥国家组织"内设立"阿利舍尔·纳沃伊国际奖"③的倡议获得通过。其与

---

① 2019 年 1 月 29 日，上海合作组织在乌兹别克斯坦首都塔什干市正式成立了第一个公共外交中心。

② 2019 年 1 月乌兹别克斯坦成立了"上合组织民间外交中心"，并正式启动运营。这一中心是根据乌兹别克斯坦总统米尔济约耶夫在 2017 年上合组织阿斯塔纳峰会上提出的倡议而成立的。

③ Большое интервью Президента Ш. Мирзиёева - « Новый Узбекистан становится страной демократических перемен, больших возможностей и практической работы », Важно и актуально, 19 августа 2021 года.

伊斯兰合作组织积极互动，并将其视为一个有效平台，维护和促进与伊斯兰国家和人民之间的团结、共同进步和繁荣。欧洲安全与合作组织是各国就确保安全、发展经济、保护人权和自由等问题进行对话的重要国际论坛，乌兹别克斯坦与该组织的互动已达到新水平。

乌兹别克斯坦与国际金融机构的关系不断加强。欧洲复兴开发银行已成为该国发展道路上的战略合作伙伴。目前，欧洲复兴开发银行在乌的项目组合金额已超过40亿欧元。2022年底，乌兹别克斯坦位列该银行主要合作伙伴国前五。按年投资额计算，乌已成为欧洲复兴开发银行在中亚地区最大的商业合作伙伴。目前乌国私营企业在该银行项目中所占的份额已达55%。在绿色能源、道路和交通基础设施以及生态等领域，双方的合作发展尤其迅速。在可再生能源领域，欧洲复兴开发银行参与的大型项目已启动，金额达6亿欧元。这种积极互动已成为吸引其他外国投资者参与该国经济的"催化剂"。2023年，欧洲复兴开发银行年会在撒马尔罕举行，吸引了2500名嘉宾，体现了国际社会对乌兹别克斯坦新时期改革的高度尊重和信任。另外，乌兹别克斯坦与国际货币基金组织、世界银行、亚洲开发银行、伊斯兰开发银行、亚洲基础设施投资银行等的合作不断深化。

2022～2023年乌兹别克斯坦继续就加入世界贸易组织进行积极对话，以便在全球贸易体系中获得与其经济能力和发展潜力相对应的一席之地。其一方面，加速推进加入世界贸易组织进程；另一方面，进一步增强开放商品、服务、资本和劳动力市场以及加入全球生产链的政策支持。

乌兹别克斯坦在新发展阶段的改革中实行多元、开放、务实、建设性的外交政策，积极推行睦邻外交政策，促进中亚内部的进一步互信、和解与合作，推动整个中亚地区的经济增长和政治稳定；加强与主要国家的关系，充分履行对合作伙伴国和国际组织的义务，以联合国、上合组织等国际组织为平台提出了许多重大相关倡议，在地区和国际舞台上的政治作用显著增强，地位显著提升。

（三）乌兹别克斯坦与中国、俄罗斯和美国的关系

乌兹别克斯坦奉行多元外交政策，始终强调愿同中国、俄罗斯、美国建

立友好关系，同时也积极地与欧洲国家和地区重要国家合作。

1. 中乌关系：携手共建"中国-乌兹别克斯坦命运共同体"

2023 年是中国提出"一带一路"倡议十周年。乌是首批支持"一带一路"倡议的国家之一。十年来，双方践行"中国-乌兹别克斯坦命运共同体"，将共建"一带一路"与"新乌兹别克斯坦"发展战略相对接，两国关系蓬勃发展，实现互利共赢，共同进步，共同繁荣，为进一步深化友谊、扩大合作，开辟了新的时代。

2023 年 5 月 19 日，在丝绸之路东方起点——西安古城习近平主席主持中国-中亚峰会。其间，习近平主席与米尔济约耶夫总统举行会谈，就中乌关系、两国各领域合作以及共同关心的国际和地区问题深入交换意见，达成广泛共识；发布了《中华人民共和国和乌兹别克斯坦共和国联合声明》，通过了《中华人民共和国和乌兹别克斯坦共和国新时代全面战略伙伴关系发展规划（2023—2027 年）》。元首外交为中乌新时代全天候全面战略伙伴关系发展提供了最坚实的政治保障。双方保持密切高层交往，深化治国理政经验交流，不断增进战略和政治互信。

在政策沟通方面，两年来，乌兹别克斯坦在全国推广中国减贫经验和模式，尤其注重与中国在脱贫攻坚方面富有成效的经验交流和务实合作举措，包括在农业、土地利用、中小企业、基础设施现代化、改善农村人居环境等领域具有社会意义的项目。① 2023 年 5 月 16 日，米尔济约耶夫总统主持召开视频会议，研究减贫和保障就业问题。他强调，中国减贫经验丰富，可借鉴中国经验，制定综合减贫方案，帮助乌兹别克斯坦 14 个地区脱贫，重点改善贫困地区交通运输、能源、通信和旅游基础设施，推动中小城市发展和社区工业化。5 月 18~19 日，中国-中亚峰会召开期间，中国同乌兹别克斯坦在两国政府间合作委员会框架内增设减贫合作分委会。11 月 17 日，习近平主席的著作《摆脱贫困》（乌兹别克文）在乌兹别克斯坦出版发行。

---

① Узбекистан и Китай приняли программу всестороннего экономического партнерства - подписали 41 документ - китайские и узбекские бизнесмены заключили сделки на 25 млрд. долл. США, 18 мая 2023 года.

乌兹别克斯坦总统为该著作撰写了题为《真正的中国奇迹》序言。12月29日，中国与乌兹别克斯坦减贫合作分委会举行首次会议。2023年乌兹别克斯坦从中国引进10个高效助力农业发展的项目，并同中方合作培训乌方9445名社区区长助理，并派遣200名表现优异者赴华进修。这些举措标志着中乌两国掀开了减贫合作的新篇章。

在设施联通方面，双方深化和扩大塑料、化工产品、金属制品、食品、建筑材料、纺织品、生物技术集群创建等领域的合作；双方致力于实施替代能源发展的全面投资和技术合作计划，其中包括太阳能、风能和水力发电厂的建设，光伏板、电气设备、变压器、电池的生产，以及管理和专家培训的数字化。双边不断深化新一代汽车生产合作；共建现代化工厂，生产电动汽车和混合动力汽车；共同开发相关产业项目，打造以铜、锂、稀土金属深加工为基础的电气产品生产高科技集群。两国联合活动，以释放地方合作的潜力，包括将锡尔河地区转变为"先进创新地区"。双边在创建现代工业化能力、投资和高科技企业领域的合作项目不断推进。

在贸易畅通方面，中国与乌兹别克斯坦通过《全面经济伙伴关系计划》，签署了41份文件；双方达成价值250亿美元的商贸协议。近年来双边贸易额翻了一番。双方详细讨论扩大经贸领域务实合作的前景。目前，乌兹别克斯坦航空、南方航空、长龙航空3家航空公司每周运营11个中乌两国城际航班。中国与乌兹别克斯坦开行中欧（中亚）班列"长安号""天山号""齐鲁号""江苏号""天马号"等，实现了中国与乌兹别克斯坦班列常态化运行，推动了双边物流能力的联动发展，促进了双边贸易额的快速增长。

在资金融通方面，乌兹别克斯坦高度重视与中国进行电子商务方面的合作。中国主要银行、丝路基金以及亚洲基础设施投资银行富有成效的金融和技术合作在乌国受到高度赞赏。由于乌兹别克斯坦的投资环境对中国企业有利，两国在石油、天然气、化工、纺织、电力、水泥、煤炭等行业，以及农业、水资源管理和物流领域的投资合作成功。2023年10月9日，中国进出口银行与乌金融单位进行会谈，讨论了长期进行金融合作的相关事宜，为两国合作项目的发展提供财政支持。

在民心相通方面，双边深化人文交流，加强传统医学、医药生产、高等教育、职业教育、旅游考古等领域合作，互办文化、艺术、电影节，进一步增进两国人民之间的传统友谊和相互了解。乌兹别克斯坦被认定为中国在旅游领域的战略合作伙伴。2023 年，中乌两国旅游部门提出了合作开发针对中国游客的旅游产品和线路的计划，讨论了 2030 年之前增加航班和制定旅游业发展战略的问题。

从乌兹别克斯坦的角度看，"一带一路"倡议开辟了通往波斯湾的走廊，从而扩大了该国的贸易和运输路线，为该国提供了由"陆锁国"变成"陆联国"，变成地区或世界物流中心的机遇。随着乌兹别克斯坦不断深化创新性改革开放，持续营造良好的投资环境，实行金融和税收改革以促进贸易，中国越来越多的企业落户乌兹别克斯坦。"乌兹别克斯坦模式"被誉为"中亚推进'一带一路'倡议的典范"。

2. 乌兹别克斯坦与俄罗斯关系：各领域合作密集发展

2022 年 9 月 15～16 日，在撒马尔罕举行上合组织峰会期间，俄、乌两国领导人普京与米尔济约耶夫签署了《俄罗斯联邦和乌兹别克斯坦共和国全面战略伙伴关系宣言》，两国关系进入了一个新的历史阶段。2022 年 10 月 7 日，米尔济约耶夫总统出席在圣彼得堡举行的独联体成员国领导人非正式会议。12 月 26 日，米尔济约耶夫再访圣彼得堡，参加独联体峰会。2023 年 5 月 8 日，应俄罗斯总统普京邀请，乌兹别克斯坦总统米尔济约耶夫抵达莫斯科进行工作访问。普京和米尔济约耶夫举行了会谈。5 月 9 日，乌兹别克斯坦总统米尔济约耶夫出席纪念卫国战争胜利 78 周年活动。2023 年俄罗斯与乌兹别克斯坦两国领导人多次通话，建立了密切的政府间对话机制。2023 年 9 月 18 日，俄-乌政府首脑级别联合委员会第四次会议召开。2022 年 10 月至 2023 年 10 月，乌兹别克斯坦与俄罗斯两国代表团互访 70 余次，就双边所关注的问题进行战略对话和协调。

据乌兹别克斯坦官方统计，俄罗斯在乌兹别克斯坦主要对外贸易伙伴名单中位居第二。2022 年 1～6 月，两国贸易额较上年同期增长 32%，达

40.65亿美元（占乌兹别克斯坦对外贸易总额的16.6%）。其中，俄罗斯出口额达28.45亿美元，进口额达12.2亿美元。俄出口主要是金属材料及金属制品、机械设备和车辆、食品、木材和纸浆及纸制品、化学工业产品和矿产品；进口包括纺织品、鞋类及农产品等。截至2022年底，两国间贸易额达93亿美元，同比增长23%，其中出口额为31亿美元（增长46.9%），进口额为62亿美元（增长13.7%）。① 2023年1～7月俄罗斯与乌兹别克斯坦贸易额约为48亿美元。② 双边关系在经贸领域取得了富有成效的发展。两国在工业、农工综合体、纺织工业和交通基础设施领域等的联合项目数量正在稳步增长。截至2023年，超过2100家俄企业在乌兹别克斯坦积极开展业务，其中包括俄天然气工业股份公司等大型企业。俄罗斯对乌兹别克斯坦经济的累计投资总额约为100亿美元。目前，俄罗斯与乌兹别克斯坦正在实施150多个合作项目，价值超过140亿美元，涉及石油化工、矿业、医疗保健和制药、建筑材料、纺织产品生产以及水果和蔬菜加工等领域。俄罗斯现有乌兹别克斯坦企业600多家。双边合作的"旗舰"项目是乌兹别克斯坦在中亚建设的第一座核电站。该站建设的优先地点选择在吉扎克区图兹坎湖附近。

乌兹别克斯坦与俄罗斯农业领域合作正在开展。据乌兹别克斯坦官方统计，在俄市场供应中，乌兹别克斯坦农产品历来排名第一。2022年，两国农产品相互供应从2011年的11亿美元增至15亿美元。据乌兹别克斯坦农业部统计，2023年1～8月，乌向俄出口水果和蔬菜总额为3.7亿美元，其中主要是桃（14%）、樱桃（11%）、杏（8%）和洋葱（7%）。③

俄罗斯是乌兹别克斯坦纺织品的主要消费国。俄零售企业协会（AKORT）指出，到2022年底，乌兹别克斯坦商品在俄零售市场的份额增

---

① Узбекский вектор Москвы, Ташкент становится ключевым партнером России в Центральной Азии. Московский Комсомолец, 5 октября 2023 года.

② Сотрудничество России и Узбекистана развивается интенсивно, несмотря на санкционные ограничения, Первый канал, 22 мая 2023 года.

③ Межгосударственные отношения России и Узбекистана, РИА Новости, 5 октября 2023.

至 8%。乌兹别克斯坦有 44 家纺织公司在俄开展业务，有 250 家纺织公司向俄市场供应产品。俄罗斯与乌兹别克斯坦政府间经济合作委员会在双边经济发展中发挥主要协调作用。

俄罗斯与乌兹别克斯坦积极开展区域间合作。乌兹别克斯坦与俄罗斯 89 个联邦主体大都保持着持续、活跃的经贸联系。即使在俄罗斯经济受到严厉制裁的情况下，俄罗斯与乌兹别克斯坦之间的双边贸易额仍在增长。值得关注的是，乌兹别克斯坦虽不是欧亚经济联盟成员，但其仍设法适应当前世界金融经济形势，继续强化与俄罗斯的交往。

劳务移民问题在俄罗斯与乌兹别克斯坦的关系中占据重要地位。乌兹别克斯坦对外劳务移民局称，目前约有 150 万名乌兹别克斯坦的劳务移民在俄罗斯工作。2022 年来自乌兹别克斯坦的劳务移民人数增幅较大，增加了 35.1%，即 37.77 万人。[①] 2022 年乌兹别克斯坦收到的外汇达到创纪录的 169 亿美元，是上年的 2.1 倍[②]，其中大部分来自俄罗斯。据乌兹别克斯坦中央银行称，与其他国家相比，俄的汇款数额最大，占乌外汇总额的 85%，达 145 亿美元，是上年的 2.6 倍。[③] 在此需要说明的是，2022 年全年乌兹别克斯坦收到的来自俄罗斯的汇款 145 亿美元中不仅仅是乌兹别克斯坦在俄劳务移民的汇款，还包括了小额出口的收入以及邻国公民的汇款。这是因为 2022 年吉尔吉斯斯坦和塔吉克斯坦的国家银行都出台了取款限制，吉、塔两国公民将货币转移到乌兹别克斯坦，并通过乌兹别克斯坦银行兑现。即便如此，俄在对乌的国际汇款方面仍保持领先地位。

俄、乌两国在文化、教育等领域合作日益密切。双方积极合作，维护俄语在乌兹别克斯坦的地位。目前，乌兹别克斯坦已建有 15 所俄罗斯大学分

---

① Поток мигрантов из ЦА в Россию в прошлом году резко увеличился. Коммерсантъ, 21 февраля 2023.

② Объём денежных переводов в Узбекистан за 2022 год составил рекордные $16, 9 млрд, Газета. uz, 26 января 2023.

③ Межгосударственные отношения России и Узбекистана. Узбекский вектор Москвы, Ташкент становится ключевым партнером России в Центральной Азии, Московский Комсомолец, 5 октября 2023.

校，是中亚拥有俄顶尖大学分校最多的国家。从在俄罗斯各大学就读的学生人数看，乌兹别克斯坦均处于领先地位。在6万多名来自乌兹别克斯坦的留学生中，近1.4万人获得俄政府奖学金。在2023~2024学年，俄高等教育机构招收乌兹别克斯坦留学生的政府配额从650人增加到800人。[①] 俄罗斯科学文化中心已在乌兹别克斯坦建立并运作。值得注意的是，2022年10月，第三届俄罗斯-乌兹别克斯坦教育论坛在撒马尔罕举行，200多位高等教育机构的负责人参会。2023年9月25日，第四届俄罗斯-乌兹别克斯坦大学校长会议在圣彼得堡举行。

乌兹别克斯坦正在成为对俄罗斯人越来越具吸引力的旅游国家。2022年3月，两国政府签署了一项增加游客流量的计划，其中包括举办20场联合活动。自2022年春季以来，俄罗斯游客涌入乌兹别克斯坦的数量呈现增长势头。2022年底，前往乌兹别克斯坦的俄游客数量比2021年增加了2倍，达到56.77万人次，超过了2019年新冠疫情暴发前的数字。2023年前6个月，达到34.5万人次，比上年同期增长1.9倍。[②] 两国之间的免签证制度促进了俄乌两国旅游业的进一步发展。此外，双方开通的航班稳定、具有保障，且价格实惠。仅每天从莫斯科飞往塔什干的航班就超过3个。除此之外，俄游客还可以利用直飞航班前往撒马尔罕、布哈拉、希瓦和费尔干纳等城市。同样，乌国公民前往俄各城市和地区也更加便捷。这有助于俄、乌两国公民之间商业和人文交流的发展。

3. 乌兹别克斯坦与美国：伙伴关系掀开新的一页

由于中亚独特的地缘战略地位，美国一直试图扩大在中亚地区的政治存在，遏制中俄两国在该区域的作为。2022年俄乌冲突爆发后，美国进一步强化了"C5+1"（中亚五国+美国）机制，愈加积极地寻求削弱中、俄在中亚影响力的机会。乌兹别克斯坦作为中亚大国，具有不可替代的地理区位优

[①] Узбекский вектор Москвы, Ташкент становится ключевым партнером России в Центральной Азии, Московский Комсомолец, 5 октября 2023 года.

[②] Узбекский вектор Москвы, Ташкент становится ключевым партнером России в Центральной Азии, Московский Комсомолец, 5 октября 2023 года.

势，是美国确保在中亚利益的最佳地缘关系切入点，于是美国政要频繁出访乌兹别克斯坦。两国政要互访进一步加强。

2022 年 12 月 1 日，乌兹别克斯坦-美国战略伙伴关系对话会议在华盛顿举行。美国国务卿布林肯强调，在中亚地缘政治格局不断变化的背景下，美国致力于成为乌兹别克斯坦值得信赖的伙伴，并确保中亚的繁荣、安全和民主。他呼吁乌政府全面实施改革，包括保护人权和基本自由、支持民间社会、确保媒体自由和打击性别暴力的措施。乌外交部部长弗拉基米尔·诺罗夫（Vladimir Norov）强调了双方在贸易、投资、科教、运输和物流等领域建立伙伴关系。

美国是乌兹别克斯坦在西半球的主要合作伙伴之一。拜登政府上台以来，两国致力于加强双边关系的互信，将各领域战略伙伴关系提升到新的水平。两国安全、法律和军事等领域的合作显著加强。两国外交部门定期举行政治磋商，讨论加强政治对话，特别是深化地区安全、打击恐怖主义和有组织犯罪等领域的合作。双边政治互信，成为两国建立伙伴关系的基础。

经贸伙伴关系是两国最重要的互动领域之一。双方不断努力扩大经贸联系。过去三年，两国之间的贸易额不断增长。截至 2022 年底，乌、美两国贸易额达 4.368 亿美元，其中出口额为 6850 万美元，进口额为 3.683 亿美元，较 2021 年双边贸易额 4.263 亿美元有所增长，2021 年出口额为 6080 万美元，进口额为 3.655 亿美元[1]。

2022 年，乌兹别克斯坦在美获绿卡人数国家排名中进入前三。乌国公民获得了 5511 张绿卡。其他中亚国家公民获签绿卡人数：哈萨克斯坦为1978 人、吉尔吉斯斯坦为 2846 人、塔吉克斯坦为 2485 人、土库曼斯坦为555 人。[2]

2023 年 1 月 7 日，在塔什干国家帖木儿历史国家博物馆，乌兹别克斯坦文化遗产署署长巴霍迪尔·阿卜迪卡里莫夫与美国驻乌兹别克斯坦大使乔

---

[1] Фаррух Эрманов, Партнерство Узбекистан-США: новая страница во взаимоотношениях, KUN. UZ., 1 марта 2023 года.

[2] США начнут выдворять нелегалов из Узбекистана, Узбекистан, 20 ноября 2023 года.

纳森·赫尼克（Jonathan Henick）签署了一项为期5年的政府间《文化财产协议》。① 乌是中亚第一个与美签署《文化财产协议》的国家。该协议将限制被盗文物进入美国，并将非法进入美国的乌兹别克斯坦文物归还其原籍国。这份协议为两国在防止非法贩运以及归还博物馆文物和文化财产方面开展合作奠定了基础。该协议还为教育、文化和学术交流信息和文化遗产，以及举办联合展览制定了路线图。这份协议的签署阐明文化遗产保护是一项复杂工程，非一国能单独实现的。乌期待与各国合作，共同努力保护丰富多彩的珍贵文化遗产，向世界展示其本国悠久的历史。

2023年2月28日至3月1日，美国国务卿布林肯首次正式访问乌兹别克斯坦。2023年9月19日，美国与中亚国家首次以"C5+1"形式在纽约举行峰会。布林肯在会上发表了有关"世界秩序终结"和美转向"软实力"政策的讲话。2023年5月16日，美国驻乌兹别克斯坦大使馆与美国国际教育委员会合作，在纳曼干市正式开设了新的"美国角"。这是继2021年3月在塔什干开设"美国角"之后开设的第二个"美国角"。"美国角"旨在推广美国文化，提供图书资源、赴美留学咨询、英语文化资源、语言俱乐部、互联网服务等。"美国角"还包括"美国教育"（Education USA）咨询中心，该中心为希望在美学习的本科生和研究生提供免费咨询服务。"美国角"还是美国专家和美特邀专家进行演讲的场所；还举办英语电影放映和谈话俱乐部等课外活动。截至2023年3月，美国已在139个国家设立了600多个"美国角"。② 美国希望将这个角落建成为加强美、乌两国政府之间和人民之间关系的一个重要场域。2023年9月27日，美国中央司令部司令迈克尔·库里拉将军率军事代表团参加在乌举行的"美国与中亚和南亚国家总参谋长会议"，与乌国防部部长库尔巴诺夫会谈，讨论了地区安全和军事合作问题，表明美国在纽约举行"C5+1"最高级别政治磋商后，开始扩大与中亚、

---

① Узбекистан и США подписали соглашение о культурных ценностях, Ўзбек тилида, 7 ноября 2023 года.

② Американский уголок открыт в Намангане, и приглашает посетителей узнать больше о Соединенных Штатах, Новости и события, 18 мая 2023 года.

南亚国家的军事合作，着重于资助乌兹别克斯坦军事院校的发展和人才培养。

2022~2023 年，美国政要频繁出访乌兹别克斯坦，表面上是讨论美国与乌兹别克斯坦之间的合作，但从其实际行为言论来看，很明显，真正的目标是加强"文化软实力"的影响。俄乌冲突为美国撤军两年后重返中亚提供了良机。

四 安全形势总体稳定且稳中有患

乌兹别克斯坦被认为是世界上最安全的国家之一。然而鉴于当今世界地缘政治对抗加剧，经济安全、社会安全、政治安全、信息安全等领域问题突出，中亚地区安全面临日益严峻的挑战和威胁。乌兹别克斯坦的和平与安宁，暴露出许多安全隐患。2022 年 12 月 20 日，米尔济约耶夫总统发表讲话指出，必须"确保把国家安全工作提高到新水平"。[①] 2023 年 1 月 13 日，在祖国保卫者日前夕，米尔济约耶夫总统主持召开了安全会议，分析了2022 年国家安全形势，讨论了加强本国国防安全工作。他指出，"必须保护我们最重要的财富——和平安宁的生活，保障人民福祉，制定未来计划。在任何情况下，我们都有义务确保国家主权、边界不受侵犯和领土完整。这是我们对历史和子孙后代的神圣职责"[②]。乌兹别克斯坦地处亚欧枢纽，位于中亚腹地，作为区域人力资源最多、最具影响力的国家之一，在加强中亚和平与安全方面发挥着关键性作用。

（一）保障公共安全是国家安全的首要方向

2022 年乌兹别克斯坦开始实施 2021 年 11 月 29 日总统令颁布的《2022—2025 年乌兹别克斯坦共和国公共安全系统发展战略》和《乌兹别克斯坦共和国公共安全构想》。[③] 两份文件诠释了乌兹别克斯坦共和国公共安

---

① В Узбекистане вновь заговорили об обеспечении национальной безопасности, KUN. UZ, 21 декабря 2022 года.

② «При любой ситуации мы обязаны обеспечить суверенитет и неприкосновенность границ Узбекистана»—президент, «Газета. uz», 13 января 2023 года.

③ Указ Президента Республики Узбекистан, от 29. 11. 2021 г, № УП-27.

全概念。两份文件指出，"保障公共安全是国家安全的主要方向之一"，"公共安全是保护社会免受非法攻击、社会和种族冲突、紧急情况和其他威胁，有助于社会的可持续发展，确保实现人权、自由和合法权利。公共安全是国家为保护社会免受威胁而建立的，包含政治、社会、经济、法律和其他一系列组织措施，且不断完善的统一体系"。根据《2022—2025年乌兹别克斯坦共和国公共安全系统发展战略》和《乌兹别克斯坦共和国公共安全构想》，自2022年起，把以"为人民利益服务"为原则的保障公共安全工作的全新机制和程序，确保人民安定生活，形成守法和公共安全的社会文化，列入国家大规模改革方略的重要组成部分。

目前，乌兹别克斯坦已形成了独特的维护国家公共安全、打击非传统安全威胁的"乌兹别克斯坦模式"，即在完善立法和持续社会政治改革，以及与国际组织和相关国家合作的基础上，坚决防范和抵御一切危害国家稳定安全的威胁和隐患。据统计，2022年上半年，乌兹别克斯坦强力部门共破获4个与叙利亚恐怖组织"一神圣战营"和"伊斯兰国"有关联的本土恐怖团伙，发现并查封10个恐怖主义网络平台，抓获了250名"独狼式"恐怖分子。这些团伙和网络平台在乌兹别克斯坦宣传极端思想、招募人员和资助恐怖分子。根据2023年全球恐怖主义指数分析：乌兹别克斯坦全球排名第70位；中亚地区其他国家，塔吉克斯坦排名第50位；哈萨克斯坦、吉尔吉斯斯坦和土库曼斯坦并列第93位。全球恐怖主义指数最高的国家仍然是乌兹别克斯坦的邻国阿富汗。据统计，2022年乌兹别克斯坦有633名恐怖袭击受害者。63%的恐怖袭击和74%的死亡人数发生在阿-巴边境地区。[①]

国内层面，《2022—2025年乌兹别克斯坦共和国公共安全系统发展战略》和《乌兹别克斯坦共和国公共安全构想》，首先，进一步明确了国家安全局的职责和任务：打击恐怖主义，极端主义，有组织犯罪，非法贩运武

---

① Обнародован Глобальный индекс терроризма 2023：Узбекистан-на 70-м месте, Мир, 22 марта 2023 года.

器、麻醉药品和精神药物；采取措施预防、查明和制止旨在宣扬民族和宗教仇恨、对公共安全构成威胁的活动；预防国家边境地区的犯罪行为，采取措施化解和消除助长犯罪行为因素；确保边防检查站等部门的安全；采取必要措施严防、查明和制止对公共安全构成威胁的人员、限制或禁止危险物品非法越境；搜集分析和销毁制止旨在对国家和社会安全构成威胁的信息和行为。国家元首强调，"国家安全局工作人员必须成为祖国的盾牌，保护祖国免受极端主义和恐怖主义的侵害"①。

其次，进一步规范马哈拉和家庭支持部的社会管理职能。在社会层面，全面有效地落实"设备齐全、安全的马哈拉"原则，采取措施改善家庭和社区的社会和文化环境，旨在确保马哈拉公共安全活动，包括预防犯罪、增强公民尊重法律和守法意识；落实"健康家庭-健康社会"的理念，组织对弱势家庭和问题家庭的有针对性的援助；确保有效支持妇女的国家政策，保护妇女的权利和合法利益，增强妇女在国家社会政治生活中的作用，确保男女权利和机会平等；加强马哈拉与内务部等政府机构间在预防犯罪问题上的互动。同时，该文件对国内其他相关部门的工作和职责做了明确的分工。

国际层面，乌兹别克斯坦正在双边关系和国际组织内积极开展工作，以确保国家的公共安全。2023 年 4 月 7 日，上合组织地区反恐怖机构理事会第三十九次会议在塔什干举行，中、俄、乌、印、哈、吉、巴、塔主管部门及地区反恐怖机构执委会代表出席，就地区安全状况，打击恐怖主义、分裂主义和极端主义，应对国际安全挑战合作等问题交换意见。

继 2022 年 6 月在土耳其举行"突厥国家组织"成员国首届安全秘书会议后，2023 年 10 月 20 日，第二届会议在塔什干举行。该会议讨论了关于打击恐怖主义、极端主义、贩毒、人口贩运和网络犯罪等问题，认为要在应对气候变化、应急等方面加强合作，提出在该组织框架内加强安全领域的务实合作。

---

① В Узбекистане вновь заговорили об обеспечении национальной безопасности，21 декабря 2022 года.

（二）武装力量是维护政权稳定和国家安全的重要保证

乌兹别克斯坦武装力量是中亚地区最强大的，在维护地区安全方面发挥着重要作用。其武装力量约7万人，分为3个军种，即陆军、空防军和特种部队。特种部队包括一支约5000人的快速反应旅，驻扎在奇尔奇克。据法律规定，特种部队可以使用武器消灭恐怖分子和反政府武装力量。在中亚地区，无论是军事力量，还是军事规模，乌兹别克斯坦都处于领先地位。按照"全球火力"网站对世界142个国家军事实力50个[1]综合指数评估，2022年乌兹别克斯坦武装力量在世界上排名第55[2]，在独联体国家中排名第4，仅次于俄罗斯（第2）、乌克兰（第22）和白俄罗斯（第52），在中亚国家中排名第1。乌兹别克斯坦还拥有准军事部队国家近卫军。由于人口的快速增长，乌兹别克斯坦征兵适龄人员数量也处于中亚首位。乌动员公民服兵役的潜力为1347万人。征兵适龄人数为61.68万人，居世界第35位。在哈萨克斯坦，征兵适龄人数约为27.1万人；塔吉克斯坦为15.5万人；吉尔吉斯斯坦为11.5万人；土库曼斯坦为10.7万人。

根据乌兹别克斯坦《国防学说》，其国防政策基于10项原则：①不对他国使用武力，抵抗军事侵略除外；②安全的不可分割性，不允许以牺牲他国安全为代价加强自身安全；③不干涉他国内政，和平解决可能的争端；④不参加军事政治集团，保留在任何国家间组织转变为军事政治集团时的退出权利；⑤军事发展适应世界新军事变革；⑥摒弃生产、获取、储存、扩散和部署核武器及其他类型的大规模毁灭性武器；⑦致力于《中亚无核武器区条约》原则；⑧不允许在本国领土上部署外国军事基地和设施；⑨武装

---

① "全球火力"评级评估的50个因素主要包括：武装部队的规模、军队的经费数额、军种中现代技术的使用水平、装备的数量、国防开支水平；机械和设备库；军队规模；坦克、舰艇、飞机和其他军事装备的数量；获得石油产品；其他影响军队战斗力；地理特征（出海口）、某些资源（石油）的生产和消费等因素。

② Какая армия стала самой мощной в Центральной Азии? KUN. UZ., 15 октября 2022 года.

部队不参与国外军事冲突；⑩遵循人民的精神和道德价值观以及文化和文明认同。

截至 2023 年初，乌兹别克斯坦直升机数量在中亚排名第一，拥有 33 架攻击型直升机；哈 25 架，土 10 架。目前，乌有 20 多个拥有现代化教育设施的训练场。其中，"塔什库尔干"①（Ташкурган）训练基地建在高原之上，奇木干（Чимган）山地训练中心位于海拔 1700 米之处。② 这些建在高原山区的训练基地为军队提供紧急行动的实战演练。

乌兹别克斯坦还组织学习了国外近 14 个国家武装部队的经验。据乌兹别克斯坦国防部称，俄罗斯、中国、印度、巴基斯坦、土耳其、英国、德国、法国和其他国家均在乌兹别克斯坦军事学院和武装部队开设过培训班。该国不仅学习他国的军事经验，而且与许多国家举行了联合演习。2022 年 8 月 4 日，乌-塔军队在乌-阿边境的铁尔梅兹军事训练场举行了 2022 年联合演习。两国摩托化步兵、装甲兵、炮兵等作战部队参加了这次实战演练。近年来，乌兹别克斯坦致力于加强与上合组织国家，以及与独联体军事部门联合演习的强度，旨在"确保把国家安全的工作提高到新的水平"和"乌兹别克斯坦不依赖外部力量来保护国家的主权和安全"。③

乌兹别克斯坦武装力量具有高水平的组织性和专业性，但也面临着许多影响其战斗力的问题和挑战。①预算有限，没有足够的资金购买新式武器装备、更新基础设施和培训军事人员。②缺乏高素质合格的人才。③武器装备过时，作战能力受限。④国际军事演习和行动参与度不足，致使适应现代战争要求的实战经验滞后。⑤腐败和技术装备现代化不足，影响军队现代化建设的发展。④ 2022 年 1 月 14 日是乌兹别克斯坦祖国保卫者日和

---

① 此处"塔什库尔干"意为"石头筑就的堡垒"之意。

② Есть чем гордиться: что делает армию Узбекистана сильнейшей в Центральной Азии, 11 января 2023 года.

③ Шавкат Мирзиеев, Узбекистан не будет опираться на внешние силы для защиты своего суверенитета, РИА Новости, 13 января 2023 года.

④ Вооруженные силы Узбекистана, Источник, https：//uzbekistanfaq.ru/armiya-uzbekistana.

武装部队成立30周年纪念日。米尔济约耶夫总统指出，"国家的安全基于武装部队的勤奋和忠诚"，"我们加强维护国家安全工作，把军队战斗力提高到新水平"。①

（三）阿富汗局势是直接影响中亚安全的关键因素之一

乌兹别克斯坦与阿富汗山水相连，是沟通中亚、南亚和中东的重要通道，地缘战略地位极其重要。双方利益攸关。乌兹别克斯坦国家元首基于本国与阿富汗地缘相接、文化相近和利益相交三大要素，坚持"安全不可分割"原则，提出"阿富汗安全即乌兹别克斯坦安全"理念②，指出两国安全利益的不可分割性。

塔利班掌权复国后，阿富汗安全形势愈加复杂化。国内发生多起教派、部族、民族和塔利班内部的派系冲突。2022年1月，阿富汗塔利班在巴尔赫省省会马扎里沙里夫逮捕了乌兹别克族指挥官马哈杜姆·阿拉姆，因此在北部的乌兹别克人聚居区法里亚布省省会迈马纳市爆发大规模抗议活动。当地乌兹别克人将塔利班新任命的省长、情报安全部门负责人和普什图族工作人员驱逐出省，加剧了乌兹别克人和普什图人的矛盾。在潘杰希尔省的部分地区，"北方联盟"全国抵抗阵线力量正在迅速恢复。③另外，恐怖主义、毒品问题、局势动荡，"伊斯兰国"迁徙计划仍在持续，其分支针对塔利班新政府和平民不断实施恐怖袭击。数十个恐怖主义和极端主义组织依然十分活跃。它们试图将阿富汗继续作为恐怖主义的"集散地"。据2023年11月乌兹别克斯坦对外情报局报告，近8000名"伊斯兰国"武装分子集结在阿

① В Узбекистане вновь заговорили об обеспечении национальной безопасности, KUN. UZ., 21 декабря 2022 года.

② Президент Шавкат Мирзиёев, выступил на международной конференции по Афганистану: «Мирный процесс, сотрудничество в сфере безопасности и региональное взаимодействие», "UzNews. uz", 27 марта 2018 года.

③ В Афганистане этнические узбеки протестуют против руководства талибов, Report, 13 Января 2022, В Афганистане начались боестолкновения между группами талибов, Tengrinews, kz., 14 января 2022 года.

富汗境内邻近乌兹别克斯坦苏尔汉河州①方向的边境区域。这些武装人员随时准备发起挑衅。② 阿富汗危机的不确定性和外溢效应直接投射到中亚南部邻国，关乎乌兹别克斯坦的安全。

2022～2023 年乌兹别克斯坦与阿富汗之间的安全问题主要是水资源分配与共同边界的安全问题。2023 年 7 月，由阿富汗内务部部长马拉维·古拉姆·纳比·萨米姆率领的内政、边境和部落事务部代表团访问乌兹别克斯坦，会见了乌边防部队指挥官，双方讨论了共同边界的安全以及当地居民面临的问题。塔利班已设法组建了一支约 20 万人的军队，但由于社会经济问题和资金匮乏，其反恐能力难以体现。"伊斯兰国"呼罗珊分支实施的恐怖袭击表明，阿富汗保障外商投资安全的压力正在增加。乌兹别克斯坦既不参加军事政治集团，也不在他国领土设立外国军事基地，已载入其国家军事学说和外交政策。但是乌兹别克斯坦政府始终高度重视边境安全，首先是在边境部分地区采取措施，以防止恐怖组织渗透，与此同时，乌政府改善了边境基础设施，充分配备了现代化技术设备，对新入职的边境服务部门的工作人员进行了系统培训，加强了整个国家边境防御系统的现代化建设。

就共同边界安全而言，另一个新安全挑战是极端主义和恐怖主义思想的渗透。如今其意识形态最有效的传播已不仅是人员跨界，而是通过互联网的跨境信息传播。截至 2023 年 6 月底，超过 820 万名阿富汗人移居乌兹别克斯坦、塔吉克斯坦、巴基斯坦和伊朗。一些来自阿的极端分子和恐怖分子打着难民幌子，越过界河阿姆河非法潜入乌国境内。为此，乌兹别克斯坦加强了应对举措，按照本国立法中"非法入境"的条款刑事立案或进行处罚。

当今时代，互联网、媒体网站和网络社交平台已成为公民和社会的主要

---

① 苏尔汉河州位于乌兹别克斯坦共和国东南部。东部与北部与塔吉克斯坦接壤，西南部与土库曼斯坦相连，南部沿阿姆河与阿富汗毗邻。面积为 2.08 万平方千米，人口为 180.5 万人，主要是塔吉克族和乌兹别克族居民。苏尔汉河州行政中心为铁尔梅兹市。

② Узбекистан укрепляет границу с Афганистаном, База знаний, 19 ноября 2023 года.

信息来源，国家网络信息安全至关重要。2022年4月15日，米尔济约耶夫总统签署了第ZRU-764号令，批准了《乌兹别克斯坦共和国网络安全法》。这一立法的通过，有助于确保国家信息系统的安全，防止未经授权的破坏、篡改、扭曲、封锁信息等行为，以及对国家信息系统和网络的其他形式的非法干扰。

乌兹别克斯坦与阿富汗的第二个安全问题是跨界水资源分配，主要是实施库什特帕运河项目引发的问题。近年来乌兹别克斯坦水资源短缺问题严重。乌国正在实施一项针对气候变化和土壤退化的国家农业发展战略，对阿富汗修建发源于阿姆河的库什特帕运河建设表示担忧。为此，乌兹别克斯坦与阿富汗开始了对话之路。经过数轮协商，双方同意成立一个工作组，研究库什特帕运河建设及其对阿姆河水情的影响，解决水管理和满足双方需求的灌溉设施建设问题。乌兹别克斯坦主张在双边利益的基础上，就边境安全、用水和贸易发展等问题进行对话协调。2023年3月，阿富汗宣布"在与乌兹别克斯坦相互理解的基础上"实施库什特帕运河建设项目。

概言之，乌兹别克斯坦在发展与阿富汗双边关系中，以政治对话为基础，以安全利益为宗旨，以经济合作为动力，以人文交流为桥梁，进行政策调整和路径选择，呈现鲜明的特点。第一，米尔济约耶夫新政以来的阿富汗政策在传承首任总统外交战略的基盘上与时俱进，拓宽创新性发展路径。第二，有效利用域外各国对阿富汗问题的共同感知，在改革开放中平衡外交关系，扩大本国影响力。第三，以本国战略利益和外交政策优先选项为维度，助力阿富汗利用本土资源融入区域经济。

结　语

乌兹别克斯坦坚定奉行独立自主的政治经济改革和多元化、全方位的外交政策。尽管新冠疫情、俄乌冲突等对其国民经济和社会发展造成了严重影响，但是在国家元首领导下，各族人民友好和谐，攻坚克难。在"经济优先，国家调控，法律至上，循序渐进，社会保障"建国五项原则和"乌兹别克斯坦发展模式"基础上，乌国大规模进行改革创新、推动"绿色"工业化发展、增进民生福祉，构建"新乌兹别克斯坦"的各项举措顺利实施，成效显著，大改革大开放取得了殊为不易的成就。继往开来，乌兹别克斯坦进入全面推进和深化"新乌兹别克斯坦"发展战略的新时代。

分报告 ↗

B.2
乌兹别克斯坦2022~2023年
政治与外交格局新动向

康丽娜*

摘　要： 2022~2023年，乌兹别克斯坦内政外交形势发生较大变化。在内政方面，因实施宪法改革而发生"七月骚乱"事件，但在米尔济约耶夫总统的强有力领导下最先确保了国家安全和社会稳定。2023年7月米尔济约耶夫连任总统，由此证明乌当前政治形势相对稳定，致力于实现"新乌兹别克斯坦"发展战略目标。在外交领域，因俄乌冲突引发的全球局势不断恶化，对此乌积极调整外交政策，试图重构本国及中亚地区外交和安全新格局，致力于在世界大国、地区邻国和周边强国的灵活互动中获取利益最大化。

关键词： 乌兹别克斯坦　宪法改革　多元平衡外交　中亚邻国优先　俄乌冲突

---

* 康丽娜，历史学博士，陕西师范大学中亚研究所副教授，陕西师范大学乌兹别克斯坦研究中心科研人员，研究方向：中亚近代史、中亚农业发展与粮食安全问题等。

当前，世界百年未有之大变局加速演进，全球地缘政治秩序深刻重构。2022 年 4 月 21 日，在博鳌亚洲论坛 2022 年年会开幕式上的主旨演讲中，习近平主席进一步阐述了百年变局的核心内涵："当下，世界之变、时代之变、历史之变正以前所未有的方式展开，给人类提出了必须严肃对待的挑战。"① 2022 年 2 月爆发的俄乌冲突或将成为自冷战以后全球战略体系重组和国际秩序重塑的转折点。作为中亚人口大国和地缘中心，乌兹别克斯坦自然成为中亚地区政治和外交"风向标"的重要窗口。为此，乌兹别克斯坦积极调整外交政策，试图重构本国及中亚地区外交和安全新格局，致力于在与世界大国、地区邻国和周边强国的灵活互动中获取利益最大化，实现"新乌兹别克斯坦"发展战略目标。

一　宪法改革与米氏政权再稳固

对于乌兹别克斯坦而言，2022~2023 年是不同寻常的年份，社会进入加速转型期，政局形势主要围绕"修宪公投"展开，建立新型民族国家政体成为乌当下迫切追求的新目标。

自 2016 年上任以来，米尔济约耶夫开始在政治、经济、外交和社会等各领域展开大刀阔斧的改革，乌兹别克斯坦发生了历史性巨变，总统本人也以"改革者"的形象被载入史册，西方学者称"乌兹别克斯坦已迈入 2.0 时代"。② 近年来，乌加快推进政治体制改革，国内政治生活及公民思想正在发生根本性变化，"乌兹别克斯坦每一位公民无论其民族、语言或宗教信仰如何，都应被认为是乌真正的主人，不仅可以参与国家正在进行的所有改革进程，而且还是这些进程的直接建设者和受益人"，深入落实"国家机构

---

① 《习近平在博鳌亚洲论坛 2022 年年会开幕式上的主旨演讲（全文）》，中国政府网，2022年 4 月 21 日，https：//www.gov.cn/xinwen/2022-04/21/content_5686424.htm，最后访问日期：2023 年 11 月 24 日。

② Farkhod Tolipov, Uzbekistan-2.0 and Central Asia-2.0 New Challenges and New Opportunitie, Eurasiatica 13, Monitoring Central Asia and the Caspian Area, 2019, pp. 95-106.

服务于人民"的执政原则。2022年12月，米尔济约耶夫签署《关于实施新乌兹别克斯坦行政改革措施》的总统令。据此，乌自2023年1月1日起实施行政改革，明确缩减国家机关人员数量30%~35%，取消或减少行政机关部门数量，其中部委机构数量从61个减少至28个。① 比如2023年8月，米尔济约耶夫对总统办公厅进行改组，取消总统办公厅主任职务。诸如此类的改革举措受到乌民众欢迎，乌兹别克斯坦正朝着社会政治现代化的方向加速迈进。

2021年10月，米尔济约耶夫再次当选总统，随后在其就职典礼上宣布了宪法改革，同年12月提议在宪法②颁布三十周年，即2022年12月8日之前通过修正案。③ 至于修宪原因，乌议员认为近年来国家实施全面改革，同时在"新乌兹别克斯坦"发展战略框架下设立了发展目标，为此必须提供新的法律依据。④

2022年5月，乌兹别克斯坦政党启动修宪进程。5月底，乌最高议会成立宪法委员会，专门负责制定宪法修正案。6月16日，米尔济约耶夫总统签署《公投法》修正案。6月20日，米尔济约耶夫总统提议就宪法修正案举行全民公投，他强调："根据乌兹别克斯坦的现行法律，议会应在民意基础上进行修宪，宪法改革应通过全民公投的方式进行，只有在充分考虑民众意见的基础上，才能确保该宪法的合理性。"⑤ 6月22日，宪法修正案提交最高议会立法院审议，24日审议通过并公布该修正案。宪法修正案中除增

① Послание Президента Республики Узбекистан Шавката Мирзиёева Олий Мажлису и народу Узбекистана, 20 декабря 2022 года, https: //president. uz/ru/lists/view/5774, accessed: 2023-11-24.

② 乌兹别克斯坦现行宪法最早于1992年12月8日通过，至今已修正16次。自2016年米尔济约耶夫任职以来，乌国政府分别于2017年和2019年对宪法予以大幅度的修改和补充。

③ Референдум по новой Конституции Узбекистана назначен на 30 апреля, 10 марта 2023 года, https: //www. gazeta. uz/ru/2023/03/10/referendum-date/, accessed: 2023-11-24.

④ Чем узбекская реформа Конституции отличается от российской и казахской и как продолжение реформ связано с обнулением сроков президента, 30 марта 2023 года, https: //www. rbc. ru/politics/30/03/2023/6423fb4a9a7947c5541502f5, accessed: 2023-11-24.

⑤ Президент Узбекистана предложил провести референдум по поправкам в Конституцию, 20 июня 2022 года, https: //www. interfax. ru/world/847081, accessed: 2023-11-24.

加"禁止判处死刑"条款外，最引人注目的两项条款则是"将总统任期从5年延长至7年，允许现任总统米尔济约耶夫连任两届期满后可再次竞选总统"和"取消有关卡拉卡尔帕克斯坦共和国自治地位"，而后者在乌引发剧烈震荡。

2022年7月1日，卡拉卡尔帕克斯坦共和国首府努库斯爆发大规模骚乱，抗议乌政府计划取消卡拉卡尔帕克斯坦共和国自治地位的决议，这是乌继2005年"安集延事件"以来规模最大的一次动乱。努库斯骚乱事件造成21人死亡，243人受伤。[①] 7月2日，米尔济约耶夫总统到访努库斯，并宣称保留关于卡拉卡尔帕克斯坦共和国自治主权的条款，同时对任何试图扰乱和平、安宁和公共安全的行为予以严厉惩罚。很快，乌政府平息了这一骚乱，卡拉卡尔帕克斯坦共和国的秩序得以稳定。7月21日，米尔济约耶夫总统签署法令提前终止卡拉卡尔帕克斯坦共和国的紧急状态。与此同时，乌议会决定将宪法修正案公开讨论的期限从7月15日延长至8月1日。[②] 2022年8月，欧洲安全与合作组织派出观察团赴乌观察修宪全民公投，以确保修宪公投公平、公正和透明。

显然，卡拉卡尔帕克斯坦共和国骚乱事件与修宪密切相关，但也不排除外部势力参与的可能性。俄罗斯联邦安全会议秘书尼古拉·帕特鲁舍夫（Николай Патрушев）在上海合作组织成员国安全会议秘书会议上表示，乌兹别克斯坦的努库斯骚乱事件是西方进行"颜色革命"的又一尝试。[③] 7月6日，联合国人权事务高级专员米歇尔·巴切莱特（Michelle Bachelet）呼吁乌兹别克斯坦对卡拉卡尔帕克斯坦共和国事件进行迅速、独立且透明的调查，并立即恢复该地区网络。同日，乌外交部就努库斯骚乱事件发表声明，并澄清关于非法使用"武力驱散和平集会"和"压制独立声音和封锁

---

① Верховный комиссар ООН призвала не ограничивать интернет в Каракалпакстане, 6 июля 2022 года, https：//www.gazeta.uz/ru/2022/07/06/ohchr/, accessed：2023-11-24.

② «Никто не даёт нам указаний», Акмаль Саидов—о продлении обсуждения поправок, 15 июля 2022 года, https：//www.gazeta.uz/ru/2022/07/15/saidov/, accessed：2023-11-24.

③ В РФ считают события в Каракалпакстане попыткой «цветной революции», 20 августа 2022 года, https：// anhor.uz/news/patrushev/, accessed：2023-11-24.

信息"的说法毫无根据。① 乌政府妥善解决这一突发事件,再次证明了米氏政权已趋于稳定。

此后,宪法改革的进程继续推进。在关于完善基本法的广泛讨论和公开辩论中,已收到超过22万份修宪建议,这表明国民参与政治事务的积极性较高。② 宪法修正案始终贯穿"人-社会-国家"优先原则,把保护个人及其生命、权利、自由、合法利益、荣誉和尊严作为最高原则,这成为宪法改革的核心。2022年12月8日,正值宪法日之际,这一宪法草案已提交全民公投。2023年3月15日,经乌议会两院批准的新宪法草案予以公布,并定于2023年4月30日就宪法修正案进行全民公投。其结果是,90.2%的投票者支持宪法修正案,最终通过的新宪法取代了1992年的宪法,并于2023年5月1日起正式生效。③ 相比于旧宪法,新宪法内容更新了65%,条款总数从128条增至155条,规范数量从275条增至434条。④

新宪法的通过为即将举行的总统选举做好了铺垫。2023年5月8日,米尔济约耶夫签署总统令,宣布于7月9日提前举行总统选举,这意味着米尔济约耶夫主动放弃了剩余三年半的总统任期。对此,米尔济约耶夫主要基于以下考量:一是适应各级权力机构改革、权力平衡"被打破"等新情况;二是完成新宪法提出的政治、经济和社会等领域的新任务;三是应对地区和全球局势确保本国平稳持续发展。2023年7月10日,乌中央选举委员会主席扎尼金·尼扎姆霍贾耶夫(Зайниддин Низамходжаев)公布了总统选举

---

① МИД Узбекистана в официальном заявлении опроверг мирный характер протестов в Нукусе, 6 июля 2022 года, https://nuz.uz/politika/1248305-mid-uzbekistana-v-oficzialnom-zayavlenii-oproverg-mirnyj-harakter-protestov-v-nukuse.html, accessed: 2023-11-24.

② Послание Президента Республики Узбекистан Шавката Мирзиёева Олий Мажлису и народу Узбекистана, 20 декабря 2022 года, https://president.uz/ru/lists/view/5774, accessed: 2023-11-24.

③ Окончательные итоги референдума в Узбекистане—данные ЦИК, 1 мая 2023 года, https://uz.sputniknews.ru/20230501/itogi-ryefyeryendum-uzbyekistan-sik-34513423.html, accessed: 2023-11-24.

④ В Узбекистане приняли поправки в конституцию, обнуляющие сроки президента Шавката Мирзиёева, 1 мая 2023 года, https://svtv.org/news/2023-05-01/v-uzbiekistanie-priniali/, accessed: 2023-11-24.

结果，被誉为"乌兹别克斯坦改革时代设计师"的米尔济约耶夫以87.05%
的得票率获胜，成功连任。① 7月14日，米尔济约耶夫在乌最高会议宣誓就
职。他在就职演讲中表示："新时代需要新思想、新倡议和新成果，今后几
年乌政治、经济、社会和文化等领域将发生巨大变革。"② 正如乌政治学家
穆哈梅多夫所认为的，本次总统选举的成功举行对乌继续推动民主政治改革
进程意义重大。③

通过实施《2017—2021年乌兹别克斯坦五大优先发展方向行动战略》，
乌兹别克斯坦开启了行政、司法、经济、社会保障、安全和外交等领域的全
面改革，这不仅改变了乌国家形象，还使本国政治经济格局，乃至整个中亚
地区的外交格局得到一定程度的重塑。自2021年以80.1%的高票率顺利连
任以后，米氏承诺持续推进各项改革，并于2022年1月制定了《2022—
2026年新乌兹别克斯坦发展战略》。米尔济约耶夫强调，新宪法为国家转型
确定了战略方向，为建设"新乌兹别克斯坦"提供了坚实基础。正如2022
年5月12日德国驻乌兹别克斯坦大使蒂洛·克林涅尔（Тило Клиннер）受
访时所言："乌兹别克斯坦可能超过哈萨克斯坦重获中亚地区领导地位。"④
2022年，乌GDP首次超过800亿美元，增长率达到5.7%，同时获得了80
亿美元的外国直接投资。⑤ 米尔济约耶夫在第78届联合国大会上指出，
2017~2023年乌国内生产总值增长了超过50%，贫困率大幅下降，目标到

---

① Айсымбат Токоева, Шавкат Мирзиёев в третий раз стал президентом. Как изменился
Узбекистан за время его правления, 10 июля 2023 года, https：//sova. news/2023/07/10/
shavkat-mirziyoev-v-tretij-raz-stal-prezidentom-kak-izmenilsya-uzbekistan-za-vremya-ego-
pravleniya/, accessed：2023-11-24.
② 《米尔济约耶夫宣誓就任乌兹别克斯坦总统》，人民网，2023年7月14日，http：//world.
people. com. cn/n1/2023/0714/c1002-40036205. html，最后访问日期：2023年11月24日。
③ 《建设"新乌兹别克斯坦"的五大战略方向》，海外网百家号，2023年7月15日，
https：//baijiahao. baidu. com/s？id=1771438669529636471&wfr=spider&for=pc，最后访问日
期：2023年11月24日。
④ Посол ФРГ считает, что Узбекистан может вернуть лидерство в Центральной Азии, 11 мая
2022 года, https：//repost. uz/centr-centralnoy-azii, accessed：2023-11-24.
⑤ Какие задачи стоят перед Узбекистаном в 2023 году-мнение эксперта, 12 января 2023 года,
https：//dzen. ru/a/Y7-xgla2vzilyvKn？utm_referer=yandex. ru, accessed：2023-11-24.

2030年国内生产总值翻一番，达到1600亿美元，贫困率降至7%。[①]

总之，在"米氏新政"的持续推进下，乌政治现代化进程明显加快，国内行政效率和法治水平不断提升，民众对政府的信任度日益增强，正在阔步迎接"新乌兹别克斯坦"建设时代，加快重塑乌外交新格局。自2022年以来，乌成功举办了上合组织撒马尔罕峰会、"突厥国家组织"首脑峰会、阿富汗问题国际会议、中亚国家领导人磋商会议以及数十场高级别国际会议，并在会上提出了重要倡议。可见，乌兹别克斯坦有能力就复杂的国际问题组织对话，其国际地位显著提高。

二 深化与中亚邻国的友好关系

自2016年米氏执政以来，巩固与中亚邻国的关系，把中亚打造成"无限可能的地区"，在周边建立"睦邻、安全的稳定带"成为乌兹别克斯坦外交的优先方向。当前，中亚区域政治合作氛围明显改善，睦邻互信关系开始形成。在米尔济约耶夫的倡议下，乌兹别克斯坦与中亚四国均建立高层互访关系，组织多场中亚国家领导人磋商会议。自2017年以来，乌与周边邻国的边界划定进程明显加快，到2021年底边界划定率达到95.5%，其中乌兹别克斯坦-塔吉克斯坦的边界划定率超过99%，乌兹别克斯坦-吉尔吉斯斯坦的边界划定率超过80%。[②] 总而言之，乌兹别克斯坦与中亚邻国的关系经历了从紧张、冲突到互信、合作伙伴关系的重大转变，在短期内乌与周边邻国关系迅速升温，具体表现在与吉尔吉斯斯坦、土库曼斯坦两国成为战略伙伴关系，与哈萨克斯坦、塔吉克斯坦两国升至联盟关系。

[①] Айсымбат Токоева，Шавкат Мирзиёев в третий раз стал президентом，Как изменился Узбекистан за время его правления，10 июля 2023 года，https：//sova.news/2023/07/10/shavkat-mirziyoev-v-tretij-raz-stal-prezidentom-kak-izmenilsya-uzbekistan-za-vremya-ego-pravleniya/，accessed：2023-11-24.

[②] Стратегия развития Нового Узбекистана на период 2022-2026 гг.—интервью исполнительного директора узбекистанского Центра «Стратегия развития»，28 января 2022 года，https：//e-cis.info/news/566/98823/，accessed：2023-11-24.

一是加强地区安全合作。一方面，中亚国家局势并不稳定。2022年哈萨克斯坦"一月骚乱"是哈国独立以来从未经历过的全国性大规模突发政治安全事件。对此，乌外交部发表声明密切关注该国局势变动，坚定支持哈国民众和领导人为确保国家稳定、繁荣所做的努力。2022年1月10日，在集安组织元首非例行峰会上，白俄罗斯总统卢卡申科呼吁乌兹别克斯坦要从哈萨克斯坦事件中吸取教训，尚不属于集安组织成员的乌更应提高警惕，确保国家安全与政局稳定。2022年7月21日，米尔济约耶夫在吉尔吉斯斯坦乔尔蓬阿塔举行的第四届中亚国家领导人磋商会议上表示："乌近期发生的悲惨事件再次证实了中亚地区存在制造混乱和不稳定的破坏性力量，我们应进一步加强区域安全合作。"除上述外，2022年，乌兹别克斯坦与吉尔吉斯斯坦两国边境冲突持续不断，如4月5日、5月21日两国发生边界冲突。2022年12月，经过谈判乌、吉双方最终签署《国家边界条约》①，这不仅标志着两国边界问题基本得以解决，而且为两国和平共处与互利合作开辟了最广阔的前景。当然，目前双方在卡姆比尔-阿巴德水库控制权上仍存在争议，这也恰恰证明了乌兹别克斯坦与中亚邻国加强地区安全合作的重要性。正如莫斯科国际关系学院国际问题研究所欧亚研究中心首席研究员亚历山大·克尼亚泽夫（Александр Князев）所言："中亚地区潜在的最危险因素并不是'阿富汗问题'，而是各国间由边界、民族、水资源等问题引发的冲突。"②除了中亚内部"抱团取暖"外，乌兹别克斯坦可借助上合组织、集安组织等平台稳定局势。

另一方面，特别关注阿富汗局势，为其重建提供援助。乌兹别克斯坦与阿富汗接壤，所以始终密切关注阿富汗问题，希望通过提供援助稳定阿富汗局势。莫斯科卡内基中心学者阿卡迪·杜布诺夫（Аркадий Дубнов）指出：

① Sadyr Zhaparov, "President of the Kyrgyz Republic, Addresses the General Debate of the 78th Session of the General Assembly of the UN," September 19, 2023, https: //webtv. un. org/en/asset/k1u/k1ubno255w, accessed: 2023-11-24.

② Что угрожает миру и стабильности в Центральной Азии, 25 февраля 2023 года, https: //crss. uz/2023/02/25/chto-ugrozhaet-miru-i-stabilnosti-v-centralnoj-azii/, accessed: 2023-11-24.

"虽然米尔济约耶夫向国际社会呼吁的各类倡议可能会落空，但他或许仍是当今世界唯一真正重视解决阿富汗问题的领导人。"① 这也是近年来乌兹别克斯坦外交政策理念的体现，即一个稳定和安全的阿富汗是中亚地区建立可靠、互信、互利关系的先决条件。2022年3月，乌总统阿富汗问题特别代表伊斯马图拉·伊尔加舍夫（Исматулла Иргашев）表示，乌兹别克斯坦将利用铁尔梅兹物流枢纽帮助阿富汗，并协助国际组织向阿富汗提供人道主义援助。2023年，一批价值230万美元的人道主义货物经铁尔梅兹抵达阿富汗，重点帮助当地生活困难的家庭。② 2022年3月30～31日，在中国安徽屯溪举行的第三次阿富汗邻国外长会议上，乌副总理兼投资和外贸部部长乌穆尔扎科夫提议，制定国际承认阿富汗塔利班临时政府的机制和标准。与此同时，乌副外长弗拉基米尔·诺罗夫（Владимир Норов）强调："不该因乌克兰危机而忽视阿富汗问题，阿富汗仍处于发展关键期，如若得不到国际社会的有效援助，可能将再次成为恐怖主义和极端组织的庇护所。"③ 2022年开斋节（5月3日）前夕，乌向阿富汗提供4000多吨食物及生活必需品。巴尔赫省长坦言："没有哪个外国元首比米尔济约耶夫为阿富汗所做的更多，我们将尽一切努力确保乌-阿边境的安全与稳定。"④

乌积极借助国际会议，推动全世界更加关注阿富汗问题，帮助解决阿富汗当前面临的棘手问题。2022年7月25～26日，以"阿富汗：安全与经济发展"为主题的阿富汗问题国际会议在塔什干举行，20多个国家和国际组织代表出席了此次会议。此次会议重点围绕国际社会帮助阿富汗实现安全稳

---

① "Address by the President of the Republic of Uzbekistan Shavkat Mirziyoyev at the 78th Session of the UN General Assembly," September 20, 2023, https：//president. uz/en/lists/view/6677, accessed：2023-11-24.

② Не только афганцам：кому еще Узбекистан поможет через хаб в Термезе, 4 марта 2022 года, https：//uz. sputniknews. ru/20220304/tashkent - zaxotel - ispolzovat - xab - v - termeze - ne - tolko - dlya - pomoschi - afganistanu - 23128363. html, accessed：2023-11-24.

③ Узбекистан предложил выработать механизм для признания правительства талибов, 1 апреля 2022 года, https：//fergana. media/news/125638/, accessed：2023-11-24.

④ В Афганистане встретили гуманитарный груз из Узбекистана, 30 апреля 2022 года, https：//darakchi. uz/ru/143887, accessed：2023-11-24.

定、经济重建及使之融入区域合作进程展开讨论，最后乌外交部发表《阿富汗问题国际会议主办国声明》。2022年10月，在阿斯塔纳召开的亚信会议上，米尔济约耶夫呼吁亚洲国家向联合国大会提议组建关于阿富汗问题的国际谈判小组，这将对解决阿富汗问题，恢复地区稳定与安全意义重大。据了解，自2021年塔利班政权上台以后，美欧国家冻结了阿富汗约90亿美元的银行资产。① 对此，2023年3月，在塔什干召开的阿富汗邻国特别代表会议上，各方一致呼吁取消解冻阿富汗资产，这不仅有助于缓解阿富汗当前社会经济困境，更能确保地区安全与稳定。2023年4月13日，第四次阿富汗邻国外长会议在撒马尔罕举行。可见，包括乌在内的中亚地区发展与阿富汗的命运密不可分。

二是提升双边关系水平。乌兹别克斯坦与土库曼斯坦的战略伙伴关系是中亚可持续发展的主要因素之一，经贸合作在两国关系中发挥着重要作用，2021年底双边贸易额提升至9.02亿美元，相比2016年增长了3.3倍。此外，两国在交通运输、人文领域合作成效显著。2022年1~9月，通过两国的国际公路货运总量达到190万吨，同比增长36%。② 2022年，乌、土两国元首共进行5次会晤，互访频繁。2022年7月14日，土库曼斯坦总统谢尔达尔·别尔德穆哈梅多夫访乌，开启土、乌两国战略伙伴关系新篇章。米尔济约耶夫指出："土库曼斯坦是我们在中亚地区可靠和关键伙伴，我们应致力于全面加强与土国的战略伙伴关系，全方位开展合作。"会谈后，两国元首发表联合声明，共签署19份合作文件，其中致力于确保中亚地区水资源合理利用的《阿姆河协议》具有历史性意义。③

---

① США заморозили активы ЦБ Афганистана стоимостью более ＄9 млрд, 18 августа 2021 года, https://www.svoboda.org/a/ssha-zamorozili-aktivy-tsb-afganistana-stoimostjyu-bolee-9-mlrd-dollarov/31416178.html, accessed：2023-10-28.

② Эксперт МИЦА：Стратегическое партнёрство Узбекистана и Туркменистана - фактор устойчивого развития Центральной Азии, 8 ноября 2022 года, https://www.toptj.com/News/2022/11/08/ekspert-mica-strategicheskoe-partnjorstvo-uzbekistana-i-turkmenistana-%E2%80%93-faktor-ustoychivogo-razvitiya-centralnoy-azii, accessed：2023-11-25.

③ С Туркменистаном подписаны 19 соглашений, 15 июля 2022 года, https://www.gazeta.uz/ru/2022/07/15/agreements/, accessed：2023-11-25.

　　乌兹别克斯坦与哈萨克斯坦关系迅速升温，已达到战略伙伴关系水平。2021年12月6日，《同盟关系宣言》的签署为乌、哈两国关系发展开启新篇章。2022年11月21日，米尔济约耶夫向获得连任的哈总统托卡耶夫表示祝贺，双方共同讨论了两国关系现状和发展前景，并计划签署《联盟关系条约》。同年12月，哈总统托卡耶夫访乌期间，双方签署《哈萨克斯坦共和国与乌兹别克斯坦共和国同盟关系协定》和《哈萨克斯坦共和国与乌兹别克斯坦共和国划分国家边界协定》，这标志着两国边界彻底划定，双边关系水平再度提升。除政治、安全领域的高度互信和相互支持外，双方的经济合作不断取得积极成果，双边贸易额已突破50亿美元。2022年9月，乌、哈双方探讨工业合作发展问题，重点在物流运输、汽车制造业、电力工业、医药生产、农业等领域加强合作，并计划建立国际工业合作中心。2023年11月，在经济合作组织第16届峰会期间，乌、哈两国共同签署关于建设"中亚"国际产业合作中心的协议，这将为两国产业合作提供重要平台。①

　　三是密切中亚睦邻友好关系。在新冠疫情、俄乌冲突双重叠加影响下，中亚国家更加深刻意识到"抱团取暖"的必要性，地区认同意识日益增强。米尔济约耶夫"新政"最大的亮点之一则是突出中亚优先的外交价值取向，即对外战略的重心集中在中亚地区，试图以地区邻国为抓手展开积极有为的外交实践。这不仅体现在乌兹别克斯坦与邻国成功解决了边界、水资源利用、运输走廊等问题，而且反映在乌与邻国贸易额的爆发式增长上，2017~2022年的贸易额从26亿美元增至75亿美元，合资企业数量增加4倍，使中亚邻国成为继中国、俄罗斯之后乌第三大贸易伙伴。②

　　经济利益的趋同促使中亚国家对共同发展多边区域合作的兴趣愈加强烈。在乌方倡议下，2018年3月，中亚地区建立新的多边机制——中亚国

---

①　На приграничных территориях Узбекистана и Казахстана откроется промышленный центр, 9 ноября 2023 года, https：//uzdaily.uz/ru/post/81168, accessed：2023-11-25.

②　Каковы результаты миролюбивой внешней политики Узбекистана？, 6 апреля 2023 года, https：//nuz.uz/politika/1273246 - kakovy - rezultaty - mirolyubivoj - vneshnej - politiki - uzbekistana.html, accessed：2023-11-25.

家元首非正式会晤（以下简称"中亚峰会"）。2022 年 7 月 21 日，第四届中亚国家领导人磋商会议在吉尔吉斯斯坦乔尔蓬阿塔市召开，与会者签署了《中亚"绿色议程"区域方案》《2022—2024 年区域合作发展路线图》《21世纪中亚发展友好睦邻合作条约》等一系列文件，其主要目的是加强中亚国家间互动以应对区域安全挑战和恢复经济发展。米尔济约耶夫在会上从全球局势、贸易、粮食安全、生态、旅游文化、地区安全等方面建设性地提出加强地区睦邻友好合作的倡议。2023 年 9 月 14 日，第五届中亚国家领导人磋商会议在塔吉克斯坦首都杜尚别召开。米尔济约耶夫总统提出中亚区域合作的 10 个方向，其中包括建立自由贸易区、加快产业项目合作，形成高效运输走廊机制，深化能源、粮食安全合作等，为提高运行效率，他还提议设立磋商会议国家协调员理事会和中亚国家经济委员会。

目前，中亚峰会已成为一个睦邻友好、相互信任、兼顾各国利益进而解决本地区问题的有效平台。2022 年 10 月，在阿斯塔纳举行的独联体国家元首理事会会议上，米尔济约耶夫表示，当前全球粮食和能源安全威胁程度急剧上升，在许多地区引发社会动荡和不稳定，独联体国家也不例外。2023年 10 月 13 日，在比什凯克举行的独联体国家元首理事会会议上，米尔济约耶夫强调，自 2023 年以来，乌与独联体国家的外贸额仅增长 5%，甚至出现增速放缓的趋势。对此，乌方呼吁取消独联体自由贸易体制的限制，全面建立自由贸易区。另外，米尔济约耶夫还宣布乌决定加入独联体国家政府间生态委员会，并提议 2024 年举行相关会议以有效应对当前中亚地区面临的生态挑战。

三　调整与俄罗斯的关系

首先，在政治上保持中立的同时加强与俄罗斯的互信与合作。随着2022 年 2 月俄乌冲突的爆发，乌兹别克斯坦加快了战略自主步伐。面对急剧变化的国内外局势，乌迅速调整外交策略，在俄乌冲突中始终保持中立立场。2022 年 3 月 13 日，乌外交部部长卡米洛夫在参议院会议上强调："乌兹别克斯坦与俄罗斯、乌克兰历来关系良好，贸易往来十分密切。乌兹别克斯坦承认乌克兰的独立、主权和领土完整，倡议通过政治和外交途径解决冲突。"2022年3月30日，乌兹别克斯坦与俄罗斯正式建交30周年，双方外交部互致贺电，卡米洛夫强调俄罗斯仍是乌兹别克斯坦的重要战略伙伴，两国合作势头良好。4月7日，联合国大会召开乌克兰问题紧急特别会议，欧美国家要求暂停俄罗斯在人权理事会的成员资格，但在此决议草案上，乌兹别克斯坦与其他中亚国家一致投了反对票，乌兹别克斯坦强调始终对乌克兰局势坚持中立立场。

乌兹别克斯坦与俄罗斯的政治互动持续增多。2022年9月，在撒马尔罕举行的上合组织峰会期间，乌、俄两国签署了《俄罗斯联邦和乌兹别克斯坦共和国全面战略伙伴关系宣言》，自此开启了双方合作新时代。2023年4月14日，中亚五国+俄罗斯第六次外长会议在撒马尔罕举行，这是有效落实2022年10月14日在阿斯塔纳举行的首届俄罗斯-中亚国家领导人峰会决议的机制之一。2023年10月6日，米尔济约耶夫访俄期间，与普京总统签署了战略伙伴关系联合声明，两国关系达到了全新水平。

2022~2023年，乌兹别克斯坦经历了严重的"能源危机"，对此乌政府采取各项改革举措，其中最引人注目的是"俄哈乌天然气联盟"（经哈萨克斯坦向乌兹别克斯坦供应俄罗斯天然气）的成立。2023年6月，在圣彼得堡国际经济论坛期间，俄、乌、哈签署俄对乌天然气出口合同和过境哈输气合同，根据合同，未来两年俄罗斯将向乌兹别克斯坦供应28亿立方米天然气。[①] 10月7日，乌、俄、哈元首出席三国天然气供应项目的启动仪式。会上，米尔济约耶夫表示，一直以来通过输气管道向俄输送天然气，而现在以反向模式接收俄天然气，这对乌乃至中亚地区能源安全具有战略意义，同时也为三国人民带来实实在在的好处。

其次，在经济上继续保持密切合作。随着俄乌冲突持续发酵，大国在中

---

① 《俄哈乌元首出席三国天然气供应项目启动仪式》，中国新闻网百家号，2023年10月8日，https：//baijiahao.baidu.com/s？id=1779129783179638427&wfr=spider&for=pc，最后访问日期：2023年10月30日。

亚地区博弈更趋白热化，西方对俄罗斯的"经济封锁"导致俄经济重组，向东"倾斜"，这将为乌兹别克斯坦提供更多机会，尤其是在油气工业、机械制造、高科技、纺织、旅游等领域投资和合作力度明显加大。一直以来，俄罗斯是乌兹别克斯坦最大的贸易和投资伙伴之一，俄罗斯对乌经济投资总额超过 130 亿美元，占到总投资额的 21%。目前，乌有近 3000 家俄资和合资企业。① 近年来，两国贸易额高速增长。2021 年两国贸易额增长了 17.3%，达到 69 亿美元；2022 年贸易额增长了超过 90 亿美元；2023 年 1～7 月的增长率达到 14.4%。2018～2022 年双边贸易额增长了 2 倍多，2022 年 1～3 月，乌对俄罗斯出口商品额增加 134%，双边贸易额达到 18.6 亿美元，比上年同期增长 5.6 亿美元。乌的俄资企业数量明显增多，仅 2022 年上半年设立了 399 家俄资企业，占到乌外企总数的 1/5。② 2022 年，两国在农业领域的贸易额几乎翻了一番，达到 15 亿美元。③ 2023 年 1～2 月，贸易额相比 2022 年同期增长超过 4%。④ 预计到 2023 年底，两国贸易额将达到 120 亿美元，照此速度未来 2～3 年将增至 200 亿美元。⑤

2022 年 4 月 22 日，在中亚+俄罗斯会晤机制的框架下第五次外长会议以视频方式举行，各国外长共同强调确保中亚和平稳定推动经贸关系，与会各方同意加强粮食、贸易、网络、生物安全等领域合作。此外，乌兹别克斯

---

① Сотрудничество Узбекистана и России: итоги 2022 года, 5 января 2023 года, https://e-cis.info/news/568/105908/, accessed: 2023-11-25.

② Время возможностей: Узбекистан стал важным участником российского импортозамещения, 26 июля 2022 года, https://uz.sputniknews.ru/20220726/vremya-vozmojnostey-uzbekistan-stal-vajnym-uchastnikom-rossiyskogo-importozamescheniya-26117790.html, accessed: 2023-11-25.

③ Сотрудничество Узбекистана и России: итоги 2022 года, 5 января 2023 года, https://e-cis.info/news/568/105908/, accessed: 2023-11-25.

④ Вступительное слово Министра иностранных дел Российской Федерации С. В. Лаврова в ходе переговоров с Министром иностранных дел Республики Узбекистан Б. О. Саидовым, 22 мая 2023 года, https://www.mid.ru/ru/foreign_policy/news/1871653/? lang=ru, accessed: 2023-11-25.

⑤ Прошли переговоры Путина и Мирзиёева—главные заявления, 6 октября 2023 года, https://uz.sputniknews.ru/20231006/peregovory-putina-mirziyoeva-glavnoye-39706624.html, accessed: 2023-11-25.

坦政府特别强调后疫情时代积极推动经贸关系，发展"绿色走廊"，尽快恢复与俄罗斯的旅游和商业往来，进一步拓宽中亚可持续发展领域合作前景。

近年来，乌兹别克斯坦与俄罗斯的地方间合作也取得了丰硕成果，比如乌与鞑靼斯坦共和国的双边贸易和投资额不断增长，喀山联邦大学在吉扎克设有分校。2023年10月4日，第三届乌俄地区间合作论坛在喀山举行，双方共签署了13份合作文件，讨论了在金属加工、通信、旅游、教育等领域合作问题，次日米尔济约耶夫赴俄访问，首先参观了在喀山举办的鞑靼斯坦工业展。

除双边贸易往来外，乌、俄两国的经济合作还通过欧亚经济联盟和独联体等平台推进。在当前复杂形势下，乌虽为观察员国，但欧亚经济联盟对其吸引力只增不减，其原因在于该联盟成员国均为乌传统合作伙伴，俄、哈两国在乌对外贸易总额中位居第2和第3，该联盟成员国占乌每年对外贸易额的40%，其中俄占18%～19%、哈占9%～10%，吉占2%～3%。2022年，乌与欧亚经济联盟成员国的贸易额增长23%，合资企业和项目数量持续增加。① 乌兹别克斯坦科学院国家与法律研究所高级研究员拉夫尚·纳扎罗夫强调："乌从'观察员国'过渡到'正式成员国'并无任何障碍。乌正在创造有利条件寻找新增长点，扩大与欧亚经济联盟成员国的贸易联系，现在亟须在欧亚经济联盟框架下发展本国货币结算。"他还指出，乌兹别克斯坦以观察员国身份向该联盟提出了若干重要倡议，比如在乌举办"欧亚经济联盟+"农业论坛，确保绿色走廊畅通，强化整个欧亚大陆的粮食安全。近年来，乌加强与独联体对话与合作，已签署40多项合作协议，2022年双边贸易额增长了1/3，并建立上千家合资企业。2022年12月，在圣彼得堡举行的独联体国家元首非正式会议上，米尔济约耶夫强调，乌兹别克斯坦与独联体成员国的合作集中在安全、经济和人文三个方面，优先事项为建立自由贸

---

① Равшан Назаров, Как это ни парадоксально, в условиях антироссийских санкций привлекательность ЕАЭС для Узбекистана только увеличилась, 27 мая 2023 года, https://podrobno.uz/cat/obchestvo/kak-eto-ni-paradoksalno-v-usloviyakh-antirossiyskikh-sanktsiy-privlekatelnost-eaes-dlya-uzbekistana-/, accessed: 2023-11-25.

易区和加强互联互通。

最后，在人文合作方面保持传统优势。由于特殊的历史联系，斯拉夫文化仍在乌社会具有明显的优势。2022 年至 2023 年 5 月，国际项目"俄罗斯季"活动连续在塔什干举办，包括音乐会、巡回演出、电影节和文化日等。教育和科学领域的互动也是优先事项之一。俄方历来重视俄语在乌的推广，2022 年组织了 90 多场推广俄语的各类活动。[①] 乌兹别克斯坦下议院主席努力金·伊斯莫伊洛夫（Нуриддин Исмоилов）指出，目前乌几乎每所学校都设有俄语课程，其中 91 所学校仅用俄语授课。[②] 目前约有 5 万多名乌公民在俄罗斯高校学习，其中 1.2 万名学生为公费生，由俄联邦和地方政府共同承担费用。2023~2024 学年，俄为乌公民分配 800 个政府奖学金名额。目前，俄罗斯高校在乌兹别克斯坦开办了 16 所分校。[③] 相比之下，在乌的欧美高校数量较少，仅有来自美国、英国和意大利的 3 所，在欧美国家留学的乌学生仅有几百人。在旅游业方面，2022 年 1~10 月，约 32 万名俄罗斯游客赴乌旅游，相比上年增加了 1 倍。

四　深化与中国的合作伙伴关系

2022 年是中乌两国建交 30 周年，两国各领域合作不断深入，加紧推进"一带一路"倡议同"新乌兹别克斯坦"发展战略对接。经过 30 年的发展，中乌两国关系迈上新台阶。在政治方面，中乌两国已建立全面战略伙伴关系，双方始终坚持平等相待、相互尊重、互利共赢、不断深化政治互信，推进互利合作。2022 年 1 月，中乌两国领导人互致贺电庆祝建交 30 周年，双

---

① Сотрудничество Узбекистана и России: итоги 2022 года, 5 января 2023 года, https://e-cis.info/news/568/105908/, accessed: 2023-11-25.

② Депутаты России и Узбекистана проработают вопрос создания межпарламентской комиссии высокого уровня, 5 июля 2022 года, http://duma.gov.ru/news/54865/, accessed: 2023-11-25.

③ Сотрудничество Узбекистана и России: итоги 2022 года, 5 января 2023 года, https://e-cis.info/news/568/105908/, accessed: 2023-11-28.

方高度重视两国关系发展，将以此为契机共同谱写中乌全面战略伙伴关系历史新篇章，造福两国和两国人民。2022年2月，乌总统米尔济约耶夫来华进行国事访问，并同习近平主席举行了会谈，签署了《中乌政府间经贸投资合作规划（2022—2026年）》。中方愿帮助乌方建设现代化产业体系，加快推进中吉乌铁路可行性研究，积极开展减贫合作，推进两国乡村振兴事业，全面深化安全合作。中方支持乌方担任上海合作组织轮值主席国工作，愿同乌方加强沟通协作，维护发展中国家的正当权益，为促进地区安全稳定和繁荣发展作出贡献。2022年9月，中国国家主席习近平出席在撒马尔罕举行的上合组织成员国元首理事会第二十二次会议，并对乌兹别克斯坦进行国事访问。两国领导人就深化中乌合作及共同关心的国际和地区问题深入交换意见，签署了《中华人民共和国和乌兹别克斯坦共和国联合声明》，共同擘画中乌关系发展新蓝图。2023年5月，乌兹别克斯坦总统米尔济约耶夫应习近平主席邀请访华参加首届中国-中亚峰会，双方签署了《中华人民共和国和乌兹别克斯坦共和国联合声明》，确认发展并深化中乌新时代全天候全面战略伙伴关系，推动构建中乌命运共同体。

在经贸领域，中乌两国经贸务实合作不断取得新成果。到2023年初，中国已成为乌第一大贸易伙伴和投资来源国。近年来，中方在乌的投资额增长4倍，公司数量增加了2倍。共建"一带一路"已成为两国发展全面双边关系的新引擎。据统计，在乌注册的中资企业已超2000家，"安格连—帕普"铁路、卡姆奇克隧道、纳沃伊聚氯乙烯生产综合体项目等两国合作项目为乌国民众带来了切实利益，同时中—吉—乌铁路项目也自2022年起启动实施。2023年10月17日，习近平主席会见了来华出席第三届"一带一路"国际合作高峰论坛的乌总统米尔济约耶夫。习近平主席指出，中方愿同乌方一道认真落实中国-中亚西安峰会成果，为六国发展振兴增添新助力。同时，米尔济约耶夫也表示，愿同中方认真落实两国元首达成的重要共识，不断开辟两国关系新篇章，推进构建更加紧密的中乌命运共同体。具体而言，乌方希望学习中方减贫经验，在"一带一路"框架内深化经贸投资、互联互通、新能源、农业等各领域交流合作，推进"绿色丝绸之路"建设。

在人文交流上，中乌两国人文交流合作更为密切。2022 年 12 月 7 日，来自乌国战略发展中心、高级国际问题研究所、世界经济与外交大学等的专家学者参加了由陕西师范大学乌兹别克斯坦研究中心举办的以"构建中国-乌兹别克斯坦命运共同体 推动'一带一路'高质量发展"为主题的国际学术研讨会。在"一带一路"国际合作高峰论坛期间，中乌双方宣布 2023 年为"中国同中亚国家人民文化艺术年"，计划 10 月底在乌举办"中国文化日"活动，2023 年春季将在中国举办"乌兹别克斯坦文化日"活动。在与习近平主席会晤期间，米尔济约耶夫提议在塔什干开设中国知名学府分校。近年来，乌国民众尤其是年轻人对学习汉语的兴趣愈加强烈，中方应考虑增建孔子学院、开办中国高校分校或合办学校，抑或派遣更多中国师生赴乌访学，这有助于进一步实现民心相通，为构建中乌人文命运共同体贡献力量。

除双边层面外，乌国与中国的合作还体现在多边层面，主要包括上合组织和中国-中亚机制。两国通过上合组织加强安全、经济、人文等领域合作。2021~2022 年乌国担任上合组织轮值主席国期间，成功举办了多场外交活动，加速深化了乌中两国关系。2022 年 5 月，乌国在上合组织框架下举办两场重大活动，分别是 11~12 日上合组织公共外交论坛和 19~20 日上合组织成员国旅游业代表大会，前者重点讨论如何利用公共外交工具在上合组织内部建立多方面联系，后者主要讨论国际旅游、保护和促进上合组织成员国旅游和文化遗产等问题。上述活动都将进一步加深两国人文领域合作。2022 年 7 月 28~29 日，国务委员兼外长王毅出席在塔什干召开的上合组织成员国外长理事会会议，赓续中乌传统友谊，深化双方高质量共建"一带一路"合作，推动构建更紧密的中乌命运共同体。同年 9 月，上合组织成员国元首理事会第二十二次会议在撒马尔罕举行，中乌两国签署《中华人民共和国和乌兹别克斯坦共和国联合声明》，致力于全面提升各领域务实合作水平，持续充实新时代中乌全面战略伙伴关系内涵。

2023 年 5 月，中国-中亚峰会成功举办，这是建交以来中国同中亚国家元首首次以实体形式举办峰会，对发展双边关系具有里程碑意义，这也意味着双边务实合作进入新阶段。在峰会期间，中国国家主席习近平同乌兹别克斯坦总统米尔济约耶夫在西安共同签署了《中华人民共和国和乌兹别克斯坦共和国联合声明》，并通过了《中华人民共和国和乌兹别克斯坦共和国新时代全面战略伙伴关系发展规划（2023—2027年）》，这标志着中乌两国迈入新时代，双方将携手推进中国-中亚机制建设，使之成为新时代中乌全面战略伙伴关系发展最重要、最可靠的合作平台。

五　维系与西方国家的平衡关系

俄乌冲突爆发后，西方国家在乌国展开外交攻势，在此条件下，乌国在一定程度上"疏俄"的同时也表达了加强与美欧国家合作的意愿，且互动持续增多，以维系这种"平衡外交"关系。

乌国与美国互访频繁。一直以来，美国对包括乌在内的中亚国家关注较多，究其原因并不是经贸联系，而是从地缘政治的视角加以考量的。乌国"马诺"研究中心负责人巴赫季约尔·埃尔加舍夫（Бахтиёр Эргашев）认为，由于乌国不是欧亚经济联盟成员，美国试图通过乌国来重塑中亚地缘格局，实际上，美国从不对与乌经济合作感兴趣，其投资规模远无法与中国、俄罗斯、土耳其等相提并论，它更多通过美国国际开发署开展工作，目前重点关注乌国绿色能源发展。[①] 2022年5月23日，美国政府代表团访问中亚，首站则是"与美俄保持等距离平衡"政策的乌国，双方代表重点讨论了区域安全问题，以及确保反俄制裁对乌发展规划产生的影响等问题，双方承诺将在"C5+1"模式下继续开展合作。美方此次访问的主要目的是让乌国与俄国"划清界限"，避免因帮助俄规避制裁而受到"二次制裁"，同时也试图限制乌国与中国建立密切联系。5月26~28日，美国阿富汗问题特使托马斯·韦斯特率领的美国代表团再次访乌，重点就阿富汗当局及对该国提供人

---

① Бахтиёр Эргашев, Узбекистан в планах США был, есть и будет, 24 августа 2022 года, https：//podrobno. uz/cat/politic/uzbekistan- v - planakh - ssha - byl - est - i - budet - bakhtier - ergashev/, accessed：2023-11-28.

道主义援助等问题交换意见。6 月 13 日，美国中央司令部司令迈克尔·埃里克·库里拉率领的代表团再度访乌，重点讨论军事安全领域的合作。① 可以发现，在 5~6 两个月内美国连续三次访问乌国，除政府官员外还有军事将领，这是极不寻常的。2022 年 11 月，负责南亚和中亚事务的美国助理国务卿唐纳德·卢再度访乌。正如吉国政治学家马尔斯·萨里耶夫（Марс Сариев）分析的，美国试图通过破坏中亚局势以掣肘和削弱俄罗斯实力。② 对此，乌国当局也在积极寻找新的"全方位外交策略"，确保在与俄、中两国保持密切联系的同时仍能与西方国家友好相处。2022 年 12 月 12~14 日，乌外长率团访美，并出席乌美战略伙伴关系对话第二次会议。另外，加入世界贸易组织成为乌国目前的优先事项之一。自 2022 年 3 月国际棉花运动联盟宣布结束抵制乌国棉花的呼吁以后，美方表示愿意帮助乌国尽快加入世界贸易组织。

2023 年，乌美互动更为频繁。同年 3 月，美国和中亚五国"C5+1"部长级会议在阿斯塔纳举行，其间美国国务卿布林肯首次访乌并与米尔济约耶夫会见，双方讨论了政治、经贸、投资、教育、文化等领域合作的关键问题。值得关注的是，访问期间布林肯还会见了通过美国驻塔什干大使馆开展 Access 计划的乌国学生。2022 年 11 月，为期两年的 Access 计划在乌国立世界语言大学正式启动，这一项目是专门为乌国经济困难家庭子女规划设计的，在课外活动和暑期强化课程期间提供英语基础知识培训。目前，美国驻乌大使馆在乌国开设 17 个该项目中心，已招收 700 多名当地学生学习英语。③ 可见，美国仍在乌国持续推进"软实力"渗透。2023 年 9

---

① "CENTCOM Commander General Michael E. Kurilla Visits Uzbekistan，" 2022-06-15，https：// uz. usembassy. gov/centcom-commander-general-michael-e-kurilla-visits-uzbekistan/，accessed：2023-11-28.

② Марс Сариев，США хотят дестабилизировать ЦА в противовес Украине，16 июня 2022 года，https：//ru. sputnik. kg/20220616/ssha－ukraina－centralnaya－aziya－destabilizaciya－bezhency-terroristy-1065273231. html，accessed：2023-11-28.

③ Госсекретарь Блинкен подчеркивает приверженность США изучению английского языка в Узбекистане，1 марта 2023 года，https：//uz. usembassy. gov/ru/secretary-blinken-highlights-u-s-commitment-to-english-in-uzbekistan-ru/，accessed：2023-11-28.

月19日，包括乌在内的中亚五国与美国在纽约举办首届"C5+1"元首峰会，这是将2015年在撒马尔罕建立的"C5+1"机制由外长级提升至国家元首级，逐渐成为开放、建设性对话和有效合作发展的重要平台。在会上，米尔济约耶夫提出具有战略意义的优先合作领域，如加强贸易和投资活动、扩建合作项目、发展地区运输走廊，和平解决阿富汗局势、推进"绿色议程"、扩大教育计划等。

乌国与西欧国家务实合作多样化。乌国与西欧国家的合作主要体现在"乌国+欧盟"多边层面上。在政治上，欧盟致力于支持乌国实施民主改革，加强政治对话与交流。相比之下，双方的经贸和人文合作更具成效。自2020年乌国对欧盟出口获超普惠制待遇以来，乌出口欧盟的免税商品增至6200种，大大提升了双方贸易水平。2022年7月6日，乌国与欧盟草签《扩大伙伴关系与合作协议》，这标志着双方在经贸、人文等各领域的合作机制化，双方关系得到质的提升。同年10月，乌外长诺罗夫与欧盟中亚事务特别代表特里·哈卡拉在杜尚别举行会谈，双方就尽早签署上述协议的重要性达成一致。据统计，2022年1～9月，乌国与欧盟国家的贸易额达31.3亿美元，同比增长14.8%。[1] 2022年10月27日，在阿斯塔纳举行的首届"欧盟-中亚"峰会上，米尔济约耶夫提议成立"欧盟-中亚"经济合作委员会和举办首届"欧盟-中亚"旅游论坛，强调进一步加强经贸、互联互通、教育、旅游等领域合作。2022年11月17～18日，在乌国第二大城市撒马尔罕召开的"欧盟-中亚"外长会议和"欧盟-中亚"互联互通国际会议上，欧盟委员会副主席博雷利指出，2012～2022年，欧盟对中亚国家的投资超过1050亿欧元，已成为乌国最大的投资方之一。[2] 2023年6月2日，第二届"欧盟-中亚"峰会在吉国乔尔蓬阿塔市举行。米尔

---

① Акмал Саидов, Узбекистан － Европейский союз: по пути расширения и углубления партнерства и сотрудничества, 28 октября 2022 года, http://pravacheloveka.uz/ru/news/m9040, accessed: 2023-11-28.

② Жозеп Боррель, Поддерживаем право стран Центральной Азии иметь свободу в выборе партнёров, 18 ноября 2022 года, https://www.gazeta.uz/ru/2022/11/18/connectivity/, accessed: 2023-11-28.

济约耶夫与欧洲理事会主席查尔斯·米歇尔举行了会谈，双方讨论了进一步深化乌国与欧洲多层面关系和发展地区务实合作的一系列问题。根据2022年10月在塔什干举行的高级别会议达成的协议，双边互动交流更加频繁，乌国主办了首届地区互联互通会议、民间社会论坛、欧洲复兴开发银行年会。2023年初，欧洲企业在乌国高科技领域参与的投资项目已超200亿欧元。值得注意的是，欧安组织也是乌国与欧洲国家进行合作的平台之一。2022年12月，乌时任外长诺罗夫出席欧安组织外长理事会会议。除了有关阿富汗问题外，他还建议该组织积极参与减轻咸海生态灾难后果的行动，并在咸海地区实施必要的社会经济项目。2023年10月23日，第19届欧盟-中亚部长级会议在卢森堡举行，与会各方承诺继续保持战略伙伴关系，加强合作。

当然，乌国与欧洲国家也进行双边外交。2022年11月，米尔济约耶夫在访问法国期间，与马克龙总统详细讨论了进一步加强两国经贸、安全、人文等领域互利合作的相关问题。同年11月27~28日，第二届乌法教育论坛在巴黎举办。2023年11月在法国总统马克龙访乌期间，双方共签署8份合作文件，发表了联合声明。2023年6月7~9日，米尔济约耶夫访问意大利，两国总统就发展优先领域务实合作交换意见，认为双方在贸易、投资、旅游、医疗、科技等方面合作潜力巨大。2017~2022年，乌意两国的贸易额从1.757亿美元增至3.792亿美元，双方计划在未来几年将贸易额提升至10亿美元。①另外，米尔济约耶夫还会见了联合国粮农组织总干事屈冬玉，重点聚焦粮食安全合作。2023年8月19日，乌总统出访匈牙利，双方就深化两国战略伙伴关系、建立多层面合作等进行讨论。对欧洲企业而言，匈牙利OTP银行进入乌银行和金融市场是一个重要信号，8月20日开通的"塔什干—布达佩斯"直航服务对两国商业联系意义重大。2023年5月在访问德国期间，乌总统强调两国各领域关系

---

① Шахноза Кадырова，Узбекистан-Италия：исторический визит с новым содержанием，11 ноября 2023 года，https：//nuz.uz/politika/1289536-uzbekistan-italiya-istoricheskij-vizit-s-novym-soderzhaniem.html，accessed：2023-11-28.

蓬勃发展,并将德国视为可靠战略伙伴。会谈期间,德方高度评价乌为确保中亚地区稳定与繁荣做出的努力,双方就启动"德国-中亚"形式的对话平台达成一致。同年9月29日,米尔济约耶夫赴柏林参加"C5+1"中亚五国-德国峰会,在讲话中列出双方务实伙伴关系的优先合作领域,谈及以"中亚国家-德国"模式开展合作的前景,并定于2024年在中亚国家举行第二届中亚-德国峰会。近年来,在乌的德国企业业务不断扩大,年轻人对德语学习的兴趣日益浓厚,目前学习德语的乌国学生多达30万名。①

六 加强与其他周边国家的合作关系

乌兹别克斯坦与土耳其的合作关系获得实质性提升。2022年是乌国与土耳其建交30周年,也是建立战略伙伴关系5周年。3月29日,土耳其总统埃尔多安访问乌国,两国元首将双边关系提升至"全面战略伙伴关系",并将继续深化两国在政治、经贸、人文等领域合作。2022年6月1日,根据土最高选举委员会计票结果,埃尔多安以52.18%的得票率获得连任,米尔济约耶夫受邀出席6月3日举办的就职典礼。此外,乌土两国合作还在"突厥国家组织"框架下开展。2022年11月,第一届"突厥国家组织"峰会在撒马尔罕举行,这标志着该组织在加强制度建设和扩大务实合作方面取得了关键性进展,乌土关系获得实质性提升。

乌国与伊朗的双边伙伴关系不断发展。2022年9月上合组织峰会召开时,伊朗总统18年来首次访问乌国,双方签署能源领域合作备忘录,同时也通过了交通、工业、农业、卫生、文化等领域的多个合作协议。乌国支持伊朗加入上合组织。2023年3月9日,米尔济约耶夫签署总统令,正式批准关于伊朗加入上合组织义务的备忘录。2023年6月18日,米尔济约耶夫

---

① Исполнилось 30 лет дипломатическим отношениям Узбекистана и ФРГ, 7 марта 2022 года, https: //darakchi. uz/ru/140300, accessed: 2023-11-28.

访问伊朗，当日两国元首签署了 10 份有关贸易、生物医药、农业等领域合作的文件，其中包括建立联合自由贸易区的条款。① 随着伊朗加入上合组织，相信未来乌伊两国合作将更为密切。

乌兹别克斯坦重视与沙特阿拉伯、埃及、卡塔尔等中东国家加强联系。2022 年 8 月 17～18 日，米尔济约耶夫对沙特阿拉伯进行正式访问，这是过去 30 年来乌国总统首次访沙。此次访问为推动两国关系特别是经贸往来提供了机遇。双方签署了关于能源、农业、医疗、旅游、劳务移民、民航等领域的 15 份合作协议，同时沙方承诺在乌天然气开采、风电场建造等领域开展价值 140 亿美元的投资项目。② 自 2023 年 2 月米尔济约耶夫访问埃及后，乌埃两国关系升级至全面伙伴关系。两国元首发表联合声明，强调加强全面合作，签署一系列合作协议，一致认为埃及“2030 愿景”与“新乌兹别克斯坦”发展战略具有共通性。③2023 年 6 月，卡塔尔埃米尔对乌国历史性访问开启了双方关系的新里程碑，同年 10 月初乌总统对卡塔尔进行国事访问，双方致力于将两国合作提升至战略伙伴关系的更高水平。米尔济约耶夫访卡前夕，乌驻多哈大使馆正式开馆，这为促进两国伙伴关系注入了强劲动力。会晤期间，双方重点讨论进一步加强政治对话，扩大经贸合作，扩展人文交流等问题，并签署多项合作协议，建立有效落实的相关机制，比如 2024 年 1 月将在多哈举行政府间联合委员会、商业理事会首次会议和商业论坛。④

---

① Иран и Узбекистан подписали 10 документов о сотрудничестве, 18 июня 2023 года, https: //uz. sputniknews. ru/20230618/iran - uzbekistan - dokumenty - o - sotrudnichestve - 36058971. html, accessed: 2023-11-28.

② Альтернатива России и противовес Ирану, Почему Саудовская Аравия расширяет влияние в Центральной Азии? 29 ноября 2022 года, https: //inosmi. ru/20221129/tsentralnaya-aziya-258290276. html, accessed: 2023-11-28.

③ Президенты Узбекистана и Египта обсудили перспективы развития двусторонних отношений и выведения их на новый уровень всеобъемлющего партнерства, 21 февраля 2023 года, https: //president. uz/ru/lists/view/5935, accessed: 2023-11-28.

④ Лидеры Узбекистана и Катара договорились вывести двустороннее партнерство на качественно новый уровень, 2 декабря 2023 года, https: //president. uz/ru/lists/view/6718, accessed: 2023-11-28.

　　与此同时，乌国与海湾国家的关系已提升至全新水平。2023 年 7 月 19 日，米尔济约耶夫出席在沙特阿拉伯西部海滨城市吉达举行的首届海湾阿拉伯国家合作委员会（海合会）-中亚国家峰会并发表讲话。他强调要加强各领域对话与伙伴关系，重点从政治安全、高科技、贸易和互联互通、生态环境四个方面阐述双方合作的内容和意义。该峰会最后通过联合声明，并支持乌方关于 2025 年在撒马尔罕举行第二届海合会-中亚国家峰会的提议。① 另外，乌国通过多边平台深化与周边伊斯兰国家的经济联系。2023 年 11 月，第 16 届经济合作组织峰会在塔什干举行，伊朗、土耳其、阿塞拜疆、巴基斯坦及其他中亚国家共同商议经济合作事宜。

　　乌兹别克斯坦拓宽与其他周边国家的合作渠道。2022 年 4 月 29~30 日，日本外相林芳正率领代表团访乌，这是日本外相 12 年来首次访乌，也是对 2019 年米尔济约耶夫访日的回应。此次访问将为乌日两国政治对话与合作注入了新的动力。2022 年 5 月 25 日，新加坡总统哈莉玛·雅各布访乌，这是自两国建交 25 年来最高级别的访问。近年来，双方经贸合作愈加密切，新加坡已成为乌最大投资国之一。② 2023 年 8 月 22 日，米尔济约耶夫访问阿塞拜疆，旨在进一步扩大两国多层面战略伙伴关系。两国元首对发展运输和过境领域的合作给予特别关注，一致强调增加中间走廊沿线的货运量，共同发展物流和港口基础设施。据统计，近年来乌阿两国贸易额稳步增长，合资企业数量大幅增加。③

　　概言之，当前国际形势复杂多变，正如米尔济约耶夫在 2022 年 9 月撒马尔罕峰会上强调的："人类正处于'一个历史断层时期，一个时代结束，

---

① Выступление Президента Республики Узбекистан Шавката Мирзиёева на первом саммите глав государств Центральной Азии и Совета сотрудничества арабских государств Залива. 19 июля 2023 года, , https：//president. uz/ru/lists/view/6494, accessed：2023-11-28.

② Принятые документы послужат дальнейшему расширению узбекско - сингапурских многоплановых отношений, 24 мая 2023 года, https：//president. uz/ru/lists/view/6373, accessed：2023-11-28.

③ Президенты Узбекистана и Азербайджана обсудили перспективы развития двустороннего практического сотрудничества, 22 августа 2023 года, https：//president. uz/ru/lists/view/6600, accessed：2023-11-28.

另一个时代开始——更加不可预测和未知'。"因此，新宪法重新规定了乌国外交政策的原则和方针，即奉行和平的外交政策，旨在全面发展与国家和国际组织的双边和多边关系。《2022—2026年新乌兹别克斯坦发展战略》中明确提出："进一步发展乌国与传统伙伴的关系，优先扩大对外关系的地域范围，加强经济外交"。因此，乌国在优先发展与中亚邻国关系的前提下，加快在"中亚+"模式下与主要国家建立"多元务实平衡"关系，进一步拓宽周边外交"朋友圈"，扩大与东亚、南亚、中东、高加索、非洲等地区国家的合作范围。

B.3
乌兹别克斯坦2022~2023年经济形势分析及展望

李　娟[*]

摘　要：　当前，乌兹别克斯坦经济正处于一个全面发展的新时期，国民经济稳步发展、产业结构持续优化、创新能力不断增强、对外贸易额显著提升。在对内改革和对外开放的政策利好加持下，经济发展中的需求红利、要素红利、改革红利和数字红利加速释放，经济活力、发展动力和综合竞争力不断增强。与此同时，乌兹别克斯坦的经济发展也面临着世界形势变化、中亚及周边形势变化的外部挑战，面临着通货膨胀水平持续高位、经济结构性风险凸显、政府效率不高和绿色发展不足等的内部挑战，但这并没有改变乌兹别克斯坦经济韧性强、潜力大、活力足和积极向好的基本面。

关键词：　经济发展　产业结构　改革红利　数字红利

自独立以来，乌兹别克斯坦的经济经历了从寻求转型到谋求发展的过程。[①] 经过30多年卓有成效的经济改革，乌兹别克斯坦的经济实力已得到较大提升，工业化、城镇化、现代化、国际化、绿色化和数字化稳步推进，需求红利、要素红利、结构红利、改革红利和数字红利不断释放，经济增长的包容性和吸引力不断增强，经济发展质量不断提升。

---

* 李娟，经济学博士，世界史博士后，陕西师范大学中亚研究所副研究员，陕西师范大学环里海发展研究中心主任，研究方向为中亚经济、中亚经济史。
① 李中海：《中亚经济30年：从转型到发展》，《欧亚经济》2021年第4期，第22~40页。

现阶段，乌兹别克斯坦的经济正处于一个全面发展的新时期。在全球经济复苏乏力、外部动荡源和风险点明显增多的新形势下，该国经济保持了稳步发展和持续提升的良好态势。2022年，该国国内生产总值（GDP）首次突破800亿美元，是1991年的5.9倍；人均GDP达到2255美元，是1991年的3.5倍①：这表明相较于独立之初，该国经济实现了跨越式发展。

2023年，乌兹别克斯坦的经济呈现以下特征。一是国民经济增长势头强劲。2023年上半年，该国名义GDP为412亿美元，同比增长率达到5.6%②，2023年前9个月，该国经济同比增长率达到5.8%，经济增长势头强劲。二是三大产业蓬勃发展。2023年1~9月，乌兹别克斯坦三大产业均实现了正向增长，其中，农业增长了4.1%，工业增长了5.7%，服务业增长了12.1%③；三大产业的子产业均呈现蓬勃发展态势，1~8月，纺织和服装行业产量同比增长了7.4%，食品工业产量增长了6.7%，建筑材料产量增长了13.0%，汽车行业产量增长了10.0%，电气行业生产量增长了18.5%，运输服务量增长了8.3%。④ 三是对外贸易迅猛发展。2023年1~8月，该国外贸成交额同比增长了23.2%，达到400亿美元，其中，出口额和进口额分别为164亿美元和236亿美元，增长率分别达到27.8%和20.2%⑤，对外贸易呈现迅猛发展的态势。随着对内改革和对外开放的深入推进，以及要素红利、改革红利和结构红利等的加速释放，乌兹别克斯坦经济呈现稳步发展的良好态势。

---

① "Statistics Agency Under the President of the Republic of Uzbekistan, National Accounts," October 1, 2023, https：//stat. uz/en/official-statistics/national-accounts, accessed：2023-10-16.

② "Statistics Agency Under the President of the Republic of Uzbekistan, National Accounts," October 1, 2023, https：//stat. uz/en/official-statistics/national-accounts, accessed：2023-10-16.

③ "President of the Republic of Uzbekistan, Economic Indicators and Forecasts Discussed," October 19, 2023, https：//president. uz/en/lists/view/6781, accessed：2023-10-20.

④ "Statistics Agency Under the President of the Republic of Uzbekistan, Uzbekistan by the Numbers," September 30, 2023, https：//stat. uz/en/, accessed：2023-10-16.

⑤ "Statistics Agency Under the President of the Republic of Uzbekistan, Foreign Economic Activity," October 10, 2023, https：//stat. uz/en/official-statistics/merchandise-trade, accessed：2023-10-18.

一 乌兹别克斯坦的经济形势分析

沙夫卡特·米尔济约耶夫任乌兹别克斯坦总统以来，在经济领域进行了大规模、宽领域和多元化的改革，颁布实施了《进一步发展乌兹别克斯坦共和国的战略行动》《2017—2021年乌兹别克斯坦五大优先发展方向行动战略》《2017—2021年乌兹别克斯坦深化经济战略》《2022—2026年新乌兹别克斯坦发展战略》《乌兹别克斯坦-2030战略》等一系列的战略部署和政策文件，这些文件明确了该国经济发展中的优先方向和重点领域，以制度改革为支点，积极推动经济的自由化、市场化、现代化、国际化、绿色化和数字化发展，为乌兹别克斯坦实现国家经济现代化、优化间接性宏观调控和促进经济的高质量发展提供了制度保障和前提条件，改革红利和开放红利得到有效发挥，乌兹别克斯坦的经济步入了一个全面发展的新时期。在这一时期，该国经济的主要表现有：国民经济稳步发展、产业结构持续优化，创新能力不断增强，对外贸易额显著提升。

（一）国民经济稳步发展

当今世界进入新的动荡变革期，在国际形势风云变幻、全球经济深陷下行压力，以及周边地缘政治事件冲击不断的背景下，乌兹别克斯坦经济呈现了极强的韧性和抗风险能力，近年来，该国国民经济呈现出稳步发展和积极增长态势，成为中亚地区最具韧性和活力、最具包容性的经济体。GDP是全球公认的能够反映一个国家或地区经济运行状况的核心指标，1991年至2023年第二季度，乌兹别克斯坦的GDP及其增长率如表1所示。

由表1可知，从演进特征来看，独立以来，乌兹别克斯坦的经济经历了停滞和衰退时期（1991~1995年）、稳定和复苏时期（1996~2000年）、大增长时期（2001~2015年）和稳步增长时期（2016年以后），这四个时期表现在经济形势上，分别是乌兹别克斯坦克服经济危机、恢复经济发展、实现快速发展和步入稳定发展的四个发展阶段。其中，2001~2015年，乌兹别

表1　乌兹别克斯坦的 GDP 及其增长率（1991 年至 2023 年第二季度）

年份	GDP（亿美元）	GDP 增长率（%）	年份	GDP（亿美元）	GDP 增长率（%）
1991 年	136.8	-0.5	2008 年	295.5	9.0
1992 年	129.4	-11.2	2009 年	336.9	8.1
1993 年	131.0	-2.3	2010 年	497.7	7.6
1994 年	129.0	-5.2	2011 年	601.8	7.5
1995 年	133.5	-0.9	2012 年	675.2	7.1
1996 年	139.5	1.7	2013 年	731.8	7.3
1997 年	147.5	5.2	2014 年	808.5	6.9
1998 年	149.9	4.3	2015 年	862.0	7.2
1999 年	170.8	4.3	2016 年	861.4	5.9
2000 年	137.6	3.8	2017 年	620.8	4.4
2001 年	114.0	4.2	2018 年	528.7	5.9
2002 年	96.9	4.0	2019 年	602.8	6.0
2003 年	101.3	4.2	2020 年	602.3	2.0
2004 年	120.3	7.5	2021 年	696.0	7.4
2005 年	143.1	7.0	2022 年	803.9	5.7
2006 年	173.3	7.5	2023 年 Q1	174.3	5.5
2007 年	223.1	9.5	2023 年 Q2	412.4	5.6

说明：Q1 和 Q2 分别代表第一季度和第二季度，为初步统计数据；表中的 GDP 为名义量，以现价美元计算，GDP 增长率为实际量，以扣除通胀因素的不变价计算。

资料来源：1991~2022 年的数据来自世界银行数据库"The World Bank, World Development Indicators," October 16, 2023, https://blogs.worldbank.org/opendata/ch/introducing-online-guide-world-development-indicators-new-way-discover-data-development, accessed：2023-10-16 和亚洲开发银行数据库"Asia Development Bank, Uzbekistan-Key-Indicators," August 24, 2023, https://data.adb.org/dataset/uzbekistan-key-indicators, accessed：2023-10-16。2023 年第一季度和第二季度数据来自乌兹别克斯坦统计署"Statistics Agency under the President of the Republic of Uzbekistan, Economic Situation in the Republic of Uzbekistan in January-September 2023," October 17, 2023, https://stat.uz/en/press-center/news-of-committee/45636-2023-yilning-yanvar-sentabr-oylarida-o-zbekiston-respublikasi-iqtisodiy-holati-3, accessed：2023-10-18。

克斯坦 GDP 的年均实际增长率近7%，以现价计算的年均增速达到16%，属于该国经济的"大增长"阶段；2016 年以来，受全球经济下行压力、新冠疫情、欧美金融风险等因素的影响，该国经济增长率分别在 2017 年、2020 年和 2022 年出现了下降，并呈现短暂的波动性特征，但整体而言，该国经济表现出了极强的韧性和活力，具有稳步发展和持续提升的良好态势。从具体数据来看，2021 年，乌兹别克斯坦 GDP 为 696.0 亿美元，2022 年达到 803.9 亿美元，同比增长率分别为 7.4% 和 5.7%，均明显高于全球经济增长率。[①] 2023 年第一季度和第二季度分别为 174.3 亿美元和 412.4 亿美元，同比增长率分别为 5.5% 和 5.6%，远高于 2023 年国际货币基金组织（International Monetary Fund，以下简称 IMF）的全球经济增长预期[②]，这表明乌兹别克斯坦是全球实现稳步增长的国家之一，是拉动中亚地区经济发展的引擎之一，也是中亚地区最具韧性、活力和潜力的经济体。

（二）产业结构持续优化

从产业结构来看，2018～2022 年，乌兹别克斯坦工业新增产值超过农业新增产值，且呈现快速增长态势，工业和服务业对国民经济的贡献度不断提升，成为拉动国民经济发展的关键，这说明乌兹别克斯坦的产业结构不断好转，且呈现持续优化特征。1991 年以来，乌兹别克斯坦三大产业的演进趋势如图 1 所示。

由图 1 可知，从演进趋势来看，乌兹别克斯坦三大产业的演进趋势呈现较为明显的阶段性特征。2001～2015 年，伴随着经济的"大增长"，乌兹别克斯坦三大产业的平均增速分别达到 15.5%、15.1% 和 14.6%，这表明该国三大产业也呈现"大增长"趋势；2016～2022 年，乌兹别克斯坦的三大产业表现出先下降后上升的共性特征，并从 2020 年开始，呈现积极蓬勃的发展态势。从产业结构来看，1995 年以来，乌兹别克斯坦的服务业新增产值

---

① 《贸发会议最新报告：2022 年全球经济、贸易和发展趋势》，联合国网站，2022 年 12 月 12 日，https://news.un.org/zh/story/2022/12/1113287，最后访问日期：2023 年 11 月 24 日。

② 《通胀在低增长环境中见顶》，国际货币基金组织网站，2023 年 1 月 31 日，https://www.imf.org/zh/Publications/WEO/Issues/2023/01/31/world-economic-outlook-update-january-2023，最后访问日期：2023 年 11 月 24 日。

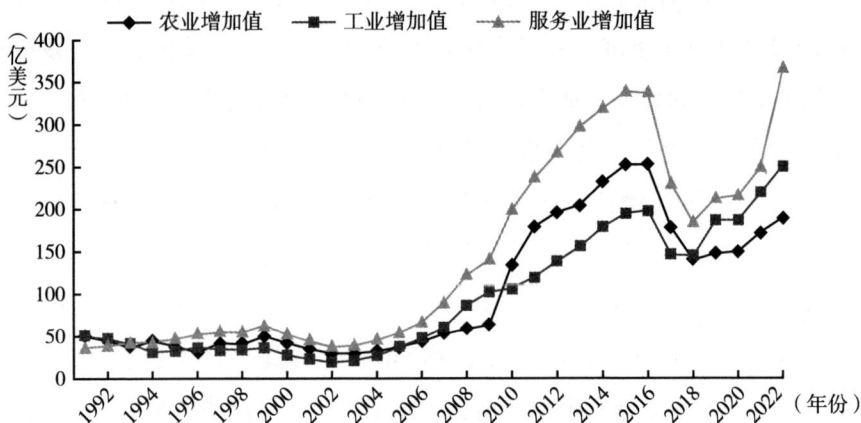

图1 乌兹别克斯坦三大产业的演进趋势（1991~2022年）

注：工业中包含了建筑业。

资料来源：The World Bank，"World Development Indicators," October 16, 2023, https：//blogs. worldbank. org/opendata/ch/introducing-online-guide-world-development-indicators-new-way-discover-data-development, accessed：2023-10-16。

均高于农业和工业新增产值，这表明服务业在该国国民经济中的占比最高，对国民经济的贡献程度最大；2018年以来，该国的工业增加值超过农业增加值，且对国民经济的贡献度呈增长趋势，这表明乌兹别克斯坦的工业化建设取得了一定成效，产业结构不断升级，并呈现持续优化的发展态势。

依据乌兹别克斯坦统计署的初步统计数据，2023年1~9月，该国工业新增产值和服务业新增产值同比增长率分别达到5.7%和12.1%。[①] 2023年1~8月，乌兹别克斯坦的工业新增产值达到401万亿苏姆，同比增长率达到5.8%；纺织和服装行业新增产值达到56万亿苏姆，同比增长率为7.4%；石油和天然气行业（大型企业）的新增产值达到23万亿苏姆，同比增长率为0.5%；黑色冶金及制品（大型企业）产量为100万吨，同比增长了8.2%；食品工业新

---

① "Statistics Agency Under the President of the Republic of Uzbekistan, Economic Situation in the Republic of Uzbekistan in January-September 2023," October 15, 2023, https：//stat. uz/en/press-center/news-of-committee/45636-2023-yilning-yanvar-sentabr-oylarida-o-zbekiston-respublikasi-iqtisodiy-holati-3, accessed：2023-10-16。

增产值达到 42 万亿苏姆，同比增长率为 6.7%。[①] 乌兹别克斯坦工业和服务业的绝大多数子产业实现了正增长，并普遍出现蓬勃发展态势，产业结构持续优化。

（三）创新能力不断增强

创新驱动经济增长是一个国家核心竞争力和综合国力的重要表现，为此，乌兹别克斯坦非常重视创新发展，将创新作为引领和驱动经济发展的主要动力，并稳步推动实施创新驱动发展战略。乌兹别克斯坦通过实施创新政策、加强创新基础设施建设、强化人力资本积累、提高创新资本投入、保护知识产权、优化创新环境、加强国际创新合作、提高成果转化率等举措，提升国家创新能力和创新对国民经济的驱动力。

2017 年，乌兹别克斯坦成立了创新发展部，专门负责制定和执行创新政策，鼓励科学技术创新。2018 年 9 月，乌兹别克斯坦颁布了《2019—2021 年创新发展战略》，将提高人力资本作为创新发展战略的核心，全面提高教学质量、扩大教育覆盖面，发展国民连续受教育体系和干部培养体系，并力争在 2030 年前成为全球创新指数排名前 50 的国家。[②] 该战略明确了国家创新发展的主要任务：提高国家科研潜力和效率，建立有效的教育、科研和企业生产转化一体化机制，推动科研成果的转化和广泛应用；增加国家和私人资金对创新、科研、设计工程工作和技术工作领域的投入，并在这些领域推广现代化、高效的融资方式；推广现代化的管理方式，提高国家权力机关的工作效率；保护知识产权，建立公平竞争的市场环境，发展国家私人伙伴关系；为创新发展建立稳定的社会经济基础设施；等等。[③]

---

① "Statistics Agency Under the President of the Republic of Uzbekistan, Open Data," October 15, 2023, https: //stat. uz/en/, accessed: 2023-10-20.

② 《乌兹别克斯坦总统下令新建七个自由经济特区》，中华人民共和国驻乌兹别克斯坦共和国大使馆经济商务处网站，2017 年 5 月 11 日，http: //gpj. mofcom. gov. cn/article/zuixindt/201705/20170502573492. shtml，最后访问日期：2023 年 11 月 24 日。

③ 《乌兹别克斯坦近期主要发展规划》，中华人民共和国驻乌兹别克斯坦共和国大使馆经济商务处网站，2019 年 5 月 18 日，http: //uz. mofcom. gov. cn/article/ddfg/201905/20190502864187. shtml，最后访问日期：2023 年 11 月 24 日。

这些措施强化了创新中的人才支撑、资本支持、金融赋能、技术攻关、成果转化和环境保障，为乌兹别克斯坦经济由要素驱动型向创新驱动型的转变奠定了基础。

2020 年是乌兹别克斯坦的"科技、教育和数字经济发展年"，该国出台了国家科技发展重点规划，加大了科技创新的资金投入，建立了科技成果电子平台和数据库，并鼓励科技交流合作创新。[①] 同年，乌兹别克斯坦颁布了《创新活动法》，鼓励自由创新，为科技创新企业提供税收优惠等多项政策支持，营造公平竞争的创新生态，加大知识产权保护力度，以法律形式促进创新发展。[②]

2022 年 1 月，米尔济约耶夫总统批准了《2022—2026 年创新发展战略》，该战略旨在通过提高中小企业创新积极性，促进经济社会高质量发展。该战略提出了将创新主体由 613 个增至 2250 个、创新基础设施的数量增加 2 倍、创新企业的新增就业岗位增加 3 倍等目标，规划建立集行业、地区和科研于一体的创新产业发展体系，并继续出台企业创新的优惠政策。[③]

从创新指标来看：专利申请量是衡量创新产出的核心指标之一，2019~2021 年乌兹别克斯坦的专利申请量分别达到 543 项、588 项和 665 项，呈现上升趋势[④]；信息和通信技术是计量科技创新的重要指标之一，2021 年，乌兹别克斯坦信息和通信技术领域的新增产值达到 12.3 万亿苏姆，比 2020 年

---

① 《乌兹别克斯坦总统米尔济约耶夫年度国情咨文主要内容》，中华人民共和国驻乌兹别克斯坦共和国大使馆网站，2020 年 2 月 14 日，http：//uz. china－embassy. gov. cn/chn/wzgk/202002/t20200214_1828094. htm，最后访问日期：2023 年 10 月 20 日。

② 商务部国际贸易经济合作研究院、中国驻乌兹别克斯坦大使馆经济商务处、商务部对外投资和经济合作司：《对外投资合作国别（地区）指南：乌兹别克斯坦（2022 年版）》，中华人民共和国商务部网站，2022 年 3 月 8 日，https：//www. mofcom. gov. cn/dl/gbdqzn/upload/wuzibieke. pdf，最后访问日期：2023 年 10 月 20 日。

③ 《乌兹别克斯坦总统批准〈2022—2026 年创新发展战略〉》，中华人民共和国驻乌兹别克斯坦共和国大使馆经济商务处网站，2022 年 7 月 13 日，http：//uz. mofcom. gov. cn/article/jmxw/202207/20220703333092. shtml，最后访问日期：2023 年 10 月 20 日。

④ "World Development Indicators," The World Bank, October 16, 2023, https：//blogs. worldbank. org/opendata/ch/introducing－online－guide－world－development－indicators－new－way－discover－data－development, accessed：2023－10－20。

增加了2.9万亿苏姆,增幅达到31%[①];当前,乌兹别克斯坦有180多个科研机构,其中包括乌兹别克斯坦科学院及其所属的数学研究所、核物理研究所、电子研究所、天文研究所、地质研究所、生物化学研究所、棉花研究所、葡萄科研所、蚕桑科研所等。这些指标反映出乌兹别克斯坦的创新投入不断增加,创新发展成效显著提升。

世界知识产权组织(World Intellectual Property Organization,以下简称WIPO)发布的年度全球创新指数(GII)是较为常用的评价国家创新能力的指标之一。2020年,乌兹别克斯坦在全球创新指数中排第93位,2021年排第86位,2022年排第82位[②],在创新指数排名中的位次不断提升,表明乌兹别克斯坦的国家创新能力不断增强,创新对国民经济发展的驱动力、引领力和支撑力不断增强。

(四)对外贸易额显著提升

近年来,乌兹别克斯坦凭借其"中亚之心"、中欧贸易通道、"一带一路"关键节点等地缘经济优势,积极发展国际贸易和过境贸易,努力融入世界经济贸易体系,推动运输和贸易中心建设、构建互联互通综合交通运输体系等,力求突破"双重"内陆国的限制,提高本国经济的发展水平和国际地位。

当前,乌兹别克斯坦已与世界上190多个国家和地区建立了贸易关系,该国不仅是独联体自由贸易区成员国,也是欧亚经济联盟和世贸组织观察员国,同时给予包括中国在内的45个国家最惠国待遇。[③] 2001～2022年,乌兹别克斯坦对外贸易的演进趋势如图2所示。

---

① "World Development Indicators," The World Bank, October 16, 2023, https://blogs.worldbank.org/opendata/ch/introducing-online-guide-world-development-indicators-new-way-discover-data-development, accessed:2023-10-20.

② 宋澄:《乌兹别克斯坦数字经济发展报告(2022)》,载王振、惠志斌主编《数字经济蓝皮书:全球数字经济竞争力发展报告(2022)》,社会科学文献出版社,2023,第200～212页。

③ 商务部国际贸易经济合作研究院、中国驻乌兹别克斯坦大使馆经济商务处、商务部对外投资和经济合作司:《对外投资合作国别(地区)指南:乌兹别克斯坦(2022年版)》,中华人民共和国商务部网站,2022年3月8日,https://www.mofcom.gov.cn/dl/gbdqzn/upload/wuzibieke.pdf,最后访问日期:2023年10月20日。

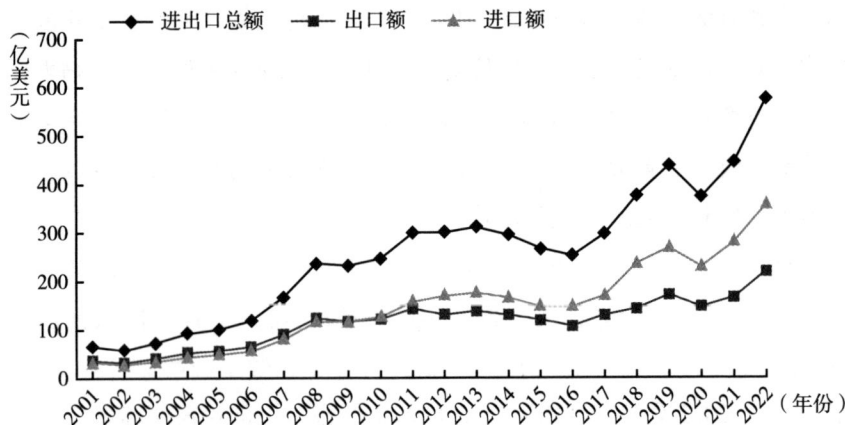

图 2　乌兹别克斯坦对外贸易的演进趋势（2001~2022 年）

注：贸易数据为商品和服务的进出口总额、出口额和进口额，单位为现价美元。

资料来源："World Development Indicators," The World Bank, October 16, 2023, https：//blogs. worldbank. org/opendata/ch/introducing-online-guide-world-development-indicators-new-way-discover-data-development, accessed：2023-10-19。

由图 2 可以看出，从演进趋势来看，2001~2022 年，乌兹别克斯坦的进出口贸易总额呈增长趋势，具体而言，除受国际经济危机、国际油价和大宗商品价格下跌、新冠疫情的影响出现几次下降之外，其余年份基本呈不断增长趋势，尤其是米尔济约耶夫的"新政"实施以来，该国贸易额有快速上升态势。从进出口结构来看，2010~2022 年，乌兹别克斯坦进口额超过出口额，贸易逆差的规模呈增加趋势，这或许与该国实施外贸自由化政策，取消部分商品进口关税有关。

乌兹别克斯坦统计署公布的贸易数据显示，2023 年 1~8 月，乌兹别克斯坦外贸成交额达 400 亿美元，同比增长 75 亿美元，增长率为 23.2%，这表明乌兹别克斯坦经济在全球的影响力不断增强。其中：出口额为 164 亿美元，增长了 27.8%；进口额为 236 亿美元，增长了 20.2%。贸易逆差为 72 亿美元。[①]

[①] "Statistics Agency Under the President of the Republic of Uzbekistan, Foreign Economic Activity," October 10, 2023, https：//stat. uz/en/official-statistics/merchandise-trade, accessed：2023-10-18.

从贸易的国别结构来看，与乌兹别克斯坦对外贸易额最高的五个国家分别是中国、俄罗斯、哈萨克斯坦、土耳其和韩国，贸易额分别为83亿美元、62亿美元、29亿美元、21亿美元和14亿美元，占进出口贸易总额的比重分别为20.7%、15.4%、7.2%、5.3%和3.7%[①]，中国为乌兹别克斯坦的第一大贸易伙伴。

乌兹别克斯坦十分重视与中国的经贸合作，双方经贸合作水平不断提升。自1992年1月建交以来，两国相继签署了一系列的合作文件，如《经济贸易协定》《扩大经济贸易、投资和金融》《中国商务部和乌兹别克斯坦外经贸部关于在建设丝绸之路经济带倡议框架下扩大互利经贸合作的议定书》《关于大宗商品贸易合作的谅解备忘录》《中国商务部与乌兹别克斯坦投资和外贸部关于电子商务合作的谅解备忘录》《中华人民共和国政府和乌兹别克斯坦共和国政府间经贸投资合作规划（2022—2026年）》《中华人民共和国和乌兹别克斯坦共和国新时代全面战略伙伴关系发展规划（2023—2027年）》等，两国关系进入了高速发展的阶段。[②]

乌兹别克斯坦和中国开展了全方位、多领域、多元化和长周期的互利合作，持续提升贸易合作质量，促进贸易结构多元化，两国的贸易依存度和贸易便利化程度不断增强，经贸往来日益密切。两国于2012年确立了战略伙伴关系、2016年确立了全面战略伙伴关系[③]、2024年确立了新时代全天候全面战略伙伴关系，成为新时代构筑新型国际关系的样板和典范。2011年以来，两国持续互予最惠国待遇，中国也长期保持乌兹别克斯坦第一大或第二大贸易伙伴国地位。乌兹别克斯坦主要从中国进口工程机械、空调、冰箱

① "Statistics Agency Under the President of the Republic of Uzbekistan, Foreign Economic Activity," October 10, 2023, https://stat.uz/en/official-statistics/merchandise-trade, accessed: 2023-10-18.

② 《大使阿尔济耶夫访谈录："新乌兹别克斯坦"下的中乌合作前景广阔》，搜狐网，2023年9月14日，https://m.sohu.com/a/720461236_121792467，最后访问日期：2023年10月20日。

③ 《中国同乌兹别克斯坦的关系》，中华人民共和国外交部网站，2023年10月1日，https://www.mfa.gov.cn/web/gjhdq_676201/gj_676203/yz_676205/1206_677052/sbgx_677056/，最后访问日期：2023年10月20日。

等机械设备及器具，电机、电气、音像设备及其零部件，塑料及其制品；对中国主要出口天然气、纺织品、铜及其制品等。① 2023 年 1~9 月，双方贸易额达到 94.5 亿美元，占乌兹别克斯坦对外贸易总额的 21.1%，中国作为乌兹别克斯坦第一大贸易伙伴国的地位得到进一步巩固。② 多年来，双方在农业、水利、电力、纺织工业、机械制造和运输等领域实施了众多投资项目。就汽车领域来说：2023 年 1 月，UzAuto 与比亚迪达成协议，在乌兹别克斯坦建立一家合资公司来生产和销售新能源汽车，这是中国电动汽车巨头在国外的第一家合资企业③；3 月，乌兹别克斯坦与宇通新客车签订 800 辆客车订单，其中 300 辆宇通新能源客车作为首都公共交通系统补充，成为 2023 年上半年中国与"一带一路"沿线国家最大的客车订单。④ 另外，数字经济、绿色经济、互联互通、基础设施、能源等都是双方合作的热点领域。

二 乌兹别克斯坦经济发展的动因分析

乌兹别克斯坦经济发展的动因可以从需求和供给两个方面予以分析。从需求侧来看，消费和投资的快速增长形成了需求红利；从供给侧来看，丰富的自然资源和劳动力资源禀赋形成了要素红利，大规模经济改革带来的制度优化形成了改革红利，数字化转型形成了数字红利。

（一）需求红利

经济学理论认为，从支出角度来看，经济增长是消费、投资和净出口

---

① 海关统计数据在线查询平台，http：//stats. customs. gov. cn/。
② "Uzbekistan's Volume of Foreign Trade Turnover Reached Almost \$45 Billion in Jan-Sep 2023," October 21, 2023, https：//kun. uz/en/news/2023/10/21/uzbekistans - volume - of - foreign - trade-turnover-reached-almost-45-billion-in-jan-sep-2023, accessed：2023-10-21.
③ 《比亚迪与乌兹别克斯坦投资、工业与贸易部签署投资协议》，搜狐网，2023 年 10 月 10 日，https：//www.sohu.com/a/727030051_121613636，最后访问日期：2023 年 10 月 20 日。
④ 《绿色"一带一路"新篇章！中国出口乌兹别克斯坦最大客车订单首批交付》，宇通官网，2023 年 4 月 15 日，https：//www.yutong.com/news/mediareports/04/2023DOLbMEZNVz. shtml，最后访问日期：2023 年 10 月 20 日。

这三种需求之和，并将其称为拉动经济增长的"三驾马车"，分别采用最终消费支出、资本形成总额、商品和服务净出口予以分析。从需求侧来看，乌兹别克斯坦的经济发展依靠需求、投资和净出口的共同作用。最终消费率（即消费率）是最终消费支出占支出法 GDP 的比重，能够反映出消费对经济发展的拉动效应；资本形成率（即投资率）是资本形成总额占支出法 GDP 的比重，能够反映出投资对经济发展的推动效应；净出口贡献率是净出口占支出法 GDP 的比重，能够反映出净出口对国民经济发展的贡献。2001~2022 年，"三驾马车"对乌兹别克斯坦经济发展的作用如图 3 所示。

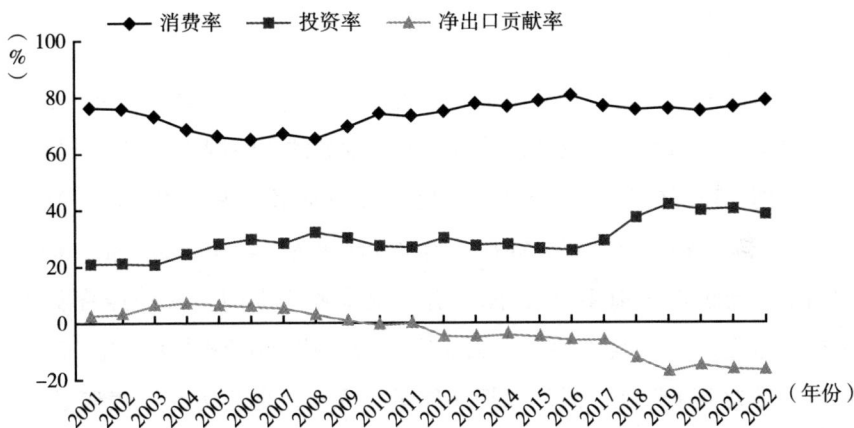

图 3 乌兹别克斯坦"三驾马车"对 GDP 的贡献率（2001~2022 年）

资料来源：消费率和投资率的数据来自世界银行数据库，"World Development Indicators," The World Bank, October 16, 2023, https：//blogs. worldbank. org/opendata/ch/introducing-online-guide-world-development-indicators-new-way-discover-data-development, accessed：2023-10-18。净出口贡献率由笔者计算得出。

由图 3 可知，从需求侧来看，消费需求拉动是乌兹别克斯坦经济增长的主要动因。2001~2022 年，乌兹别克斯坦的消费率保持在 65%~80% 的区间运行，远高于投资率和净出口贡献率，这反映出消费需求超过投资需求和净出口，成为拉动该国经济增长的主要因素。2001~2022 年，乌兹别克斯坦投资率的运行区间为 21%~42%，高于净出口的贡献率，低于消费率，这表明投资需求是推动乌兹别克斯坦国民经济发展的重要因素之一。2010～2022年，乌兹别克斯坦的商品和服务进口量高于出口量，贸易逆差额呈不断增加趋势，致使净出口贡献率不足，这表明乌兹别克斯坦的出口潜力巨大，未来随着生产能力和工业现代化水平的提升，出口贸易对乌兹别克斯坦经济发展的贡献将进一步增强。

通过以上分析可知，从需求侧来看，乌兹别克斯坦的国民经济发展得益于消费、投资和出口等需求红利的释放，其中，消费需求是该国国民经济发展的第一动因，投资需求次之，未来随着工业化、现代化的持续推进，乌兹别克斯坦的出口和外贸发展潜力巨大。

（二）要素红利

从供给侧来看，乌兹别克斯坦的自然资源、劳动力资源等生产要素非常丰富，要素红利的不断释放是推动国民经济发展的重要因素。在自然资源方面，乌兹别克斯坦的矿产资源和油气资源较为丰富，主要优势矿产有天然气、石油、金、铀、铜、钨、钾盐、铅锌及磷矿等，其中，金、铀、铜、钾盐的储量均处于世界前10位，能够有力地服务于本国未来的经济发展。[①]黄金探明储量为3350吨（列世界第4位），石油探明储量为1亿吨，凝析油已探明储量为1.9亿吨，天然气探明储量为3.4万亿立方米，煤储量为19亿吨，铀储量为18.58万吨（列世界第7位）。乌兹别克斯坦天然气开采量居世界第11位，黄金开采量居世界第7位，铀矿开采量居世界第5位[②]，这为国民经济的发展提供了自然资源红利。现阶段，乌兹别克斯坦盛产的"四金"——黄金、"白金"（棉花）、"乌金"（石油）、"蓝金"（天然气）已成为该国国民经济发展的支柱产业。

---

① 《【乌兹别克斯坦】乌兹别克斯坦矿业改革开放中的投资机遇》，中国一带一路网，2021年6月22日，https://www.yidaiyilu.gov.cn/p/177817.html，最后访问日期：2023年10月20日。
② 商务部国际贸易经济合作研究院、中国驻乌兹别克斯坦大使馆经济商务处、商务部对外投资和经济合作司：《对外投资合作国别（地区）指南：乌兹别克斯坦（2022年版）》，中华人民共和国商务部网站，2022年3月8日，https://www.mofcom.gov.cn/dl/gbdqzn/upload/wuzibieke.pdf，最后访问日期：2023年10月20日。

在劳动力方面，乌兹别克斯坦劳动力资源丰裕，2018~2022年，乌兹别克斯坦的人口总量分别为3296万人、3358万人、3423万人、3492万人和3565万人，人口数量增长速度较快，2022年的人口总量排世界第43位[①]，这为本国劳动力奠定了充足的人口基础。2021年，乌兹别克斯坦的人口自然增长率为21‰，处于较高水平，可以判断，未来乌兹别克斯坦人口仍呈快速增长趋势，人口红利突出。从人口的年龄结构来看，2022年，乌兹别克斯坦0~14岁人口占总人口的比重为30%，表明该国处于多子化和严重多子化社会之间，15~64岁人口占总人口的比重为65%左右，适龄劳动力资源充沛。2018~2022年，乌兹别克斯坦的劳动力人数分别为1323万人、1337万人、1337万人、1374万人和1404万人，劳动力占总人口的比重约为40%，且总体上呈持续增长态势，市场中劳动力的供给量不断增加。未来，随着教育系统的不断完善和教育改革的深入，乌兹别克斯坦的劳动力素质将不断提升，这为经济发展奠定了良好的劳动力基础，也确保了经济发展对高素质劳动力的需求。劳动力要素无论在数量上，还是在质量上都将为经济发展提供更多红利。

（三）改革红利

改革红利是乌兹别克斯坦经济社会改革所带来的发展优势。今天的乌兹别克斯坦正处于一个全新的高质量发展时期，大规模、深层次、全方位改革深入推进，这些改革能够带来制度创新、机制创新和政策创新，这些创新有利于推动国民经济增长、促进经济结构优化、提振市场需求、带动供给升级、激发市场主体活力和国民经济发展的内生动力。

米尔济约耶夫任职乌兹别克斯坦总统以来，在经济领域进行了大规模改革，颁布实施了《进一步发展乌兹别克斯坦共和国的战略行动》《2017—2021年乌兹别克斯坦五大优先发展方向行动战略》《2017—2021年乌兹别

[①] "World Development Indicators," The World Bank, October 16, 2023, https：//blogs. worldbank. org/opendata/ch/introducing-online-guide-world-development-indicators-new-way-discover-data-development, accessed：2023-10-19.

克斯坦深化经济战略》《关于加速商业发展、全面保障私有资本和改善营商环境的补充措施》《加快纺织和针织工业发展措施》《促进旅游业加速发展措施纲要》《2017—2021 年旅游产业发展规划》《关于货币自由化的优先措施》《2030 年前国家可持续发展目标和任务》《2019—2030 年向绿色经济过渡战略》《2020—2030 年农业发展战略》《2019—2025 年旅游业发展构想》《2020—2030 年电力保障构想》《2021—2023 年投资规划》《乌兹别克斯坦-2030 战略》等一系列的政策文件，旨在推动经济的自由化、市场化、现代化、国际化、绿色化和数字化发展，优化营商环境，大力发展农业、工业、旅游业和金融业，加强能源、交通和网络基础设施建设，提高行政效率和经济效率，增强经济活力和发展韧性，加强与国际社会的合作与接轨。这些举措为乌兹别克斯坦经济实现稳步发展和中高速增长奠定了良好的制度基础。

2022 年是乌兹别克斯坦新的五年战略的开局之年，同年 1 月，总统米尔济约耶夫颁布了《2022—2026 年新乌兹别克斯坦发展战略》，这表明该国步入了"新乌兹别克斯坦"的建设时期，该战略确定了乌兹别克斯坦近期和中期的发展趋势，及国民经济优先发展的方向，其内容包括 7 个优先事项和 100 个目标性任务，将进一步推动经济的自由化、工业化、集群化和数字化发展，以及将广泛吸引外资等作为重点发展方向。[1] 该战略包括以下任务：计划吸引 1200 亿美元投资；将出口规模提升至 300 亿美元；推动创新发展，使数字经济成为经济发展的主要驱动力；将发电量增加 300 亿千瓦时，达到 1000 亿千瓦时；将可再生能源发电占比提高至 25%；人均 GDP 增长 60%，到 2030 年达 4000 美元，进入"中高收入"国家行列；等等。[2] 该战略延续了《2017—2021 年乌兹别克斯坦五大优先发展方向行动战略》中开启的大规模经济改革，标志着乌兹别克斯坦经济进入了一个全新的发展阶

---

[1] "Global Markets Uzbekistan Special Report: Development Strategy 2022 - 2026 Buliding for The Future," November 3, 2022, https://www.imv.uz/media/document_ files/uzbekistan - report - development - strategy - 2022 - 2026 - final - november - 2022 - pdf. pdf, accessed: 2023 - 10 - 19.

[2] Жамият, Келгуси 5 йилга мўлжалланган макроиктисодий режалар маълум қилинди, 1 январ 2022 года, https://www.gazeta.uz/uz/2022/01/01/strategy/, accessed: 2023 - 10 - 19.

段，改革红利也将得到更为充分的发挥和释放。

2023 年 7 月，乌兹别克斯坦发展战略中心发布了《乌兹别克斯坦-2030 战略》草案，该战略服务于建设"新乌兹别克斯坦"，明确了该国未来 7 年发展的主要方向，其任务包括：①争取到 2030 年，经济规模翻一番，跻身中上收入、高于平均水平的国家行列，国内生产总值达到 1600 亿美元，人均收入达到 4000 美元；②继续实施货币、财政、外贸政策相互协调的结构性改革，改善商品和服务市场竞争环境，确保到 2030 年把年通胀率控制在5%~6%；③持续推进经济转型和体制改革，确保国家良好的投资和商业环境，实施平衡的货币政策；④鼓励投资，计划新增投资 2500 亿美元，其中吸引外资 1100 亿美元，公私合作投资 300 亿美元；⑤加强基础设施建设，计划实施 500 多个具有战略意义的技术和基础设施项目，总价值达到 1500亿美元；⑥保持税制稳定，三年内不提高营业税、增值税和利得税等。① 这些举措将显著优化营商环境、改善供给结构、带动产业升级，提高各经济主体的积极性、主动性和创造性，进一步激发国民经济发展的活力、动力和潜力。

乌兹别克斯坦注重用制度改革推动国民经济发展，这些改革中涉及的体制创新、制度创新、机制创新和政策创新，为推动该国国民经济增长、提振市场需求、带动供给升级、激发市场主体活力等释放出了积极的发展优势，为国民经济发展提供持续、强劲和有力的支撑，改革红利是乌兹别克斯坦经济发展的关键动因。

（四）数字红利

近年来，数字经济如火如荼，其发展速度之快、辐射范围之广、影响程度之深前所未有，正在成为重组全球要素资源、重塑全球经济结构、改变全

---

① ЎЗБЕКИСТОН РЕСПУБЛИКАСИ ПРЕЗИДЕНТИ ҚАРОРИ "ўзбекистон-2030" стратегиясини 2023 йилда сифатли ва ўз вактида амалга ошириш чора-тадбирлари тўғрисида, ID-83811, 31 июля 2018 года, https://regulation. gov. uz/ru/d/83811, accessed：2023-10-20.

球竞争格局的关键力量①，也成为引领经济高质量发展的核心引擎，乌兹别克斯坦顺势而动，将发展数字经济作为本国基本国策，积极发挥数字红利。

乌兹别克斯坦积极发展电子政务、电子商务，促进国民经济的数字化转型。2017年颁布的《2017—2021年乌兹别克斯坦五大优先发展方向行动战略》明确提出完善电子政务系统，建设"电子政务"和"电子法院"，促进通信基础设施的现代化，实现通信的全面覆盖，提高通信服务质量与效率，在经济、社会和管理等领域推广现代化的信息通信技术（ICT）等任务。②2018年2月，米尔济约耶夫总统颁布《进一步完善信息通信技术的措施》的总统令对国内信息通信技术发展做了具体规划；同年7月，颁布《关于发展数字经济措施》的总统令，该文件成为该国信息通信技术全面发展的战略性指导文件，这标志着大力推动国家数字化转型和数字经济建设已经成为乌兹别克斯坦经济社会发展的重要战略。2018年颁布的《关于加速发展电子商务措施》的总统令，确定了2018~2021年电子商务发展方案：改进电子商务的法律、规章和管理框架；为电子商务营造有利的发展环境；加强电子商务的出口和国际合作；发展电子商务物流设施；加强电子商务人力资本积累；提高公众和企业对电子商务的认识；等等。而后，米尔济约耶夫又批准了《关于采取措施在乌居民点加速发展通信基础设施》的总统令，以加强数字公共基础设施和通信基础设施建设。

2020年是乌兹别克斯坦的"科学、教育和数字经济年"。3~4月，米尔济约耶夫总统批准了《关于采取措施在电子政务和数字经济框架下进一步完善管理体系》和《大力推广数字经济和电子政务的措施》的总统令③；5

---

① 《习近平在中共中央政治局第三十四次集体学习时强调　把握数字经济发展趋势和规律推动我国数字经济健康发展》，新华网，2017年10月19日，http：//www.news.cn/politics/leaders/2021-10/19/c_1127973979.htm，最后访问日期：2023年10月20日。

② 《乌兹别克斯坦数字经济相关政策、发展现状及前景》，中华人民共和国商务部欧亚司网站，2020年5月25日，http：//oys.mofcom.gov.cn/article/oyjjss/jmdt/202005/20200502967500.shtml，最后访问日期：2023年10月20日。

③ 《乌兹别克斯坦数字经济相关政策、发展现状及前景》，中华人民共和国商务部欧亚司网站，2020年5月25日，http：//oys.mofcom.gov.cn/article/oyjjss/jmdt/202005/20200502967500.shtml，最后访问日期：2023年10月20日。

月，米尔济约耶夫总统专门召开视频会议，再次要求全国加快数字经济与电子政务发展进程："若我们不能在2~3年内完成这项工作，每延迟一年，国家的经济发展就会滞后10年"①；10月，该国发布《2020—2022年各地区和经济部门数字化转型计划》，明确数字政务、数字产业、数字教育和数字基础设施为数字化转型的四大重点领域②；10月，米尔济约耶夫签署了《关于批准数字乌兹别克斯坦2030战略及采取措施有效落实》的总统令，明确提出：2020~2022年将居民点互联网接入率由78%提高至95%，增加250万个宽带接入端口，铺设2万公里光纤线路③；推广400多个信息系统、电子服务和其他软件产品；在生产、物流等企业中推广280多种自动化管理软件；对58.7万人进行计算机培训，在"百万程序员"项目框架下吸引50万名年轻人参与培训；提高政府负责人、权力机关和机构工作人员的数字素养，对1.2万名政府工作人员进行数字技术培训；等等。④

2020年，乌兹别克斯坦颁布了《数字乌兹别克斯坦2030国家战略构想》，制定了《2030年国家数字战略》，确定了短期、中期和长期数字经济发展的优先项目和目标，如：确保数字经济、电子政务、信息和通信技术以及创新技术的系统性发展；提高居民的数字识字率，培养高素质的数字人才；推广远程工作法；扩大电信基础设施和数据处理中心建设；完善有关数字经济的法律法规；提高数据的收集和加工效率；采用现代化的IT项目和公司融资形式；提高政府电子订单的透明度和可及性；建立风险基金和技术园区，吸引外国投资，促进面向出口的产品研发；加强数字发展领域的国际

---

① 郭晓婷：《乌兹别克斯坦数字化转型及与"数字丝绸之路"的对接》，《欧亚经济》2020年第6期，第62~79页。

② 康杰：《中亚国家数字化转型中的数字主权政策——以哈萨克斯坦、乌兹别克斯坦为例》，《俄罗斯东欧中亚研究》2022年第4期，第142~157页。

③ Указ Президента Республики Узбекистан Об утверждении Стратегии «Цифровой Узбекистан-2030» и мерах по ее эффективной реализации, 5 октября 2020года, https：//lex. uz/docs/5031048, accessed：2023-10-20.

④ 《乌总统批准数字乌兹别克斯坦2030战略》，中华人民共和国驻乌兹别克斯坦共和国大使馆经济商务处网站，2020年10月12日，http：//uz. mofcom. gov. cn/article/jmxw/202010/20201003006988. shtm，最后访问日期：2023年10月23日。

合作；等等。① 以期到 2030 年可提供高质量、安全、便宜和智能的高速互联网和移动通信，建立稳定和有竞争力的通信和电信市场，减少城乡之间的数字鸿沟等。

2021 年 11 月，米尔济约耶夫总统签署了《完善电子商务管理，为进一步发展电子商务创造有利条件》的总统令，规定了电子商务平台可以享受的税收优惠政策；2022 年，通过了更新的《电子商务法》，为电子商务发展奠定了法律基础。2022 年该国电子商务销售额较上年增长了 1.8 倍，超过108868 亿苏姆，占零售总额的 4% 以上；截至 2023 年 8 月 1 日，该国电子商务实体数量已达 159 个，涵盖了 52 个电子支付系统和 35 个银行移动应用程序、72 个网上商店和交易平台。②

2022 年 8 月，米尔济约耶夫签署了《关于 2022—2023 年提高信息通信技术领域水平的措施》的总统令，在 2022 年计划将住宅区网络覆盖率提升至 98%，国际高速公路沿线网络覆盖率提升至 60%，架设 4 万千米光纤线路，将光纤覆盖率提升至 80%；在 2023 年计划为至少 6500 人提供数字培训，政府机构及实体企业引入超 200 个信息系统和软件产品，并计划建立信息化出口服务中心、按"单一窗口"原则启用统一政务平台等。③

2023 年，米尔济约耶夫总统签署了《农业领域引进先进数字技术相关措施》的总统令，明确自 9 月 1 日起，开始运行农业平台信息系统④，实现棉花、谷物、水果和蔬菜种植优惠贷款流程的数字化，推动"数字农业"

---

① 《乌总统批准数字乌兹别克斯坦 2030 战略》，中华人民共和国驻乌兹别克斯坦共和国大使馆经济商务处网站，2020 年 10 月 12 日，http://uz. mofcom. gov. cn/article/jmxw/202010/20201003006988. shtm，最后访问日期：2023 年 10 月 24 日。

② 《乌兹别克斯坦的电子商务发展如何？》，今日乌兹公众号，2023 年 10 月 5 日，Https://mp. weixin. qq. com/s/fppfoQDoBrNPG-Nnu2qmHg，最后访问日期：2023 年 10 月 24 日。

③ 《乌兹别克斯坦确定未来两年信息通信技术发展的主要任务》，中华人民共和国驻乌兹别克斯坦共和国大使馆经济商务处网站，2022 年 8 月 30 日，http://uz. mofcom. gov. cn/article/jmxw/202208/20220803344201. shtml，最后访问日期：2023 年 10 月 24 日。

④ 《乌兹别克斯坦农业平台信息系统将于 9 月 1 日开始运行》，中华人民共和国驻乌兹别克斯坦共和国大使馆经济商务处网站，2023 年 9 月 29 日，http://uz. mofcom. gov. cn/article/jmxw/202309/20230903444060. shtml，最后访问日期：2023 年 10 月 24 日。

发展。在 2022 年底，联合国发布的《2022 联合国电子政务调查报告》显示，乌兹别克斯坦的电子政务发展水平在 193 个国家中列第 69 位，较上年上升了 18 位。[①] 在世界银行发布的《2022 年 GovTech Enablers 指数报告》中，该国的 GovTech 成熟度指数在全球排名中处于第 43 位，较上年上升 37 位，在"数字技能和政府服务创新"单项中排名第 4，较上年上升 65 位，是全球增幅最高的国家之一。[②]

截至 2022 年底，乌兹别克斯坦的移动通信订阅量达到 3569 万人，普及率为 100%。[③] 截至 2022 年 5 月，移动通信基站数量超过 4.57 万个，覆盖 98% 的居民点；互联网用户 2720 多万人，普及率为 77%，其中，移动互联网用户 2530 多万人，移动宽带覆盖率为 70%。[④] 在中国的帮助下，塔什干实施了安装 15 个 5G 基站的项目，该国的数字覆盖率得到显著提升。[⑤] 当前，乌兹别克斯坦数字经济蓬勃发展，在数字基础设施建设、产业数字化、数字产业化、电子商务、数字政府建设、数字人才培养、数字金融、数字安全和数字经济合作等方面取得了较大成效，数字经济对国民经济发展的驱动效应进一步增强。

---

① 《2022 联合国电子政务调查——数字政府的未来》，中央党校（国家行政学院）电子政务研究中心译，联合国经济和社会事务部网站，2022 年 12 月 18 日，https：//desapublications. un. org/sites/default/files/publications/2023 - 01/UN% 20E - Government% 20Survey% 202022% 20-%20Chinese%20Web%20Version. pdf，最后访问日期：2023 年 10 月 23 日。

② "GovTech: Putting People First, GovTech-Enablers," The World Bank, December 2022, https：//www. worldbank. org/en/programs/govtech/govtech-enablers, accessed：2023-10-20.

③ "World Development Indicators," The World Bank, October 16, 2023, https：//blogs. worldbank. org/opendata/ch/introducing-online-guide-world-development-indicators-new-way-discover-data-development, accessed：2023-10-19.

④ 商务部国际贸易经济合作研究院、中国驻乌兹别克斯坦大使馆经济商务处、商务部对外投资和经济合作司：《对外投资合作国别（地区）指南：乌兹别克斯坦（2022 年版）》，中华人民共和国商务部网站，2022 年 3 月 8 日，https：//www. mofcom. gov. cn/dl/gbdqzn/upload/wuzibieke. pdf，最后访问日期：2023 年 10 月 23 日。

⑤ 康杰：《中亚国家数字化转型中的数字主权政策——以哈萨克斯坦、乌兹别克斯坦为例》，《俄罗斯东欧中亚研究》2022 年第 4 期，第 142~157 页。

三 乌兹别克斯坦经济发展面临的挑战及未来展望

（一）面临的挑战

乌兹别克斯坦经济呈现稳步发展的良好态势，但其仍面临世界形势变化、中亚及周边形势变化的外部挑战，也面临着通货膨胀率持续高位、经济结构性风险凸显、政府效率不高和绿色发展不足等诸多的内部挑战。

1.外部挑战

在世界形势方面，当今世界正在经历百年未有之大变局，世界之变、时代之变、历史之变正以前所未有的方式展开①，全球发展面临诸多挑战。在传统安全领域，地缘政治局势紧张加剧，国家间摩擦不断，巴以冲突和俄乌冲突的溢出效应复杂演变，全球动荡源明显增多；在非传统安全领域，全球性传染病、"三股势力"、金融风险、"脱钩""断链"风险等交织。在这新的动荡变革期内，全球经济面临债务水平上升、金融状况收紧、增长前景疲软等问题。一些发达国家核心通胀率（不包括食品和能源）仍居高不下；一些发展中国家的融资成本急剧上升，金融风险加剧。全球经济下行压力增大，经济发展中的不确定性、风险和挑战增加，这都会给乌兹别克斯坦的经济发展带来直接或间接的负面影响或冲击。

在中亚及周边形势方面，2022年以来，中亚多个国家出现动乱，如哈萨克斯坦的"一月骚乱"、塔吉克斯坦的戈尔诺-巴达赫尚骚乱事件、吉尔吉斯斯坦和塔吉克斯坦发生的边境冲突，以及乌兹别克斯坦本国的卡拉卡尔帕克斯坦自治共和国骚乱等，苏联时期及苏联解体后遗留下来的历史问题或

---

① 《习近平在博鳌亚洲论坛2022年年会开幕式上的主旨演讲（全文）》，中国政府网，2022年4月21日，https：//www.gov.cn/xinwen/2022-04/21/content_5686424.htm，最后访问日期：2023年10月24日。

在相当长的时间内成为中亚地区不稳定的一个重要诱因。[①] 另外，"三股势力"、阿富汗政治稳定和经济发展情况等，都会对乌兹别克斯坦的经济发展造成压力、冲击及负面影响，这需要在具体形势、具体事件和具体问题中予以具体分析。

当今世界正经历百年未有之大变局，世界经济下行压力增大，全球发展面临诸多挑战，但和平与发展仍是当今世界的主题，无论世界政治经济局势如何变幻，和平与发展仍是人类长时段追求的目标和世界运行的主旋律。和平、发展、合作、共赢的历史潮流不可阻挡，人民对美好生活的向往不可阻挡，各国实现共同发展繁荣的愿望不可阻挡。[②] 因此，加强区域经济合作、促进共同发展是新时代和新形势下，乌兹别克斯坦增强经济发展韧性、应对外部冲击和挑战、实现经济包容性增长和推动高质量发展的重要举措。

2. 内部挑战

在物价方面，乌兹别克斯坦经济发展的依附性较强，通货膨胀水平易受全球大宗商品价格变化、世界金融发展状况、欧美通货膨胀水平和俄罗斯经济表现等的影响，"输入型通胀"给国民经济的发展和金融体系的稳定造成了不良影响。如受全球食品和能源价格上涨等的影响，2020~2022年乌兹别克斯坦的居民消费物价指数（CPI）计量的通货膨胀率分别高达11.1%、10.0%和12.3%[③]，通货膨胀的高位运行给本国经济发展带来了众多不确定性和隐患；2023年1~9月，乌兹别克斯坦的通货膨胀率分别为12.2%、12.2%、11.7%、11.0%、10.4%、9.0%、8.9%、9.0%和9.2%[④]，从发展趋势来看，在2023年前两个季度，受全球大宗商品价格下跌的影响，该国

---

① 许涛：《欧亚变局下中亚政治与安全格局的重构趋势》，《俄罗斯东欧中亚研究》2023年第1期，第1~11页。

② 《习近平在第三届"一带一路"国际合作高峰论坛欢迎宴会上的祝酒辞（全文）》，人民网，2023年10月17日，http：//politics.people.com.cn/n1/2023/1017/c1024-40097359.html，最后访问日期：2023年10月20日。

③ "Statistics Agency Under the President of the Republic of Uzbekistan, Prices & Indexes," October 10, 2023, https：//stat.uz/en/official-statistics/prices-and-indexes, accessed：2023-10-20.

④ "Statistics Agency Under the President of the Republic of Uzbekistan, Prices & Indexes," October 10, 2023, https：//stat.uz/en/official-statistics/prices-and-indexes, accessed：2023-10-20.

通货膨胀呈现放缓趋势，通货膨胀率从两位数转变为个位数，在第三季度，通货膨胀率呈小幅上涨趋势，受外部经济形势的影响较大；从数值来看，2023年1~9月，乌兹别克斯坦的通货膨胀率在8.9%~12.2%之间变化，通货膨胀仍属高位运行，这对民众生活、企业生产、金融机构运行等均会带来负面影响和挑战。

在经济结构方面，第一，从要素结构看，乌兹别克斯坦国内新增就业岗位不足，导致劳动力过剩、劳动力市场僵化、劳动力外流和移民数量增加，这在较大程度上造成了劳动力资源的浪费和青年贫困问题的发生；该国拥有丰富的风能、太阳能等，但开发率和利用率都不高。第二，从产业结构看，与其他中亚国家相比，乌兹别克斯坦工业门类齐全，但该国仍面临工业化不足、工业基础薄弱、产业链低端化、过度依赖外资和侨汇收入、产业多元化和高级化不足等问题，目前仍处于工业化的初期发展阶段。第三，从能源结构看，近年来，乌兹别克斯坦频频出现供电、供暖不足的情况，该国能源资源丰富，但能源供给远远不能满足能源需求，能源基础设施建设不足和陈旧老化的问题并存，这与人口过快增长带来的电力和天然气需求并不匹配。第四，从地区结构看，该国发展不平衡问题广泛存在于地区之间、城乡之间。例如：在2022年，该国最发达的塔什干市的GDP达到147万亿苏姆，占乌兹别克斯坦GDP的16.6%，是最不发达的锡尔河州的8.1倍；乌兹别克斯坦的低收入家庭主要集中在农村地区，农村地区的贫困发生率也远远高于城市。[1] 诸多问题的存在容易给国民经济发展带来结构性风险，导致国民经济发展的脆弱性增加，为此，乌兹别克斯坦聚焦优化经济结构，围绕提升全要素生产率、促进产业多元化、推动能源现代化、实现国民经济平衡发展等方面进行了大规模的结构性改革。

在政府效率方面，腐败问题仍是影响乌兹别克斯坦政府效率的主要因素[2]，2021年因官员贪污腐败，从而对该国造成超过1.2万亿苏姆（约合

---

[1] 杨进、张慧聪：《乌兹别克斯坦的减贫战略及其成效》，《欧亚经济》2023年第5期，第56~75页。

[2] 赖毅：《乌兹别克斯坦GDP首破800亿美元》，《经济日报》2023年1月3日，第9版。

1.1亿美元）的损失。① 反腐是提升政府效率的关键，为此，该国先后颁布了《反腐败法》《关于落实〈反腐败法〉条款的若干举措》《反腐败纲要（2017—2018年）》《关于进一步完善反腐败系统的若干举措》《反腐败纲要（2019—2020年）》《关于乌兹别克斯坦反腐败署组织活动》等文件，并成立反腐败署，专门负责制定和落实预防和打击腐败领域的各项政策。②

在绿色发展方面，乌兹别克斯坦属于高碳排放国和严重缺水国。③ 2023年2月，联合国经济及社会理事会发布的《开展次区域合作，加快亚洲及太平洋气候行动以促进可持续发展》文件显示，包含哈萨克斯坦、吉尔吉斯斯坦、塔吉克斯坦、土库曼斯坦和乌兹别克斯坦的中亚地区的温室气体排放总量约占全球排放量的1%，且80%来自能源部门；该地区高度依赖化石燃料，哈萨克斯坦、土库曼斯坦和乌兹别克斯坦的碳足迹最重，是世界上重工业二氧化碳排放量最大的100个国家之一；气候变化正在加剧该区域的缺水状况，特别是位于咸海盆地的乌兹别克斯坦等国。④ 咸海位于哈萨克斯坦和乌兹别克斯坦交界，1960年前曾是世界第四大水域，目前咸海表面积已不及原始面积的10%⑤，乌兹别克斯坦已成为严重缺水国。根据亚洲开发银行（Asian Development Bank，以下简称ADB）的计算，2030年乌兹别克斯

---

① 《乌兹别克斯坦去年因官员贪污腐败遭受1.2万亿乌索姆损失》，吉尔吉斯斯坦国家通讯社（卡巴尔通讯社），2022年3月11日，http：//cn. kabar. kg/news/cn2022-3-11-4/，最后访问日期：2023年10月24日。

② Закон Республики Узбекистан О противодействии коррупции, 3 января 2017 года, https：//lex. uz/docs/3088013, accessed：2023-10-16；Об организации деятельности Агентства по противодействию коррупции Республики Узбекистан, 29 июня 2020 года, https：//lex. uz/docs/4875795, accessed：2023-10-20.

③ 《乌兹别克斯坦被列为严重缺水国》，中华人民共和国驻乌兹别克斯坦共和国大使馆经济商务处网站，2019年8月12日，http：//uz. mofcom. gov. cn/article/jmxw/201908/20190802890911. shtml，最后访问日期：2023年10月20日。

④ 《亚洲及太平洋经济社会委员会第七十九届会议"亚洲及太平洋加快气候行动促进可持续发展"：加强次区域合作》，联合国经济及社会理事会网站，2023年2月23日，https：//www. unescap. org/sites/default/d8files/event-documents/ESCAP_79_4_C. pdf，最后访问日期：2023年10月20日。

⑤ 赖毅：《乌兹别克斯坦谋求绿色发展》，《经济日报》2023年6月5日，第4版。

坦的缺水量可能增加到 70 亿立方米，到 2050 年可能增加到 150 亿立方米[①]，或会造成该国的农作物减产、土地资源状况恶化、荒漠化加剧、疾病发生率上升等问题，严重威胁其农业发展、粮食安全、人民福利和国民经济发展。为此，乌兹别克斯坦主张利用"联合国水机制"，吸收和实施最先进的技术，克服咸海危机，并将应对气候变化、推动碳中和和实现绿色发展作为该国的战略任务。[②] 2017 年以来，该国颁布了《乌兹别克斯坦 2017—2021 年发展可再生能源纲领》《2017—2021 年社会经济领域可再生能源进一步发展和提高能效措施方案》《可再生能源利用法》《乌兹别克斯坦保护生物多样性 2019—2028 年战略》《2030 年前国家可持续发展目标和任务》《2019—2030 年乌兹别克斯坦向绿色经济过渡战略》《2020—2030 年能源和电力战略规划》《2020—2030 年能源领域保障构想》等一系列政策，以实现经济的绿色可持续发展。

此外，乌兹别克斯坦经济发展中还存在着能源、交通、物流、金融、民生和数字基础设施不完善，技术创新水平偏低，多维贫困发生率偏高，国家外债总额过高，政府偿债能力相对不足、金融体系不健全、新经济增长不足等诸多挑战，但这些都属于发展中存在的挑战和问题，也必将在发展中予以应对和解决。

为克服经济发展中面临的挑战，化解潜在风险，推动国民经济的健康和可持续发展，乌兹别克斯坦应做到以下几点。第一，持续释放需求红利、要素红利、改革红利和数字红利，以增强经济发展动力。第二，加强区域经济合作，推动包容性增长，以应对外部环境的冲击。第三，降低经济发展中的依附性，维持物价水平稳定，优化经济结构，推动国民经济的平衡发展，促

---

① 《亚洲及太平洋经济社会委员会第七十九届会议"亚洲及太平洋加快气候行动促进可持续发展"：加强次区域合作》，联合国经济及社会理事会网站，2023 年 2 月 23 日，https：//www.unescap.org/sites/default/d8files/event-documents/ESCAP_79_4_C.pdf，最后访问日期：2023 年 10 月 20 日。

② 《乌兹别克斯坦总统米尔济约耶夫：将中亚变成和平繁荣的地区》，联合国网站，2023 年 9 月 19 日，https：//news.un.org/zh/story/2023/09/1121852，最后访问日期：2023 年 10 月 20 日。

进制度性反腐，提高政府效率，走绿色、低碳和可持续发展之路，以提高本国经济的持续发展能力。第四，加强基础设施建设、提升国民福利水平、提高政府偿债能力、优化金融体系、大力发展新经济等，以提高本国经济的发展质量和综合竞争能力。

（二）未来展望

展望未来，多个组织、机构和个人都对乌兹别克斯坦的经济发展前景持乐观态度。2023 年 10 月，世界银行发布了《欧洲和中亚经济动态》的报告，该报告指出，得益于乌兹别克斯坦正在进行的结构性改革所带来的强劲动力，2023 年乌兹别克斯坦的 GDP 增长率预期为 5.5%，并在中期呈加速增长态势。[1] 2023 年 9 月，亚洲开发银行在其发布的《亚洲发展展望（2023 年 9 月）》中预测，2023 年和 2024 年乌兹别克斯坦的 GDP 增长率将达到 5.5%[2]，成为亚洲经济增速较高的国家之一，投资的快速增长和工业的快速发展成为该国经济实现强劲增长的驱动力量和重要支撑。[3] 2023 年 4 月，国际货币基金组织在其发布的《世界经济展望：坎坷的复苏》中预测，2023 年和 2024 年乌兹别克斯坦实际 GDP 的增长率分别为 5.3% 和 5.5%[4]，持续性的结构性改革、年轻人的发展潜力、经济的多样化发展和最大限度地融入全球经济，使得该国经济前景积极向好。乌兹别克斯坦中央银行的预测稍显保守，认为在 2023~2025 年，该国经济在没有剧烈外部冲击的条件下，

① "Europe and Central Asia Economic Update," The World Bank, October 20, 2023, https：// www. worldbank. org/en/region/eca/publication/europe - and - central - asia - economic - update, accessed：2023-10-25.

② Asia Development Bank, "Asia Development Outlook," September 30, 2023, https：//www. adb. org/sites/default/files/page/907611/full-presentation-ado-september2023. pdf, accessed：2023- 10-20.

③ 《亚洲开发银行将乌兹别克斯坦 2023 年和 2024 年的增长预测上调到了 5.5%》，每日经济网站，2023 年 9 月 28 日，https：//cn. dailyeconomic. com/2023/09/28/74246. html，最后访问日期：2023 年 10 月 20 日。

④ 《世界经济展望：坎坷的复苏》，国际货币基金组织网站，2023 年 4 月 11 日，https：// www. imf. org/zh/Publications/WEO/Issues/2023/04/11/world-economic-outlook-april-2023，最后访问日期：2023 年 10 月 20 日。

经济增长率将从 2023 年的 4.5%~5.0%上升到 2025 年的 6.0%~6.5%[①]，经济增长前景持续向好。2023 年 10 月 19 日，乌兹别克斯坦总统米尔济约耶夫在经济会议上指出，预计 2023 年全球经济增长率为 3%，而乌兹别克斯坦国民经济预计至少增长 5.6%；2024 年的 GDP 增长率有望继续保持高水平，得益于价值 130 亿美元的 300 多个项目的启动、能源供应的稳定和产业效益的提升，2024 年的工业增长率或会达到 6.0%，服务业增长率有望达到 15.0%。[②]

当今的乌兹别克斯坦经济正处于一个全新的、积极向上的发展阶段，主要表现为国民经济稳步发展、产业结构持续优化、创新能力不断增强、对外贸易额显著提升。在对内改革和对外开放的系列政策利好的加持下，经济发展中的需求红利、要素红利、改革红利和数字红利加速释放，经济活力和综合竞争力不断增强，经济发展质量和发展潜力不断提升。与此同时，乌兹别克斯坦的经济发展不仅面临着世界形势变化、中亚及周边形势变化的外部挑战，也面临着通货膨胀率持续高位、经济结构性风险凸显、政府效率不高和绿色发展不足等的内部挑战，但这并没有改变乌兹别克斯坦经济韧性强、活力足、潜力大、空间广和积极向好的基本面。

---

① 《中亚经济充满韧性？五国情况各不同》，丝路新观察网站，2023 年 5 月 23 日，http://www.siluxgc.com/static/content/rcmnd/2023-05-23/1110681726923866112.html，最后访问日期：2023 年 10 月 20 日。

② "President of the Republic of Uzbekistan, Economic Indicators and Forecasts Discussed," October 19, 2023, https://president.uz/en/lists/view/6781, accessed：2023-10-20。

B.4

乌兹别克斯坦2022～2023年安全形势和治理

龙国仁 樊承志*

摘　要：　2023年，乌兹别克斯坦受俄乌冲突、阿富汗问题等冲击，总体安全形势保持稳定，但也存在安全隐患，包括水资源安全、能源安全、网络信息安全和恐怖主义等。为应对安全隐患，乌兹别克斯坦积极作为，实施"中亚优先"政策，努力提高自身的地区话语权和影响力，继续注重与中国、俄罗斯和美国的合作。展望2024年，乌政治继续保持稳定，社会经济持续增长，安全形势稳定向好。

关键词：　乌兹别克斯坦　安全形势　平衡外交

乌兹别克斯坦总体安全形势趋于稳定，但也发生了一些值得注意的事件。在政治安全领域，乌兹别克斯坦2022年的努库斯骚乱事件导致社会局部动荡；米尔济耶约夫2023年再次当选总统，政权平稳过渡。在经济安全领域，乌兹别克斯坦GDP实现较快增长，但受到俄乌冲突和西方制裁的影响，粮食供应和贸易路线正常运转得不到保障。在能源安全领域，乌兹别克斯坦发生"一月能源危机"① 后，政府更注重保障本国的能源供应，俄罗斯历史首次向乌兹别克斯坦进行能源供应。在阿富汗问题上，阿富汗的毒品市场发生新的变化，乌兹别克斯坦和阿富汗也出现了新的水资源争端，但乌兹别克斯坦仍致力于帮助阿富汗维持社会稳定。

---

　*　龙国仁，陕西师范大学中亚研究所副教授，研究方向为中亚问题；樊承志，陕西师范大学中亚研究所硕士研究生。

　①　2023年1月中亚国家遭遇非常严重的霜冻天气，乌兹别克斯坦因天然气出现问题，情况最为严峻，乌各地包括首都出现了大面积停水、停电和停暖现象。

一 国际形势对乌兹别克斯坦安全的影响

（一）俄乌冲突对乌兹别克斯坦安全的影响

第一，俄乌冲突使乌兹别克斯坦的粮食供应安全受到影响。俄乌冲突及西方国家的制裁，对全球粮食供应链安全构成严峻挑战。在此背景下，乌兹别克斯坦也不可避免地受到影响。俄罗斯和哈萨克斯坦是乌兹别克斯坦的主要粮食供应国，俄乌冲突爆发不久两国都相继发布了限制粮食出口政策。2022 年 3 月俄罗斯暂时禁止向欧亚经济联盟（EAEU）国家（白俄罗斯除外）出口小麦、黑麦、大麦和玉米[①]，同年 4 月哈萨克斯坦宣布对小麦和小麦粉出口实行临时配额，2023 年 10 月哈萨克斯坦宣布将在不影响国内市场的情况下减少粮食出口。[②] 俄、哈限制粮食出口，使乌兹别克斯坦的粮食进口成本增加，粮价上涨。如 2020 年乌兹别克斯坦的小麦进口价格为 0.21 美元/千克，而 2023 年小麦每千克进口价格为 0.31 美元左右，涨幅达 47.6%。[③]

第二，俄乌冲突使在俄的乌兹别克斯坦劳务移民大量被遣返，乌国内经济安全受到牵连。根据国际移民组织数据，2022 年第一季度有 13.3 万名乌兹别克人从俄罗斯离开[④]，回国后大部分成为失业人员，影响乌兹别克斯坦的经济平稳运行。据统计，乌兹别克斯坦 2021 年的失业率是 6.02%[⑤]，预

---

① 《俄国家海关委员会：暂时禁止向欧亚经济联盟国家出口谷物》，粮信网，2022 年 3 月 14 日，http://www.chinagrain.cn/axfwnh/2022/03/14/4028627974.shtml，最后访问日期：2023 年 11 月 22 日。

② "Kazakhstan to Reduce Grain Export Supplies," October 20, 2023, https://astanatimes.com/2023/10/kazakhstan-to-reduce-grain-export-supplies/, accessed: 2023-11-20.

③ "Uzbekistan Wheat Prices," https://www.selinawamucii.com/insights/prices/uzbekistan/wheat/, accessed: 2023-11-22.

④ "The War in Ukraine Could Bring Crisis to Uzbekistan," November 8, 2022, https://nationalinterest.org/feature/war-ukraine-could-bring-crisis-uzbekistan-205722, accessed: 2023-11-22.

⑤ "Uzbekistan Unemployment Rate 1991-2023," https://www.macrotrends.net/countries/UZB/uzbekistan/unemployment-rate, accessed: 2023-11-22.

计 2023 年失业率为 7. 14%。① 此外，受卢布贬值等因素影响，乌兹别克斯坦的外汇收入由高走低，经济安全难以评估。2022 年，乌兹别克斯坦收到汇款 169 亿美元，是 2021 年的 2.1 倍②，达到历史新高。同时，世界银行预测 2022 年俄罗斯对乌兹别克斯坦的汇款金额将下降 21.0%。③ 2023 年乌兹别克斯坦在 1~6 月收到 52 亿美元的汇款，与 2022 年同期相比，汇款金额下降了 21.2%。④ 劳务汇款占乌国内生产总值的 20% 左右，汇款的减少，直接影响乌经济发展。

第三，俄乌冲突使乌兹别克斯坦在维护国家主权时可能面临新压力。2022 年 2 月，普京发表声明承认 "卢甘斯克人民共和国" 和 "顿涅茨克人民共和国" 的独立地位。乌兹别克斯坦对此持反对意见，宣称支持乌克兰的主权和领土完整，不承认 "卢甘斯克人民共和国" 和 "顿涅茨克人民共和国" 的独立地位。⑤ 俄乌冲突的持续，使乌兹别克斯坦的主权安全可能面临新的压力。在 2023 年 2 月联合国举办的第 11 次紧急特别会议中，乌兹别克斯坦对关于俄罗斯从乌克兰撤军的决议案投了弃权票。种种行为表明乌兹别克斯坦在努力维护自身主权安全，避免卷入外部国际纠纷的坚决态度。

第四，俄乌冲突及其引发的制裁，削弱了乌兹别克斯坦的贸易路线安全。西方制裁使俄罗斯的贸易几乎陷入停滞状态，最大的航运公司已暂停通过黑海向包括乌兹别克斯坦在内的独立国家联合体（CIS）出口货物。⑥ 乌

---

① "Employment-Uzbekistan," https://www.statista.com/outlook/co/socioeconomic - indicators/employment/uzbekistan, accessed：2023-11-22.

② "Uzbekistan Receives Remittances for US $ 5.2 Billion in January-June," August 1, 2023, https://www.uzdaily.uz/en/post/82368, accessed：2023-11-22.

③ "The War in Ukraine Could Bring Crisis to Uzbekistan," November 8, 2022, https://nationalinterest.org/feature/war-ukraine-could-bring-crisis-uzbekistan-205722, accessed：2023-11-22.

④ "Volume of Remittances to Uzbekistan Amounted to $ 5.2 Billion in Jan-Jun 2023," July 28, 2023, https://m.kun.uz/en/news/2023/07/28/volume - of - remittances - to - uzbekistan - amounted-to-52-billion-in-jan-jun-2023, accessed：2023-11-24.

⑤ "Uzbekistan Supports Territorial Integrity of Ukraine," March 18, 2022, https://www.yenisafak.com/en/world/uzbekistan-supports-territorial-integrity-of-ukraine-3591884, accessed：2023-11-22.

⑥ "Sophia Nina Burna-Asefi, Uzbekistan Looks South for New Trade Routes," April 1, 2022, https://thediplomat.com/2022/04/uzbekistan-looks-south-for-new-trade-routes/, accessed：2023-11-22.

兹别克斯坦作为双重内陆国家，在很大程度上依赖陆路运输路线，俄罗斯贸易线路被限制让乌兹别克斯坦不得不寻找替代方案以保障贸易路线安全。2022年乌兹别克斯坦收到了第一批途经巴基斯坦和阿富汗的过境货物，标志着乌在维护贸易路线安全上有了重大进展。[①] 2023年3月，乌兹别克斯坦和伊朗在德黑兰签署一项运输协议，乌成功加入《恰巴哈尔协定》，和伊朗、印度的贸易联通性得到了增强。[②]

（二）阿富汗问题对乌兹别克斯坦安全的影响

第一，阿富汗境内恐怖主义和极端主义有外溢至乌兹别克斯坦的风险。2021年塔利班上台后，为巩固政权稳定，积极打击境内的"反塔利班"势力和极端恐怖组织，以及与乌兹别克斯坦等邻国建立稳定的关系，减少其对阿富汗局势的担忧。2023年7月阿富汗边境与部落事务部代表团和乌兹别克斯坦边防军举行会谈，阿富汗承诺乌将不受到来自阿富汗恐怖主义的威胁。[③] 此外，"伊斯兰国呼罗珊分支"是阿富汗境内主要的恐怖组织，袭击了位于乌兹别克斯坦边境城镇铁尔梅兹的军事基地。因此，乌兹别克斯坦面临阿富汗安全风险外溢的挑战。

第二，库什特帕运河的修建，或引发水资源纠纷。2022年3月阿富汗为了改善农业生产和提高粮食自给率，开始修建长285千米、宽100米、深8.5米的库什特帕运河，引阿姆河的水去灌溉阿富汗巴尔赫省、朱兹詹省和法利亚布省的55万公顷土地。[④] 阿富汗实施这一项目没有和阿姆河流域的

① "Sophia Nina Burna-Asefi, Uzbekistan Looks South for New Trade Routes," April 1, 2022, https：//thediplomat. com/2022/04/uzbekistan-looks-south-for-new-trade-routes/, accessed：2023-11-22.

② "Iran, Uzbekistan Agreed to Implement Comprehensive Transport Cooperation," March 12, 2023, https：//irangov. ir/detail/408453, accessed：2023-11-27.

③ Nizamuddin Rezahi, "Afghan Authorities Travel to Uzbekistan, Discuss Border Issues," July 9, 2023, https：//www. khaama. com/afghan-authorities-travel-to-uzbekistan-discuss-border-issues/, accessed：2023-12-03.

④ "Afghanistan Is Building an Enormous Canal to Draw Water from Amudarya River. This May Affect Water Availability Situation in Central Asia," February 20, 2023, https：//www. newscentralasia. net/2023/02/20/afghanistan-is-building-an-enormous-canal-to-draw-water-from-amudarya-river-this-may-affect-water-availability-situation-in-central-asia/, accessed：2023-12-03.

其他国家协商，乌兹别克斯坦和塔吉克斯坦尤其担心该运河影响到国内的农业发展和水资源供应，如果阿富汗和乌、塔两国没有进行有效的对话和合作，库什特帕运河或引发乌阿之间的水资源纠纷。

第三，塔利班的禁鸦片政策卓有成效，但新型化学合成毒品使乌兹别克斯坦打击毒品走私面临新挑战。据联合国调查发现，塔利班2022年4月颁布的国家毒品禁令成效惊人。2023年阿富汗罂粟种植面积和鸦片生产急剧减少，鸦片种植面积和鸦片产量均下降了95%，产量从2022年的6200吨降至2023年的333吨。[①] 同时，阿富汗毒品市场出现新变化，阿富汗是甲基苯丙胺（冰毒）的主要生产国之一，罂粟种植的减少可能会促进新型化学合成毒品的制造。据统计，阿富汗各地甲基苯丙胺缉获量正在快速增长，从2017年的2.5吨增加到2021年的29.7吨。[②]

（三）巴以冲突对乌兹别克斯坦安全的影响

乌兹别克斯坦国民大多信仰伊斯兰教，巴以冲突引发乌兹别克斯坦部分民众对巴勒斯坦的同情。[③] 2023年10月29日，约有100名乌兹别克斯坦公民聚集在塔什干的阿米尔-铁木尔广场，举行了支持巴勒斯坦的声援活动。[④]为避免极端组织利用巴以冲突来煽动乌公民的同情心理，对社会安全产生负面影响，乌总统随即发表声明称，坚定支持巴勒斯坦建立独立国家的权利，

---

① "Afghanistan Opium Cultivation in 2023 Declined 95 Percent Following Drug Ban: New UNODC Survey," November 5, 2023, https://www.unodc.org/unodc/en/press/releases/2023/November/afghanistan-opium-cultivation-in-2023-declined-95-per-cent-following-drug-ban_-new-unodc-survey.html, accessed: 2023-11-24.

② "Meth Trafficking Surges in and Around Afghanistan," September 11, 2023, https://news.un.org/en/story/2023/09/1140597, accessed: 2023-11-24.

③ Chris Rickleton, "Central Asian Countries Try to Manage Public Passions Around Israeli-Palestinian Conflict," November 4, 2023, https://www.rferl.org/a/central-asia-public-passions-palestinian-hamas-israel-conflict/32670878.html, accessed: 2023-11-24.

④ Niginakhon Saida, "Uzbekistan's Imams Stand in Solidarity with Palestine, Caution Against Propaganda," November 3, 2023, https://thediplomat.com/2023/11/uzbekistans-imams-stand-in-solidarity-with-palestine-caution-against-propaganda/, accessed: 2023-11-24.

并向巴勒斯坦援助 150 万美元。① 同时呼吁年轻人谨慎区分网络上的虚假宣传，不要参与非法活动。

二 国内安全形势

（一）乌兹别克斯坦总体安全稳定可控

第一，乌兹别克斯坦政权平稳过渡。一方面，总统选举顺利完成。2023年 4 月，乌兹别克斯坦以 90.21%的赞成票通过了新宪法公投，总统任期从5 年延长至 7 年，接着 2023 年 7 月 10 日米尔济耶约夫以 87.05%的得票率成功再次当选乌兹别克斯坦总统②，这极大地稳固了米尔济耶约夫的领导地位，减少了政治的不确定性和可能出现的风险隐患。另一方面，平息努库斯骚乱。2022 年 7 月乌兹别克斯坦发生了努库斯骚乱事件，乌兹别克斯坦政府在维护地区稳定和处理内部问题方面仍有诸多挑战。2022 年乌兹别克斯坦公布的宪法草案中剥夺了卡拉卡尔帕克斯坦共和国的民族自决权，致使数千名群众在卡拉卡尔帕克斯坦共和国首府努库斯举行了大规模抗议活动，政府对此采取了严厉措施，宣布进入为期一个月的紧急状态、其间实行宵禁和封锁互联网。③ 经调查，此次骚乱事件死亡人数为 21 人，243 人受伤，516人被拘留④，造成的财产损失达 6681247508 苏姆⑤（约合人民币 425.54 万

---

① Chris Rickleton, "Central Asian Countries Try to Manage Public Passions Around Israeli-Palestinian Conflict," November 4, 2023, https://www.rferl.org/a/central – asia – public – passions – palestinian-hamas-israel-conflict/32670878.html, accessed: 2023-11-24.

② 《建设"新乌兹别克斯坦"的五大战略方向》，《光明日报》2023 年 7 月 15 日，第 8 版。

③ "Uzbekistan: Unrest-stricken Region Plunged into Information Blackout," July 2, 2022, https://eurasianet.org/uzbekistan-unrest-stricken-region-plunged-into-information-blackout, accessed: 2023-11-24.

④ Наталия Королева, Президент Узбекистана ввел в Каракалпакстане режим ЧП, 2 июля 2022 r, https://www.dw.com/ru/prezident-uzbekistana-mirzijoev-vvel-v-karakalpakstane-rezhim-chp/a-62338711, accessed: 2023-12-03.

⑤ Названа сумма материального ущерба, нанесенного в ходе беспорядков в Нукусе, 28 ноября 2022 r, https://uznews.uz/posts/60447, accessed: 2023-11-20.

元）。经乌政府不懈努力，骚乱才得以平息。

第二，乌兹别克斯坦着力解决贫困问题。首先，乌政府重视国内贫困问题。乌兹别克斯坦的贫困问题由来已久，2003 年联合国的一份报告指出，乌兹别克斯坦在 1991 年独立后，贫困问题加剧，暴力事件频发。[1] 2022 年，乌兹别克斯坦的贫困率降为 14.1%，全国的低收入家庭剩有 130.7 万户。[2] 乌兹别克斯坦的脱贫减贫工作取得了很大进展。其次，米尔济耶约夫总统致力于提高社会保障水平。2004~2023 年乌兹别克斯坦的社会保障率平均为 29.13%。[3] 乌总统于 2022 年 7 月批准了人口社会保护战略，旨在确保所有公民享有最低水平的社会保护。该战略着眼于扩大社会援助的覆盖范围、扩大社会保障的适用范围，以及提供现代化的康复手段和先进的假肢等。[4]

第三，乌兹别克斯坦的妇女权益保障水平明显提高。近年来，乌兹别克斯坦为保障妇女和儿童权益采取积极措施。如设立全国妇女领袖核心小组，2023 年 10 月 17 日，乌兹别克斯坦"全国妇女领袖核心小组"第一次会议在参议院举行。[5] 全国妇女领袖核心小组旨在增加乌兹别克斯坦妇女权益和领导机会，培养年轻女性的领导能力，解决妇女在创业、科学、信息技术等领域的问题。

---

[1] "Uzbekistan: Poverty, Inequality and Violence: Report to the European Parliament," October 1, 2007, https://www.omct.org/en/resources/statements/uzbekistan-poverty-inequality-and-violence-report-to-the-european-parliament, accessed: 2023-11-29.

[2] Сколько на самом деле бедных в Узбекистане? Власти обнародовали статистку, 27 июля 2023 r, https://kun.uz/ru/news/2023/07/27/skolko-na-samom-dele-bednyx-v-uzbekistane-vlasti-uzbekistana-obnarodovali-statistiku, accessed: 2023-12-03.

[3] "Uzbekistan Social Security Rate," https://tradingeconomics.com/uzbekistan/social-security-rate, accessed: 2023-11-24.

[4] "The Strategy for Social Protection of the Population of the Republic of Uzbekistan Approved," July 25, 2022, https://www.ilo.org/moscow/news/WCMS_852145/lang--en/index.htm, accessed: 2023-11-24.

[5] "Kickoff of Uzbekistan's National Women Leaders Caucus 2023: Another Step Toward Gender Equality and Empowerment," October 19, 2023, https://www.undp.org/uzbekistan/press-releases/kickoff-uzbekistans-national-women-leaders-caucus-2023-another-step-toward-gender-equality-and-empowerment, accessed: 2023-11-24.

（二）乌兹别克斯坦的水资源安全问题

第一，棉花产业对水资源的可持续带来挑战。棉花的种植对水资源需求非常大，为了灌溉棉花，乌兹别克斯坦已经耗费了大量资源去发展灌溉设施。乌兹别克斯坦 2021~2023 年国家灌溉发展战略显示，全国 19.5% 的耕地将采用节水技术。[①] 过度的灌溉导致水资源浪费和土壤盐碱化问题，并且棉花种植需要大量的化肥和农药，污染了水资源，破坏了乌兹别克斯坦的生态系统，影响水资源的可持续利用。

第二，乌兹别克斯坦人口激增致使水资源需求扩大。据统计，截至 2023 年 10 月 1 日，乌兹别克斯坦人口数量为 3660 万人[②]，正以每年 2% 的速度快速增长，预计到 2030 年将达 4000 万人。[③] 乌兹别克斯坦人口的迅速上升，意味着对水资源的需求也在逐年增加，但在全球变暖的环境下，中亚地区的气温升幅是世界平均水平的 2 倍。[④] 据联合国统计，中亚地区有超 1.5 亿公顷（38.43%）的土地遭受干旱，乌兹别克斯坦有 89.5% 的土地遭受干旱。[⑤]

（三）乌兹别克斯坦的能源安全问题

第一，乌兹别克斯坦在保障能源安全上存在挑战。2023 年 1 月，中亚

① "Water Strategy of Uzbekistan Is Adopted," March 1, 2021, https：//www. eda. admin. ch/countries/uzbekistan/en/home/news/news. html/content/countries/uzbekistan/en/meta/news/2021/3/water-strategy, accessed：2023-11-24.

② В ближайшие годы численность населения Узбекистана достигнет 40 млн человек, 9 ноября 2023 г, https：//daryo. uz/ru/2023/11/09/v-blizajsie-gody-cislennost-naselenia-uzbekistana-dostignet-40-mln-celovek, accessed：2023-12-03.

③ "Population Growth (annual %) - Uzbekistan," https：//data. worldbank. org/indicator/SP. POP. GROW? locations=UZ, accessed：2023-11-24.

④ 《乌兹别克斯坦总统米尔济约耶夫：将中亚变成和平繁荣的地区》，联合国网站，2023 年 9 月 19 日，https：//news. un. org/zh/story/2023/09/1121852，最后访问日期：2023 年 12 月 3 日。

⑤ Farangiz Salimova, "39% of Central Asian Lands Are in a State of Drought-UN," November 14, 2023, https：//qalampir. uz/en/news/markaziy-osiye-yerlarining-39-foizi-k-urgok-chilik-%D2%B3olatida-bmt-93066, accessed：2023-12-03.

国家遭遇了 50 年以来最为严重的霜冻灾害，各国的市政能源网络全部瘫痪，乌兹别克斯坦情况最为严重。乌能源部称天然气供应被邻国土库曼斯坦在低温情况下暂停。为尽快解决问题，乌切断对阿富汗的电力出口，并大幅度削减对吉尔吉斯斯坦的天然气出口，全力保障国内能源安全。塔什干经济研究中心主任尤苏波夫认为，此次事件是因为基础设施老旧，缺乏新技术，以及完全不愿意改革按照苏联模式运作的管理系统。① 乌兹别克斯坦预测与宏观经济研究所专家表示，需尽早将核能和氢能发电以及其他替代绿色技术纳入乌兹别克斯坦的能源系统，以解决现有的能源问题。②

第二，乌兹别克斯坦近年来一直积极进行改革和合作，保障能源安全。2022 年 1 月，米尔济耶约夫批准《2022—2026 年新乌兹别克斯坦发展战略》，计划在天然气和能源领域进行自由化改革，打破电力供应垄断，引入市场竞争机制旨在提高能源效率，降低能源成本，并推动可再生能源的发展。③ 2023 年 8 月，米尔济耶约夫总统宣布能源部门进入紧急运行模式，全力保障秋冬季节能源供应系统的稳定运行，同时声明乌兹别克斯坦停止售卖石油和天然气，2~3 年内实现石油自主。④ 此外，乌兹别克斯坦与沙特 ACWA Power 和中国葛洲坝集团合作建设两座太阳能发电厂。

（四）乌兹别克斯坦的网络信息安全

第一，乌兹别克斯坦的网络信息安全建设有待进一步发展和完善。2022~2023 年，深信服蓝军高级威胁（APT）团队监测到疑似 Kasablanka 组

---

① 《中亚能源危机归因于人口增长，而非寒冷?》，国际能源网，2023 年 2 月 3 日，https://m.in-en.com/article/html/energy-2322112.shtml，最后访问日期：2023 年 11 月 24 日。

② 《乌兹别克斯坦专家呼吁加快发展核能和可再生能源》，中华人民共和国驻乌兹别克斯坦共和国大使馆经济商务处网站，2023 年 2 月 6 日，http://uz.mofcom.gov.cn/article/jmxw/202302/20230203382895.shtml，最后访问日期：2023 年 11 月 24 日。

③ 《乌兹别克斯坦积极推动电力领域自由化改革》，中华人民共和国驻乌兹别克斯坦共和国大使馆经济商务处网站，2022 年 2 月 11 日，http://uz.mofcom.gov.cn/article/jmxw/202202/20220203279437.shtml，最后访问日期：2023 年 11 月 24 日。

④ Узбекистан намерен обрести нефтяную независимость через 2-3 года—президент, 18 ноября 2023 г, https://www.gazeta.uz/ru/2023/11/18/oil-independence/, accessed：2023-11-24.

织的多次针对乌兹别克斯坦的外交等政府部门的网络钓鱼攻击活动①，
Kasablanka 组织具有强烈的信息收集和间谍活动特征，危害乌兹别克斯坦的
国家安全。2023 年 10 月乌兹别克斯坦遭到一起规模较大的网络攻击事件，
20 万名公民的个人信息包括政府唯一身份识别 One ID、银行账户等数据被
窃取。②

第二，恐怖分子将网络作为传播恐怖主义思想的重要工具。恐怖分子通
过对网站进行运营管理、使用新兴技术和内容规避等手段来宣扬恐怖主义思
想，招募和引导用户进一步交流，扩大其影响力和传播力。2015～2021 年，
国际恐怖组织招募者与乌兹别克斯坦的 2.7 万人"合作"，招募了 2000 多
名乌国公民加入叙利亚和阿富汗境内的国际恐怖组织。③ 恐怖主义组织主要
是通过互联网、社交网络、即时通信软件给年轻人宣传暴力极端主义思
想的。

第三，乌兹别克斯坦政府实现从立法上保障网络信息安全，打击恐怖主
义组织和极端组织通过网络组织开展活动。米尔济约耶夫总统为预防和打击
网络暴力极端主义和恐怖主义意识形态的传播，颁布了《2021—2026 年打
击极端主义和恐怖主义国家战略》，用于改善网络、检察、监管和立法框
架。④ 并于 2022 年通过了第一部《网络安全法》⑤，该法于 2022 年 7 月 17
日生效，旨在加强国家网络安全基础设施。

---

① 《疑似 Kasablanka 组织针对阿塞拜疆及乌兹别克斯坦地区的攻击行动分析》，安全内参网，
2023 年 3 月 2 日，https：//www.secrss.com/articles/52420，最后访问日期：2023 年 11 月
24 日。

② Rizwan Shah，"Uzbekistan's Digital Crisis：A Cyber-Attack Sweeps the Nation，" October 22，
2023，https：//bnn.network/tech/cybersecurity/uzbekistans - digital - crisis - a - cyber - attack -
sweeps-the-nation/，accessed：2023-11-24.

③ 《在乌有 2.7 万"同伙"！专家披露恐怖组织招募套路》，安全内参网，2022 年 1 月 26 日，
https：//posts.careerengine.us/p/622aae8c04382361daed645e，最后访问日期：2023 年 11 月
24 日。

④ "Country Reports on Terrorism 2021：Uzbekistan，" https：//www.state.gov/reports/country -
reports-on-terrorism-2021/uzbekistan/，accessed：2023-11-24.

⑤ "Uzbekistan Adopts Eybersecurity Law，" April 22，2022，https：//www.dentons.com/en/
insights/articles/2022/april/22/uzbekistan-adopts-cybersecurity-law，accessed：2023-11-24.

（五）乌兹别克斯坦的核安全

第一，乌兹别克斯坦计划与俄罗斯合作建设核电站的项目进展曲折。乌兹别克斯坦最迫切的挑战之一是对能源的需求持续增长，核电站能够大幅度减缓这一需求，但乌作为铀供应的重要国家之一，国内还没有任何能运行的核电站。为尽快建设核电站，乌兹别克斯坦与俄罗斯在 2018 年就启动了合作，计划建立两座 VVER-1200 压水反应堆，于 2030 年投入使用。[①] 但是合作受到多重因素的制约，西方国家对俄罗斯的制裁和国际形势的复杂变化，都可能对这一合作项目产生重大影响。此外，核电站建设还面临诸多不可忽视的问题，包括成本、安全性、核废料处理等问题。

第二，乌兹别克斯坦政府邀请国际原子能机构等国际组织，共同参与核电站项目建设，期望在最大程度上降低核风险。2021 年乌兹别克斯坦邀请国际原子能机构专家小组，对乌兹别克斯坦核电基础设施发展情况进行考察。尽管乌兹别克斯坦对核安全、安保和防扩散作出了明确承诺，但根据 NTI 核安全指数，乌兹别克斯坦得分为 62 分（满分 100 分），在 154 个国家中排第 63 位，该得分较 2020 年下降了 3 分。[②]

三 安全治理

（一）乌兹别克斯坦实行积极外交政策应对俄乌冲突造成的冲击

第一，乌兹别克斯坦实行积极外交，以缓解俄乌冲突造成的影响和解决贸易路线问题。首先，乌兹别克斯坦外交上继续秉持"多元平衡"政策，

---

① "IAEA Reviews Uzbekistan's Nuclear Power Infrastructure Development," June 3, 2021, https：//www.iaea.org/newscenter/pressreleases/iaea-reviews-uzbekistans-nuclear-power-infrastructure-development, accessed：2023-11-24.

② "Score Details and Comparisons for Uzbekistan," https：//www.ntiindex.org/country/uzbekistan/, accessed：2023-11-24.

共同应对区域和全球挑战。2023年5月，乌兹别克斯坦参加首届中国-中亚峰会；9月参加美国举办的首次"C5+1"元首峰会①，同月，米尔济耶约夫参加了"中亚-德国"峰会等。其次，乌兹别克斯坦为保护贸易路线安全和经济安全，寻找新的贸易伙伴和贸易路线。乌兹别克斯坦政府加强了与阿塞拜疆、土耳其的贸易关系，希望加入跨里海国际运输路线（TITR），以便将货物运输到黑海和欧洲国家。② 最后，乌兹别克斯坦在南方贸易路线方面除加强和印度、伊朗合作外，还和阿富汗、巴基斯坦保持密切联系，实现贸易路线多元化。2023年7月，乌兹别克斯坦、阿富汗和巴基斯坦签署了三国铁路连接联合议定书，拟建设一个新的铁路走廊，预计每年能够运输1500万吨货物。③

第二，乌兹别克斯坦大力引进国外投资，促进经济发展和解决基础设施老化问题。据统计，2023年1~8月，乌兹别克斯坦外国投资和贷款固定资本支出为100亿美元。④ 此外，乌兹别克斯坦还利用融资等方式来解决基础设施老化问题。如世界银行于2021年6月批准了中等城市综合城市发展项目（MSCIUDP）额外融资，旨在改善乌兹别克斯坦南部两个地区城市的城市基础设施和市政服务。⑤

① "Readout of President Biden's Meeting with the C5+1 Leaders at UNGA," September 19, 2023, https: //www. whitehouse. gov/briefing - room/statements - releases/2023/09/19/readout - of - president-bidens-meeting-with-the-c51-leaders-at-unga/, accessed: 2023-11-25.

② Gunay Hajiyeva, "Azerbaijan, Türkiye, Uzbekistan Create New Cooperation Format, Intend to Develop Int'l Transport Corridor," August 3, 2022, https: //caspiannews. com/news - detail/ azerbaijan-turkiye-uzbekistan-create-new-cooperation-format-intend-to-develop-intl-transport- corridor-2022-8-3-0/, accessed: 2023-11-25.

③ Shanthie Mariet D'Souza, "The Cost of Uzbekistan's 'Pragmatic' Taliban Policy," July 22, 2023, https: //thediplomat. com/2023/07/the - cost - of - uzbekistans - pragmatic - taliban - policy/, accessed: 2023-11-24.

④ "Ministry of Investment, Industry and Trade of the Republic of Uzbekistan," https: //miit. uz/en, accessed: 2023-11-24.

⑤ "Cities in Southern Uzbekistan to Improve Urban Infrastructure and Municipal Services, with World Bank Support," June 11, 2021, https: //www. worldbank. org/en/news/press-release/2021/06/ 11/cities-in-southern-uzbekistan-to-improve-urban-infrastructure-and-municipal-services- with-world-bank-support, accessed: 2023-11-24.

（二）乌兹别克斯坦致力于维护中亚地区安全稳定

维护阿富汗的和平稳定就是在维护中亚的安全繁荣。一个和平的阿富汗意味着一个安全的乌兹别克斯坦，意味着一个繁荣稳定的南亚和中亚。[1] 乌兹别克斯坦认为阿富汗未来势必要融入中亚大家庭，阿富汗虽然是中亚安全挑战和威胁的来源，但仍是一个充满机遇的国家。近年来，米尔济耶约夫总统对阿富汗的立场原则是防止其被孤立于国际社会，并努力向阿富汗提供实际支持，以解决阿富汗长期以来严重的社会经济问题、人民安全问题和国家稳定问题。乌兹别克斯坦驻阿富汗大使约德戈尔胡扎·沙德马诺夫在一次新闻采访中表示阿富汗和乌兹别克斯坦之间的贸易关系正在迅速发展。阿富汗和乌兹别克斯坦在2022年的贸易额共计6.5亿美元，而在2023年上半年就达到了4亿美元，预计到年底达到7.5亿~8亿美元。[2] 除了经贸关系发展外，铁路运输路线建设也是重点方向，阿富汗是乌兹别克斯坦连接巴基斯坦的重要枢纽。2021年2月，乌兹别克斯坦、阿富汗和巴基斯坦代表在塔什干进行会晤，共同签署了一项战略路线图计划，计划建设一条新的573千米的跨阿富汗铁路，连接中亚和阿拉伯海港口[3]，这条铁路被称为"喀布尔走廊"。此外，乌兹别克斯坦和塔利班就库什特帕运河建设、阿姆河水资源的后续使用分配等问题，已经展开了谈判工作。

（三）乌兹别克斯坦严厉打击恐怖主义，维护社会安全

乌兹别克斯坦通过制定宗教管理政策、新宪法公投等措施来抑制伊斯兰保守主义和极端主义思想抬头，努力维护民族和宗教之间的和谐关系。乌兹

---

[1] Umida Hashimova, "What Is Uzbekistan's Role in the Afghan Peace Process?" March 11, 2019, https：//thediplomat.com/2019/03/what-is-uzbekistans-role-in-the-afghan-peace-process/, accessed：2023-11-24.

[2] 《正式承认阿富汗临时政府，乌兹别克斯坦究竟持何态度？》，丝路新观察网，2023年8月6日，http：//www.siluxgc.com/static/content/UZ/2023-08-06/1137820511419531264.html，最后访问日期：2023年11月25日。

[3] "Joint Protocol on Tri-nation Rail Link Signed," July 19, 2023, https：//tribune.com.pk/story/2426919/joint-protocol-on-tri-nation-rail-link-signed, accessed：2023-11-25.

别克斯坦对恐怖主义和极端主义的打击有了一套比较完善的体系。2021年7月1日，米尔济耶约夫批准了《2021—2026年打击极端主义和恐怖主义国家战略》和定期进行评估调整工作的实施"路线图"①，旨在保护国家信息空间不受极端主义和恐怖主义意识形态渗透，加强国家安全，预防和消除极端主义和恐怖主义的威胁。同时，米尔济约耶夫还解除了自1998年以来实行的"头巾禁令"②（禁止在公共场所穿戴宗教服饰），允许公民佩戴头巾。此禁令的废除减少了恐怖主义和宗教极端主义利用"头巾禁令"作为宣传和招募的工具，消除极端主义和恐怖主义的滋生土壤。此外，乌兹别克斯坦采取有效措施打击利用民族、种族、宗教等因素制造分裂和冲突的极端主义和恐怖主义组织，维护国家的统一和稳定。

（四）乌兹别克斯坦通过人工干预和多边合作，维护生态环境安全

第一，乌兹别克斯坦通过人工植被，推动解决生态环境恶化问题。2018~2022年，乌兹别克斯坦在160万公顷的土地上完成了沙棘种植，以消除咸海干涸底部的盐分和沙尘问题；咸海干涸造成乌兹别克斯坦300万公顷土地退化，土地退化率是中亚最高的，但已经从2015年的30.0%降到了26.1%。③ 第二，乌兹别克斯坦通过加强国际合作，应对极端气候问题。2022年，乌兹别克斯坦在"斯德哥尔摩+50"国际会议框架内举行首次环境和气候问题国家磋商④；2023年4月，乌兹别克斯坦参加了联合国教科文

---

① 《乌总统批准2021—2026年打击极端主义和恐怖主义国家战略》，中华人民共和国驻乌兹别克斯坦共和国大使馆经济商务处网站，2021年7月8日，http：//uz. mofcom. gov. cn/article/jmxw/202107/20210703174150. shtml，最后访问日期：2023年11月24日。

② 《乌兹别克斯坦取消学校头巾禁令以提高入学率》，2021年9月6日，https：//www. caus. com/detail/34206，最后访问日期：2023年11月24日。

③ 《现在每年至少损失1亿公顷健康土地》，联合国防治荒漠化公约网站，2023年10月24日，https：//www. unccd. int/zh/news - stories/press - releases/least - 100 - million - hectares - healthy-land-now-lost-each-year，最后访问日期：2023年11月24日。

④ "Uzbekistan Holds the First National Consultations on Environment and Climate Within the Framework of the 'Stockholm+50' International Meeting," https：//www. undp. org/uzbekistan/press - releases/uzbekistan - holds - first - national - consultations - environment - and - climate - within - framework-stockholm-50-international-meeting, accessed：2023-11-24.

组织举办的气候风险、脆弱性和抵御能力建设国际会议，特别关注气候变化的脆弱性。[①] 2023 年 11 月，乌兹别克斯坦主办"中亚儿童和青少年气候行动国际论坛"，呼吁采取紧急行动，克服该地区气候变化的挑战。乌国上述行动，旨在加强多边合作应对气候变化。

（五）乌兹别克斯坦的贫困治理

首先，出台扶贫政策。乌兹别克斯坦为解决国内贫困问题，提供政策支持和加大财政投入力度。乌兹别克斯坦在 2020 年首次将减贫问题提升到国家政策层面，将其作为经济改革的重要目标之一。其次，乌兹别克斯坦积极与联合国在社会保障和农村可持续发展方面展开合作。2021 年举行了联合国-乌兹别克斯坦在加强社会保护体系方面取得的联合成就会议[②]；2022 年乌兹别克斯坦和联合国等组织开启了"乌兹别克斯坦共和国的可持续农村发展"的新项目。[③] 最后，加强与中国在扶贫领域的合作。中国在减贫领域取得的成就举世瞩目。乌兹别克斯坦高度重视和认可中国的脱贫经验，希望中国可以帮助其完成 2026 年贫困人口减半的目标。[④] 2023 年 5 月，米尔济耶约夫决定借鉴中国经验，在全国各州试点推广中国的减贫经验，帮助乌 14 个地区脱贫。

[①] "International Conference on Climate Risk, Vulnerability and Resilience Building," https：//www. unesco. org/en/articles/international-conference-climate-risk-vulnerability-and-resilience-building, accessed：2023-11-27.

[②] "Joint UN-Uzbekistan Achievements in Strengthening the Social Protection System Discussed," December 22, 2021, https：//www.jointsdgfund. org/programme/un-joint-programme-strengthening-social-protection-uzbekistan, accessed：2023-11-29.

[③] "Ministry of Economic Development and Poverty Reduction, Islamic Development Bank, OPEC Fund and UNDP Joined Their Efforts to Promote Sustainable Rural Development in Uzbekistan," October 19, 2022, https：//uzbekistan. un. org/en/203937-ministry-economic-development-and-poverty-reduction-islamic-development-bank-opec-fund-and, accessed：2023-11-29.

[④] 《乌兹别克斯坦计划在 2026 年前实现贫困人口减半目标》，中华人民共和国驻乌兹别克斯坦共和国大使馆经济商务处网站，2022 年 6 月 6 日，http：//uz. mofcom. gov. cn/article/jmxw/202206/20220603316646. shtml，最后访问日期：2023 年 11 月 29 日。

四 乌兹别克斯坦安全形势展望

第一，从政治方面看，乌政权保持稳定。米尔济耶约夫2016年以88.61%的得票率顺利当选总统[1]，实施《2017—2021年乌兹别克斯坦五大优先发展方向行动战略》，开启全方位改革。2021年以80.1%的得票率顺利连任[2]，他承诺继续推进改革。2023年7月米尔济耶约大再次当选总统，指出了建设"新乌兹别克斯坦"未来7年的五大战略方向[3]，表示要继续建设一个法治、世俗、民主和社会的"新乌兹别克斯坦"。米尔济耶约夫总统在平衡好改革进程中不同社会群体利益的同时，维护好国家稳定，提高人民生活水平。

第二，从经济方面看，乌经济可保持持续增长。乌兹别克斯坦的未来经济安全面临挑战，预计GDP增长率仍保持在相对较高水平，但外汇储备下降带来的不确定性可能成为经济发展隐患。根据世界银行预测，乌兹别克斯坦2024年的GDP增长率为5.6%，2025年为5.8%[4]；亚洲开发银行预测乌兹别克斯坦2024年的GDP增长率为5.5%。[5] 但乌兹别克斯坦外汇储备正在急剧下降，从2022年1月的133亿美元下降到2023年9月的74亿美元。[6] 因此，乌兹别克斯坦在保持社会经济持续增长的同时，面临诸多

---

[1] Шавкат Мирзиёев победил на выборах Президента, 5 декабря 2016 г, https：//www.gazeta.uz/ru/2016/12/05/winner/, accessed：2023-11-24.

[2] 资料参考《米尔济约耶夫宣誓就任乌兹别克斯坦新一届总统 开启第二个任期》，中国新闻网，2021年11月6日，https：//www.chinanews.com.cn/gj/2021/11-06/9603581.shtml，最后访问日期：2023年11月24日。

[3] 《建设"新乌兹别克斯坦"的五大战略方向》，《光明日报》2023年7月15日，第8版。

[4] ВБ улучшил прогноз роста ВВП Узбекистана на 2023 и 2024 годы, 6 октября 2023 г, http：//www.finmarket.ru/database/news/6046646, accessed：2023-12-03.

[5] "ADB Raises Uzbekistan's 2023 and 2024 Growth Forecasts to 5.5%," September 26, 2023, https：//daryo.uz/en/2023/09/26/adb-raises-uzbekistans-2023-and-2024-growth-forecasts-to-55, accessed：2023-11-24.

[6] "Uzbekistan：Negative Outlook for the St Political Risk Amid a Sharp Drop in Foreign Exchange Reserves," October 10, 2023, https：//credendo.com/en/knowledge-hub/uzbekistan-negative-outlook-st-political-risk-amid-sharp-drop-foreign-exchange, accessed：2023-11-24.

经济风险。

第三，从外交方面看，乌兹别克斯坦实施"中亚优先"政策。首先，乌兹别克斯坦继续积极推进中亚区域一体化。米尔济耶约夫总统将进一步实施系列措施来加强同中亚国家的睦邻友好关系，寻求区域利益最大化和一体化。其次，乌兹别克斯坦和中国的合作关系将得到增强。中乌双方将在涉及彼此核心利益问题上继续坚定相互支持，全面战略伙伴关系进一步深化。再次，乌兹别克斯坦和俄罗斯未来一段时间，将继续保持良好关系。但在对俄关系中，乌兹别克斯坦对国家主权和民族独立更加敏感。最后，乌兹别克斯坦将继续积极推进中亚区域一体化。米尔济耶约夫总统将进一步实施系列措施来加强同中亚国家的睦邻友好关系，寻求区域利益最大化和一体化。

乌兹别克斯坦与世界

B.5

乌兹别克斯坦与主要大国
和国际组织的关系

李志鹏[*]

摘　要：　2022~2023年乌兹别克斯坦与主要大国和国际组织的关系稳步发展，在政治互信、经贸合作与项目开展等方面卓有成效，乌兹别克斯坦的国际地位和影响力得到提升，但受到外界因素和国际环境变化的影响。乌兹别克斯坦将继续开展独立自主的外交发展之路，依然采取"多元平衡"的外交发展方向，在大国博弈和世界变局中谋求进步与发展，并且继续保持与重点国家和国际组织的长期交往与合作。

关键词：　乌兹别克斯坦　主要大国　国际组织　外交关系

* 李志鹏，历史学博士，甘肃省社会科学院历史研究所副研究员，研究方向为区域经济史、中外关系交流史。

乌兹别克斯坦具有重要而特殊的地缘优势、资源能源禀赋和战略格局地位。经过 30 多年的发展取得了举世瞩目的成绩，成为新兴的国际政治经济体。尤其 2016 年米尔济约耶夫总统上任以来，他开启了"独立自主"和"多元平衡"相结合的外交发展之路，使得乌兹别克斯坦获得了快速发展。2022 年以来，乌兹别克斯坦继续与中国、美国、俄罗斯、日本、韩国等重点国家和周边邻国保持着密切的交往与联系，同时与上海合作组织、欧亚经济联盟、欧盟、北约组织、世界银行、国际货币基金组织以及其他国际组织等都保持着联系。乌兹别克斯坦的外交发展道路和施政策略为其赢得了发展机遇。

一 乌兹别克斯坦与主要大国关系的发展

乌兹别克斯坦与中国、美国、俄罗斯、日本、韩国等重点国家保持着交往和联系，双方在政治、经济、外交等方面互有需求，双边关系不断深化；同时又与巴基斯坦、印度、伊朗、阿富汗等周边邻国及欧洲国家保持着交往。

（一）乌兹别克斯坦与中国

中国是乌兹别克斯坦的友好邻国，两国间保持着密切而友好的国家关系。中乌关系堪称"国与国之间平等合作的典范和样板"。2022 年是中乌建交 30 周年，中乌关系经过 30 年的发展步入了全新的发展阶段。经过 30 年的努力发展，中、乌两国关系已经达到了历史新高度。中、乌两国围绕政治互信、经贸合作、文化交流、技术合作等诸多领域的合作共赢关系持续得到深化和推进。

第一，政治互信与合作。两国已建立起新时代全天候全面战略伙伴关系，在全球和区域组织的框架内保持密切的合作。2022~2023 年两国关系在双方领导人的引领下得到发展和推进。2022 年 1 月 2 日，中国国家主席习近平同乌兹别克斯坦总统米尔济约耶夫互致贺电，庆祝两国建交 30 周年。

米尔济约耶夫表示，乌方愿同中方深化共建"一带一路"合作，推动中乌友好关系和两国全方位合作进入历史新阶段；2022 年 2 月 5 日，中国国家主席习近平会见来华进行国事访问的乌兹别克斯坦总统米尔济约耶夫。乌方感谢中方的支持和帮助，愿学习借鉴中方减贫经验，同中方高质量共建"一带一路"，积极推进中吉乌铁路等重要合作项目，愿意在上海合作组织等地区合作框架中密切沟通协作；2022 年 9 月 16 日，中国国家主席习近平出席上海合作组织成员国元首理事会第二十二次会议并对乌兹别克斯坦进行国事访问，同米尔济约耶夫会谈。发挥上海合作组织独特作用，加强中、乌两国务实合作。2023 年 5 月 18~19 日，应中国国家主席习近平邀请乌兹别克斯坦总统米尔济约耶夫访华，参加中国-中亚峰会期间两国元首举行会谈，签署了《中华人民共和国和乌兹别克斯坦共和国联合声明》，通过了《中华人民共和国和乌兹别克斯坦共和国新时代全面战略伙伴关系发展规划（2023—2027 年）》，共同见证双边合作文件的签署，推动中乌双边关系迈上新台阶。乌方愿同中方密切中国-中亚机制等多边协作，共同促进地区安全和发展。2023 年 7 月 10 日，中国国家主席习近平致电祝贺米尔济约耶夫当选乌兹别克斯坦总统。2023 年 10 月 17 日，中国国家主席习近平会见出席第三届"一带一路"国际合作高峰论坛的乌兹别克斯坦总统米尔济约耶夫。2023 年 11 月 21 日，乌兹别克斯坦外长赛义多夫与中共中央政治局委员、外交部部长王毅在北京举行首次中国和乌兹别克斯坦外长战略对话。双方就落实两国元首重要共识，加强发展战略对接进行了全面深入沟通，达成广泛共识，并共同宣布建立两国外长战略对话机制。积极发展中的中乌关系为各国睦邻友好和互利共赢树立了典范。

第二，经贸与人文合作。中国积极支持乌兹别克斯坦的经济与社会发展，尤其自 2012 年 6 月中、乌两国建立全面战略伙伴关系以来①，2022~2023 年两国在经济、贸易领域的务实合作取得了丰硕的成果。据乌兹别克

---

① 蔡靖晶：《中乌元首举行会谈 两国建立战略伙伴关系》，央视网，2012 年 6 月 6 日，http：//news. cntv. cn/20120606/111398. shtml，最后访问日期：2023 年 11 月 25 日。

斯坦总统直属统计署 4 月公布的数据，截至 2023 年第一季度，中国已超越俄罗斯成为乌兹别克斯坦的第一大贸易伙伴和投资来源国。双边贸易额达 23.5 亿美元，同比增长 7.3%，占乌贸易总额的 15.9%。① 中乌经贸合作前景广阔。乌兹别克斯坦支持中国的"一带一路"倡议，乌方高度重视同中国在经贸、基础设施建设、共建中亚"经济走廊"、阿富汗问题等方面的共识与合作。在历史人文合作方面，乌兹别克斯坦和中国同为古老的东方文明国家，两国间有悠久的历史文化渊源，丝绸之路连接起了两国间的友谊，这是两国开展人文交流的基础。作为乌兹别克斯坦最亲密的邻国和伙伴，中国支持乌兹别克斯坦发展进程。深化中乌关系不仅符合两国长远利益，也有利于本地区的全面发展与繁荣。未来中、乌两国关系将会持续深化和发展，也将为"新乌兹别克斯坦"的建设提供更多积极的帮助与支持。

（二）乌兹别克斯坦与美国

乌兹别克斯坦与美国间的双边关系发展先后经历了独立初期的快速走近，"9·11"事件后的亲密合作，"安集延事件"后的关系破裂，及其后逐步恢复合作，并在乌兹别克斯坦完成政权更迭后，进入了新的阶段。虽然双方在诸多领域依旧存在差异，但基于现实利益考虑，乌兹别克斯坦与美国的合作处于平稳发展阶段。② 2022～2023 年以来乌兹别克斯坦与美国在各领域的合作不断深化与发展。

第一，政治与安全合作。2022 年 12 月 13 日，美国国务卿布林肯在华盛顿会见来访的乌兹别克斯坦外长弗拉基米尔·诺罗夫。双方召开发布会，讨论两国即将进行的战略伙伴对话。2023 年 2 月 28 日，中亚五国和美国"C5+1"模式部长级会议在哈萨克斯坦举行，乌兹别克斯坦代理外长巴赫季

---

① 姜岩、Ф. Н. 阿尔济耶夫、丁晓星、З. Б. 尤努索娃、强晓云、许涛、苏畅、张慧聪、Ш. Р. 阿利姆别科夫：《中国与乌兹别克斯坦：友好合作 30 年》，《欧亚经济》2022 年第 5 期，第 1～30 页。

② 韩隽、艾丽菲热·艾斯卡尔：《美国与乌兹别克斯坦双边关系的演进探析》，《新疆大学学报》（哲学社会科学版）2019 年第 1 期，第 55～63 页。

约尔·赛义多夫参加。美国和中亚国家讨论了打击恐怖主义、粮食安全、能源和环保等问题。2023 年 3 月 1 日，乌兹别克斯坦代理外长巴赫季约尔·赛义多夫与到访乌兹别克斯坦的美国国务卿布林肯举行了会晤，双方计划加强中亚地区安全合作。2023 年 9 月 19 日，美国总统拜登会见了乌兹别克斯坦总统米尔济约耶夫，并与中亚五国领导人举行会谈。首次将美国与中亚五国自 2015 年建立的"C5+1"对话机制提升到元首层级，提出支持和扩大美国-中亚伙伴关系的计划。美国在中亚追求的政治和战略目标主要是把中亚国家整合进西方倡导的安全、价值体系中，塑造中亚国家的发展方向及地缘政治环境，遏制中俄的影响力。俄乌冲突爆发之后，中亚国家表现出"疏俄"倾向，美国加大在中亚的活动力度，挤压俄罗斯的战略空间，扩大在中亚地区的影响力。

第二，经贸合作。乌兹别克斯坦米尔济约耶夫总统推行的开放政策为外国投资者创造了良好的发展环境。乌兹别克斯坦营商环境的改善也吸引了大量美国企业来乌投资，截至 2022 年，来乌投资的美国企业达到 315 家。波音、嘉吉、卡特彼勒、家乐氏、IBM、康明斯、通用汽车、苹果、雪佛龙、埃克森美孚、通用电气、联合航空等公司来乌开展合作与投资。[①] 与此同时，乌兹别克斯坦积极改善投资环境，拓展与西方国家现有的经济联系与合作关系。乌兹别克斯坦将加强与美国的经贸合作关系。2023 年 9 月 15 日，乌兹别克斯坦总统米尔济约耶夫访问美国前夕，乌美商业论坛在华盛顿举行，两国主要部委、行业协会、商业银行和投资机构负责人以及美国信息通信技术、工程、农业、轻工业、交通运输等领域的大公司负责人出席了论坛，并且签署了双边合作文件，促进了两国间贸易、经济和投资关系的迅速发展。双方强调了加强两国经贸和商业联系的重要性，乌方感谢美方在乌加入世界贸易组织进程中给予乌方的支持，特别是美国在乌实施的技术援助项目。双方商定继续密切合作，推进乌加入世界贸易组织进程，承诺持续积极开展对

---

① Rahmatov Ilgor Erkinovich, "Equally Beneficial Economic Cooperation Between the United States of America and Uzbekistan," *Middle European Scientific Bulletin*, Vol. 6, 2020, pp. 16-18.

话，最大限度地发掘乌美经济合作潜力和发展空间。

第三，合作机制。2015 年 11 月在乌兹别克斯坦撒马尔罕举行的美国与中亚五国外长会议形成了"C5+1"对话机制。美国寻求在经济发展、环境和安全三个领域扩大与中亚国家的合作，并签署了《撒马尔罕宣言》，认可该地区的"C5+1"合作模式。2020 年 2 月，美国通过《美国的中亚战略（2019—2025 年）》，确认了"C5+1"在华盛顿外交实践中的特殊地位。2022 年以来，乌兹别克斯坦与美国关系在"C5+1"部长级会议框架下开展，乌兹别克斯坦外长弗拉基米尔·诺罗夫提议，希望在"C5+1"框架下，引入农业和纺织业领域的国际标准，开发替代运输路线，促进"绿色议程"，确保粮食安全。其间双方就如何进一步扩大乌美合作，共同实现阿富汗长期和平、经济复苏等问题展开了讨论。乌方表示，在铁尔梅兹建立的多功能物流运输中心能增强国际社会对阿富汗提供人道主义援助的能力，希望美方予以支持。随着乌、美两国政治外交和经贸合作的积极发展，乌兹别克斯坦正成为美国在中亚的重要战略支点。① 在共同利益驱使下，乌兹别克斯坦与美国关系不断推进。

（三）乌兹别克斯坦与俄罗斯

乌兹别克斯坦是俄罗斯在中亚的重要地缘战略伙伴。回顾俄罗斯与乌兹别克斯坦的关系发展历程，从 1991 年独立初期的非对称相互依赖，到 1996~2003 年的疏远与恶化，从 2004 年互为战略合作伙伴，到 2008 年乌兹别克斯坦退出"欧亚经济共同体"再度疏远俄罗斯，直至 2012 年乌兹别克斯坦退出集体安全条约组织。乌兹别克斯坦始终努力提升自己对于外部伙伴的价值，利用与他们之间的关系巩固自己的地位。② 同时，乌选择有利于自身发展的国家道路和独立自主的对外政策。关于乌兹别克斯坦与俄罗斯的双

---

① 《俄媒：乌兹别克斯坦成美国在中亚"支点"》，网易，2019 年 3 月 9 日，https：//www. 163. com/dy/article/E9R605F50523UNJK. html，最后访问日期：2023 年 12 月 23 日。
② 粟瑞雪、李燕：《俄罗斯在中亚的利益：内容、前景、制约因素》，《俄罗斯研究》2014 年第 2 期，第 135~137 页。

边关系，不难看出两国间在苏联时期的共同历史是促进俄罗斯与乌兹别克斯坦关系发展的优势，而两国间的战略性矛盾和外部势力的影响则是导致相互关系疏远的重要因素。[①]

第一，政治互信与合作。俄罗斯总统普京高度重视发展与乌兹别克斯坦的关系，并先后与乌兹别克斯坦卡里莫夫和米尔济约耶夫两届总统保持着密切的个人友谊。[②] 从近几年两国关系的发展趋势来看，乌兹别克斯坦未必会疏远俄罗斯，在上海合作组织和共同战略利益框架下，两国关系将呈现持续加强的趋势，在双边层面将保持密切的政治互信。2022 年 9 月 15 日，俄罗斯总统普京抵达乌兹别克斯坦撒马尔罕，出席上海合作组织成员国元首理事会第二十二次会议并举行系列双边会见，这促进了乌兹别克斯坦和俄罗斯的双边关系。2022 年 10 月 14 日，在首届"中亚-俄罗斯峰会"上，乌兹别克斯坦总统米尔济约耶夫提出了旨在将贸易、经济、运输和通信、能源、文化和人道主义领域以及环境保护领域的伙伴关系提升到更高水平的倡议。2023 年 4 月 11 日，俄罗斯总统普京与乌兹别克斯坦总统米尔济约耶夫通电话，讨论了双边关系问题以及扩大贸易和经济领域互利合作的措施，两国领导人强调要进一步全面加强俄罗斯-乌兹别克斯坦战略伙伴和联盟关系，同意继续在各个层面上保持沟通。2023 年 10 月 6 日，米尔济约耶夫总统在莫斯科与普京总统举行首脑会晤，乌兹别克斯坦和俄罗斯代表团举行扩大形式会谈。两国领导人讨论进一步深化乌俄关系、发展多层面合作等问题，主要是政治、经贸、投资、人文等领域的合作，并对谈判取得的有效成果表示满意。两国元首表示乌兹别克斯坦与俄罗斯是战略伙伴与可靠的朋友。

第二，经贸和外交合作。俄罗斯为乌兹别克斯坦最大的商品销售市场（2019 年乌对外贸易总额为 229 亿美元，其中出口额 115 亿美元，对欧亚经

[①] 宋志芹：《论俄罗斯与乌兹别克斯坦关系的演变及其影响因素》，《俄罗斯学刊》2014 年第 3 期，第 55~63 页。

[②] 孙壮志、许涛、邓浩、葛军：《"葬礼外交"凸显乌兹别克斯坦与俄罗斯的特殊关系》，《世界知识》2016 年第 20 期，第 15 页。

济联盟成员国出口额占 20%①；2021 年乌兹别克斯坦外贸销售额达 422 亿美元，俄罗斯是其主要贸易伙伴国②），也是第一投资来源国（2022 年外国在乌共投资 270 万亿苏姆，约合 237.26 亿美元，其中俄罗斯占 20.3%）。乌俄经贸合作不断深化，2023 年 10 月 6 日，俄罗斯与乌兹别克斯坦签署战略伙伴关系联合声明，还签署了关于扩大石油供应合作和通过铁路运输石油产品的协议。两国在战略和经贸领域的合作持续深化。2023 年 10 月 18 日，俄罗斯总统普京在参加第三届"一带一路"国际合作高峰论坛期间会见了包括乌兹别克斯坦总统米尔济约耶夫在内的中亚五国元首，加强了俄罗斯和乌兹别克斯坦的双边关系。俄罗斯将积极支持乌兹别克斯坦加入欧亚经济联盟。两国间在经贸合作领域将有更大的发展空间，俄罗斯在石油天然气开发项目、经贸合作等领域对乌兹别克斯坦产生更多的影响。

（四）乌兹别克斯坦与日本

1992 年 1 月 26 日，乌兹别克斯坦与日本建立外交关系，两国关系发展迅速，尤其在经济合作领域关系较为密切，乌兹别克斯坦是日本在中亚地区援助的重点对象之一。日本对乌援助经历了"摸索、波动、加速"三个阶段，呈现不断扩大、稳步加速的趋势。日本在哈萨克斯坦和乌兹别克斯坦积极开展公共外交活动，利用公共外交资源和官方发展援助，尤其在教育、区域经济发展、政治改革和环保等多个领域开展合作。③ 日本主要提供基础设施、文化教育、医疗、农业等方面的援助，并且不断深化两国合作关系，在

---

① 《俄罗斯支持乌兹别克斯坦加入欧亚经济联盟》，中华人民共和国商务部网站，2021 年 1 月 19 日，http://www.mofcom.gov.cn/article/i/jyjl/e/202101/20210103031388.shtml，最后访问日期：2023 年 12 月 25 日。

② 《乌兹别克斯坦去年外贸总额达 500 亿美元》，浙江一带一路网，2023 年 2 月 9 日，https://zjydyl.zj.gov.cn/art/2023/2/9/art_1229691734_38682.html，最后访问日期：2023 年 12 月 25 日。

③ А. Палькова, Публичная дипломатия Японии в Центральной Азиина примере Узбекистана и Казахстана. Халықаралық қатынастар және халықаралық құқық сериясы. №4 (92). 2020, с. 4–12.

乌兹别克斯坦民众中树立起良好的国家形象。① 2022～2023 年乌兹别克斯坦与日本在政治、经贸与人文等领域的合作不断深化。

第一，政治与人文合作。乌兹别克斯坦继续加强与日本的合作，两国关系得到不断深化。就两国间双边关系的发展特征与趋势而言，日本在经济领域大力支持乌兹别克斯坦发展，而日本在争取成为联合国安理会常任理事国的过程中也得到了乌兹别克斯坦的积极支持与回应。2022 年 4 月 29 日，日本外务大臣林芳正访问乌兹别克斯坦并与乌兹别克斯坦外交部部长弗拉基米尔·诺罗夫会谈，进一步深化乌日间各领域的合作；2022 年 6 月 9 日，乌兹别克斯坦总统米尔济约耶夫与日本首相岸田文雄通电话，双方愿进一步加强务实合作，推动各领域交流合作；2022 年 10 月 29 日，乌兹别克斯坦撒马尔罕与日本奈良结为友好城市，这是乌、日两国的第一对友好城市，将促进两个城市之间的人文交流，推动两国关系进一步发展；2023 年 7 月，日本与乌兹别克斯坦签署了一项关于人力资源开发奖学金计划的文件，其资助金额达到 3 亿日元②，旨在促进两国间的教育和人文合作。2023 年 9 月 14 日，乌兹别克斯坦外交部部长巴赫季约尔·赛义多夫会见了日本国际青年商会主席 Macaxиpo Aco。日本国际青年商会，这一致力于国际学生交流的商会计划在乌兹别克斯坦开设一个分支机构，其将成为连接两国人民友好合作的另一座重要桥梁。乌日双方均表示未来愿意在"中亚+日本"对话框架内充分挖掘互利合作的潜力，继续加强两国间在政治、经济、人文等各领域的合作与互信，不断深化两国间的睦邻友好和全面伙伴关系。

第二，经贸合作。乌兹别克斯坦是日本对外经济援助与合作的主要国家和地区，2022 年 4 月 15 日，"中亚+日本"外长对话机制第八次会议召开，乌兹别克斯坦副总理兼投资和外贸部部长萨多尔·乌穆尔扎科夫出席了会

---

① 靳成：《日本对乌兹别克斯坦政府开发援助研究》，《新疆社会科学》2020 年第 3 期，第 68~76 页。

② 『日本型学力テスト、ウズベキスタンに輸出新興国の教育改革後押し』、2023-02-18、https://www.sankei.com/article/20230218-UEO7R7WC6ZL2HITWDR3I3BWXSQ/，accessed：2023-11-18.

议。该平台的主要目标是扩大政治对话、加强贸易和经济合作、加强日本和日本企业在中亚的存在、扩大日本与中亚地区国家的文化和人道主义交流。乌兹别克斯坦与日本双边经贸合作发展势头良好，日本企业和金融机构参与乌兹别克斯坦大型项目建设，对乌经济发展发挥了重要影响。与此同时，双方正在寻求双边合作新的增长点，譬如，2022 年 8 月 29 日，乌兹别克斯坦副总理兼投资和外贸部部长扎姆希德·霍扎耶夫与日本驻乌大使藤山义典在塔什干签署关于《园艺产业增值链发展项目》的照会，此外，霍扎耶夫与日本国际协力机构（JICA）负责人中泽庆一郎签署项目贷款协议。这些资金将用于扩大果蔬产品的价值链，通过向生产、加工、销售园艺作物的农民提供贷款来拓宽融资渠道。2023 年日本与乌兹别克斯坦的投资与合作依然保持增长趋势。

（五）乌兹别克斯坦与韩国

1992 年 1 月 29 日，乌兹别克斯坦与韩国正式建交。韩国在中亚地区采取"政治中立"立场，专注于经济合作，受到了中亚国家的普遍欢迎。建交 30 多年来，在中亚国家和韩国的共同努力下，它们开展了密切且广泛的合作，成为该地区重要的建设性力量之一。

第一，政治与经济合作。中亚国家与韩国的战略对接平衡了区域内的大国博弈。在经济领域，得益于韩国的资本、技术和援助，中亚地区得到了较快发展，尤其是哈萨克斯坦和乌兹别克斯坦受益最大。比如，2023 年 2 月 15 日，乌兹别克斯坦撒马尔罕与韩国光州推动发展地方合作，双方就促进经贸投资、科学教育、文化旅游等方面合作交换意见，探讨深化合作落实方案并就合作协议进行磋商。2022 年 9 月 21 日，乌兹别克斯坦农业部下属研究所与韩国植物产业协会共建农业拓展中心，促进农业部门发展，拓宽农业国际合作，引入行业最新技术和创新科技，尤其是引进韩国农业技术，同时中心将成为乌与外国农学家、农业技术专家合作研究的平台，以及为乌农民提供建议、帮助农民增收的咨询中心。2022 年 10 月 22 日，乌投资和外贸部与韩贸易、工业和能源部决定启动自贸协定的商签工作，并引入新的互动机制以加快联合项目落地；乌与韩进出口银行、国际协力机构决定共同实施总额为 5060 万美元的 8 个教育培训、金融技术合作项目。可见乌兹别克斯坦与韩国合作不断扩大，双边贸易额不断增长，双方合作前景广阔。

第二，外交与人文合作。在外交领域，中亚国家借助"C5+1"合作机制抱团发展，缩小了单个国家与韩国开展双边合作的实力差距。近年来，乌兹别克斯坦与韩国的外交合作不断深化。2022 年 10 月 25 日，乌兹别克斯坦外长弗拉基米尔·诺罗夫出席在韩国首都首尔举办的"中亚五国+韩国"合作论坛，并就加强与韩合作，促进中亚地区经济社会可持续发展进行了深入交流。各方一致同意，气候变化和生态破坏不利于可持续发展，愿继续在联合国大会特别决议确定的咸海地区生态创新和技术区开展合作。在人文领域，乌兹别克斯坦的韩国人后裔是乌、韩两国开展深入合作的人文基础之一，2022 年是乌韩建交 30 周年。乌兹别克斯坦与韩国的战略伙伴关系稳定且富有成效。而流行于中亚地区的"韩流"文化在一定程度上也动摇了俄罗斯影视作品在中亚地区的垄断地位。[①]

二 乌兹别克斯坦与国际组织的互动交往

乌兹别克斯坦与上海合作组织、欧亚经济联盟、欧盟、北约组织、世界银行、国际货币基金组织以及其他国际组织之间都保持着密切的交往和联系。在此影响和发展契机下，乌兹别克斯坦的国际地位和政治经济影响力得到了充分的体现。

（一）乌兹别克斯坦与上海合作组织

乌兹别克斯坦是上海合作组织的主要成员国之一，2001 年 6 月，乌兹别克斯坦与俄罗斯、中国、哈萨克斯坦、吉尔吉斯斯坦等国家一起成立上海

---

① 张婷婷：《"多元平衡"外交视角下的中亚——韩国合作》，《当代韩国》2023 年第 2 期，第 52~67 页。

合作组织。长期以来，立足于《联合国宪章》和《上海合作组织宪章》宗旨以及在国际法准则框架下，乌兹别克斯坦与其他国家和国际组织开展广泛的合作，共同面对风险和挑战，并履行成员国义务和职责。从具体实践来看，乌兹别克斯坦作为上海合作组织的主要成员国，与上海合作组织的关系是基于"地缘战略价值、奉行多边平衡的外交政策等途径对上海合作组织的发展产生影响。①恰如乌兹别克斯坦副总理兼旅游和文化遗产部部长阿卜杜哈基莫夫认为的："上合组织空间覆盖了全球44%的人口，旅游市场潜力尚未充分发挥。我们可以联合起来，共同促进上合组织成员国间游客量的增长。"②

2022年9月15~16日，上海合作组织成员国元首理事会第二十二次会议在乌兹别克斯坦历史名城撒马尔罕举行，本次上合峰会签署了关于上海合作组织成员国间发展旅游领域合作的政府间协议。作为本次峰会承办方乌兹别克斯坦抢抓发展契机，激发旅游市场潜力，促进国民经济快速增长。此外，作为上海合作组织轮值主席国乌兹别克斯坦政府呼吁上海合作组织成员国加强能源资源交流，以确保能源安全。2023年10月26日，乌兹别克斯坦总理阿里波夫出席上海合作组织成员国政府首脑（总理）理事会，建议制定新的经济对话方案。他认为新的经济方案应该包括创新发展、数字化和人工智能、生物技术、制药等创新领域，并指出该领域在各国互联互通方面的重要性。因此，借助上海合作组织平台，乌兹别克斯坦一方面积极履行成员国义务和职责，另一方面利用上海合作组织影响力促进本国经济社会发展。

（二）乌兹别克斯坦与欧亚经济联盟

欧亚经济联盟是一个区域性经济合作组织。2022年以来在西方国家反

---

① 曾向红：《中亚成员国对上海合作组织发展的影响：基于国家主义的小国分析路径》，《新疆师范大学学报》（哲学社会科学版）2017年第2期，第116~132页。

② 《乌兹别克斯坦借力上合促旅游》，天眼新闻百家号，2022年9月13日，https：//baijiahao. baidu. com/s？id=1743858689012598306&wfr=spider&for=pc，最后访问日期：2023年12月25日。

俄制裁影响下，欧亚经济联盟对乌兹别克斯坦的影响力依然不减，乌兹别克斯坦与欧亚经济联盟国家间的贸易额增长明显。此外，乌兹别克斯坦与欧亚经济联盟国家的合资企业和项目的数量也不断增加，合作领域涉及工业、农业、物流、教育、科学、技术等。乌兹别克斯坦不仅积极参与欧亚经济联盟的活动，还提出扩大和深化合作的新倡议。米尔济约耶夫在莫斯科举行的欧亚经济委员会最高理事会会议上表示，乌兹别克斯坦准备在欧亚经济联盟框架内加强合作，即使是作为观察员国。① 可见欧亚经济联盟对乌兹别克斯坦的影响。

（三）乌兹别克斯坦与欧盟和北约组织

欧盟和北约组织也是乌兹别克斯坦发展对外关系的重要对象。中亚国家与欧盟过去开展多方面互利合作，以及致力于在共同价值观和共同利益的基础上继续建立强大、全面和有前途的伙伴关系结构。中亚国家和欧盟区域间合作的多个领域得到了有效发展，并成为繁荣和稳定多边合作的典范。2022年10月27日，中亚-欧盟领导人首次会晤在哈萨克斯坦首都阿斯塔纳举行，中亚五国总统和欧洲理事会主席米歇尔参加。2023年6月2日，第二届欧盟-中亚峰会在吉尔吉斯斯坦乔尔蓬阿塔举行，欧洲理事会主席米歇尔以及中亚五国领导人参会。② 作为欧盟国家积极拉拢的中亚重要合作对象，乌兹别克斯坦独特的地缘优势、资源能源禀赋都是吸引欧盟国家的主要方面。譬如，早在2007年6月欧盟就推出了以维护地区稳定与促进地区发展为目标的对中亚新战略，引起了国际社会的普遍关注。③

---

① 《为何乌国选择欧亚经济联盟，而不是西方?》，网易，2023年5月31日，https://www.163.com/dy/article/I61CGAUN05561V9N.html? f=post2020_ dy_ recommends，最后访问日期：2023年12月25日。

② 《中亚-欧盟峰会将于2024年在乌兹别克斯坦举行》，俄罗斯卫星通讯社百家号，2023年6月3日，https://baijiahao.baidu.com/s? id=1767612563030611954&wfr=spider&for=pc，最后访问日期：2023年12月25日。

③ 李立凡：《欧盟：新的中亚"战略玩家"》，《俄罗斯中亚东欧研究》2008年第4期，第47~53页。

长期以来，为了抵消中俄的影响力和彰显西方国家的实力，美国主导下的北约组织同乌兹别克斯坦开展了合作与交往。尤其2014年北约组织在阿富汗撤军之后，阿富汗局势变得更为复杂①，乌兹别克斯坦的安全和不稳定因素增加。② 为了能够缓解地区安全压力，乌兹别克斯坦力促阿富汗实现和平。而北约组织为了继续发挥影响力，企图在乌兹别克斯坦、吉尔吉斯斯坦设立军事基地，以维持其在阿富汗经营20年的成果，并同其他大国在中亚地区开展竞争。

（四）乌兹别克斯坦与世界银行和国际货币基金组织

为了吸引外来投资，促进国家经济的快速发展，乌兹别克斯坦与世界银行和国际货币基金组织等国际金融组织也保持着长期的合作关系。自2017年以来，世界银行对乌兹别克斯坦的投资大幅增加，使其成为世界银行在欧洲和中亚地区的第三大客户。截至2023年，世界银行在乌兹别克斯坦拥有大量投资组合，有27个活跃项目，贷款总额为56.6亿美元。这些项目涵盖宏观经济改革、农业现代化、水资源管理、能源、卫生、教育等关键领域。③ 世界银行对乌兹别克斯坦和中亚地区的经济增长持乐观态度。乌兹别克斯坦与国际货币基金组织也有合作，比如，2022年3月31日至4月13日，国际货币基金组织代表团在塔什干与乌兹别克斯坦进行了2022年磋商讨论，并且赞扬乌兹别克斯坦相对成功地度过了新冠疫情大流行时期。同年11月15日，乌副总理兼经济发展与减贫部部长库奇卡罗夫会见了国际货币基金组织驻乌首席代表罗恩·范鲁登，双方就改善营商环境、确保能源安全、发展纺织业、实现市场化转型等问题交换了意见。国际货币基金组织同意在上述领域加强

---

① 高华：《北约撤军阿富汗的安全形势分析》，《亚非纵横》2013年第6期，第1~9页。

② Abira Khuseynova, "New Uzbekistan—A New Model of Foreign Policy," *The American Journal of Social Science and Education Innovations*, Vol. 3, No. 7, 2021, pp. 48–49.

③ 《世界银行仍对乌兹别克斯坦和中亚地区的经济增长持乐观态度》，每日经济，2023年10月8日，https://cn.dailyeconomic.com/2023/10/08/74987.html，最后访问日期：2023年12月25日。

与乌合作，帮助乌实现经济社会的可持续发展。① 2023 年 9 月 19 日，米尔济约耶夫总统访问美国纽约，与国际货币基金组织总裁讨论新的互动领域，并与欧洲理事会主席讨论发展多方面合作。因此，为了促进本国经济社会发展，乌兹别克斯坦与世界银行和国际货币基金组织等国际金融组织开展了密切的交往与合作。

（五）乌兹别克斯坦与其他国际组织的合作

2022 年以来，随着乌兹别克斯坦的快速发展和国际影响力的提升，乌兹别克斯坦成为世界大国和国际组织关注和聚焦的重点地区。在政治和安全领域，上海合作组织、独联体集体安全条约组织、北约组织、欧盟以及中亚合作组织（CACO）等国际组织发挥着影响和作用；在外交和经济领域，亚洲基础设施投资银行、金砖国家、欧亚经济联盟等都将合作与发展的目光聚焦到了中亚地区。② 譬如，2023 年 6 月底举行的世界贸易组织第五次会议，乌方与世界贸易组织成员就加入该组织的条件开始了谈判，乌兹别克斯坦有望在今后几年加入世界贸易组织。2023 年 11 月 16 日，乌兹别克斯坦与联合国教科文组织签署了"2022—2026 年国家计划"，旨在合作促进乌兹别克斯坦的和平与可持续发展，支持乌兹别克斯坦的教育改革，分享经验，并为乌与外国教育和专家相关组织建立伙伴关系提供平台。同乌兹别克斯坦和其他中亚国家开展国际合作逐渐成为重点国家和国际组织经济全球化发展的重心，在此契机下乌兹别克斯坦的综合优势和国际影响力能够得到体现。

---

① 《乌兹别克斯坦经济发展与减贫部部长会见国际货币基金组织驻乌代表》，中华人民共和国驻乌兹别克斯坦共和国大使馆经济商务处网站，2022 年 11 月 28 日，http：//uz.mofcom.gov.cn/article/jmxw/202211/20221103370595.shtml，最后访问日期：2023 年 12 月 25 日。

② 李志鹏、李琪：《博弈与合作：中亚经济发展史的历史回顾与未来展望（1991—2021）》，《甘肃社会科学》2023 年第 1 期，第 71~79 页。

三 乌兹别克斯坦与主要大国和国际组织关系的发展趋向

乌兹别克斯坦具有无限的发展空间，在外交实践方面，将继续开展独立自主的外交发展之路，依然采取"多元平衡"的外交发展方向；在外交理念方面，在大国博弈和世界变局中谋求进步与发展，继续保持与重点国家和国际组织的长期交往与合作。但是，其对外关系发展受到地区不确定因素和国际局势变化的影响。

（一）继续开展独立自主的外交发展之路

1991 年 12 月，卡里莫夫当选乌兹别克斯坦首任总统以来，不与大国过分亲近，且保持距离，使得外界力量无法干扰到乌兹别克斯坦内政[1]，并推行"自守、自主"的外交策略。尤其在对外关系中，乌兹别克斯坦坚持双边外交优先于多边外交的原则，反对参与国际军事政治联盟和组织。[2] 米尔济约耶夫任总统以来，在外交政策上虽然继承了卡里莫夫的外交理念，但是在具体实践中有所调整：一方面把中亚地区作为外交政策的优先方向，谋求与中亚邻国缓和关系共同发展；另一方面在处理与大国的关系上，坚持大国平衡外交原则，继续同中、美、俄等大国发展友好关系。[3] 未来的乌兹别克斯坦将会继续开展独立自主的外交发展之路。

（二）依然采取"多元平衡"的外交发展方向

米尔济约耶夫任总统之后，推行改革，积极发展对外友好关系，坚持"多元平衡"的外交发展方向，既保持同周边邻国的友好关系，又发展与地

---

[1] 焦一强、崔嘉佳：《乌兹别克斯坦政权平稳过渡原因及影响》，《俄罗斯学刊》2018 年第 6 期，第 39~52 页。

[2] 焦一强：《"继承"还是"决裂"？——"后卡里莫夫时代"乌兹别克斯坦外交政策调整》，《俄罗斯研究》2017 年第 3 期，第 105~131 页。

[3] 赵会荣：《论影响乌兹别克斯坦外交决策的因素》，《俄罗斯中亚东欧研究》2007 年第 1 期，第 61~68 页。

区强国和世界大国的关系，在多元平衡中寻求向外发展空间和着力点。按照新的外交理念开展各领域合作和对话，使得乌对外关系迈上了新的台阶。因此，基于乌兹别克斯坦的外交政策和国家发展利益考虑，未来的乌兹别克斯坦依然会采取"多元平衡"的外交发展方向。

（三）继续在大国博弈和世界变局中谋求进步与发展

乌兹别克斯坦作为国际舞台上的新兴政治经济体，独立 30 多年来在大国博弈和世界风云巨变的浪潮影响下谋求进步与发展，在摸索中前进，在前进中成长。自此乌兹别克斯坦走上了一条符合本国发展实际需要的独立自主的政治经济发展道路，并且取得了引人注目的发展成绩。展望未来，大国博弈、冷战思维和对抗冲突的局面依然会长期存在，而世界变局与动荡不安也会不时出现，然而积极发展中的乌兹别克斯坦会继续在大国博弈和世界变局中谋求进步与发展。

（四）继续保持与重点国家和国际组织的长期交往与合作

从近年来乌兹别克斯坦制定的《2022—2026 年新乌兹别克斯坦发展战略》《乌兹别克斯坦中长期经济发展规划》《乌兹别克斯坦–2030 战略》等中长远期发展规划，以及乌兹别克斯坦与中国、俄罗斯、美国、日本、韩国以及其他国际组织签署的双边合作协议和发展规划来看，未来乌兹别克斯坦对外关系的发展方向和目标是很明确的，将会继续保持与重点国家和国际组织的长期交往与合作，在国际舞台上发挥作用、扩大影响，拓展合作与发展空间。

（五）对外关系发展受到地区不稳定因素干扰和国际局势变化的影响

未来乌兹别克斯坦的对外关系发展必然会受到周边地区不稳定因素的干扰和国际局势变化的影响。首先，乌兹别克斯坦特殊而重要的地缘战略位置、资源能源禀赋以及发展潜力吸引主要大国和国际组织的关注和聚焦。其次，经济全球化影响下的乌兹别克斯坦一方面推行"多元平衡"的外交发展方向，另一方面积极发展外向型经济，努力吸引主要大国和国际组织的投资与合作。因此，周边地区的不稳定因素以及国际局势变化都会直接影响到乌兹别克斯坦的对外关系。

B.6
当代国际组织体系下的乌兹别克斯坦

〔乌〕努里迪诺夫·埃尔金·祖赫里迪诺维奇　余　香（译）*

摘　要：　乌兹别克斯坦自独立后积极调整对世界形势的整体研判，将自身发展进步与融入现代国际体系密切联系。三十多年来，秉持开放、务实、互利、合作的外交理念，乌兹别克斯坦成为联合国、独联体、上海合作组织等40多个国际组织的正式成员，在涉及环境保护、跨国犯罪、网络安全、重大传染性疾病、打击恐怖主义等全球性问题上积极发声，成为现行国际体系的参与者、维护者和支持者。

关键词：　乌兹别克斯坦　国际组织　外交合作

20世纪90年代初，国际社会发生巨大变革。苏联解体，一些新兴独立国家应运而生。伴随着全球范围的根本性变革，新兴独立国家开始积极参与现代国际社会体系的形成过程。国家独立掀开了乌兹别克斯坦发展史的崭新一页。自独立初，乌兹别克斯坦就表明了其致力于加强民族间与国家间关系方面的友谊、相互理解和合作的意愿。这为乌兹别克斯坦走上开始建设世俗、民主和法治社会，形成具有发达经济网络的工农业国家发展道路奠定了基础。

任何国家的复兴和进步不仅取决于内部改革的成功实施，也取决于国家外交政策战略的正确选择和对全球进程的积极参与。乌兹别克斯坦共和国总统沙夫卡特·米尔济约耶夫在纪念乌兹别克斯坦共和国宪法通过25周年会

---

*　〔乌〕努里迪诺夫·埃尔金·祖赫里迪诺维奇，乌兹别克斯坦塔什干国立师范大学历史学教授，博士研究生，研究方向为乌兹别克斯坦当代史；余香，陕西师范大学中亚研究所博士研究生，研究方向为中亚政党问题。

议上所作的报告就清楚地证明，这一点在今天仍具有现实意义。米尔济约耶夫总统在报告中指出，"我们相信，与国际社会保持密切合作是实现国家崇高发展目标的最重要因素之一。我们将继续加强与所有国家，特别是邻国的建设性互利关系。……我们为自己提出了加入世界发达民主国家行列的崇高目标，我们今天正在实施的所有大规模改革都是为了实现这一目标"①。

世界发达国家的发展经验证明，任何选择通过彻底改革实现政治和社会经济生活发展的国家，既离不开国际社会各国的支持，也离不开国际组织的有效参与。这意味着任何国家在政治、经济和精神道德上与外界隔绝，奉行"闭关锁国"政策，都可能导致国家发展停滞，技术落后，与世界文明的人文价值观格格不入。

作为一个年轻国家，乌兹别克斯坦自独立初期就表现出想在世界舞台上崭露头角、广泛融入国际社会各领域活动和现代国际关系体系形成过程的愿望。认识到这一问题的复杂性，乌兹别克斯坦领导人一直重点关注本国的外交政策，制定了国家外交政策的战略、原则和优先发展方向。这既是乌兹别克斯坦向国际社会迈出的第一步，也为乌兹别克斯坦全面融入国际社会创造了先决条件。

乌兹别克斯坦外交政策及外交活动符合宪法的基本准则。宪法规定："乌兹别克斯坦是国际关系的主体。其外交政策遵循国家主权平等、不使用武力或以武力威胁、边界不可侵犯、和平解决争端、不干涉他国内政以及其他公认的国际法原则和准则。从国家、人民的福祉和安全利益出发，乌兹别克斯坦可以选择与其他国家缔结联盟、加入或退出国际组织。"②

基于前期大量的准备工作，还处于独立初期的乌兹别克斯坦已能够充分进入国际舞台，成为现代国际关系体系形成过程中的积极参与者。然而，任何主权国家的国际承认都不可能仅限于外交承认和与他国建立双边

---

① Доклад Президента Республики Узбекистан Шавката Мирзиёева на торжественном собрании, посвященном 25-й годовщине принятия Конституции Республики Узбекистан, 9 декабря 2017 года, https：//president. uz/ru/lists/view/1328, accessed：2023-11-25.

② Конституция Республики Узбекистан, 01. 05. 2023 г., № 03/23/837/0241, https：//lex. uz/docs/6445147, accessed：2023-11-25.

合作。积极参与国际组织活动是一个国家加强国际权威、巩固其在国际社会体系中地位的必要条件。反过来，积极参与国际组织的活动也是为国家的可持续发展、民主改革、政治经济和科学技术的变革等创造有利条件的可靠保障。与此同时，与保障该国及整个地区的安全和稳定有关的问题也会成为全球的关注焦点。考虑到这一问题对实施国家内部政治和社会经济改革的重要性，乌兹别克斯坦领导人将其作为外交政策的优先事项之一。这也体现了乌兹别克斯坦积极参与现代国际组织活动的必要性。

根据国际协会联盟的统计，截至 21 世纪初，全球已有近 60000 个不同性质的国际组织。通常将这些国际组织分为两类。第一类包括国家根据国际条约建立的政府间（国家间）国际组织。在这些国际组织的框架内，成员国相互开展交流合作，其运作基础是使成员国的外交政策在某些活动和相关问题上达成某种一致。第二类包括国际非政府（非国家、公共）组织。它们并非根据国家间的协议建立的，而是通过在国家官方外交政策框架之外开展活动的个人和法人实体的联合而产生的。

一 乌兹别克斯坦与独联体

遵循这一外交战略方针，乌兹别克斯坦自 1991 年就已成为许多重要国际政治、经济和金融组织的正式成员。1991 年 12 月，乌兹别克斯坦与其他苏联共和国一起加入了独联体，这是乌兹别克斯坦独立初期的重大外交事件之一。1991 年 12 月 8 日，俄罗斯、白俄罗斯和乌克兰签订了《关于建立独立国家联合体的协定》。1991 年 12 月 21 日，除波罗的海三国和格鲁吉亚之外，阿塞拜疆、亚美尼亚、白俄罗斯、吉尔吉斯斯坦、摩尔多瓦、哈萨克斯坦、俄罗斯、乌兹别克斯坦、乌克兰、塔吉克斯坦、土库曼斯坦 11 国领导人在阿拉木图会晤。该会议通过和签署的《阿拉木图宣言》规定，所有成员国"在平等基础上，作为缔约国成立独立国家联合体"。[1]

---

① См.: История становления и развития сотрудничества Узбекистана с международными организациями. -Ташкент, 2011. С. 88-89.

正如《阿拉木图宣言》所指出的，"随着独联体的成立，苏联不复存在"①。随后，独联体成员国领导人基于协商原则，建立了该组织全面运作所需的所有必要的部门。在独联体的 86 个部门中，乌兹别克斯坦参与了 65 个部门的活动，这些部门的任务目标符合乌兹别克斯坦国家发展的实际利益。如今，在讨论政治、经贸、科技、文化和宗教问题时，乌兹别克斯坦在独联体活动中发挥了重要作用。

2020 年，新冠疫情肆虐期间，乌兹别克斯坦担任独联体轮值主席国。对乌兹别克斯坦来说，这是其在独联体活动框架内的一大重要历史事件。因为自独联体成立至今，乌兹别克斯坦在法定程序内从未有机会获得如此大的权力。乌兹别克斯坦在 2020 年举办了 50 多项活动，并通过了一系列概念性和战略性文件。这是乌兹别克斯坦担任独联体轮值主席国取得显著成效的有力证明。这些文件旨在促进独联体成员国在政治、经济、安全、文化、旅游、体育、青年政策和创新发展等优先领域形成适应新时期发展的长期互利合作。2020 年在纽约举行的第七十五届联合国大会一致通过了一项特别决议《联合国和独联体间的合作》，这是乌兹别克斯坦担任独联体轮值主席国期间发生的又一历史性事件。②

随后几年，乌兹别克斯坦在独联体框架内积极开展的工作发展势头良好。特别是在 2021 年，乌兹别克斯坦通过加强独联体多部门联动配合，协调技术法规，实行协调一致的关税政策和成员国优惠政策，几乎恢复了独联体成员国间的航空运输，并提高了运输走廊的竞争力。③ 2022 年，乌兹别克斯坦首次举办了第十五届独联体成员国创意和科学知识分子论坛以及独联体议会间大会，来自独联体国家的 700 多名科学和创新知识分子代表、议员、

---

① Алматинская Декларация. Алматы 21 декабря 1991 г. , https：//cis. minsk. by/page/178, accessed：2023-11-25.

② Вклад Узбекистана в повышение авторитета СНГ, 27 ноября 2020 года, http：//isrs. uz/ru/ xalqaro-hamkorlik/vklad-uzbekistana-v-povysenie-avtoriteta-sng, accessed：2023-11-25.

③ Узбекистан - СНГ：многостороннее взаимодействие на благо процветания народов/ Народное слово, 26 декабря 2023 года.

专家学者以及其他国际组织代表参加了此次活动。①

2023 年是乌兹别克斯坦在独联体框架内取得累累硕果的一年。2023 年 4 月，独联体外长理事会会议在乌兹别克斯坦撒马尔罕举行，会上通过了 9 项旨在加强成员国间多层次合作的决议。2023 年 7 月 8 日在索契举行的独联体政府首脑会议上，根据乌兹别克斯坦的倡议，与会代表通过了《独联体工业合作发展构想》和《2030 年独联体工业合作发展综合措施》。2023 年 10 月 13 日，在乌兹别克斯坦的倡议下，在吉尔吉斯斯坦比什凯克举行的独联体国家元首理事会会议宣布撒马尔罕为 2024 年独联体文化之都，塔什干为 2024 年独联体青年之都。②

由此可见，基于互惠互利原则参加独联体的活动是乌兹别克斯坦外交政策的优先事项之一。

二 乌兹别克斯坦与联合国及其分支机构

在众多国际组织中，联合国作为世界上最具有普遍性、代表性和权威性的政府间国际组织脱颖而出。1992 年 3 月 2 日，乌兹别克斯坦在第四十六届联合国大会上被接纳为联合国会员国。乌兹别克斯坦国旗首次在纽约联合国总部升起，这是该国外交史上的里程碑事件。1993 年 8 月 24 日，联合国在塔什干设立办事处。这些事件的历史意义在于乌兹别克斯坦加入联合国并积极参与其活动是成为该国独立性的最高法律确认。作为联合国正式会员国，乌兹别克斯坦可以直接参与研究和审议国际政治议程中的全球性问题和区域性问题，并参与重要决策的制定过程。此外，乌兹别克斯坦还是许多联合国下属多边机构的成员，如联合国开发计划署、世界卫生组织、联合国儿童基金会、联合国工业发展组织、联合国教科文组织等。

乌兹别克斯坦与联合国及其分支机构在各个领域开展了卓有成效的合

---

① Узбекистан-СНГ: многостороннее взаимодействие на благо процветания народов/Народное слово, 26 декабря 2023 года.

② Там же.

作，乌多次提出关于凝聚国际社会力量、共同克服国际现有问题的主张和倡议。2017 年 9 月 19 日，乌兹别克斯坦总统米尔济约耶夫在第七十二届联合国大会上的讲话就是最生动的例证之一。他指出，"乌兹别克斯坦保持不结盟地位的同时，对对话持开放态度。基于和平、进步和繁荣原则我们有兴趣扩大与所有伙伴的合作"。米尔济约耶夫总统的讲话及其为解决全球和区域性问题而提出的想法受到全世界的极大关注。特别是联合国驻乌兹别克斯坦协调员、联合国开发计划署驻地代表哈莱娜·弗雷泽（Халена Фрейзер）特别指出，"米尔济约耶夫总统在第七十二届联合国大会上的讲话开启了乌兹别克斯坦和联合国合作的新篇章"。同时她强调，"米尔济约耶夫总统发言中谈到的问题不仅关系到乌兹别克斯坦、其他中亚国家，更关系到全世界。他所提出的倡议旨在确保全人类的普遍利益"①。

联合国大会是各国领导人讨论区域性和全球性重大问题的重要平台。米尔济约耶夫总统此次在联合国大会上提出的涉及全人类利益的重要倡议得到了广泛认可。近年来，乌兹别克斯坦在联合国大会上发起的一系列决议的顺利通过就是最有力的论证。2018 年 6 月，联合国大会通过了一项决议——《加强区域和国际合作，确保中亚地区和平、稳定和可持续发展》。② 该决议指出，在加强中亚地区安全、合理利用水资源和能源资源方面发展双边和区域合作具有重要意义。

根据米尔济约耶夫总统的倡议，联合国大会于 2018 年 12 月 12 日通过了《教育和宗教宽容》决议，这是一份具有重要历史意义的文件。③ 该决议强调了促进教育、和平、人权、宽容和友好发展的重要作用；认识到一

① Народное слово, 25 сентября 2017 года.

② Укрепление регионального и международного сотрудничества по обеспечению мира, стабильности и устойчивого развития в Центральноазиатском регионе, 25 июня 2018 года, https：//www. un. int/uzbekistan/news/укрепление - регионального - и - международного - сотрудничества-в-целях-обеспечения-мира-стабильности, accessed：2023-11-25.

③ Мировое сообщество поддерживает инициативу Узбекистана по просвещению и религиозной толерантности, 10 декабря 2018 года, http：//spirit-of-silkroad. uz/initsiativa-uzbekistana-podderzhana-mirovym-soobshhestvom/, accessed：2023-11-25.

体化、相互尊重、保护人权和相互理解对于加强世界安全与和平的重要性。另一份具有历史意义的文件是联合国大会于 2013 年 12 月通过的决议《中亚面临的环境挑战：加强区域团结，实现可持续发展与繁荣》。① 这一倡议是米尔济约耶夫总统在 2023 年 9 月第七十八届联合国大会上提出的。②

2020 年 10 月 13 日，联合国大会成立 75 周年纪念会议框架内还进行了 2021～2023 年度人权理事会成员的选举，乌兹别克斯坦历史上首次成为该机构的候选国。这表明乌兹别克斯坦在联合国的形象日益增强。联合国人权理事会负责讨论所有涉及世界人权问题。根据无记名投票结果，经过激烈角逐，乌兹别克斯坦获得的选票最多，169 个国家投票支持乌兹别克斯坦当选联合国人权理事会成员。③

2023 年，联合国教科文组织批准了乌兹别克斯坦总统关于 2025 年在撒马尔罕举办第 43 届联合国教科文组织大会的历史性倡议。④ 这是乌兹别克斯坦与联合国下属机构积极互动的又一例证。所有一切都证明，乌兹别克斯坦在联合国及其分支机构的活动中广泛开展了卓有成效的合作，声望日益提高。

三 乌兹别克斯坦与欧盟

欧盟为具有巨大影响力的国际一体化组织，乌兹别克斯坦自独立之初就

---

① ООН приняла резолюцию, предложенную Узбекистаном, 21 декабря 2023 года, https://kun.uz/ru/news/2023/12/21/oon - prinyala - rezolyutsiyu - predlojyennuyu - uzbekistanom, accessed：2023-11-25.

② Выступление Президента Республики Узбекистан Шавката Мирзиёева на 78 - ой сессии Генеральной Ассамблеи Организации Объединенных Наций, 20 сентября 2023 года, https://president.uz/ru/lists/view/6677, accessed：2023-11-25.

③ Узбекистан впервые избран в Совет ООН по правам человека, 14 октября 2020 года, https://www.gazeta.uz/ru/2020/10/14/hr/, accessed：2023-11-25.

④ ЮНЕСКО гордится партнерством с Узбекистаном, 25 декабря 2023 года, https://uza.uz/posts/551533, accessed：2023-11-25.

十分重视与其建立和发展紧密合作关系。1951 年成立的欧洲煤钢联营①为欧共体的建立奠定了基础。1992 年 2 月 7 日，欧共体成员国签署了《马斯特里赫特条约》，欧洲各国的一体化水平达到了新高度。根据既定的目标和宗旨，欧盟正式成立。乌兹别克斯坦致力于与欧盟建立友好合作关系，期望在欧盟的帮助下解决交通运输、能源、金融、私有化、科学、环境保护、民生和人权等领域的相关问题。对欧盟来说，任何一个新兴独立国家都是欧盟的近邻。欧盟十分关注新兴独立国家的改革步伐和经济体制发展形势。欧盟希望看到后苏联空间国家经济的强大和稳定，希望其能成为欧洲国家可靠且平等的合作伙伴。

在中亚地区，欧盟高度重视与乌兹别克斯坦建立广泛的合作关系。正如欧盟驻乌兹别克斯坦使团团长奥利维耶·阿莱斯（Оливье Аллэ）所指出的，"位于东西方交会处的乌兹别克斯坦不仅占据着中亚地区最有利的地理位置，而且在社会政治稳定性和经济基础设施方面也优于邻国"②。乌兹别克斯坦和欧盟的客观条件以及和睦相处的共同愿望，为双方的合作发展实现质的飞跃奠定了坚实基础。

乌兹别克斯坦与欧盟合作关系的建立和发展主要分为两个阶段。第一阶段是自 1992 年至 1996 年 6 月 21 日。1992 年，乌兹别克斯坦和欧盟签署了谅解备忘录。③ 1996 年 6 月 21 日，乌兹别克斯坦与欧盟在佛罗伦萨签署了《乌兹别克斯坦与欧盟伙伴关系与合作协定》④ （以下简称《伙伴关系与合作协定》）。第二阶段始于 1996 年 7 月 1 日，乌兹别克斯坦与欧盟签署的《伙伴关系与合作协定》开始生效。⑤ 在乌兹别克斯坦与欧盟签署的《伙伴

---

① См. : История становления и развития сотрудничества Узбекистана с международными организациями. -Ташкент, 2011, С. 27-28.

② История становления и развития сотрудничества Узбекистана с международными организациями. -Ташкент, 2011, С. 30.

③ Нуриддинов Э. З. Международное сотрудничество Республики Узбекистан со странами Европы. -Ташкент. Чулпон, 2002, С. 79.

④ Нуриддинов Э. З. Международное сотрудничество Республики Узбекистан со странами Европы. -Ташкент. Чулпон, 2002, С. 82.

⑤ Нуриддинов Э. З. Международное сотрудничество Республики Узбекистан со странами Европы. -Ташкент. Чулпон, 2002, С. 83.

关系与合作协定》全面生效的基础上，成立了一个负责切实履行合作事宜的体制机构。根据《伙伴关系与合作协定》内容，乌兹别克斯坦开始与欧盟展开密切合作。

但在新的历史条件下，乌兹别克斯坦与欧盟的关系进入了新阶段。为切实扩大乌兹别克斯坦和欧盟的互利合作计划，乌兹别克斯坦发起和组织了各项活动，开始研究和讨论进一步提升合作关系的途径。2019 年 6 月，乌兹别克斯坦驻欧盟外交使团和欧洲亚洲研究所在布鲁塞尔共同举办了主题为"欧盟在中亚的战略：乌兹别克斯坦的贸易与投资"的国际会议。[①] 乌兹别克斯坦外交使团向与会者全面介绍了乌国正在进行的改革以及《2017—2021 年乌兹别克斯坦五大优先发展方向行动战略》所确定目标的实施情况。会议详细介绍了乌兹别克斯坦创新部的主要活动、乌兹别克斯坦 2019 ~ 2021 年创新发展战略的通过以及创新技术中心的建立。

会议期间，与会者高度赞赏欧盟与乌兹别克斯坦当前在双边合作领域的互动，表示希望加强在青年政策、教育、创新和文化领域的合作，特别强调了乌兹别克斯坦与欧盟在不久的将来达成《扩大伙伴关系与合作协定》的重要性。毕竟，乌兹别克斯坦和欧盟签署的《伙伴关系与合作协定》至今已有 20 多年，在此期间，双边合作发生了很大变化。新协定的签署将有助于乌兹别克斯坦实现复兴阶段的既定目标，有利于乌兹别克斯坦与欧盟共同解决乌国及该区域的现有问题。

考虑到乌兹别克斯坦国内正在进行的根本性改革及该国务实的外交政策，2022 年 7 月 6 日，乌兹别克斯坦和欧盟签署了《扩大伙伴关系与合作协定》，为乌兹别克斯坦和欧盟间进一步深化和扩大长期互利合作奠定了新的法律基础。可以看到，乌兹别克斯坦和欧盟的合作关系步入了新阶段。乌兹别克斯坦国内外政策发展战略为这一进程的开始奠定了基础。

---

① На конференции в Брюсселе обсудили перспективы взаимодействия ЕС с Узбекистаном/ Народное слово，25 июня 2019 года.

四　乌兹别克斯坦与上海合作组织

　　乌兹别克斯坦在中亚地缘政治中占据主导地位，对中亚地区的安全和稳定发展至关重要，这也是乌兹别克斯坦成为上海合作组织成员国的主要原因。上海合作组织的历史可追溯到 20 世纪 90 年代中期。1996 年，哈萨克斯坦、中国、吉尔吉斯斯坦、俄罗斯和塔吉克斯坦五国元首在上海签署了《关于在边境地区加强军事领域信任的协定》，成立了"上海五国"会晤机制。"上海五国"第五次峰会于 2000 年在杜尚别举行，乌兹别克斯坦国家元首应邀出席了此次峰会。在这次峰会上，与会各国元首明确了在安全、国防、执法、外交政策、经济、生态、水资源和文化等多个关键领域发展合作的愿望，表达了不容许以保护人权为借口干涉别国内政的立场。中国、哈萨克斯坦、吉尔吉斯斯坦、俄罗斯、塔吉克斯坦和乌兹别克斯坦六国领导人在讨论当前关键问题时，就将"上海五国"转变为"上海合作组织"的必要性达成共识。2001 年 6 月 15 日，六国元首在上海举行会议，通过了《上海合作组织成立宣言》，宣告上海合作组织正式成立。这一转变标志着该组织从一个相当有限的解决边界问题的会晤机制转变为讨论涉及多边关系、多层次合作任务的区域性国际组织。[①]

　　作为上海合作组织正式成员国，乌兹别克斯坦全力支持并促进实现该组织的既定目标和宗旨，并为此做出了切实贡献。与此同时，作为上海合作组织的积极参与者之一，乌兹别克斯坦已成为一个国际平台，为提高该组织的活动有效性提出了新的倡议和想法。值得注意的是，自上海合作组织成立至 2022 年，根据其章程，乌兹别克斯坦已四次担任上海合作组织轮值主席国，每一次都提出了旨在改进上海合作组织活动的新想法和新倡议。在 2004 年乌兹别克斯坦担任上海合作组织轮值主席国期间，根据乌兹别克斯坦领导人

---

① История становления и развития сотрудничества Узбекистана с международными организациями. -Ташкент, 2011, C. 74.

的倡议，2004年6月在塔什干成立了上海合作组织常设机构——地区反恐怖机构执行委员会（PATC）。[①]

2009～2010年，乌兹别克斯坦第二次担任上海合作组织轮值主席国。2010年4月联合国秘书长潘基文访问乌兹别克斯坦期间，上海合作组织和联合国秘书处签署了合作联合声明。这是一个历史性事件，为上海合作组织与联合国建立合作关系奠定了基础。此外，在乌兹别克斯坦的倡议和积极参与下，上海合作组织2010年6月制定并通过了《上海合作组织接收新成员条例》和《上海合作组织程序规则》两份重要文件。[②]

乌兹别克斯坦于2015～2016年第三次担任上海合作组织轮值主席国。2016年6月，上海合作组织元首理事会第十六次会议在乌兹别克斯坦首都塔什干举行，会议通过了《关于印度和巴基斯坦加入上合组织义务的备忘录》。这些国家的加入必将大幅提高上海合作组织的发展潜力，也有助于进一步提升上海合作组织的国际影响力，加强其作为解决当今世界紧迫问题的多边机制，确保本地区乃至整个世界的安全、稳定和可持续发展。

乌兹别克斯坦在2021～2022年第四次担任上海合作组织轮值主席国，在国际地缘政治大变革以及新冠疫情大流行的背景下，此次任职意义重大。这一时期，乌兹别克斯坦竭尽全力寻找上海合作组织新的合作点，确定新的发展方向，致力于将上海合作组织发展成为保障地区安全、开展互利经贸伙伴关系的有效对话平台。

随着上海合作组织国际影响力的不断提升，越来越多的国家希望加入该组织。这使得在经济、运输和物流领域实施一系列战略举措成为可能。这些举措不仅符合乌兹别克斯坦的国家利益，也关系到整个中亚地区的利益。至此，乌兹别克斯坦担任轮值主席国时上海合作组织取得了巨大突破。在乌兹别克斯坦米尔济约耶夫总统的倡议下，上合组织撒马尔罕峰会通过了《上合组织成员国发展互联互通和建立高效交通走廊构想》。历史性事件是签署

---

① Народное слово, 16 июня 2004 года.

② Народное слово, 17 июня 2010 года.

"中吉乌"铁路修建协议。"铁尔梅兹-马扎里沙里夫-喀布尔-白瓦尔"铁路走廊项目获得新发展动力。未来，这些项目的成功实施将解决中亚地区数百年来的"隔绝"状态，形成新的通往海港的运输走廊。

2022 年 9 月 15~16 日，上海合作组织成员国元首理事会会议在乌兹别克斯坦撒马尔罕召开。乌兹别克斯坦总统米尔济约耶夫发表了题为《上合组织撒马尔罕峰会：互联世界中的对话与合作》的主旨文章，为即将举行的会议定下了基调。他特别指出，"在如今这个相互联系的世界中，要摆脱各种问题和危机只有一条出路，即在考虑和尊重个人利益的基础上开展建设性对话和多边合作"[①]。

在峰会期间，乌兹别克斯坦发起并签署了《撒马尔罕宣言》。所有成员国领导人齐聚撒马尔罕，就安全、技术、环境、能源、人力资本等决定人类发展的一系列问题进行了建设性对话。这就是"撒马尔罕精神"的凝聚力所在。

今天，我们看到，上海合作组织成了一个团结欧亚大陆众多国家的独特国际组织，在解决当今时代紧迫问题方面表现出了稳定性。与此同时，作为上海合作组织的创始国之一，乌兹别克斯坦从创始之初就积极致力于实现上海合作组织议程上的各项议题。

经过多年的独立发展，乌兹别克斯坦也成为许多国际金融机构的正式成员。1991 年，乌兹别克斯坦成为国际货币基金组织和国际复兴开发银行的正式成员。[②] 这些国际金融机构旨在通过提供贷款和信贷来帮助其成员重建和发展国民经济的主要部门。自 1992 年 2 月起，乌兹别克斯坦成为欧洲复兴开发银行的正式成员。[③] 此外，乌兹别克斯坦还是亚洲开发银行、伊斯兰开发银行以及国际上许多其他金融和经济机构的成员。

---

① Самаркандский саммит ШОС: диалог и сотрудничество во взаимосвязанном мире, 12 сентября 2022 года, https://president.uz/ru/lists/view/5495, accessed: 2023-11-25.

② Нуриддинов Э. З, Международное сотрудничество Республики Узбекистан со странами Европы. -Ташкент, Чулпон, 2002, С. 94-95.

③ Нуриддинов Э. З, Международное сотрудничество Республики Узбекистан со странами Европы. -Ташкент, Чулпон, 2002, С. 94-95.

结　语

以一些主要国际组织为例来观察乌兹别克斯坦的外交政策及活动，可以发现，作为许多国际组织的正式成员，乌兹别克斯坦在国际社会的影响力日益提升。事实证明，乌兹别克斯坦外交政策的首要关切是保障本国和中亚地区乃至整个世界的安全和稳定。作为国际组织活动的积极参与者，乌兹别克斯坦为实现全球安全发展提出了许多切实可行的建议，其中最重要的是宣布中亚为无核武器区、对当地冲突地区实行武器禁运、建立反恐中心等。所有这些都清楚表明乌兹别克斯坦全面参与了现代国际体系的发展过程。各国和国际组织认可乌兹别克斯坦是一个关心当代区域性和全球性问题的国家。

B.7
乌兹别克斯坦与中亚其他国家关系

摘　要： 米尔济约耶夫担任总统后，改变了与中亚邻国发展关系的方针，将发展与中亚邻国关系作为外交优先方向，改善同中亚邻国的关系，在此基础上，保持了与中亚邻国密切的外交往来，不断促进双边和多边关系的深化和拓展。2022~2023 年乌兹别克斯坦加强与中亚邻国的合作以巩固乌兹别克斯坦与哈萨克斯坦的战略伙伴和同盟关系，深化与塔吉克斯坦、吉尔吉斯斯坦以及土库曼斯坦的战略伙伴关系。

关键词： 乌兹别克斯坦　中亚　双边关系

乌兹别克斯坦是中亚地区具有重要影响力的国家，其地缘政治潜力不可低估。首先，它位于中亚的中心，与中亚其他四个国家接壤，是中亚地区一体化的枢纽；其次，其人口约占中亚地区半数以上；最后，其有较强的军事力量和较高的军费预算。米尔济约耶夫担任总统后，他在其纲领性讲话和公开发表的文件中一再强调，乌兹别克斯坦外交政策的主要优先事项是与中亚各国发展多方面的互利关系。

中亚不仅是一个地理和地缘政治空间，也是一个有着相似文化的文明空间。共同的历史渊源、相似的风俗习惯将生活在这一地区的各族人民联结在一起。这种共性为地区合作奠定了坚实可靠的基础。

在世界经济下行、大国竞争更加激烈的背景下，中亚国家领导人认识到

---

* 陈珊，历史学博士，陕西省社会科学院研究实习员，研究方向为中国与中亚关系史。

通过合作及区域一体化达到互利共赢的重要性，加强合作的积极性不断提高。米尔济约耶夫总统在执政后积极倡导中亚地区一体化，并通过加强与哈萨克斯坦的合作来推动一体化的进程。中亚国家在加快一体化进程的背景下，各国之间的合作越来越紧密。建立了更加多元化的合作机制，如中亚国家领导人磋商会议、中亚国家议会间论坛、中亚国家农业部长会议、中亚国家经济论坛等。在双边和多边合作框架内，近年来，乌兹别克斯坦与中亚邻国的关系越来越密切，并出现了新变化。

一　乌兹别克斯坦与中亚邻国的关系现状

独立以来，乌兹别克斯坦在首任总统卡里莫夫执政时期与中亚邻国的关系总体上进展相对平稳，但有所停滞。米尔济约耶夫上任总统后，乌兹别克斯坦与中亚邻国的关系进入新时期，与其他四国在政治、贸易、经济、交通通信、人文等领域开展大规模合作。

（一）乌兹别克斯坦与哈萨克斯坦的关系

乌兹别克斯坦与哈萨克斯坦有着漫长的共同边界。1992 年 11 月 23 日两国建立外交关系。两国建交以来，在政治、经济贸易、文化和教育领域签署了多份文件。首先是 1998 年签署的永久友好条约。其次是 2013 年签署的战略伙伴关系条约，2022 年 12 月，两国签署同盟关系条约，标志着两国关系进入新的发展阶段。乌兹别克斯坦与哈萨克斯坦两国的关系建立在几个世纪的友谊和相互尊重的基础上。

乌兹别克斯坦是中亚人口最多的国家，哈萨克斯坦是中亚领土最大的国家，乌兹别克斯坦与哈萨克斯坦两国是影响中亚地区事务的两大地缘政治力量中心，两国之间的关系，很大程度上决定着中亚地区的稳定及地区一体化的进程。两国在投资合作、人文交流、水资源分配、应对非传统安全、交通合作等问题上立场一致。

两国边界划定于 2022 年 12 月完成，签署了《乌兹别克斯坦与哈萨克斯坦划定国家边界协定》，两国边界全长 2357 千米，有 1301 个边界标志。①
2022 年 11 月，托卡耶夫再次当选总统，他在就职演说中强调，哈外交的优
先方向是开展与包括中亚国家在内的互利合作和战略伙伴关系。

自米尔济约耶夫和托卡耶夫执政以来，两国关系快速发展，为地区一体
化的推动提供了新动能。两国关系的走势受大国在中亚地区影响力消长的影
响。大国和地区组织致力于维护中亚地区的安全与和平。

两国之间的政治合作蓬勃发展，两国元首之间的定期对话在发展乌兹别
克斯坦与哈萨克斯坦关系方面发挥关键作用。米尔济约耶夫上任后，分别于
2017 年 3 月和 2021 年 12 月对哈进行了国事访问；哈萨克斯坦总统托卡耶夫
分别于 2019 年 4 月和 2022 年 12 月对乌兹别克斯坦进行了国事访问。除正
式访问和国事访问外，两国元首还定期在独联体、"突厥国家组织"、亚洲
信任会议、上海合作组织等框架下进行多边会晤。政府间互访频繁，加强了
政府间委员会框架内的合作，两国外长定期进行会晤。立法机构之间的互动
也在逐步发展，2022 年 2 月，乌兹别克斯坦最高会议立法院主席伊斯莫伊
洛夫（Ismoilov）对哈萨克斯坦进行了访问，访问期间双方签署了关于建立
议会间合作委员会的协议。

经贸关系是两国双边合作的核心。直到 2000 年初，两国之间的贸易关
系一直处于较低水平。自米尔济约耶夫上任以来，两国经济合作发展呈现新
气象。哈萨克斯坦是乌兹别克斯坦在中亚地区最大的贸易伙伴。2017 年，
两国签署了 2017~2019 年经济合作战略，成为经济贸易增长的动力。截至
2022 年底，两国双边贸易额达 50 亿美元，同比增长 29.8%。乌兹别克斯坦
对哈萨克斯坦的出口增长 21.4%，达 13 亿美元；哈萨克斯坦对乌兹别克斯
坦商品出口增长 33%，达 37 亿美元。② 据乌兹别克斯坦国家统计局发布的

---

① Завершена демаркация госграницы между Казахстаном и Узбекистаном，11 июля 2023 года，
https：//orient. tm/en/post/56800/demarcation－state－border－between－kazakhstan－and－
uzbekistan-has-been-completed，accessed：2023-11-30.

② 《哈乌联合外贸公司成立旨在减少国内市场对第三国产品的依赖》，哈萨克国际通讯社网
站，2023 年 3 月 3 日，https：//www. inform. kz/cn/article_ a4042212，最后访问日期：2023
年 11 月 30 日。

数据，2023 年 1~7 月，两国贸易额约为 25 亿美元，其中，乌兹别克斯坦对哈萨克斯坦的出口额为 8.077 亿美元，进口额为 16.827 亿美元。[①] 截至 2023 年 5 月，约有 1200 家哈萨克斯坦公司在乌兹别克斯坦开展业务。[②] 哈开发银行、哈铁路公司、哈通讯社、哈航空公司在乌兹别克斯坦均设有代表处。

在经贸关系方面，两国政府和部门定期举行会议，讨论改善经济和商业环境的问题。两国相关部门越来越重视发展贸易公司之间的关系。

运输和物流合作是双方重要的合作领域。两国合作建设图尔克斯坦—奇姆肯特—塔什干高速公路，也在实施克孜奥尔达—于奇库杜克公路和铁路建设项目。后一项目的成功实施将使克孜奥尔达州与纳沃伊州之间建立直接联系，减少货物运输时间。完善的道路基础设施将成为加速区域间联系的基础。区域间直接交流的出现，为营商环境和创业发展提供了独特的机遇。扩大的道路基础设施将促进乌兹别克斯坦与哈萨克斯坦中部地区、乌拉尔地区的发展。

两国之间的历史文化联系日益增强，两国继续深化人文领域的交流与合作，这有助于促进两国之间的民心相通。有 14000 多名乌兹别克斯坦的学生在哈萨克斯坦高等院校学习。

两国还举办了旨在加强文化和历史联系的各种活动。2022 年 11 月，哈萨克斯坦成功举办了乌兹别克斯坦文化日活动。2022 年 12 月，乌兹别克斯坦和哈萨克斯坦第一届青年大会在阿斯塔纳举行。同月，乌兹别克斯坦举办了"阿拜·库南巴耶夫作品周"活动，并组织了相关展览。2023 年 6 月，乌兹别克斯坦举办了哈萨克斯坦文化日活动，撒马尔罕和布哈拉举办了音乐会。

---

① 《前 7 个月哈萨克斯坦与乌兹别克斯坦之间的贸易额达 25 亿美元》，哈萨克国际通讯社网站，2023 年 8 月 23 日，https：//www. inform. kz/cn/7-25_ a4104363，最后访问日期：2023 年 12 月 25 日。

② 《哈-乌政府间合作委员会第 20 次会议在塔什干召开》，哈萨克国际通讯社网站，2023 年 5 月 5 日，htps：//cn. inform. kz/news/20_ a4064667/，最后访问日期：2023 年 12 月 25 日。

哈萨克斯坦有 10 多种乌兹别克语报纸和杂志、10 个文学和创作协会 139 所乌兹别克语学校。乌兹别克斯坦有一个全国级的哈萨克文化中心,下设 30 个州和地区分支。① 在哈萨克人聚居区有 370 所中等规模的哈萨克语-乌兹别克语混合学校,22 所高等院校培养哈萨克语言文学学士。②

在哈萨克斯坦有乌兹别克族 62 万人③,乌兹别克斯坦居住着超过 82 万名哈萨克族人。④ 散居在哈萨克斯坦和乌兹别克斯坦两国的众多哈萨克族和乌兹别克族侨民在支持双边关系和进一步发展与缓和两国关系方面发挥着重要作用。

(二)乌兹别克斯坦与吉尔吉斯斯坦的关系

乌兹别克斯坦与吉尔吉斯斯坦边界线有 1300 多千米。1993 年 2 月 16 日,乌兹别克斯坦与吉尔吉斯斯坦正式建立外交关系。两国之间的合作具有坚实的法律基础,共有 180 多个法律文件,涵盖贸易、经济、科学、旅游、交通、文化等领域。特别是 1996 年 12 月的永久友好条约、2017 年的战略伙伴关系宣言等重要文件,为两国关系迈向高发展水平创造了条件。

两国人民有着共同的历史、文化和宗教价值观,以及类似的传统和习俗,有共同的边界和跨界民族。虽然两国之间的关系经历了艰难的历史考验,但两国人民之间有着数百年历史的友谊纽带一直很牢固,两国人民之间的关系建立在数百年的友谊、相互尊重和信任的基础上。

---

① Официальный сайт Посольство Республики Казахстан в Республике Узбекистан, «Культурно-гуманитарное сотрудничество», https: //www. gov. kz/memleket/entities/mfa – tashkent/activities/2278? lang=ru, accessed: 2023–11–30.

② Официальный сайт Посольство Республики Казахстан в Республике Узбекистан, «Культурно-гуманитарное сотрудничество», https: //www. gov. kz/memleket/entities/mfa – tashkent/activities/2278? lang=ru, accessed: 2023–11–30.

③ Доля казахов в этническом составе населения Казахстана достигла почти 70%, 4 мая 2021 года, https: //informburo. kz/novosti/dolya – kazaxov – v – etniceskom – sostave – naseleniya – kazaxstana-sostavlyaet-pocti-70, accessed: 2023–11–30.

④ Двустороннее сотрудничество Узбекистана и Казахстана: сохранится ли динамика? 11 января 2022 года, https: //cabar. asia/ru/dvustoronnee – sotrudnichestvo – uzbekistana – i – kazahstana-sohranitsya-li-dinamika, accessed: 2023–11–30.

乌兹别克斯坦与吉尔吉斯斯坦之间的矛盾主要在跨境水资源的分配和国家边界的划定方面。乌、吉两国主要在费尔干纳盆地发生边境摩擦，而在这个地区有数十块飞地，米尔济约耶夫总统呼吁解决这一问题，将吉尔吉斯斯坦-乌兹别克斯坦边界变为"友谊边界"。因此，米尔济约耶夫签署了国家边界条约，为解决边界问题奠定了基础。两国之间的边界划定问题终于在2023年1月得到了解决，简化的过境程序将促进费尔干纳河谷的贸易往来。

米尔济约耶夫就任乌兹别克斯坦总统后，两国关系进入了新阶段。乌兹别克斯坦和吉尔吉斯斯坦外交政策活动的主要目标之一是在国家周围形成一个和平、稳定和安全的地带。两国关系的特点是所有共同关心的合作领域都取得了蓬勃发展。

2023年上半年，两国进行了50多次不同层次的互访，这表明双边关系的积极发展。2023年1月，乌兹别克斯坦总统对吉尔吉斯斯坦进行国事访问，双方签署了超过25项协议，体现了两国发展各领域合作的共同意愿。同月，在两国的商业论坛上，双方签署的项目金额超过16亿美元，反映了两国经济关系增长和发展的潜力。两国计划将贸易额提高到20亿美元。

两国注重经济合作发展，自2017年9月米尔济约耶夫总统首访吉国以来，双边关系迈上新水平。2022年双边贸易额达12.59亿美元，这一数字比2016年高出85%。其中出口贸易额达9.79亿美元，进口贸易额达2.80亿美元。2023年前5个月两国的双边贸易额增长了13.3%，达到2.158亿美元。[①] 截至2023年1月，乌兹别克斯坦有258家吉资企业，其中合资企业107家，独资企业151家。而2016年，此类企业仅有49家。[②]

为方便两国公民往来，两国边境设有18个检查站。每天穿越乌兹别克斯坦和吉尔吉斯斯坦边境的公民人数大幅增加。2022年约250万名乌兹别

---

① Кыргызско-узбекская межправкомиссия провела заседание в Чолпон-Ате, 16 августа 2023 года, https://uz.sputniknews.ru/20230816/cholpon-ata-mezhpravkomissiya-aripov-zhaparov-37918096.html, accessed：2023-11-28.

② Узбекистан-Кыргызстан：устойчивая динамика развития сотрудничества, 25 января 2023 года, https://uza.uz/ru/posts/uzbekistan-kyrgyzstan-ustoychivaya-dinamika-razvitiya-sotrudnichestva_448395, accessed：2023-11-28.

克斯坦公民赴吉尔吉斯斯坦旅游，吉尔吉斯斯坦赴乌兹别克斯坦游客超过
130万人次。[①] 这些数字表明，两国关系步入一个新的发展阶段。截至2021
年8月，约29.16万名吉尔吉斯人居住在乌兹别克斯坦，约100万名乌兹别
克人居住在吉尔吉斯斯坦，占吉尔吉斯斯坦总人口的14.9%。[②]

乌兹别克斯坦有6个吉尔吉斯斯坦文化中心和50多所用吉尔吉斯语授
课的中学。安集延师范大学设有吉尔吉斯语语言系。两国合办的院校有吉尔
吉斯-乌兹别克高级工学院、奥什市的吉尔吉斯-乌兹别克大学。

双方建立了政府间双边合作委员会、议会间合作委员会、边境地区领导
人委员会、商业委员会等，这在加强两国各领域合作方面发挥了重要作用。
2022年4月正式成立的乌兹别克-吉尔吉斯发展基金，资金规模为5000万
美元，这为新阶段合作提供了良好的开端。

当前两国关系正以前所未有的速度发展。维护、发展和加强两国睦邻友
好和友好战略伙伴关系十分重要。经过两国的共同努力，双方还会进一步发
展和完善全面合作，这将造福两国人民。

乌兹别克斯坦和吉尔吉斯斯坦是集体安全条约组织、上海合作组织等多个
地区组织的成员。这有助于进一步发展两国关系，并促进本地区参与国际进程。

（三）乌兹别克斯坦与塔吉克斯坦的关系

乌兹别克斯坦与塔吉克斯坦于1992年10月22日建立外交关系。两国
合作的法律基础由各级签署的256份文件组成。[③] 1993年1月两国签署的睦
邻友好合作条约、2000年6月签订的永久友好条约以及2018年8月的战

---

① Узбекистан-Кыргызстан: устойчивая динамика развития сотрудничества, 25 января 2023
года, https：//uza.uz/ru/posts/uzbekistan - kyrgyzstan - ustoychivaya - dinamika - razvitiya -
sotrudnichestva_ 448395, accessed：2023-11-28.

② Узбекистан-Кыргызстан: устойчивая динамика развития сотрудничества, 25 января 2023
года, https：//uza.uz/ru/posts/uzbekistan - kyrgyzstan - ustoychivaya - dinamika - razvitiya -
sotrudnichestva_ 448395, accessed：2023-11-28.

③ Узбекистан-Таджикистан: новые точки роста сотрудничества, 2 июня 2022 года, https：//
yuz.uz/ru/news/uzbekistan---tadjikistan-nove-tochki-rosta-sotrudnichestva, accessed：2023-
11-28.

略伙伴关系条约确定了双边关系的基本原则。这些原则是相互尊重独立和国家主权、平等、互不干涉内政、努力建立互利的经济伙伴关系。2022年6月，两国签署了加强永久友谊和联盟的历史性文件。

两国之间的边界线有 1300 多千米。两国实行互免签证制度，最长可达 30 天。两国因共同的历史和价值观、相互尊重和数百年的睦邻友好关系而团结在一起。这为两国关系奠定了坚实基础。

米尔济约耶夫总统在上任之初就开始积极发展与塔吉克斯坦的双边关系，下令消除发展睦邻关系的一切现有障碍。2017 年，两国关系进入新发展阶段。2018 年两国总统互访，开启了双边关系新的一页，两国在政治、贸易、经济、交通通信、人文等领域开展大规模合作。两国关系主要在以下五个领域发生根本性变化。

第一，边界划定基本完成，仍有部分待划定的边界。简化了两国公民的双边旅行制度，并彻底清除了边境地区的地雷。据统计，2022 年，平均每天有 4300 名两国公民进出边境进行贸易、旅游以及探亲访友。[1] 2022 年，进入塔吉克斯坦的乌兹别克斯坦公民人数超过 77.7 万人，进入乌兹别克斯坦的塔吉克斯坦公民人数为 78.5 万人。[2]

第二，两国开始了定期的交通联系。在两国航班中断 25 年后，米尔济约耶夫上任后仅 3 个月，就恢复了塔什干和杜尚别之间的定期航班。2018年，两国开通了从杜尚别到迭纳乌和铁尔梅兹、从彭吉肯特到撒马尔罕、从胡占德到塔什干和费尔干纳的定期大巴干线。2019 年，乌兹别克斯坦简化了塔吉克斯坦卡车过境运输规则，从卡车必须在入境之日起的 3 天内离开乌兹别克斯坦，延长至 5 天。2019 年 8 月，乌兹别克斯坦开始使用塔吉克斯坦的公路，沿铁尔梅兹—杜尚别—霍罗格—库尔姆的路线与中国进行货运。

---

[1] Таджикско-узбекскому стратегическому партнерству-5 лет. Что изменилось?, 17 августа 2023 года, https：//asiaplustj. info/ru/news/tajikistan/politics/20230817/tadzhiksko-uzbekskomu-strategicheskomu-partnerstvu-5-let-chto-izmenilos, accessed：2023-11-28.

[2] Таджикско-узбекскому стратегическому партнерству-5 лет. Что изменилось?, 17 августа 2023 года, https：//asiaplustj. info/ru/news/tajikistan/politics/20230817/tadzhiksko-uzbekskomu-strategicheskomu-partnerstvu-5-let-chto-izmenilos, accessed：2023-11-28.

2022 年，塔什干至杜尚别的客运列车开通。

第三，贸易额急剧增长。由于 2009 年乌兹别克斯坦单方面切断与塔吉克斯坦的电力线，以及 2012 年乌兹别克斯坦暂停向塔吉克斯坦供应天然气，双方贸易额迅速下降。据官方统计，2014 年两国之间的贸易额达到历史最低水平，为 1300 万美元。此后，两国的双边贸易额急剧增长，2022 年达到5.55 亿美元。目前，塔吉克斯坦向乌兹别克斯坦出口原铝、电力、皮棉、矿石、水泥、生皮毛、茧、生丝、布料、酒精饮料、地毯等商品。塔吉克斯坦从乌兹别克斯坦进口天然气、纺织品、矿物肥料、塑料、鞋、陶瓷制品、有色金属、机电设备等。

第四，能源供应恢复。两国在苏联时期建立的能源联系在卡里莫夫时期被切断。2018 年 4 月，乌兹别克斯坦恢复向塔吉克斯坦供应天然气。同年，塔吉克斯坦恢复了对乌兹别克斯坦的电力供应。塔吉克斯坦能源系统与中亚统一能源系统是隔断的，目前重新连接的工作正在进行。塔吉克斯坦能源和水资源部部长达列尔·朱玛（Daler Juma）称，2023 年 8 月，塔吉克斯坦完成了从西南方向加入乌兹别克斯坦能源系统的进程，计划 2023 年底开始连接北向线路，整条线路的完全启动将在 2024 年 4 月。[①]

据乌兹别克斯坦国家电网公司新闻处报道，乌兹别克斯坦 2023 年 5 月至 9 月会从塔吉克斯坦进口 12.85 亿千瓦时的电力[②]，这创造了乌从塔进口电力的历史新高。

第五，在投资领域开展务实合作。在卡里莫夫总统时期，两国之间的相互投资是不可能的。米尔济约耶夫当选总统后，两国投资者获得了在邻国开展业务的真正机会。两国的合资企业数量有所增加，涵盖贸易、建材生产、食品加工等领域。据乌兹别克斯坦官方统计，在乌兹别克斯坦由塔吉克斯坦

---

① Таджикско-узбекскому стратегическому партнерству-5 лет. Что изменилось?, 17 августа 2023 года, https://asiaplustj.info/ru/news/tajikistan/politics/20230817/tadzhiksko-uzbekskomu-strategicheskomu-partnerstvu-5-let-chto-izmenilos, accessed: 2023-11-28.

② Узбекистан импортирует из Таджикистана рекордный объём электроэнергии за последние годы, 18 мая 2023 года, https://www.gazeta.uz/ru/2023/05/18/electricity/, accessed: 2023-11-28.

资本参股的企业有 219 家，其中合资企业 119 家，个体经营户 100 户，而在塔吉克斯坦注册的乌兹别克斯坦企业有 51 家。① 乌兹别克斯坦在塔吉克斯坦投资企业涉及多个领域，投资总额达 1500 万美元。②

此外，两国深化人文领域的合作与交流。两国定期举办电影节、文化日和联欢节。2022 年，一部关于伟大诗人阿利舍尔·纳沃伊和思想家阿布都拉赫曼·贾米之间的友谊的联合电影开始拍摄。在撒马尔罕和杜尚别建立阿布都拉赫曼·贾米和阿利舍尔·纳沃伊纪念碑，受到两国人民极大的欢迎。乌兹别克斯坦有国家级的塔吉克民族文化中心，联合了乌 15 个塔吉克民族文化中心。乌国有 250 所中学用塔吉克语教学，其中 55 所中学完全用塔吉克语教学。③ 撒马尔罕、铁尔梅兹和费尔干纳大学教授塔吉克语。乌兹别克斯坦有 4 种塔吉克语期刊，转播 5 个塔吉克语电视节目和 30 个塔吉克语广播节目。塔吉克人是乌兹别克斯坦的第二大民族，占 4.5%。乌兹别克人是塔吉克斯坦的第二大民族，占总人数的 15.3%。④

两国在独联体和上海合作组织框架内开展合作，并在联合国、欧安组织和其他国际组织层面进行互动。区域合作与伙伴关系是维护两国双边关系和平与和谐的关键。

（四）乌兹别克斯坦与土库曼斯坦的关系

1993 年 2 月 7 日，乌兹别克斯坦与土库曼斯坦建立外交关系。两国边界线有 1600 多千米。2017 年 3 月，米尔济约耶夫总统对土库曼斯坦进行国

---

① Эксперт назвал ключевые точки для роста торгово-экономических отношений Узбекистана и Таджикистана, 1 июня 2022 года, https：//podrobno. uz/cat/economic/ekspert – nazval – klyuchevye – tochki – dlya – rosta – v – torgovo – ekonomicheskikh – otnosheniyakh – mezhdu – uzbekista/，accessed：2023–11–28.

② Таджикско-узбекскому стратегическому партнерству-5 лет. Что изменилось? 17 августа 2023 года, https：//asiaplustj. info/ru/news/tajikistan/politics/20230817/tadzhiksko-uzbekskomu- strategicheskomu-partnerstvu-5-let-chto-izmenilos，accessed：2023–11–28.

③ Узбекистан-Таджикистан: новые точки роста сотрудничества, 2 июня 2022 года, https：// yuz. uz/ru/news/uzbekistan---tadjikistan–nove–tochki–rosta–sotrudnichestva，accessed：2023– 11–28.

④ 李琪：《历史记忆与现实侧观：中亚研究》，中国社会科学出版社，2016，第 188 页。

事访问，土库曼斯坦成为米尔济约耶夫当选总统后的首访国家，两国总统在阿什哈巴德签署了战略伙伴关系条约，于2022年10月签订了深化战略伙伴关系宣言。这些文件的签署都体现了两国在积极发展双边关系，也体现了两国努力充分发挥本国巨大潜力的渴望和决心。

近年来，两国双边睦邻合作关系发展势头良好。双边合作关系迈上历史新台阶。两国在政治、贸易、经济、科技、人文等领域的合作水平不断提高。最高层达成的协议为进一步拓展双边互利关系奠定了坚实基础。

塔什干和阿什哈巴德有足够的共同点，可以在保持和进一步发展政治、经济、人文合作的同时，发挥未来区域合作驱动者的作用。两国加强合作，可以为中亚地区的可持续发展发挥重要作用。

两国高层定期会晤，就区域内问题及两国的合作发展进行沟通。两国不断深化经贸、投资及工业领域的合作。2023年1~7月两国之间的贸易额为4.92亿美元，比上年同期增长了1.4%。① 土库曼斯坦是乌兹别克斯坦十大主要贸易伙伴之一。土库曼斯坦向乌兹别克斯坦主要出口电力和天然气。截至2022年7月，土库曼斯坦参股的乌兹别克斯坦企业有173家，其中合资企业69家，个体经营户104户。② 2022年7月在布哈拉举行的地区论坛期间，两国同意加快启动列巴普-布哈拉和达沙古兹-花刺子模州的边境贸易区，还签署了总额4.5亿美元的投资和贸易协定。③ 2023年8月，两国元首会晤时，强调尽快启动达沙古兹-沙瓦特联合贸易区建设。

人文合作是两国双边关系发展的重要因素。两国文化、科学、教育界人士密切合作，积极参加乌兹别克斯坦和土库曼斯坦境内举办的各项活动。在塔什干有阿什哈巴德公园、马格蒂姆古利大街及马格蒂姆古利

---

① Товарооборот между Туркменистаном и Узбекистаном с начала года составил более ＄490 млн, 23 августа 2023 года, https：//orient. tm/ru/post/58829/tovarooborot-mezhdu-turkmenistanom-i-uzbekistanom-s-nachala-goda-sostavil-bolee-490-mln, accessed：2023-11-30.

② Опыт торгово-экономического сотрудничества Узбекистана и Туркменистана в современный период, 14 июля 2022 года, https：//uzdaily. uz/ru/post/70320, accessed：2023-11-28.

③ Опыт торгово-экономического сотрудничества Узбекистана и Туркменистана в современный период, 14 июля 2022 года, https：//uzdaily. uz/ru/post/70320, accessed：2023-11-28.

纪念碑，乌兹别克-土库曼友谊之家，以及在花剌子模州有乌利霍夫利建筑。土库曼斯坦首都有阿利舍尔·纳沃伊大街，列巴普州的土库曼纳巴德市有卡里莫夫（乌兹别克斯坦首任总统）大街。这是两国人民友谊永恒、团结和文化亲密的象征。

乌兹别克斯坦成立了国家级的土库曼文化中心，该中心联合了乌兹别克斯坦不同地区的 6 个土库曼文化中心。① 乌兹别克斯坦有 45 所中学教授土库曼语。② 努库斯国立师范学院设有培养土库曼语小学教师的院系，卡拉卡尔帕克斯坦共和国国立大学设有土库曼语语言学院。

总体而言，目前，乌兹别克斯坦和土库曼斯坦双边关系发展良好，还需要积极发挥两国潜力，实施大型基础设施项目，建立新的联合生产设施，吸引直接投资发展两国工业综合体。

二　乌兹别克斯坦与中亚邻国关系变化的影响因素

自 2016 年米尔济约耶夫担任总统以来，乌兹别克斯坦与中亚邻国的关系取得新的进展，乌兹别克斯坦与中亚邻国的关系变化受到地区内因素和域外因素的影响。

（一）中亚国家领导层的更迭和新政策的制定影响乌与中亚邻国的关系

除塔吉克斯坦外，近年来中亚各国进入新一代领导人的执政期，各项改革在进行中，新的领导层制定了新的内政外交政策。2021 年 1 月扎帕罗夫当选吉尔吉斯斯坦新总统。2022 年 1 月哈萨克斯坦结束 2019 年以来的"双

---

① Узбекистан и Туркменистан. Испокон веков в мире и согласии, 16 июля 2022 года, https：//uzdaily. uz/ru/post/70351，accessed：2023-11-20.

② Узбекистан и Туркменистан. Испокон веков в мире и согласии, 16 июля 2022 года, https：//uzdaily. uz/ru/post/70351，accessed：2023-11-20.

重权力中心"。2022 年 3 月，别尔德穆哈梅多夫的儿子谢尔达尔·别尔德穆哈梅多夫成为土库曼斯坦的新总统。2023 年 7 月，乌兹别克斯坦进行总统选举，米尔济约耶夫继任总统。新的领导层及其新政策，对中亚邻国关系的发展产生一定的影响。

乌兹别克斯坦能与塔吉克斯坦、吉尔吉斯斯坦两国关系现阶段朝着良性发展，合作进入新阶段，与乌兹别克斯坦新总统上任有关。米尔济约耶夫总统考虑到中亚地区内外局势的变化，按照新的外交理念开展与中亚邻国的各领域合作和对话，乌兹别克斯坦与邻国的关系由此迈上新台阶。正如政治学家丹尼斯·别尔达科夫解释乌兹别克斯坦与吉尔吉斯斯坦边界划分能取得进展的原因是乌兹别克斯坦的权力更迭，且乌兹别克斯坦没有出海口，甚至与中国和俄罗斯等有影响力的大国没有共同边界，这就是为什么塔什干正在做出巨大努力，实现与邻国的关系正常化，并准备做出明显让步。[①]

（二）域外局势的变化影响中亚国家间的关系

世界走向多极化，中亚地区的多极化也在加速，表现在中亚地区大国力量正在发生微妙变化，在中亚占据绝对主导地位的俄罗斯，因俄乌冲突长期化，软硬实力受到损害，在大国新一轮的博弈中明显处于不利境地，对中亚的影响呈现走弱之势。西方国家加强在中亚的配合，此外，土耳其、印度、日本、韩国、伊朗等地区大国也在积极参与中亚事务。中亚地区的地缘政治和地缘经济格局明显在发生变化。随着大国在中亚地区博弈的激化，中亚原有的大国平衡格局有所倾斜，中亚五国与其他国家的"C5+1"合作机制增加。

与此同时，中亚地区内部团结合作进一步加强，自主化进程不断加速，表现在举办了 5 届中亚国家领导人磋商会议，签署了多份重要文件，彰显出

---

① Соседский союз: как Киргизия и Узбекистан поделили границу, 9 февраля 2023 года, https://iz.ru/1467093/igor-karmazin/sosedskii-soiuz-kak-kirgiziia-i-uzbekistan-podelili-granitcu, accessed: 2023-11-28.

抱团取暖和共克时艰的意愿和决心。这也体现出中亚国家在面对大国博弈加剧时，不被动承受，力图排除外来干涉，自主解决地区问题，努力提升对本地区的影响力和塑造力。受域外局势变化的影响，中亚各国间的合作和关系得到进一步深化和拓展。

三　乌兹别克斯坦与中亚邻国关系发展展望

2018 年 4 月乌兹别克斯坦公布的外交政策，把与中亚各国深化合作作为乌兹别克斯坦外交政策的优先方向。2023 年 9 月通过的《乌兹别克斯坦-2030 战略》指出要推动中亚地区务实合作迈上新台阶，深化与中亚国家的全面战略伙伴关系和联盟关系。乌兹别克斯坦重视与中亚各国的合作，中亚各国仍是其外交互动的重点国家。乌兹别克斯坦未来还会在如下领域加强与中亚邻国的合作。

（一）安全领域的合作

乌兹别克斯坦、塔吉克斯坦、土库曼斯坦这三个中亚国家与阿富汗接壤。阿富汗与塔吉克斯坦的边界线长 1344 千米，因为阿塔边境无险可守，边民跨境难度不大。阿富汗的极端分子和毒品更容易通过塔流向其他中亚国家。中亚国家处于应对贩毒、极端主义、恐怖主义及激进主义等的前沿，以及为发展本国经济，客观上决定了中亚各国的合作意愿。中亚各国领导人高度重视阿富汗的安全问题，担心阿富汗安全威胁外溢到中亚。

乌兹别克斯坦和塔吉克斯坦作为阿富汗的邻国，都是政治协商和和平方式解决阿富汗局势的支持者。两国领导人也多次表示，阿富汗的和平是中亚稳定与繁荣的保障，因为一个和平的阿富汗可以成为向中亚国家提供通往印度洋和波斯湾港口的最短通道。所以，为了维护中亚地区的安全和稳定，乌兹别克斯坦和塔吉克斯两国开展了多维度的安全合作。

2023 年 9 月在杜尚别举办的第五届中亚国家领导人磋商会议上，中亚各国领导人商定加大在国家和地区层面的努力，打击极端主义思想的传播，尤其是在年轻人中的传播；强调在阿富汗建立一个由主要民族、宗教和政治团体代表参与的包容性政府的重要性。① 为防止阿富汗安全威胁外溢到中亚，中亚各国会在已有的安全领域合作基础上，继续深化该领域的全方位合作。

（二）交通运输领域的合作

2023 年 5 月在塔什干召开的乌兹别克斯坦-哈萨克斯坦政府间合作委员会第 20 次会议上，哈萨克斯坦政府总理阿里汗·斯马伊洛夫（Alikhan Smailov）强调了哈发展中国—哈萨克斯坦—乌兹别克斯坦的运输路线的意愿，计划建设一系列大型铁路项目增加这条路线的运力。2023 年 8 月，在阿什哈巴德举行的乌兹别克斯坦、土库曼斯坦和塔吉克斯坦的三方首脑峰会上，三国元首签署了联合声明，在该文件中指出要利用三国在运输、物流和过境领域的巨大潜力。三位国家元首强调，必须进一步加强塔吉克斯坦—乌兹别克斯坦—土库曼斯坦运输路线上的多式联运的重要性，该路线确保了三国通往里海和波斯湾等海港的通道。

2023 年 9 月在第五届中亚国家领导人磋商会议上，中亚各国领导人协商一致要提高中亚过境运输效率，并签署了《加强中亚地区陆路交通运输互联互通多边协议》。这表明，中亚各国领导人不仅重视本地区的运输潜力，也想通过提升过境运输效率来为本地区、本国带来更多的利益。这不仅为国际陆路运输的发展创造有利条件，也为中亚地区运输服务市场提供良好环境。在加强中亚地区内的运输潜力下，推进经里海和高加索通往欧洲的国际运输走廊建设，将更有效地发挥中亚连接东西方的交通枢纽作用。

运输和物流合作在中亚地区合作中发挥重要作用。乌兹别克斯坦和哈萨克斯坦的公路和铁路项目在建设中，乌兹别克斯坦也在使用塔吉克斯坦的公路与中国进行货运等。而发达的运输和物流基础设施是中亚地区间联系的动

---

① О чем договорились президенты стран ЦА на встрече в Душанбе. Итоги, 14 сентября 2023 года，https：//ru. sputnik. kg/20230914/centralnaya – aziya – prezidenty – vstrecha – dushanbe – dokumenty-itogi-1078622348. html, accessed：2023–11–30.

力，也有助于创造有利的营商环境。乌兹别克斯坦领导层在双边和多边会议中，多次指出发展交通互联互通的渴望和重要性。由此可见，乌将加强与中亚邻国在交通运输领域的全方位合作来，充分发挥乌在中亚中心的地理作用。

结　语

乌兹别克斯坦当前的外交政策不仅提高了其国际地位，也有助于整个中亚地区的持续稳定发展，使该地区成为一个拥有巨大机遇的合作空间。如今，乌兹别克斯坦与中亚所有国家双边关系有明显进展，已与中亚邻国建立了富有成效的友好关系。

乌兹别克斯坦提出的区域合作倡议得到了中亚邻国的支持，营造了地区合作新氛围。国家元首定期磋商会议在地区一体化进程中发挥着重要作用，为解决地区遗留问题、建立基于国际法和考虑参与方利益的区域合作进程发挥了催化剂的作用。乌兹别克斯坦为解决地区问题，努力推动该地区的可持续繁荣和发展，开启了与中亚国家合作的新模式，这将有助于维护中亚地区的稳定与安全。

B.8
乌兹别克斯坦与土耳其、伊朗的关系

孙 杨*

摘　要： 2022~2023 年，乌兹别克斯坦与土耳其、伊朗高层互访频繁，各领域合作全面发展，双边关系步入新阶段。中亚地区形势变化和米尔济约耶夫提出的"新乌兹别克斯坦"五大战略方向，为乌兹别克斯坦深化与土耳其和伊朗的合作提供了机遇。土耳其和伊朗凭借重要的战略位置，成为乌兹别克斯坦与世界的联系通道，乌与土耳其和伊朗在交通和能源方面的联系将愈加紧密。随着"突厥国家组织"作用的发挥，以及伊朗正式成为上海合作组织成员国，乌兹别克斯坦与两国的关系将迎来新的发展前景和契机。

关键词： 乌兹别克斯坦　土耳其　伊朗　国际关系

近年来，受阿富汗变局和俄乌冲突的影响，中亚地区形势出现了一系列新变化，作为中亚人口最多的国家，乌兹别克斯坦也面临着地区安全形势恶化、经济发展受阻、社会治理弊端日益凸显等困境。因此，乌兹别克斯坦尝试以外交政策调整为突破口，积极调整与周边国家，尤其是与土耳其、伊朗之间的关系，通过交通、能源等经济合作，实现互联互通。[①] 在2023 年 11 月第 16 届中亚和西亚经济合作组织（以下简称"中西亚经合组织"）峰会上，乌兹别克斯坦提出制定《经济合作战略

---

* 孙杨，陕西师范大学中亚研究所博士研究生，中共西安市委党校副研究馆员，研究方向为文化建设。

[①] 曾向红、韩彦雄：《中亚五国外交政策调整新动向及其影响》，《新疆社会科学》2023 年第 2 期，第 73 页。

目标-2035》，这将进一步拓展和深化乌兹别克斯坦与土耳其、伊朗之间的合作，既有助于乌兹别克斯坦摆脱自身的发展困境，也有利于建立起更加通畅的国际联系通道。

一 乌兹别克斯坦与土耳其的关系

土耳其是苏联解体后首先承认中亚独立的国家之一，1991 年 12 月 16 日，土耳其第一个承认乌兹别克斯坦独立，两国于 1992 年 3 月 4 日建立外交关系。自埃尔多安执政以来，土耳其积极发展与乌兹别克斯坦的关系，鉴于两国有共同的历史、语言和文化纽带，在广泛的问题上增进了彼此的信任。近年来，随着两国关系的不断升温，两国之间的政治、贸易、经济、文化关系取得了迅猛的发展。

（一）逐步深化政治互信

随着 2016 年 11 月埃尔多安访问撒马尔罕并和乌兹别克斯坦总统米尔济约耶夫会面，两国之间开始了一个新时代。2017 年 10 月，在就任总统不到一年的时间里，米尔济约耶夫成为 21 年来访问土耳其的最高级别的乌兹别克斯坦官员。[1] 由于两国总统间的亲密友谊和政治意愿，两国政治互信上升到前所未有的高度。定期就双边关系和各领域合作、国际地区形势等共同关心的问题深入交换意见，乌兹别克斯坦与土耳其的关系在 2017 年被提升到战略伙伴关系的水平。2018 年土耳其-乌兹别克斯坦高级别战略合作委员会成立了，为深化彼此关系提供了一个有益的平台。2022 年 3 月，鉴于两国当前的高水平合作关系，乌兹别克斯坦和土耳其领导人决定将两国关系提升为全面战略伙伴关系。[2]

---

[1] 《土耳其和乌兹别克斯坦的战略关系将达到最高水平》，土耳其驻华大使馆百家号，2022 年 3 月 29 日，https：//baijiahao. baidu. com/s？id = 1728626142204966253&wfr = spider&for = pc，最后访问日期：2023 年 12 月 3 日。

[2] 本文资料除特别标注外，主要来自 UzDaily. com。

2022 年 8 月在"乌兹别克斯坦-阿塞拜疆-土耳其"对话形式会议后三国签署了《塔什干宣言》①，明确了近期合作重点，乌兹别克斯坦外长诺罗夫称，与土耳其的关系目前处于合作历史上的最高水平。2022 年 11 月在乌兹别克斯坦举行的第九届"突厥国家组织"首脑峰会上，乌兹别克斯坦接替土耳其成为"突厥国家组织"轮值主席国。2023 年 9 月，阿塞拜疆、哈萨克斯坦、土耳其和乌兹别克斯坦建立一个新的突厥语国家工会组织（OTUTS），旨在通过合作保护工人的利益和劳工权利。② 2023 年 11 月在乌兹别克斯坦首都塔什干举行的第 16 届中西亚经合组织峰会上，乌兹别克斯坦总统米尔济约耶夫与土耳其总统埃尔多安举行会谈，并强调多领域合作的重要性，为进一步拓展两国全面战略伙伴关系提供了新动力。

（二）加大推进经贸合作力度

土耳其与乌兹别克斯坦的贸易自 21 世纪之初便稳步增长，随着 2016 年以来两国关系的重大改善而进一步加强。2021 年初双方签署优惠贸易协定，制定货物贸易短名单，对某些种类的商品给予贸易优惠，包括给予关税配额、全部或部分免除关税。土耳其是乌兹别克斯坦五大贸易伙伴之一，2022 年土耳其与乌兹别克斯坦贸易额达 31.3 亿美元，在所有国家中排第四位，同比下降 5.2%，占乌外贸总额的 6.3%。其中，乌兹别克斯坦进口土耳其货物总额为 16.7 亿美元，出口土耳其的货物总额为 14.6 亿美元。③ 2022 年外国在乌兹别克斯坦共投资约 237.26 亿美元，土耳其是投资

---

① 《乌兹别克斯坦、土耳其和阿塞拜疆通过了〈塔什干宣言〉》，2022 年 8 月 3 日，https：//mp. weixin. qq. com/s？src = 11&timestamp = 1701593814&ver = 4933&signature = vFdQkrnlnft QuPGgss0ekr1c9OqNotNuB63WhVvA7mThniBaSw02mrM - c * NzmiuH5NJKEh0CEl6emh4Wjb4 TLEdY8rS0wYD8YPCX1oarDNUvWzHIFevuwJjqobqUze-F&new=1，最后访问日期：2023 年 12 月 3 日。

② 资料参考《突厥语国家工会中心成立》，2022 年 9 月 28 日，https：//mp. weixin. qq. com/s？src = 11&timestamp = 1701594672&ver = 4934&signature = iKTc7SQtPPLhSJ82cy82aXA5bKO kvj2Eq0gdSFxID8gkHiktUKXNAsqx36lUEf2IX0f3 * YLoG - FOUhMAZjVGO6Ta8Eq6xt2JIZebSGn QBPtOohD5V55NYtwizPsZoBKh&new=1，最后访问日期：2023 年 12 月 3 日。

③ UN Comtrade Database，https：//comtradeplus. un. org/，accessed：2023-12-03.

份额第三的国家，占比为 10.1%。① 乌兹别克斯坦 2023 年前十个月的外贸营业额为 510 亿美元，土耳其为第四大贸易伙伴，双边贸易额为 26.15 亿美元（其中出口额为 11.12 亿美元，进口额为 15.03 亿美元）。②

土耳其企业在乌兹别克斯坦的数量也非常多，截至 2023 年 3 月，有 1806 家土耳其企业在乌兹别克斯坦运营③，2023 年 1~6 月，在乌新增土耳其企业 130 家，在乌的土耳其企业占比为 13.7%，不论是增长数量还是总数量均列所有国家第三位。④ 土耳其企业主要分布在农业、纺织、建筑、旅游、食品工业、建筑材料生产、采矿、替代能源、珠宝、批发和零售贸易等行业。比如 AKSA 能源有限公司已在乌实施总额为 2.9 亿美元的项目，对继续参与乌多个地区发电厂和输气管道建设改造、在历史古城建设现代化酒店项目兴趣浓厚。Çalık 控股公司已在乌实施总额为 2.5 亿美元的项目，未来还将参与乌可再生能源和医疗领域的建设与改造项目。⑤ Cengiz 公司将在乌兹别克斯坦实施金额为 52 亿美元的新项目，包括公路和隧道的现代化改造和建设（两个项目金额为 27 亿美元），矿藏的地质勘探和开发（一个项目金额为 7.8 亿美元），公私合营的能源基础设施管理（四个项目金额为 17 亿美元）。

乌兹别克斯坦和土耳其的贸易合作主要包括以下领域。

---

① 《2022 年乌十大投资来源国公布，中国居第二》，"走出去"导航网，2023 年 3 月 14 日，https：//www. investgo. cn/article/gb/tjsj/202303/658736. html，最后访问日期：2023 年 11 月 29 日。

② "Statistics Agency Under the President of the Republic of Uzbekistan," November 28, 2023, https：//stat. uz/en/official-statistics/merchandise-trade, accessed：2023-11-29.

③ "Statistics Agency Under the President of the Republic of Uzbekistan," March 16, 2023, https：// stat. uz/en/press-center/news-of-committee/36531-o-zbekistonda-qaysi-davlatlarning-kapitali-ishtirokidagi-korxonalar-ko-proq-4, accessed：2023-11-29.

④ 《截至 2023 年 7 月 1 日在乌兹别克斯坦中资企业 1860 家》，中华人民共和国驻乌兹别克斯坦共和国大使馆经济商务处网站，2023 年 7 月 12 日，http：//uz. mofcom. gov. cn/article/jmxw/202307/20230703421315. shtml，最后访问日期：2023 年 11 月 29 日。

⑤ 《乌兹别克斯坦副总理兼投贸部长霍贾耶夫访问土耳其》，中华人民共和国驻乌兹别克斯坦共和国大使馆经济商务处网站，2022 年 11 月 4 日，http：//uz. mofcom. gov. cn/article/jmxw/202211/20221103364927. shtml，最后访问日期：2023 年 11 月 29 日。

一是能源、化工、矿产领域。2022 年乌兹别克斯坦向 21 个国家出口了 26.77 万吨聚乙烯，其中出口最多的国家就是土耳其，达到 9.54 万吨。[①] 作为粗锌进口最多的国家之一，土耳其粗锌的主要来源国就是乌兹别克斯坦，2022 年进口 3.55 万吨，价值 1.23 亿美元。除此之外，乌兹别克斯坦 2022 年出口土耳其的铜价值达 5.65 亿美元。[②] 土耳其公司也积极参与乌兹别克斯坦的矿产、能源开发和建设。2023 年 9 月，土耳其 Esan Eczacibasi 公司与乌兹别克斯坦签署开发吉扎克州法利什区乌奇库拉奇矿山项目投资协议。该项目包括投资建设矿业综合体，开采和加工锌、铅、镉、铋、银等有色金属。[③] 花剌子模州 174 兆瓦热电站由土耳其企业投资，2022 年 3 月投产。塔什干州 3 座热电站和 1 座光伏电站，均由土耳其 Aksa 能源公司投资，已于 2022 年底投产。土耳其 Cengiz 等公司还将在吉扎克州建造 550 兆瓦燃气轮机联合循环热电站，并负责投资、建设、运营。[④] 乌兹别克斯坦国家电力网络股份公司与土耳其 AKSA 公司于 2023 年 9 月签署了一份购电协议，向该公司购买 25 年的电力。土耳其的主要能源公司也赢得了乌兹别克斯坦"国家电网"股份公司塔什干与锡尔河州高压电网建设项目的国际招标，将和中国公司一起在乌建设高压电网及变电站。鉴于两国之间能源贸易的密切，土耳其于 2023 年 9 月提议两国共同努力建立一个国际能源市场。

二是农业领域。乌兹别克斯坦和土耳其都是农业大国，两个国家在农业领域有着广泛的合作基础。两国重点关注农产品贸易和农业领域投资项目的

① "Statistics Agency Under the President of the Republic of Uzbekistan," February 3, 2023, https：//stat. uz/en/press-center/news-of-committee/34441-o-Ozbekiston-polietileni-asosan-turkiyaga-eksport-qilingan-5, accessed：2023-11-28.

② UN Comtrade Database, https：//comtradeplus. un. org/, accessed：2023-12-03.

③ 《乌兹别克斯坦与土耳其公司签署矿产开发项目投资协议》，中华人民共和国驻乌兹别克斯坦共和国大使馆经济商务处网站，2023 年 9 月 29 日，http：//uz. mofcom. gov. cn/article/jmxw/202309/20230903444018. shtml，最后访问日期：2023 年 12 月 25 日。

④ 《土耳其公司将在乌兹别克斯坦投建 550 兆瓦燃气轮机联合循环热电站》，中华人民共和国驻乌兹别克斯坦共和国大使馆经济商务处网站，2023 年 11 月 16 日，http：//uz. mofcom. gov. cn/article/jmxw/202311/20231103454180. shtml，最后访问日期：2023 年 12 月 25 日。

务实合作，推动在土壤科学、农业化学、植物基因组学的联合研究，通过引进土耳其专家、引入技术等方式助推乌兹别克斯坦实现农业机械化和数字化，建设大型果园和农业物流体系。乌兹别克斯坦从土耳其进口大量的农产品，包括水果、蔬菜等。根据乌兹别克斯坦国家统计委员会的数据，在2022年乌兹别克斯坦进口猕猴桃的国家中，土耳其排在第二位，为0.5万吨。2022年1~10月从土耳其进口的食品种类和数量：禽肉6700吨；橘子3100吨；玉米2100吨；可可和巧克力1500吨；糖果1300吨；苹果1100吨；人造黄油产品882吨；乳制品765吨；香蕉197吨。① 乌兹别克斯坦出口土耳其的农产品主要是水果等。2022年，乌兹别克斯坦向国外出口葡萄31.88万吨，其中土耳其排在第五位，为7100吨。2022年乌兹别克斯坦向土耳其出口棉类制品价值达5.23亿美元②，2023年1~4月，向土耳其出口的纱线价值达1.61亿美元，排名第一位。2023年7月1日起，土耳其根据双方2021年签署的优惠贸易协定，取消了包括洋葱、大葱、豌豆、李子等乌兹别克斯坦商品的关税。③

三是交通领域。乌兹别克斯坦和土耳其签署了多项交通合作协议，包括铁路、公路和航空运输等方面的合作。在乌兹别克斯坦已与土耳其开展了货物运输数据数字化工作（"电子许可证"试点项目）的基础上，2022年8月，乌兹别克斯坦、土耳其和阿塞拜疆通过《塔什干宣言》提出，要提升运输方面的合作潜力，积极利用巴库—第比利斯—阿哈尔卡拉基—卡尔斯铁路提供的所有机会，包括土耳其的国际港口以及国际运输走廊。2022年12月，乌兹别克斯坦铁路公司开发的第一列联通土耳其和乌兹别克斯坦的货运班列成功运行，该路线从土耳其最西部的伊兹密尔的古姆鲁站经伊朗和土库曼斯坦到达乌兹别克斯坦塔什干，全长4500千米。此班列为乌兹别克斯坦

---

① "Statistics Agency Under the President of the Republic of Uzbekistan," December 5, 2022, https：//stat. uz/en/press - center/news - of - committee/31580 - rturkiyadan - import - qilingan - ayrim-turdagi-oziq-ovqat-mahsulotlari-4, accessed：2023-11-27.

② UN Comtrade Database, https：//comtradeplus. un. org/, accessed：2023-11-26.

③ 《土耳其取消从乌兹别克斯坦进口李子洋葱的关税》，农产品集购网，2023年6月26日，https：//zixun. 16988. com/news/getDetail？id=671998，最后访问日期：2023年11月27日。

和土耳其的货物运输提供最快和最方便的方式。① 2023 年 11 月，在中西亚经合组织第 12 次交通部长会上，乌兹别克斯坦与伊朗、土耳其、土库曼斯坦签署了《关于建设"乌兹别克斯坦-土库曼斯坦-伊朗-土耳其"亚欧多式联运走廊的纪要》，强调要加强互联互通，实行有竞争力的运价，统一货运规范和技术标准。② 航空合作方面，2023 年 6 月，两国民航部门进行磋商，商定将两国每周飞行次数从 58 次增加到 72 次，并计划从 2023 年到 2024 年，开通伊斯坦布尔—卡尔希、伊斯坦布尔—铁尔梅兹、伊斯坦布尔—努库斯、伊斯坦布尔—安集延等新航线。

四是其他领域。在工业尤其是轻工业方面，土耳其皮革设备制造企业在乌兹别克斯坦第一个皮革加工项目，计划 2023 年底前投入运营。通过土方的技术支持，乌兹别克斯坦不仅可以加大皮革制品出口力度，还能提供皮革生产设备。③ 2022 年土耳其缝制机械最大出口市场是乌兹别克斯坦，累计出口额达 1830.75 万美元，同比增长 43.45%，对乌兹别克斯坦缝制机械出口额在 2022 年度土耳其缝制机械出口总额中占 17.69%。④ 2022 年乌兹别克斯坦从国外进口了 4.62 万台燃气灶，其中土耳其 7100 台，排第三位。⑤

（三）持续推动军事、安全合作

2020 年两国国防部长签署了军事和金融合作协定和提供经济援助备忘

① 《首列土耳其至乌兹别克斯坦班列 南通道运力升级》，大陆桥物流联盟公共信息平台，2022 年 12 月 13 日，http://www.landbridge.com/landbridgetransunion/2022-12-13/113383.html，最后访问日期：2023 年 12 月 3 日。
② 《土库曼斯坦将参与"乌兹别克斯坦-土库曼斯坦-伊朗-土耳其"跨境走廊建设》，中华人民共和国驻土库曼斯坦大使馆经济商务处网站，2023 年 11 月 7 日，http://tm.mofcom.gov.cn/article/jmxw/202311/20231103451769.shtml，最后访问日期：2023 年 12 月 3 日。
③ 《乌兹别克斯坦与土耳其开展皮革生产合作》，中华人民共和国驻土库曼斯坦大使馆经济商务处网站，2023 年 4 月 13 日，http://uz.mofcom.gov.cn/article/jmxw/202304/20230403403762.shtml，最后访问日期：2023 年 12 月 3 日。
④ 《2022 年土耳其缝制机械年度进出口分析》，缝制设备网，2023 年 5 月 26 日，https://news.sewworld.com/detail-102993.html，最后访问日期：2023 年 12 月 3 日。
⑤ "Statistics Agency Under the President of the Republic of Uzbekistan," February 14, 2023, https://stat.uz/en/press-center/news-of-committee/34993-o-zbekistonga-2022-yilning-yanvar-dekabr-oylarida-46-2-ming-dona-gaz-plita-import-qilingan-3, accessed: 2023-11-27.

录，乌、土两国在军事和军事技术领域的重点合作围绕军事人员培训计划、加强相关高校之间联系、交流部队训练经验等展开，2022 年 3 月，土、乌举行联合军演并签署全面军事框架协议，内容包括情报共享、联合演习、国防工业及后勤合作。2022 年，两国深入讨论了安全合作的议题，关注在执行最高级别协议的背景下，在继续积极接触、交流信息和分享经验的基础上，双方组织联合活动打击包括网络空间在内的与有组织犯罪、宗教极端主义、贩毒和非法移民有关的活动。

2023 年 2 月土耳其大地震期间，乌兹别克斯坦向土耳其派遣救援人员，提供人道主义救援物资，并在土耳其哈泰省奥瓦肯特地区参与灾后重建。米尔济约耶夫呼吁扩大与"突厥国家组织"紧急情况下的多边合作与协调机制。

医疗领域，乌兹别克斯坦和土耳其的医疗合作涉及医疗技术、药品和医疗器械等方面。2022 年 2 月底，乌兹别克斯坦国家创新医疗商会与土耳其医疗园区诊所组织（the Medical Park Clinic Network）签署合作备忘录，计划包括土耳其医生在内的慈善医生参与乌兹别克斯坦患者诊断和治疗、交流先进医疗经验，在乌兹别克斯坦建立联合康复中心以及组织国内专家在土耳其先进医疗机构学习等，土方也拨款资助乌兹别克斯坦医生赴土耳其进修。2022 年 3 月，乌兹别克斯坦卫生部部长穆萨耶夫访问土耳其，双方同意在医疗保险、医药数字化、药品急救医疗、设备核算等领域组织经验交流活动，并与土耳其医生协会达成协议，建立一个在线咨询联合平台。2022 ~ 2023 年，乌兹别克斯坦肿瘤和放射学、产科和儿科、医疗救护等专业的医生都在土耳其接受培训，乌兹别克斯坦卫生部也与土耳其公司开展乳腺 X 线摄影机等医疗设备的合作。

（四）积极发展人文交流

教育方面，截至 2023 年 10 月，乌兹别克斯坦和土耳其教育机构已签署 100 多项合作协议。2022 年双方召开会议，探讨高等教育领域合作问题。比如：加快在乌兹别克斯坦创建乌兹别克斯坦-土耳其大学进程；在乌兹别克斯坦地区建立土耳其工程、艺术、医学、农业和旅游等领域的教育分支机构；深化教师、研究人员和学生交流合作；等等。2023 年 11 月第二届乌兹别克斯坦-土耳其教育论坛在撒马尔罕举行，双方签署了加强两国大学在教育和科技领域合作、培养高素质师资人员、互派师生短期实习、实施联合科学项目，在工程和技术领域建立相互合作等文件。

文化方面，2022 年在土耳其档案中发现的与布哈拉、浩罕和花剌子模汗国相关的文件，由 TURKTAV 基金会将乌兹别克斯坦历史原稿移交给丝绸之路旅游与文化遗产学院图书馆。① 土耳其、乌兹别克斯坦及相关国家联合申报的《养蚕业以及传统织造丝绸》和《纳斯雷丁·霍贾的幽默故事》2022 年被列入《人类非物质文化遗产代表作名录》。② 乌兹别克斯坦与土耳其等国家合作提交的《毛拉纳全集》被列入联合国教科文组织 2022～2023 年《世界记忆名录》。③

旅游方面，2022 年两国召开了乌兹别克斯坦-土耳其旅游联合委员会会议，明确了在吸引旅游领域投资、旅游教育、旅游部门组织间合作的方向，包括联合开发旅游路线、美食、修复和保护历史古迹、学生培训以及确定"Tabarruk Zierat"路线和制定这方面的营销政策等。在 2023 年第 19 届国际旅游展览会（AITF-2023）上，乌兹别克斯坦、土耳其和阿塞拜疆共同以花剌子模州的名义参展，以吸引游客并增加该地区的服务出口。据乌兹别克斯坦国家统计局的初步数据，2023 年 1～10 月，以娱乐休闲为目的进入乌兹别克斯坦的外国公民中，来自土耳其的游客人数为 32000 人，排在第四位。④ 同时，有 16.13 万名乌兹别克斯坦公民前往土耳其旅游。⑤

智库合作方面，乌兹别克斯坦共和国总统战略与跨地区研究所（ISRS）

---

① UzDaily.com, May 20, 2022, http://uzdaily.uz/en/post/73125, accessed：2024-01-27.

② UNESCO, https://ich.unesco.org/en/lists, accessed：2023-12-03.

③ UNESCO, https://www.unesco.org/en/memory-world/register2023, accessed：2024-01-27.

④ "Statistics Agency Under the President of the Republic of Uzbekistan," November 22, 2023, https://stat.uz/en/press-center/news-of-committee/47308-mamlakatimizga-10-oy-davomida-dam-olish-maqsadida-qancha-chet-el-fuqarolari-tashrif-buyurgan-3, accessed：2023-11-28.

⑤ "Statistics Agency Under the President of the Republic of Uzbekistan," November 27, 2023, https://stat.uz/en/press-center/news-of-committee/47503-10-oy-davomida-necha-nafar-o-zbekistonlik-turistik-maqsadlarda-turkiyaga-safarga-chiqqan-3, accessed：2023-12-03.

与土耳其政治、经济和社会研究基金会（SETA）签署了一份谅解备忘录，旨在通过联合研究项目，就共同感兴趣的问题组织论坛、会议来建立合作和定期工作联系。

总体来说，由于土耳其对中亚介入力度加大，加之两国关系不断改善，乌兹别克斯坦与土耳其双边合作范围迅速扩大、各领域合作不断推进，乌土全面战略伙伴关系得到加强。由于乌兹别克斯坦与土耳其之间的历史、文化、语言和宗教渊源，文化因素成为合作深入的重要推动力，双方未来也将以"突厥国家组织"为平台，强化政治、经济、安全、文化的联系。根据《乌兹别克斯坦-2030战略》的目标，两国将在教育、医疗和能源等领域进一步合作。受土耳其经济通胀的影响，加上与乌兹别克斯坦的综合贸易互补性不高，双边贸易未来可能趋于稳定或略有下降。受地区局势、国内社会现状的影响，乌兹别克斯坦和土耳其的安全合作未来将从军事等传统安全领域向非传统安全领域扩展，比如公共安全治理、文化安全、网络安全等。

二 乌兹别克斯坦与伊朗的关系

米尔济约耶夫于2016年12月担任总统后，乌、伊两国之间的关系有了显著改善。2017年，在伊朗与乌兹别克斯坦建交25周年之际，两国表示要在地区稳定上加强合作，乌方决心加深和扩大政治、文化领域与伊朗的关系。2021年两国元首在上海合作组织峰会期间的相互接触，推动了乌兹别克斯坦与伊朗关系进一步深化。2022~2023年，两国政府间高层互访和各级别交往频繁，各领域合作全面发展，两国人民友谊不断增强，双边关系出现新的推动力，呈现蓬勃发展势头。尤其是2022年9月，伊朗时任总统易卜拉欣·莱希对乌兹别克斯坦进行正式访问，掀开了两国关系史上新的一页。

（一）政治互信不断加强

2022年以来，两国高层交往密切有序，政治互信日益加深，两国元首、议会、政府的务实互访持续深入。2022 年 5 月，纪念乌兹别克斯坦共和国与伊朗伊斯兰共和国建交 30 周年的庆典活动在德黑兰隆重举行。2022 年 9 月，抵达撒马尔罕出席上海合作组织峰会的伊朗时任总统莱希与乌兹别克斯坦总统米尔济约耶夫举行了会谈。会谈后，两国官员和总统共同签署了 18 份合作协议，涉及海关、过境、文化交流、经贸交流、卫生合作等多个领域。2023 年 3 月，米尔济约耶夫签署总统令，批准了关于伊朗加入上合组织义务的备忘录。2023 年 6 月，乌兹别克斯坦总统米尔济约耶夫正式访问伊朗，这也是乌兹别克斯坦总统 20 多年来首次访问伊朗。两国签署了 15 份关于贸易、物流、医药、技术、农业和保险领域合作的文件。2023 年 7 月，伊朗总统以通电话方式对乌兹别克斯坦总统米尔齐约耶夫选举胜利表示了祝贺。2023 年 11 月，在第 16 届中西亚经合组织峰会期间，米尔济约耶夫总统会见了伊朗时任总统莱希，双方讨论了加强关系、扩大贸易、投资、创新和运输领域务实互动的问题。

除了两国元首互动外，其他高层互动也非常频繁。2022 年 2 月，乌兹别克斯坦共和国副总理萨尔多·乌穆尔扎科夫与伊朗副总统穆赫森·礼扎伊·米尔盖德进行会谈，其间举行了乌兹别克斯坦-伊朗政府间贸易、经济、科技合作委员会第 14 次会议。2022 年两国外交部长也多次进行电话会谈，特别关注加强议会间关系、经济合作、发展贸易关系和推动新合作项目等问题，2022 年 9 月还签署了 2022~2024 年外交部合作计划。两国高层还就阿富汗问题多次会晤，讨论在阿富汗问题上继续进行建设性对话以及参与区域进程等问题。2023 年 4 月，两国外长举行会谈，就外交领域商定合作议程，就双边、地区和全球问题进行深入对话等。2023 年 7 月，乌最高会议参议院主席纳尔巴耶娃会见了伊朗副总统恩西赫·哈扎利，强调了议会间关系也达到了新的水平。2023 年 8 月，两国外交部长举行视频会议，签署了乌兹别克斯坦和伊朗外交部合作路线图，强调了双方必须共同完成的关键任务。总之，两国高层交往意愿强烈，战略协作增强，丰富了双边关系内涵，把两国关系提升到了新的发展水平。

（二）经贸往来显著升温

伊朗和乌兹别克斯坦之间的贸易规模不断扩大，伊朗作为乌兹别克斯坦的十大贸易伙伴之一，2021年双边贸易额为4.30亿美元，同比增长73%，2022年贸易额为4.16亿美元，其中乌兹别克斯坦进口额为2.92亿美元，出口额为1.24亿美元。[①]2023年1~10月，伊乌贸易额为4.19亿美元，其中乌兹别克斯坦进口额为2.70亿美元，出口额为1.49亿美元。[②]目前，乌兹别克斯坦向伊朗出口棉花、黑色金属、有色金属、矿物肥料和化纤，进口建筑材料、机电设备、水果、干果和塑料产品。两国经济互补性强，在纺织、能源、化工、电力、生物医药、建材生产、农业等领域合作前景广阔。2023年6月，伊、乌特惠贸易协定签署，标志着两国在克服贸易壁垒、挖掘互利贸易巨大潜力方面迈出积极的一步。随着经济合作领域扩大以及合作内容深化，双方将来贸易额有可能增加到10亿美元。

企业之间的合作也不断拓展，乌兹别克斯坦的伊朗注资企业数量与5年前相比增加了2倍，达到420家。乌兹别克斯坦-伊朗商业论坛分别于2022年2月和2023年3月在德黑兰举行，企业间签署了多项投资协议和贸易合同，总金额约2亿美元。2022年5月"伊朗在工业和生产领域的成就"国际展览会在乌兹别克斯坦举行，为企业家和投资者开展务实合作搭建了平台。同一时间，两国工商界在塔什干国际酒店举行B2B形式的洽谈，乌兹别克斯坦商界70余名代表和伊朗商界约40名代表，强调两国企业的长期有效合作。两国经贸往来包括以下领域。

一是农业合作方面。2022年，两国农产品贸易额达4490万美元，3年来增长了5倍。2022年，伊朗在乌兹别克斯坦农产品出口中排第13位，进口排第19位。在2022年乌兹别克斯坦水果和蔬菜的主要进口国中，伊朗排

---

① UN Comtrade Database, https：//comtradeplus. un. org/, accessed：2023-11-29.

② "Statistics Agency Under the President of the Republic of Uzbekistan," November 28, 2023, https：//stat. uz/en/official-statistics/merchandise-trade, accessed：2023-11-29.

第 10 位，占比为 1.2%。① 2022 年，乌兹别克斯坦进口苹果、猕猴桃、枣类产品最多的国家是伊朗。② 伊朗也是乌兹别克斯坦第二大茶叶进口国，2023 年 1 月，乌进口伊朗茶叶 335 吨。伊朗 Hasti Aryan Taamin 公司自 2021 年起以"Famila Tea"商标向乌兹别克斯坦供应茶叶，双方就茶叶生产和出口达成了合作协议。乌兹别克斯坦 2022 年前 7 个月进口奶制品的国家中，伊朗排在第 3 位，达 3.8 万吨。出口方面，2022 年前 11 个月期间，乌兹别克斯坦出口水果和蔬菜最多的国家中，伊朗排在第 10 位，为 11000 吨。在绿豆出口中，伊朗排在第 3 位，2022 年前 11 个月出口 1600 吨。③ 据国际贸易中心（ITC）统计，按照目前的经贸合作水平，乌兹别克斯坦对伊朗农产品出口尚未开发的潜力为 2290 万美元。2022 年 9 月，在上海合作组织峰会上，两国签署了农业合作备忘录。2022 年 10 月，乌兹别克斯坦蔬菜、瓜类作物和马铃薯种植研究所与伊朗国家马铃薯种植者协会达成合作协议。2023 年两国确定了温室建设、农业装备生产、节水技术引进、园艺和养鱼经验交流、抗旱作物选择等重点合作领域。

二是能源化工方面。2022 年，在上海合作组织峰会期间，伊朗和乌兹别克斯坦签署了一份关于能源领域合作的谅解备忘录。双方将在联合实施石化项目、开展油气领域地质勘探、产品交换，以及联合研究用于石油化工厂的催化剂和化学品的开发和商业化方面开展合作。此外，在财政支持、石化设备以及劳动力培训方面也达成一致，其中包括与伊朗领先的研究中心使用

---

① "IMRI Experts Analyzed Trade in Agricultural Products Between Uzbekistan and Iran," UzDaily, June 18, 2023, http://uzdaily.uz/en/post/81583, accessed：2023-12-03.

② "Statistics Agency Under the President of the Republic of Uzbekistan," February 8, 2023, https://stat.uz/en/press-center/news-of-committee/34655-o-zbekistonga-6-6-ming-tonna-kivi-import-qilingan-3, accessed：2023-11-29.

③ "Statistics Agency Under the President of the Republic of Uzbekistan," January 10, 2023, https://stat.uz/en/press-center/news-of-committee/33314-o-zbekiston-11-oyda-26-ta-davlatga-mosh-eksport-qilgan-3, accessed：2023-12-03.

GTL 技术生产凝析油和液化气等优先领域。① 化工领域，两国企业致力于开展甲醇、氨、丙烯和聚丙烯的合作生产。两国冶金企业在金属制品生产方向建立产业合作，2023 年 9 月，伊朗国家石化公司（NPC）和乌兹别克斯坦的 Uzkimyosanoat 公司签署了一份谅解备忘录，规定了确定合作领域和审查合作方式。在电力领域，伊朗企业有意与乌开展电网设备生产合作，包括智能电表生产、电网监测系统现代化改造，提供电站维修服务等，扩大相关业务规模。②

三是工业和轻工业方面。2022 年，乌兹别克斯坦棉类纺织品出口最多的国家中，伊朗排第 5 位，为 7972 万美元③；乌兹别克斯坦出口丝绸及丝绸制品最多的国家中，伊朗排第 4 位，为 550 万美元。2023 年 1~4 月，乌兹别克斯坦向伊朗出口价值 2600 万美元的纱线，排名第 4。④ 2023 年 7 月，两国企业就实施纺织行业项目、提供物流服务以及出口到伊朗的纺织产品的仓储和运输服务达成了多项协议。双方企业也关注皮革和鞋类生产加工，乌兹别克斯坦企业从伊朗购买聚氨酯，并进一步计划联合在乌建立聚氨酯项目，聚氨酯是生产鞋底所需的原材料。伊朗则对从乌兹别克斯坦采购用于汽车工业的天然皮革和人造皮革感兴趣，乌兹别克斯坦的小反刍动物皮制成的半成品现已出口到伊朗。在建筑材料生产方面，乌兹别克斯坦刨花板产品进口商主要来自伊朗的公司。

四是交通运输方面。公路铁路方面，2022 年 8 月，两国商定降低国际公路运费并开展伊朗恰巴哈尔港至乌兹别克斯坦，以及经乌兹别克斯坦至中

---

① 《伊朗与乌兹别克斯坦签署能源合作谅解备忘录》，中华人民共和国驻伊朗伊斯兰共和国大使馆经济商务处网站，2022 年 9 月 19 日，http：//ir. mofcom. gov. cn/article/jmxw/202209/20220903349386. shtml，最后访问日期：2023 年 11 月 25 日。

② 《伊朗大型能源公司希望与乌兹别克斯坦开展电力能源领域合作》，中华人民共和国驻乌兹别克斯坦共和国大使馆经济商务处网站，2023 年 6 月 6 日，http：//uz. mofcom. gov. cn/article/jmxw/202306/20230603414477. shtml，最后访问日期：2023 年 11 月 25 日。

③ UN Comtrade Database, https：//comtradeplus. un. org/, accessed：2023-11-28.

④ "Uzbekistan Experts Yarn to 34 Countries," UzDaily, June 9, 2023, http：//uzdaily. uz/en/post/81439, accessed：2023-12-02.

国的试点货运。① 2022 年 9 月，伊朗总统访乌期间，两国签署了关于交换货物和车辆越过海关边境的电子海关信息的备忘录、关于 E-TIR 电子信息交换的备忘录、关于通过恰巴哈尔港实施国际货物运输和过境的备忘录等方面的文件。2022 年 10 月，伊朗与乌兹别克斯坦等中亚国家代表根据中亚过境运输协定签署联合声明，旨在发展过境领域的合作。2023 年 3 月，乌、伊双方同意实施一项综合方案，以扩大在多式联运、过境运输方面的合作，并强调"运输"和"物流"是两国经济关系的主要支点，同意执行《阿什哈巴德协定》，并通过降低关税来促进铁路和公路运输业发展，放宽两国卡车司机的过境条件。同时乌兹别克斯坦加入《恰巴哈尔协定》② 的请求已被接受。2023 年 6 月，两国签署运输和过境领域合作备忘录。伊朗在全球贸易路线体系中占据战略地位，多条重要的国际运输走廊经过伊朗领土，双方就建设乌兹别克斯坦—土库曼斯坦—伊朗三边运输多式联运走廊达成一致，对等降低收费并且使燃料税与其他国家的税收保持一致。同时建立伊朗—乌兹别克斯坦物流中心，乌兹别克斯坦企业家参与伊朗恰巴哈尔港和阿巴斯港仓储建设达成协议。2023 年 11 月两国在塔什干签署了关于建立亚欧间"乌兹别克斯坦—土库曼斯坦—伊朗—土耳其"国际多式联运走廊的议定书，加强区域联系并促进经济增长。航空方面，2022 年 12 月，伊朗格什姆航空公司开通德黑兰与乌兹别克斯坦两个城市塔什干和撒马尔罕的航班，航线为德黑兰—塔什干—阿拉木图—德黑兰，每周四定期飞行。2023 年 6 月 21 日，伊朗格什姆航空公司开通德黑兰至撒马尔罕的直飞航班，每周一次。

（三）安全合作稳步推进

2022 年 3 月，乌总统在会见伊朗最高国家安全委员会秘书沙姆哈尼

---

① 《乌兹别克斯坦与伊朗、土库曼斯坦就简化国际货运达成一致》，中华人民共和国驻乌兹别克斯坦共和国大使馆经济商务处网站，2022 年 8 月 24 日，http://uz.mofcom.gov.cn/article/jmxw/202208/20220803343241.shtml，最后访问日期：2023 年 11 月 28 日。
② 2016 年 5 月，印度、伊朗和阿富汗三国交通部长签署了"三边过境协定"（《恰巴哈尔协定》）。

（Shamkhani）一行时，强调在打击日益增长的恐怖主义、极端主义、跨国犯罪和贩毒威胁方面开展有效合作，确保地区安全。2022 年 8 月，在上合组织成员国公安内务部长会议框架内两国单独举行了双边会议，两国内政部长讨论了在打击犯罪、恐怖主义和极端主义等领域跨部门合作的发展前景问题，双方签署了乌兹别克斯坦共和国内政部和伊朗伊斯兰共和国内政部谅解备忘录。由于两国都深受气候变化的影响，为了维护生态安全，2022 年 5 月，双方审议了改善咸海地区环境状况措施框架的问题，2022 年 9 月签署了关于环境问题和环境保护的备忘录。2023 年 5 月，在乌兹别克斯坦与伊朗政府间贸易、经济、科技合作委员会第 15 次会议上，两国商定了深化农业和粮食安全领域合作的具体措施。

（四）人文交流合作共赢

科技领域。2022 年 2 月，两国在吸引伊朗高科技创新公司扩大在乌兹别克斯坦的活动、德黑兰 Pardis 科技园与 Yashnab 创新科技园建立务实合作以及两国有关部委之间开展对话以促进创新、科技领域的务实合作等方面达成协议。2022 年 3 月，乌兹别克斯坦代表团在访问伊朗期间，签署了科技领域合作备忘录，并与伊朗政府机构、科学组织、私营公司举行了 25 次会议，就最佳实践研究和技术转让达成了协议。2022 年 7 月，两国提出在科学、创新和技术领域推动联合项目，扩大科技应用合作，支持高校间合作，在生物和纳米技术、IT、制药和其他领域开展合作项目。2022 年 9 月，两国签署科学、技术和创新谅解备忘录，科学、教育和技术领域合作备忘录以及医疗保健、治疗、教育、制药和医疗设备领域的合作备忘录，进一步发展创新创业和科技合作。2023 年 6 月，乌兹别克斯坦技术监管局与伊朗国家标准组织签署、技术和创新领域合作的行动计划，同月，伊朗创新与技术之家（IHIT）分支机构在塔什干开业，举办伊朗公司创新技术、商品和服务的常设展览，有助于两国在创新技术和科学发展成果转让领域的深入合作。

文化体育领域。为了进一步深化文化交流，2022 年 4 月，两国决定成立联合科学小组，对乌兹别克斯坦科学院保存的古代手稿进行深入研究。

2022年9月，双方签署关于简化商业界、科学界以及旅游团体代表签证程序的协议，相互免除外交护照持有者签证要求的协议，2022~2025年旅游合作计划，体育合作备忘录。另外乌兹别克斯坦阿布·雷汉·贝鲁尼东方研究所与伊朗国家图书馆和档案馆以及伊本·西纳基金会还签署了文件。2023年6月，两国签署了体育领域联合措施计划。此外，2022年底，两国以及其他国家联合申报的《养蚕业以及传统织造丝绸》被列入《人类非物质文化遗产代表作名录》。[①]

总而言之，2022~2023年，乌兹别克斯坦和伊朗政治互信不断深化，交往日益密切，合作领域多点开花，两国关系呈现蓬勃发展、日趋向好的态势。乌兹别克斯坦和伊朗之间经济互补性强，合作潜能巨大，经济联系的扩大和深入有助于促进经济多样化、延伸产业链、创造就业。乌兹别克斯坦正在进行的商业改革以及为小企业创造的投资环境也将为两国商业发展提供巨大潜力。依托伊朗区位优势，双方各领域贸易合作尤其是过境运输方面的互动，使两国能够在多个层面受益，也将为中亚国家打开通往世界市场的直接通道，对整个中亚产生倍增效应。而乌兹别克斯坦提出的"新乌兹别克斯坦"五大战略方向，比如可再生能源广泛使用和环保、医疗等目标，为两国在信息技术、生物、能源、制药等领域的技术合作提供了机遇。

乌兹别克斯坦和伊朗一样，正在经历气候变化的后果，特别是在农业领域，因此两国未来在沙尘暴治理、节水、改良和保护土壤等方面联系会加强。受阿富汗局势的影响，两国作为其邻国，将在阿富汗重建以及维护地区稳定上继续加深安全合作。两国人民几个世纪以来缔结的文化和历史纽带，也为旅游、教育等人文交流和民心相通打下坚实基础。随着伊朗正式成为上海合作组织成员国，两国的关系将持续向好，步入新阶段。

---

① UNESCO，https：//ich.unesco.org/en/lists，accessed：2023-12-03.

专题报告 ⟫

B.9
乌兹别克斯坦总统米尔济约耶夫的
执政理念与成效

郎正文*

摘　要： 米尔济约耶夫担任乌兹别克斯坦总统以来，逐渐形成了属于自己的一整套执政理念：以效为标，不断提高乌兹别克斯坦国家治理能力；以速为先，不断增强乌兹别克斯坦经济发展活力；以民为本，不断提高乌兹别克斯坦民众满意度；以和为贵，不断壮大乌兹别克斯坦朋友圈。在上述执政理念指导下，他执政以来，特别是 2022 年以来，"米氏新政"成效显著。

关键词： 乌兹别克斯坦　米尔济约耶夫　"米氏新政"

2016 年 12 月 4 日乌兹别克斯坦举行总统大选，米尔济约耶夫作为乌兹别克斯坦自由民主党代表参选。2016 年 12 月 5 日，乌兹别克斯坦中央选举

* 郎正文，陕西师范大学中亚研究所博士研究生，研究方向为米尔济约耶夫总统执政理念。

委员会宣布，自由民主党候选人米尔济约耶夫赢得总统选举。2016 年 12 月 14 日，米尔济约耶夫宣誓就任乌兹别克斯坦总统。2021 年 10 月 24 日，在举行的总统选举中，乌兹别克斯坦时任总统米尔济约耶夫赢得连任。2023 年 5 月 8 日，米尔济约耶夫签署总统令，宣布于 7 月 9 日提前举行总统选举。2023 年 7 月 10 日，乌兹别克斯坦中央选举委员会宣布，米尔济约耶夫再次当选总统。米尔济约耶夫又一次开启新的执政生涯。

一　米尔济约耶夫总统执政理念

米尔济约耶夫担任乌兹别克斯坦总统以来逐渐形成了属于自己的以打造"新乌兹别克斯坦"为核心目标的一整套执政理念，具体表现为：以效为标，不断提高乌兹别克斯坦国家治理能力；以速为先，不断增强乌兹别克斯坦经济发展活力；以民为本，不断提高乌兹别克斯坦民众满意度；以和为贵，不断壮大乌兹别克斯坦朋友圈。

（一）以效为标，不断提高乌兹别克斯坦国家治理能力

第一，改革行政体制，调整政府机构。脱胎于苏联的乌兹别克斯坦行政体系，存在着下述弊端：国家机构臃肿；权责划分不清，办事效率不高；跨部门协调机构数量过多；国家机构责任意识不强，缺乏问责机制。为消除行政体系中存在的上述问题，进一步提高国家管理体系效率，确保国家发展战略的顺利实施，米尔济约耶夫就任总统后，对国家机构体系进行了大刀阔斧的改组和调整。2021 年 6 月，米尔济约耶夫总统签署《关于采取补充措施完善内阁活动的命令》，调整内阁机构设置。根据该命令：撤销工业及基础领域发展与合作司，撤销总理顾问兼工业及基础领域发展与合作司司长一职，设立地质、能源、工业及其基础领域发展司，设立总理顾问兼地质、能源、工业及其基础领域发展司司长一职；撤销支持教育、卫生、青年、玛哈利亚和家庭事务秘书处，设立教育和卫生事务及支持青年、社会组织和家庭

事务秘书处。① 2022 年 12 月，米尔济约耶夫总统签署《关于实施新乌兹别克斯坦行政改革措施》，优化政府机构设置。自 2023 年 1 月 1 日，乌行政机关数量由 61 个减至 28 个，其中，包括 10 个国家委员会在内的 24 个国家机构改变隶属关系，不再直接隶属于内阁。部委数量由 25 个减至 21 个，副总理由 8 名减至 4 名，并不再兼任部长或其他领导职务，取消总理顾问职位。②

第二，改革司法体制，加强法治。米尔济约耶夫就任总统后，一直将法治放在重要位置。2017 年 2 月，米尔济约耶夫总统签署《关于采取措施从根本上完善司法系统并提高其工作效率的命令》，启动司法系统改革，以推进司法系统民主化、司法独立和保护人民权利与自由。根据该命令，首先，乌兹别克斯坦组建最高司法委员会。该委员会组成包括 1 名总负责人和 20 名委员，成员主要来自法院（11 人），执法部门、市民社会和法律界（共 9 人）。21 人中 13 人为常设委员，8 人为荣誉委员。最高司法委员会的工作包括在公开、透明选拔法官的基础上建立司法队伍，采取措施防止干涉法院及其工作的行为，组织对法官的专业培训，加强与民众的对话。其次，乌宪法法院、最高法院院长和副院长由立法院（下院）根据总统提名投票产生。军事法院、卡拉卡尔帕克斯坦自治共和国、各州和塔什干市法院院长和副院长由总统根据最高司法委员会的提名任命或解职。上述法院法官由最高司法委员会报请总统批准后任命或解职。③ 2021 年 1 月，米尔济约耶夫总统签署《关于从根本上完善司法机关活动经费筹措体系的措施》，规定自该年起，宪法法院、最高司法委员会、最高法院、地方法院法官的薪金由乌兹别克斯

---

① Шавкат Мирзиёев утвердил новую организационную структуру правительства, 14 июня 2021 года, https://m.kun.uz/ru/news/2021/06/14/shavkat-mirziyoyev-utverdil-novuyu-organizatsionnuyu-strukturu-pravitelstva? ysclid=lpo8xjmt5b335774040, accessed: 2023-10-10.

② 《乌兹别克斯坦总统签署命令优化政府机构设置》，中华人民共和国驻乌兹别克斯坦共和国大使馆经济商务处网站，2023 年 1 月 3 日，http://uz.mofcom.gov.cn/article/jmxy/202301/20230103376903.shtml，最后访问日期：2023 年 10 月 10 日。

③ 《米尔济约耶夫签署命令启动司法改革》，中华人民共和国驻乌兹别克斯坦共和国大使馆经济商务处网站，2017 年 2 月 2 日，http://uz.mofcom.gov.cn/article/jmxw/201702/20170202522462.shtml，最后访问日期：2023 年 10 月 10 日。

坦共和国国家预算统一提供。此外，2023 年 5 月，乌兹别克斯坦通过新宪法，取消各级法院院长职务，将其改为首席法官。上述举措有力确保了各级法官依法独立行使审判权。

第三，加大反腐败力度。米尔济约耶夫总统认为，腐败是"社会稳定的最大威胁"，为此采取了一系列举措，坚决打击腐败。2021 年 7 月，米尔济约耶夫总统签署了有关进一步打击国家和社会管理机构中的贪污腐败行为、扩大公众反腐败参与的总统令。根据该总统令，2022 年 1 月 1 日起，乌兹别克斯坦政府对公务员、国有资产占比超过 50% 的国企和机构负责人及其副手，上述人员的配偶和子女的财产和收入实施强制申报，如果拒绝申报或提供不实信息将被停职并承担相应的法律责任。同时，公务员还被禁止在境外开设和拥有账户、持有现金和不动产及其他财产。此外，该总统令还与刑法的相关规定挂钩，加大了对贪污腐败行为的严惩力度。① 2022 年 1 月，乌兹别克斯坦通过《关于实施评估反腐败工作有效性评级制度的措施》，规定自 2022 年 3 月 1 日起，对中央和地方各级行政机关反腐败工作的有效性进行评估，以此倒逼中央和地方各级行政机关进行自我反腐。

（二）以速为先，不断增强乌兹别克斯坦经济发展活力

第一，加速推动经济自由化改革。乌兹别克斯坦独立后，在经济管理中依然保留了许多具有计划经济色彩的做法，例如政府对棉花的统购统销。据世界银行每年公布的世界营商环境排行榜，乌兹别克斯坦总体排名一直处于中等水平，属于"经济不自由"国家。米尔济约耶夫就任乌兹别克斯坦总统后，加快推进经济自由化改革。一是大力改善营商环境。2022 年 11 月，米尔济约耶夫总统签署《关于简化国家对企业活动监管措施》的总统令，决定自 2023 年 1 月 1 日起，取消 4 项限制措施：①企业实体减资不再需要书面

---

① В Узбекистане с 1 января запускается система обязательного декларирования доходов и имущества чиновников, 7 июля 2021 года, https：//podrobno.uz/cat/obchestvo/v-uzbekistane-s-1-yanvarya-zapuskaetsya-sistema-obyazatelnogo-deklarirovaniya-dokhodov-i-imushchestv/?ysclid=lpo8tv61a263606111, accessed：2023-10-12.

和网络公开通知债权人；②打破官方经销商对进口汽车的垄断销售；③对用电量超过供电协议规定量的企业实体不再采取断电措施；④企业雇佣员工均在全国统一劳动系统中登记、无须到国家税务机关另行登记。① 二是大力推动自由经济区建设。乌兹别克斯坦目前建有 22 个自由经济区和 380 多个小工业区。其中，自由经济区包括：12 个工业自由经济区，6 个制药自由经济区，2 个农业自由经济区，以及 2 个旅游自由经济区。2022 年 6 月，米尔济约耶夫总统签署《关于创建地方经济特区和小型工业区及保障其工程通信基础设施的若干措施》法令，规定于年内在全国各地州新设 104 个小型工业区，并计划于 2023 年及以后一段时间内再新建 100 个小工业区，并完善现有各类园区基础设施条件，以吸引更多投资。此外，该法令计划在撒马尔罕新建 1 个自由经济区。

第二，加速推动私营经济发展。卡里莫夫担任总统时期，就一直在不断推动乌兹别克斯坦私营经济的发展，包括小型企业的私有化和大中型企业的股份化。所以，实质上，在卡里莫夫执政时期，乌兹别克斯坦私营经济成分所占比重就已经很高了，但是受制于旧体制及观念根深蒂固的影响，许多相关法律难以落实，企业管理机制并未发生明显变化，经营状况未见明显改善。米尔济约耶夫就任乌兹别克斯坦总统后，开始加快推动乌兹别克斯坦私营经济发展。一是为私营经济发展提供可靠机制保障。2017 年 4 月，米尔济约耶夫签署总统令，把国家私有化、反垄断和发展竞争委员会改组为国家推动企业私有化和发展竞争委员会，确保国有资产私有化政策的高效和有序，同时向已完成由国有企业向私有企业转变的生产经营主体提供必要的帮助。二是持续深化国有企业私有化改革，不断壮大私营经济规模。2020 年 10 月，米尔济约耶夫总统签署了《关于采取措施加快国企改革和国有资本私有化》的总统令。2021 年 2 月，米尔济约耶夫总统又签署了《关于进一步加快国有资产私有化进程措施》总统令。上述两项总统令，进一步加速

① Регулирование предпринимательской деятельности упрощается, 9 ноября 2022 года, https：//www.gazeta.uz/ru/2022/11/09/business/，accessed：2023-10-13.

了乌兹别克斯坦国有企业私有化改革的步伐。2022年11月，乌兹别克斯坦政府以8700万美元的价格将塔什干凯悦酒店出售给阿布扎比乌兹别克投资公司。2023年7月，乌兹别克斯坦政府以3.24亿美元的价格将乌兹别克斯坦抵押银行73.71%的国有股份出售给匈牙利OTP银行。未来几年，乌兹别克斯坦政府还准备继续将大量国有企业的股份出售给私人资本，以扩大私营经济规模。

第三，加快培育新的产业部门。虽然乌兹别克斯坦的产业体系较为完备，但是也存在出口贸易结构中原料所占比重过高，进口结构中机械产品和设备占比较高的问题。米尔济约耶夫就任总统后，大力调整产业结构，不断培育新的经济增长点。一是大力发展新能源汽车产业。2022年12月，米尔济约耶夫总统签署《关于支持电动汽车本地化生产的措施》《关于扩大电动汽车运行基础设施建设的措施》两份总统令，以进一步实现节能减排，加快新能源汽车推广应用及产业发展。依照总统令，乌兹别克斯坦将在2030年1月1日前取消国产新能源汽车生产材料和技术进口关税，免除其报废回收费用，允许投资者在两年内免税进口1万辆组装车或整车，并从财政预算中划拨补助资金为购买国产新能源汽车提供贷款补贴。此外，为支持新能源汽车使用，乌兹别克斯坦政府积极做好配套基础设施建设，规定自2024年1月1日起，乌境内国际道路及国道沿线新设商业中心、娱乐中心、加油站、酒店等均需配备汽车充电桩，否则政府将不予批准建设。截至2024年底，乌全国范围内至少新增2500个充电桩；对使用新能源汽车提供运输服务的法人和个人免缴车辆牌照税费；提供充电服务的企业可不受批准电价约束，独立制定电价方案。① 二是大力发展药材产业。2022年5月，米尔济约耶夫总统签署《关于有效利用药用植物资源，发展深加工，打造高附加值产业链的若干措施》总统令，主要内容有：进一步扩大药材种植面积，大力推动药材种植园建设，2022~2026年全国将新建药材种植园且面积为

---

① 《乌兹别克斯坦出台总统令大力支持新能源汽车产业》，中华人民共和国驻乌兹别克斯坦共和国大使馆经济商务处网站，2022年12月26日，http://uz.mofcom.gov.cn/article/jmxw/202212/202203375754.shtml，最后访问日期：2023年12月25日。

36000 公顷；各地根据自身条件分区分片专门种植甘草、藏红花、阿魏、薰衣草、甜叶菊、洋甘菊等药用植物；为药材种植和加工企业提供优惠贷款、农田水利建设补助、税收优惠减免等政策支持；责令农业部部长、制药工业发展署署长会同各州州长在两个月内研提项目清单，在每个州至少新建一个药用植物种植加工集群。① 三是大力发展 IT 产业。《乌兹别克斯坦-2030 战略》明确将乌打造成中亚信息技术中心。目前，乌各 IT 园区企业数量已达1598 家，其中外资企业 411 家。2023 年 1～11 月，IT 园区企业产值达 8.5万亿苏姆（约 6.9 亿美元），同比增长 1.2 倍，其中出口额达 2.8 亿美元，同比增长 1.4 倍。乌政府计划到 2030 年将 IT 行业产值提升至 50 亿美元。② 四是大力发展旅游业。2019 年 1 月，米尔济约耶夫总统批准《2019—2025年旅游业发展构想》。发展目标是加强旅游业立法，通过多样化旅游、提高旅游服务质量、改善旅游基础设施等方式对本国旅游业进行改革，使其成为国民经济的战略部门，占国民经济的比重从 2017 年的 2.3% 提高到 5%，到2025 年每年吸引 900 万名游客赴乌旅游，使乌兹别克斯坦成为最有竞争力的旅游目的地国之一。

（三）以民为本，不断提升乌兹别克斯坦民众满意度

卡里莫夫总统执政时期，将每年财政收入的大部分份额投向民生领域。米尔济约耶夫就任乌兹别克斯坦总统后，在延续卡里莫夫总统民生理念的基础上，又添加了属于自己的米氏风格。

首先，着力解决教育、医疗领域痼疾。乌兹别克斯坦独立后，在经济领域实施的渐进式改革，虽然确保了社会大局的稳定，但是在一定程度上也使乌兹别克斯坦缺乏经济快速发展的动力。经济总量的有限性，使得卡里莫夫

---

① O дополнительных мерах по ускоренному развитию фармацевтической отрасли республики в 2022-2026 годах, 21 января 2022 года, https：//uza. uz/posts/339647, accessed：2023-10-15.

② 《今年 1—11 月，乌兹别克斯坦 IT 行业产值同比增长 1.2 倍》，中华人民共和国驻乌兹别克斯坦共和国大使馆经济商务处网站，2023 年 12 月 8 日，http：//uz. mofcom. gov. cn/article/jmxw/202312/20231203459576. shtml，最后访问日期：2023 年 12 月 25 日。

总统执政时期的乌兹别克斯坦政府无法全面兼顾民生领域的方方面面，导致乌兹别克斯坦教育、医疗领域存在着诸如教育资源不够、教育设施陈旧、医疗资源不足、医疗设施老化的问题，严重影响着普通民众的生活。

米尔济约耶夫担任总统后，在经济领域实施大刀阔斧的改革，使得乌兹别克斯坦的经济实力显著增强，这为乌兹别克斯坦政府解决上述问题提供了坚实的经济基础。教育领域，过去 5 年，乌兹别克斯坦新建 2.1 万所学前教育机构，接受学前教育的儿童比重从 5 年前的 27%增加到 2022 年的 70%。新建学校 200 余所，并对 3000 多所学校的校舍进行翻新或重建。在 2022 年 12 月发表的国情咨文中，米尔济约耶夫总统承诺，2023 年计划新建学校 70 所，扩建 460 所。变化最显著的当属高等教育领域。2017 年以来，乌兹别克斯坦高等教育机构数量达到 186 所，其中有 31 所是世界著名大学的分校或分支机构。应届高中毕业生进入高校的入学率由 9%提高到 30%，到 2026 年拟进一步提升到 50%。① 医疗领域，在米尔济约夫总统的高度重视下，乌国已在首都塔什干市亚什纳巴德区新建国家医疗中心和共和国耳鼻咽喉头颈疾病科学与实践中心两所医院，国家医疗中心已安装现代化医疗设备 1000 余台（169 种），每年可开展 3000 余例高科技外科手术，包括冠状动脉搭桥术、美容整形手术、关节置换术、器官和组织移植等。此外，在广大乡村地区，乌兹别克斯坦政府还大量建立基层诊所和紧急医疗救护站。2023 年，米尔济约耶夫总统提出，将继续深化医疗领域的改革，优先事项是强化妇幼保健系统，启动一项为期 3 年的妇幼保健计划，所有妇产中心都将进行全面修缮和设备更新，床位增加 35%。2023 年，乌兹别克斯坦将在交通不便的偏远地方再建 140 个家庭医生中心和门诊室，以及 520 个小型医疗所。

其次，着力补齐住房、就业领域短板。乌兹别克斯坦是中亚地区人口最多的国家。目前，乌兹别克斯坦总人口为 3600 万人，其中约 1800 万人是乌独立后出生的，即半数为 30 岁以下的年轻人。预计到 2030 年乌兹别克斯坦

---

① 《乌兹别克斯坦：在深刻变革中前进》，中国国际问题研究院网站，2023 年 1 月 30 日，https://m.ciis.org.cn/yjcg_xslw/202301/t20230130_8852.html，最后访问日期：2023 年 12 月 20 日。

的人口将增至 4000 万人，其中 2400 万人小于 30 岁。所以，住房和就业一直是乌兹别克斯坦面临的重要问题。

在住房保障方面，首任总统卡里莫夫在任时期，乌兹别克斯坦实施住房保障项目的政策性银行仅有两家，分别为抵押银行股份公司和"乡村建设"银行股份公司。米尔济约耶夫就任总统后，又新设了名为"首都银行"和"乌兹城市建设投资公司"的两家住房政策性金融机构，进一步完善了住房保障的政策性金融体系。"首都银行"在向居民和法人提供住房抵押贷款的同时，还向经济适用房的承包商提供信贷。"乌兹城市建设投资公司"，既是住房保障项目的"采购人"，又是集融资、建设和销售住房于一体的机构。目前，乌兹别克斯坦民众尤其是青年群体的住房问题已得到有力解决。

在扩大就业方面，米尔济约耶夫总统从增加国内工作岗位和扩大劳务输出两个方面入手。在增加国内工作岗位方面，米尔济约耶夫执政后，继续支持中小企业，实施"家家有企业家"计划。2023 年 11 月，乌总统米尔济约耶夫签署《关于吸引民众广泛参与小微商业的补充措施》总统令，责令：乌商业发展银行和乌创业发展公司牵头成立小微商业统一金融系统，为小微企业和个体工商户创业提供融资支持，鼓励民众创业；未来两年内，乌商业发展银行和乌创业发展公司向国际金融组织和外国金融机构融资 8 亿美元，发行 6 亿美元欧洲美元债券，为支持小微企业募集资金；乌复兴发展基金将向乌商业发展银行提供 3 亿美元融资支持；成立国家和地方支持民众创业委员会，分工负责，力争到 2024 年吸引 200 万名群众参与创业活动。[①] 在扩大劳务移民方面，米尔济约耶夫执政后，一改卡里莫夫总统时期国家对劳务移民保持沉默的态度，开始承认劳务移民对国家经济的巨大贡献，并积极出台政策保护劳务移民的合法权益。2020 年，米尔济约耶夫总统签署了《关于采取措施引入安全、有序和合法的劳务移民制度》的法令，法令规

---

① Узбекистан намерен вовлечь в бизнес 2 миллиона граждан в 2024 году, 20 ноября 2023 года, https：//www.gazeta.uz/ru/2023/11/20/entrepreneurship/, accessed：2023-10-18.

定在为劳务移民提供财政、职业、教育和社会支持的基础上，组织合法的劳务移民。

最后，着力完善农村基础设施建设。根据乌兹别克斯坦国家统计局2023 年 4 月公布的人口数据，乌兹别克斯坦总人口为 36197781 人，其中城市人口 18459763 人，农村人口 17738018 人，城市人口仅比农村人口多721745 人。① 但是，与城市、农村人口比例不相符合的是，在基础设施建设投入方面，城市远远大于农村，导致农村基础设施相对落后。米尔济约耶夫担任总统后，高度重视农村基础设施建设，持续加大对农村基础设施建设的投入。2019 年 2 月，米尔济约耶夫总统签署《2019 年度实施"美丽乡村"国家发展规划补充措施》总统令，国家财政拨款 4.8 万亿苏姆，对 159 个地区的 478 个村庄进行建设和修缮，惠及人口超过 160 万人。主要包括改善村庄面貌、修缮供电和供气管网、建设和修缮村内 5476 千米道路、铺设和修缮 2948 千米饮用水管道、修缮 2458 千米的 3.6 万条照明设施线路、修缮 21座通信网络、建设和修缮 384 处水利设施、建设和修缮 1466 处社会公共设施和 2532 处商贸市场、采购 189 辆公共汽车、新建 556 个公交车站及开设若干条公交线路等。② 2020 年，乌兹别克斯坦政府在世界银行和亚洲基础设施投资银行支持下，实施 2020~2024 年"农村基础设施发展项目"，在该项目框架下，安集延州、纳曼干州、费尔干纳州、锡尔河州和吉扎克州的 306个农村居民点获得 1.836 亿美元的资金支持，用于提高当地基础设施质量，具体包括：重建供水和下水系统，对农村建筑进行现代化改造以提高能源利用率，重建社会基础设施，修复道路和排水管网以提高抵御洪水能力，重建和新建长度 10 米内的桥梁，街道照明现代化改造，改善公共设施，建立固体废弃物管理系统，新建和修复公交车站，安装互联网天线，保障居民点电

---

① 《乌兹别克斯坦人口接近 3620 万！》，丝路新观察网，2023 年 4 月 12 日，http：//www.siluxgc.com/static/content/UZ/2023-04-12/1095809765734l，最后访问日期：2023 年 12 月 20 日。

② 资料参考《乌总统签署〈实施"美丽乡村"国家发展规划补充措施〉》，中华人民共和国驻乌兹别克斯坦共和国大使馆经济商务处网站，2019 年 2 月 2 日，http：//uz.mofcom.gov.cn/article/jmxw/201902/20190202838761.html，最后访问日期：2023 年 12 月 20 日。

力供应，等等。超过 33 万名农村居民直接受益，其中一半为女性。① 除此
之外，乌兹别克斯坦政府还出台了《2030 年国家农村道路战略》和《2035
年国家农村道路战略》，旨在改善农村道路，促进农村发展。

（四）以和为贵，不断壮大乌兹别克斯坦朋友圈

米尔济约耶夫就任总统后，开始调整首任总统的"自守、自主"外交，
以打造乌兹别克斯坦的"开放"形象，进而为国家寻求新的发展机遇，乌
兹别克斯坦外交政策呈现出积极有为的新动向。

首先，积极推进与中亚邻国的关系。卡里莫夫执政期间，由于边界划
定、水资源管理等问题，乌兹别克斯坦与中亚一些邻国的关系，经常处于紧
张状态。米尔济约耶夫担任总统后，将近邻土库曼斯坦、哈萨克斯坦、吉尔
吉斯斯坦和塔吉克斯坦作为乌兹别克斯坦外交活动的优先方向，积极推进与
中亚邻国的关系。2022 年 7 月，土库曼斯坦总统谢尔达尔·别尔德穆哈梅
多夫对乌兹别克斯坦进行国事访问，访问期间，两国元首讨论了土乌合作前
景，并对发展经贸关系、增加互贸、实施工业合作项目、利用运输过境机会
给予特别关注。双方还计划扩大在汽车、电气工程、纺织和制药业、食品加
工和农业领域的合作。2022 年 12 月，哈萨克斯坦总统托卡耶夫对乌兹别克
斯坦进行国事访问，两国元首签署了一系列双边协议，包括《哈萨克斯坦
共和国与乌兹别克斯坦共和国同盟关系协定》和《乌兹别克斯坦与哈萨克
斯坦划定国家边界协定》等重要文件。同时，在两国总统的见证下，乌哈
签署了有关成立"中亚"国际产业合作中心、电商、矿物肥料生产和地方
合作等 15 项合作文件。

其次，持续巩固与中国和俄罗斯的关系。乌兹别克斯坦、中国、俄罗斯
均是上海合作组织的创始成员国。一直以来，乌兹别克斯坦都将中国和俄罗
斯放在其外交格局的重要位置。安集延事件发生后，西方国家对卡里莫夫及

---

① Самоуправление граждан：опыт Узбекистана на примере проекта «Развитие сельской
инфраструктуры», 21 декабря 2022 года, https：//uzdaily.uz/ru/post/74320, accessed：
2023-10-25.

乌国内事务的大加指责以及中国和俄罗斯对乌兹别克斯坦政府在该事件上应对措施的鼎力支持，更是强化了乌兹别克斯坦与中国和俄罗斯的关系。2005年5月，乌兹别克斯坦总统卡里莫夫访华，两国元首签署了《中华人民共和国和乌兹别克斯坦共和国友好合作伙伴关系条约》。2005年11月，乌兹别克斯坦总统卡里莫夫访俄，两国元首签署了关于俄乌建立联盟关系的条约。

米尔济约耶夫担任总统后，他将巩固发展与中俄的关系放在重中之重。2023年5月18~19日，米尔济约耶夫总统对中国进行国事访问并出席中国-中亚峰会，访问期间，两国发布《中华人民共和国和乌兹别克斯坦共和国联合声明》，称双方愿加紧推进"一带一路"倡议同"新乌兹别克斯坦"发展战略对接，并通过《中华人民共和国和乌兹别克斯坦共和国新时代全面战略伙伴关系发展规划（2023—2027年）》。2024年1月23~25日，米尔济约耶夫总统再一次对中国进行国事访问，访问期间，两国元首就中乌关系、进一步深化两国全方位合作以及共同关心的国际和地区问题深入交换了意见，并达成广泛共识。两国元首宣布，中乌决定发展新时代全天候全面战略伙伴关系，在更高起点上推动构建中乌命运共同体。2023年10月，米尔济约耶夫总统对俄罗斯进行国事访问，访问期间，两国元首就广泛的双边合作问题交换了意见。同时，两国签署了关于深化俄罗斯和乌兹别克斯坦战略伙伴关系的联合声明。此外，两国还签署了关于扩大石油供应合作和通过铁路运输石油产品的协议。

再次，不断加深与欧美发达国家的关系。2005年，"安集延事件"发生后，以卡里莫夫为首的乌兹别克斯坦政府主动拉开了与欧美发达国家之间的距离，不仅要求美国军队在180天之内撤离位于乌兹别克斯坦南部的汉纳巴德空军基地，并对欧美媒体和非政府组织在乌兹别克斯坦境内的活动进行了严格的防范。2012年，乌美断交7年之后，美国海军部部长雷·马布斯（Ray Mabus）率团访问乌兹别克斯坦，标志着双方关系的重启。

米尔济约耶夫担任总统后，开始不断加深与欧美发达国家之间的关系。2022年11月，米尔济约耶夫总统启程前往法国巴黎进行正式访问。双方就进一步扩大优先领域多层次合作的相关问题进行了讨论，并就国际和区域议程交换意见。2023 年 3 月，米尔济约耶夫总统接见了由美国国务卿布林肯率领的代表团，双方重申全面合作的重要性，对扩大经贸投资和创新合作、扩大美企在乌市场的存在、实施合作项目等问题给予特别关注。2023 年 5 月，应德国总统施泰因迈尔的邀请，米尔济约耶夫总统访问德国。双方就进一步深化两国多层面关系问题进行了深入讨论，并就国际议程热点问题交换意见。

最后，深入发展与沙特、土耳其等区域性强国的关系。乌兹别克斯坦首任总统卡里莫夫执政期间，乌出于防范极端主义的考量，一直与沙特保持着一定的关系。由于"安集延事件"发生后，土耳其在联合国公开谴责乌兹别克斯坦，两国关系更是陷入低谷。自 2002 年，卡里莫夫总统访问土耳其，直至逝世，其再也没有访问过土耳其。米尔济约耶夫担任总统后，开始深入发展与沙特、土耳其区域性强国的双边关系。2022 年 3 月，应米尔济约耶夫总统的邀请，土耳其总统埃尔多安对乌兹别克斯坦进行了正式访问。两国领导人强调，要进一步发展和加强双边友好和战略伙伴关系，扩大两国多方面的合作等。2022 年 8 月，米尔济约耶夫总统访问沙特，双方在基础设施建设、交通运输和能源等领域签署了总价值超过 140 亿美元的协议，这是乌兹别克斯坦总统近 30 年首次访问沙特。

除了深入发展与土耳其、沙特的双边关系，米尔济约耶夫担任总统后，还深入发展与伊朗、埃及等地区强国的双边关系。2023 年 2 月 20 日，米尔济约耶夫总统抵达开罗开始对埃及进行正式访问。访问期间，双方同意建立文化教育、人道主义联系，扩大政治安全、经贸工业领域合作，将天然气化工、电气、纺织、珠宝、医药列为 5 个重点投资合作领域，为扩大相互投资创造有利条件，建立合资企业实施能源合作项目、开发新运输线路等。此外，双方元首签署了旨在深化两国政治、经贸投资、文化教育等领域合作的联合声明，签署两国经贸、文化主管部委和事业单位间的合作协议及谅解备忘录。2023 年 6 月 18 日，应伊朗总统莱希的邀请，米尔济约耶夫总统访问伊朗，访问期间，双方讨论了在能源、化工、制药和医疗技术、食品工业、纺织品、工业建材、机械工程、电气工程、仪表制造业、农业等领域合作投资项目的实施问题。此外，双方元首还签署了关于加强两国合作的联合声明和 10 份在贸易、物流、医药、技术、农业和保险领域合作的文件。2023 年 11 月 24 日，米尔济约耶夫总统赴阿塞拜疆出席联合国中亚经济体特别方案首次峰会并对阿进行国事访问，其间与阿总统阿利耶夫举行双边会谈，双方就农业、纺织、能源、电力、汽车等领域在建合作项目交换意见，商定加快推进物流运输领域的前景项目，在化工、珠宝、机械工程、建筑等行业开展新的合作，促进人文交流。

二　米尔济约耶夫总统执政成效

米尔济约耶夫执政以来，"米氏新政"成效显著。一是政府执政合法性得到有力巩固；二是经济发展活力得到充分释放；三是人民生活水平得到显著提高；四是国家发展空间得到有力拓展。

（一）政府执政合法性得到有力巩固

德国社会科学家韦伯认为，任何一种组织都是以某种形式的权威为基础的。其将人类社会的统治形式分为克里斯玛型统治、传统型统治与法理型统治形式三种。克里斯玛型统治，建立在某个英雄人物、某位如有神授天赋的人物的个人魅力基础之上。传统型统治，建立在人们对于习惯和古老传统的神圣不可侵犯的基础之上。其最典型的形式是家长制、世袭制和封建制。法理型统治，建立在正式制定的规则和法令的正当性基础之上。与前两种类型不同，被统治者不再是服从于统治者个人，而是服从于法规。法理型统治的典型形式就是官僚制。乌兹别克斯坦首任总统卡里莫夫时期，是典型的克里斯玛型统治和传统型统治的混合体，其执政合法性主要源于在苏联解体的危难之际，推动建立了乌兹别克斯坦共和国，以及在共和国建立初期，确保了国家的安全、社会的稳定和人民的温饱。但是，随着卡里莫夫总统的逝世，克里斯玛型统治和传统型统治面临着合法性不足的困境，如何增强新政府执政合法性，是新任总统米尔济约耶夫面临的重大课题。米尔济约耶夫执政后，一方面，积极推动统治方式从克里斯玛型统治和传统型统治转向法理型统治，从规则和法令层面，增强政府的执政合法性。另一方面，不断加大对广大民众公共产品的供给力度，从绩效层面，增强政府的执政合法性。相较于卡里莫夫时期，米尔济约耶夫时期，政府的执政合法性更加巩固了。2023年7月10日，米尔济约耶夫以87.05%的得票率第三次赢得总统大选，进一步印证了现政府执政合法性的牢固。

（二）经济发展活力得到充分释放

米尔济约耶夫执政后，在经济领域采取的一系列改革，进一步增强了乌兹别克斯坦的经济发展活力。一是小型企业迅速增加。根据乌兹别克斯坦国家统计委员会公布的数据，2022年1~6月，累计在乌注册创立的小型企业（不含农场和庄园）已达49.37万家，是2018年的两倍。近五年乌兹别克斯坦小型企业增长迅速，2018~2021年，分别增加了24.7万、30.9万、37万、45万家。[①] 二是对外贸易总额大幅增长。根据乌兹别克斯坦总统直属统计署公布的数据，2022年，乌外贸总额约500.1亿美元，同比增长18.6%。其中，乌方出口额约193.1亿美元，同比增长15.9%，进口额约307.0亿美元，同比增长20.4%。[②] 2023年1~11月，乌外贸额约573亿美元，同比增长26.2%，增加119亿美元。其中，进口额约341亿美元，同比增长23.3%；出口额约232亿美元，同比增长30.6%。[③] 三是旅游业成为支柱性

① В РУз действует около 500 тысяч субъектов предпринимательства больше информации на портале, 20 сентября 2023 года, https://tafsilar.info/jekonomika/v-ruz-dejstvuet-okolo-500-tysjach-subketov-predprinimatelstva/, accessed：2023-10-08.

② 《2022年乌兹别克斯坦与中国贸易额为89.2亿美元》，中华人民共和国驻乌兹别克斯坦共和国大使馆经济商务处网站，2023年1月3日，http://uz.mofcom.gov.cn/article/jmxw/202301/20230103381306.shtml，最后访问日期：2023年12月25日。

③ 《乌兹别克斯坦总统统计局发布2023年1—11月外贸数据》，中华人民共和国驻乌兹别克斯坦共和国大使馆经济商务处网站，2023年12月22日，http://uz.mofcom.gov.cn/article/jmxw/202312/20231203462516.shtml，最后访问日期：2023年12月25日。

产业。根据乌兹别克斯坦国家统计委员会公布的数据，2022年有520万名外国公民以旅游为目的访问该国，较2021年增加340万人，增长了2.8倍。2023年上半年，前往乌兹别克斯坦旅游的外国游客约有310万人，同比增长60%以上。① 根据《2019—2025年旅游业发展构想》，2025年该国接待入境旅客人数将翻一番，达到1200万人次。经济发展活力的充分释放，使得乌兹别克斯坦经济高速发展，根据世界银行预计，2023年乌兹别克斯坦经济增速达5.1%，未来两年将加速至5.4%和5.8%。这样的经济增速，在全球经济低迷的大背景下，可谓十分亮眼。可预见的是，在未来相当长的一段时间内，乌兹别克斯坦经济将保持中高速增长。

（三）人民生活水平得到显著提高

独立初期，乌兹别克斯坦首任总统卡里莫夫考虑到"休克疗法"对普通民众生活的巨大冲击，故没有贸然像邻国哈萨克斯坦和吉尔吉斯斯坦那样，在经济改革中实施激进的"休克疗法"，而是采取了小步慢走的渐进式改革。小步慢走的渐进式改革虽然使得乌兹别克斯坦普通民众没有承受独立初期哈萨克斯坦和吉尔吉斯斯坦普通民众所承受的转型剧痛，但是，同时也让乌兹别克斯坦普通民众没有充分享受经济全球化带来的红利，乌兹别克斯坦普通民众的生活长期处于温饱状态，收入多用于食品、服装及生活用品的消费。米尔济约耶夫执政后，在经济领域采取的一系列改革，进一步增强了乌兹别克斯坦的经济发展活力，进而使乌兹别克斯坦普通民众的生活水平显著提高。一是居民收入大幅增长。根据乌兹别克斯坦总统直属统计署公布的数据，2022年乌兹别克斯坦人均月薪水平达389.24万苏姆（约343美元），同比增长21.1%。其中：最高为首都塔什干，平均薪资达631.44万苏姆（约557美元），增长28.2%；最低为费尔干纳州，达290.05万苏姆（约

---

① 《这个国家宣布今年7个月外国游客人数》，TRT中文网，2023年8月28日，https://www.trt.net.tr/chinese/wen-hua-yi-zhu-yu-ke-ji/2023/08/28/zhe-ge-guo-jia-xuan-bu-jin-nian-7ge-yue-wai-guo-you-ke-ren-shu-2029848，最后访问日期：2023年12月20日。

255 美元），增长 18.8%。① 二是居民消费能力显著提升。以往，乌兹别克斯坦普通民众的收入多用于食品、服装及生活用品的消费。但是，近年来，随着收入的持续增加，乌兹别克斯坦普通民众的消费能力不断提升，电子产品、家用电器甚至汽车开始快速进入寻常百姓家。根据乌兹别克斯坦总统直属统计署公布的数据，2023 年 1~9 月，乌兹别克斯坦进口手机 258 万部，与 2022 年前 9 个月相比，增加了 39.84 万部，增长 18.3%，进口额超 1.78 亿美元。② 另外，乌兹别克斯坦海关统计数据显示，2023 年 1~10 月，乌进口电动汽车近 2.25 万辆，同比增长超 5 倍，进口额超 5.82 亿美元，其中，8~10 月进口电动汽车 1.51 万辆，进口额超 3.65 亿美元。③ 手机和电动汽车进口数量的迅速增加，都有力印证了乌兹别克斯坦普通民众消费能力的显著提升。此外，乌兹别克斯坦普通民众的旅游消费也在持续不断升温，不仅国内旅游的人数在增加，去国外旅游的人数也在不断增长。总之，在"米氏新政"下，乌兹别克斯坦民众的生活水平逐渐提高，根据联合国 2019 年发布的《世界幸福报告》，乌兹别克斯坦在 149 个国家中排第 42 位，成为中亚最幸福的国家。

（四）国家发展空间得到有力拓展

米尔济约耶夫执政后，积极推进与中亚邻国的关系，持续巩固与中国和俄罗斯的关系，不断加深与欧美发达国家的关系，深入发展与沙特、土耳其等区域性强国的关系，大大拓展了乌兹别克斯坦的国家发展空间。以乌兹别克斯坦与欧美发达国家的关系为例，在乌兹别克斯坦与欧美发达国家的关系加深之后，欧美发达国家放宽了对乌兹别克斯坦出口产品的限制。以纺织品为例，2023 年 4 月 10 日，欧盟正式赋予乌兹别克斯坦超普惠制待遇

---

① Средняя номинальная зарплата в 2022 году выросла до 3, 89 млн сумов, 30 января 2023 года, https：//www.gazeta.uz/ru/2023/01/30/wages/, accessed：2023-11-09.

② Импорт телефонов в Узбекистан превысил ＄178 млн с начала года, 5 ноября 2023 года, https：//www.gazeta.uz/ru/2023/11/05/phones/, accessed：2023-11-14.

③ Ввоз электромобилей в Узбекистан вырос более чем в 6 раз, 6 ноября 2023 года, https：//www.gazeta.uz/ru/2023/11/06/electric-cars/3, accessed：2023-11-16.

（GSP+），对乌兹别克斯坦相关纺织品征收的关税由 17% 降至 0，极大促进了乌兹别克斯坦纺织品的出口。乌兹别克斯坦国家统计委员会数据显示，2023 年前 11 个月乌纺织品出口量与上年同期相比大幅增加，出口份额赶超纺织成品。纱线出口量增加 3.06 万吨，增幅达 108%；棉布增 2.38 亿平方米，增幅达 185%；纺织成品增幅超 122%。① 与此同时，欧美发达国家资本开始大举进入乌兹别克斯坦。一类是银行资本的大举进入。2023 年 1 月，日本国际协力银行和三菱日联银行共同为乌兹别克斯坦电信公司提供 193 亿日元（约 1.5 亿美元）融资，助力乌实施信息通信网络改造和建设数据中心的项目。2023 年 3 月，渣打银行代表团一行与乌交通部副部长乔里耶夫会见。渣打银行表示有意参与乌交通和道路领域项目，目前正积极研究"塔什干—安集延"和"塔什干—撒马尔罕"公路项目、"塔什干—撒马尔罕"高铁项目以及地方机场更新改造项目。② 另一类是公司资本的大举进入。2023 年 5 月，美国空气产品公司与乌投资和外贸部签署一项价值 10 亿美元的投资协议，用于为乌石油天然气公司扩大卡什卡达里亚州加工综合体规模，建设天然气加工厂。③ 2023 年 11 月，乌矿产和地质部部长伊斯拉莫夫在撒马尔罕举行的维罗纳欧亚经济论坛上透露，法国欧安诺矿业公司计划投资 5 亿美元在乌开采和加工铀。④ 欧美发达国家资本的大量涌入，有效解决了乌兹别克斯坦经济社会发展资金不足的问题。总之，在"米氏新政"下，乌兹别克斯坦国家发展空间的有力拓展，极大推动了乌兹别克斯坦经济社会快速发展。

---

① 《2023 年前 11 个月乌兹别克斯坦纺织品出口大幅增长》，中华人民共和国驻乌兹别克斯坦共和国大使馆经济商务处网站，2023 年 12 月 29 日，http：//uz. mofcom. gov. cn/article/jmxw/202312/20231203463940. shtml，最后访问日期：2023 年 12 月 30 日。

② Standard Chartered Bank планирует выйти на рынок Узбекистана, 3 марта 2023 года, https：//www. spot. uz/ru/2023/03/03/bank-from-uk/, accessed：2023-11-20.

③ 《美国空气产品公司与乌兹别克斯坦石油天然气公司签署投资协议》，中华人民共和国驻乌兹别克斯坦共和国大使馆经济商务处网站，2023 年 6 月 3 日，http：//uz. mofcom. gov. cn/article/jmxw/202306/20230603414472. shtml，最后访问日期：2023 年 12 月 30 日。

④ Orano инвестирует в добычу урана в Узбекистане до ＄500 млн—глава Мингеологии, 6 ноября 2023 года, https：//www. gazeta. uz/ru/2023/11/06/uranium-orano, accessed：2023-11-26.

结　语

2022 年 9 月，在访问乌兹别克斯坦前夕，习近平主席在乌兹别克斯坦《人民言论报》发表署名文章，提出中国和乌兹别克斯坦都是文明古国，伟大的丝绸之路见证了两国人民两千多年的友好交往。中国和乌兹别克斯坦是彼此交心的好朋友，是共同发展的好伙伴，是文明对话的好榜样，是相互帮扶的好兄弟。当前，两国关系深入发展既符合双方长远利益，也有利于本地区繁荣稳定。两千多年的友好交往和 32 年的互利合作表明，中国和乌兹别克斯坦的全方位合作顺应历史潮流，符合两国人民的根本利益。习近平主席表示，站在历史和未来的交汇点上，我们对中乌关系的明天充满信心，也满怀期待。[①] 未来，在国家发展振兴的道路上，中国和乌兹别克斯坦将一如既往携手前行，朝着构建中乌命运共同体的愿景共同努力。

---

① 《携手开创中乌关系更加美好的明天》，《人民日报》2022 年 9 月 14 日，第 1 版。

B.10
乌兹别克斯坦政治生态和政党建设

余　香*

摘　要： 2022~2023 年对乌兹别克斯坦来说是极不平凡的两年。"努库斯"骚乱、"修宪"改革、全民公投和总统选举都是乌兹别克斯坦国家发展的重要政治事件。独立以来首次进行的"修宪"改革更是乌兹别克斯坦民族国家发展史上的里程碑事件。过去两年，在《2017—2021 年乌兹别克斯坦五大优先发展方向行动战略》和《2022—2026 年新乌兹别克斯坦发展战略》的指引下，以沙夫卡特·米尔济约耶夫总统为核心的政府领导层在政治领域进行了重大变革。随着民主政治的不断发展，乌兹别克斯坦独立以来形成的有限多党制度日益程序化和规范化，政党政治和政党建设取得了一定发展。

关键词： 乌兹别克斯坦　行政改革　总统选举　政党建设

近年来，为建立有效的国家治理体系，以"国家机关应为人民服务，而不是人民为国家机关服务"执政理念为引领，乌兹别克斯坦实施了大规模的行政改革。乌兹别克斯坦政府的工作方式和工作作风发生了极大变化，逐渐营造出"亲民、进取、务实、开放"的政府形象。

一　深化政治体制改革，行政改革进入新阶段

2022 年底，为进一步深化行政改革，提升行政效率，建立以绩效为导

---

* 余香，陕西师范大学中亚研究所博士研究生，研究方向为中亚政党问题。

向的高效型国家行政体系，乌兹别克斯坦深入推进行政改革，相继颁布了《关于制定 2022—2023 年新乌兹别克斯坦行政改革方案的组织措施》①《关于实施新乌兹别克斯坦行政改革措施》②《关于在新乌兹别克斯坦行政改革框架内有效组织共和国行政权力机关活动的措施》③ 等总统决议和法令，乌兹别克斯坦行政机构发生了重大变化，国家行政改革进入新阶段。

（一）完善相关法律法规，推进国家行政改革法定化

2022 年 12 月 21 日通过的《关于实施新乌兹别克斯坦行政改革措施》规定要建立统一的共和国行政机构体系，包括部委、委员会、行政机构和监察局。《关于在新乌兹别克斯坦行政改革框架内有效组织共和国执行权力机关活动的措施》则进一步确定了共和国和地方权力执行机关的职能范围。

1. 变革权力机构，调整组织机构，优化政府机构设置和职能配置

一是整合政府职能，精简行政机构。近年来，乌兹别克斯坦国家机关机构优化了 15%，26 个国家机关和组织削减了 40 个副职。2022 年国情咨文中米尔济约耶夫总统着重提到了"缩减部委"，并要求部长们转变工作方式。自 2023 年 1 月 1 日起，乌兹别克斯坦政府启动行政改革，行政机关数量由 61 个减至 28 个，部委数量由 25 个减至 21 个，副总理由 8 名减至 4 名，并不再兼任部或其他领导职务，取消了总理顾问职位。④ 二是简化审议问题和决策程序，提高决策效率。米尔济约耶夫总统签署了部委组建和人事任命的

---

① Распоряжение Президента Республики Узбекистан от 22 ноября 2021 года № Р-5 «Об организационных мерах по разработке административных реформ Нового Узбекистана на 2022-2023 годы», https: //lex. uz/ru/docs/5738089, accessed: 2023-11-25.

② Указ Президента Республики Узбекистан от 21 декабря 2022 года № УП-269 «О мерах по реализации административных реформ Нового Узбекистана », https: //lex. uz/ru/docs/6324798, accessed: 2023-11-25.

③ Постановление Президента Республики Узбекистан от 21 декабря 2022 года № ПП-447 «О мерах по эффективной организации деятельности республиканских органов исполнительной власти в рамках административных реформ Нового Узбекистана», https: //lex. uz/docs/6324805, accessed: 2023-11-25.

④ Число вице-премьеров в Узбекистане сократится вдвое, 24 декабря 2022 года, https: //www. gazeta. uz/ru/2022/12/24/vice-premiers/, accessed: 2023-11-14.

总统令，高等教育、科学与创新部（由高等和中等教育部同创新发展部合并成立）、学前与中小学教育部（由国民教育部同学前教育部合并成立）、矿产和地质部（不再保留国家地质和矿产资源委员会）、青年政策与体育部（由体育发展部同青年事务署合并成立）、自然资源部（新成立部委）等部委进行了重组。此外，根据总统令，乌兹别克斯坦总统办公厅进行改组，取消总统办公厅主任职务。总统办公厅原主任萨尔多尔·乌穆尔扎科夫被解除职务，调任新职，担任总统特别任务顾问一职。改革重点在于转变职能、理顺权责关系、精减机构人员、提高行政效率。三是设立两个超级"部委"（投资和外贸部，经济财政部），消除经济发展的行政壁垒，建立适应市场经济发展的行政体制。在新部委成立之前，投资和外贸部主要负责工业企业发展、新生产项目实施、自由经济区和各地区小型工业区发展等事务。改革赋予了该部在新形势下保障"投资－工业－出口型外贸"全链条发展的重要职能。经济财政部是在财政部和经济发展与减贫部基础上成立的，可以形象地称为"收入和支出部"。改革的重点在于转变政府职能，明晰部门职权，提升政府为市场经济服务水平，为市场经济发展提供坚实保障。

2. 合理设置地方行政机构，构建简约高效的基层管理体制

目前，乌兹别克斯坦正处于完善地方政府行政体制的新阶段，地方政府行政改革进一步深入州一级、区一级和马哈拉层面。

一是统筹优化地方机构设置，进一步细化和明确区分州长、区长和人民代表委员会的权力。改革之前，州长和区长既是行政机关负责人，又是议员代表委员会负责人。自2024年起，一人担任行政机关领导职位和人民委员会主席的做法将被废除。在州、区等地方一级将以人民代表委员会的形式建立新的独立权力垂直机构，构建从中央到地方顺畅的工作体系。二是要求地方政府"向下"倾听人民心声，赋予马哈拉更多自主权和独立性，充分发挥其基层管理作用。米尔济约耶夫总统要求各级官员深入群众，经常到基层走动，与民众沟通交流，解决民众急难愁盼问题。新宪法草案规定了赋予马哈拉独立解决民众问题的权力，赋予其组织和财政权力。该举措既有利于调动马哈拉居民的积极性，又有助于提高基层办事效率。

（二）持续推进反腐建设，建立廉洁有效的国家治理体系

腐败是"对社会稳定的最大威胁"，这体现了米尔济约耶夫总统对腐败零容忍的态度和坚决加强反腐败斗争的政治意愿。反腐斗争一直是乌兹别克斯坦国家发展战略的优先事项之一。

1. 加强立法建设，建立有效机制，加强法治反腐

2022 年 1 月 28 日发布的《2022—2026 年新乌兹别克斯坦发展战略》总统令①规定了国家反腐的路线政策，如在公务员制度中引入廉洁标准、明确腐败现象严重的部门、与民间社会机构在反腐斗争中建立合作等。国家持续推进反腐败国家立法，相继颁布了《关于实施评估反腐败工作有效性评级制度的措施》②《关于完善国家行政领域消除腐败风险和加强该领域公众参与措施的机制》③《关于在新乌兹别克斯坦行政改革框架内有效组织共和国执行权力机关活动的措施》④ 等一系列法律法规，形成了一整套比较完善的反腐败法律体系。通过反腐败国家立法，廉政建设和反腐败斗争融入了"新乌兹别克斯坦"建设中。米尔济约耶夫总统在 2023 年 12 月 7 日的宪法日发言中指出，"近年来，乌兹别克斯坦反腐取得了一定成效，在国际清廉

---

① Указ Президента Республики Узбекистан от 28 января 2022 года № УП‐60 «О стратегии развития нового Узбекистана на 2022‐2026 годы», https：//lex. uz/docs/5841077, accessed：2023‐11‐15.

② Постановление Президента Республики Узбекистан от 12 января 2022 года № ПП‐81 «О мерах по внедрению рейтинговой системы оценки эффективности работ по противодействию коррупции», https：//lex. uz/docs/5819323, accessed：2023‐11‐14.

③ Постановление Президента Республики Узбекистан от 11 мая 2022 года ПП‐240 « Совершенствование механизмов устранения коррупционных рисков в сфере государственного управления и о мерах по расширению участия общественности в данной сфере», https：//lex. uz/uz/docs/6000287, accessed：2023‐12‐09.

④ Постановление Президента Республики Узбекистан от 21 декабря 2022 года № ПП‐447 «О мерах по эффективной организации деятельности республиканских органов исполнительной власти в рамках административных реформ нового Узбекистана», https：//lex. uz/docs/6324805, accessed：2023‐11‐16.

指数排名中上升了 32 位"①。未来，乌兹别克斯坦将进一步消除公民与国家关系中的官僚主义障碍和腐败因素；通过加强非政府组织和媒体在政治生活中的作用以及国家机关和公职人员的问责制②，进一步加强反腐斗争，推进反腐工作规范化、法治化、正规化。

2. 推行电子政务，提高政务公开性和透明度，减少官僚主义现象

乌兹别克斯坦"电子政务"系统的用户数量已超过 400 万户。乌兹别克斯坦公民通过"交互式国家服务统一门户网站"可在线获取近 350 种服务。此外，米尔济约耶夫总统特别关注新兴技术、数字经济和电子政务的大规模推行。为确保公共采购领域的透明度，反腐败委员会批准了公共采购领域实施"无腐败领域"项目的 28 项措施，建立了专门的公共采购信息网站（www. xarid. mf. uz）。自 2022 年 1 月 1 日起，乌国开始全电子化采购。《关于在"新乌兹别克斯坦"行政改革框架内有效组织共和国执行权力机关活动的措施》规定，为进一步提高国家行政的开放程度，将引入数字技术。自 2023 年 1 月 1 日起，司法部试行通过"E-qaror"电子系统下达部门命令、决定和条例。此外，为优化国家行政机构的资金管理，有效控制预算资金，进一步消除腐败因素，政府计划引入"在线接待"和"虚拟访问"等远程工作方法，减少公务出差次数和经费。③

两年来，乌兹别克斯坦政治领域改革取得了一定成果，行政体制机制日益完善，行政机构设置更加科学，职能配置更加优化，运行管理更加高效，逐渐构建了职责明确、依法行政的政府治理体系。但面对新时期提出的新任务和新要求，为进一步持续深化经济改革，提高民众对政府的满意度，实现国家治理现代化，米尔济约耶夫总统仍面临着一些亟待破解的问题。

---

① Праздничное поздравление народу Узбекистана, 7 декабря 2023 года, https：//president. uz/ru/lists/view/6917, accessed：2023-12-09.

② Праздничное поздравление народу Узбекистана, 7 декабря 2023 года, https：//president. uz/ru/lists/view/6917, accessed：2023-12-09.

③ Госслужащие будут выезжать в командировки по новому порядку, 3 августа 2022 года, https：//repost. uz/chekni-pered-poezdkoy, accessed：2023-11-17.

二 乌兹别克斯坦2022～2023年重要政治事件

2023 年是乌兹别克斯坦民主政治改革的关键年。一方面，首次经全民投票通过的新宪法为建设"新乌兹别克斯坦"奠定了坚实的法律基础，确定了在国家发展的重要历史阶段进一步发展国家和社会的优先事项。另一方面，米尔济约耶夫总统再次高票当选总统，确保了乌兹别克斯坦国家未来改革和政策的连续性和一致性。

（一）"修宪"改革和全民公投

乌兹别克斯坦宪法于 1992 年 12 月 8 日通过，迄今为止历经 16 次修改。米尔济约耶夫担任总统后，也对宪法进行了修改和补充。仅在过去 6 年中，就对宪法的 21 项条款进行了 32 次修订，通过了 77 项法律、32 项总统令和决议、57 项政府决议等。[1] 2016 年当选总统以来，米尔济约耶夫总统一直重申宪法改革的必要性。2021 年 11 月 6 日，米尔济约耶夫总统在就职典礼上宣布了宪法改革。他指出，宪法改革"是由乌兹别克斯坦新发展战略的本质和逻辑、全国人民的愿望和建议决定的"。[2]

1. 基于本国国情，积极学习借鉴各国先进宪法经验

在起草宪法草案期间，宪法起草委员会深入分析了联合国、欧安组织、上海合作组织、欧盟和其他国际组织通过的 400 多份国际文件以及近 190 个国家的宪法。这从侧面证实了新宪法起草过程的全面性。乌兹别克斯坦教育与发展部高级国际研究所经济外交中心主任易卜拉金·马夫拉诺夫（Ибрагим Мавланов）指出，"新宪法吸收了最现代的民主价值观，学

---

① Обновленная Конституция-новый исторический этап развития страны, 3 апреля 2023 года, https：//uza.uz/posts/469480, accessed：2023-11-17.

② Мы решительно продолжим курс демократических реформ на основе стратегии развития Нового Узбекистана, 6 ноября 2021 года, https：//president.uz/ru/lists/view/4743, accessed：2023-11-14.

习借鉴了发达民主国家的宪政建设经验，是在考虑世界多国宪法改革经验、乌兹别克斯坦民族传统和人民意愿的基础上制定的"①。

2. 举行全民公投，倾听民众真实想法

按照乌兹别克斯坦现行法律，国家议会有权不经过全民公决，只需议会两院2/3的票数便可通过对现行宪法的修改。但总统提议举行全民公决，呼吁全国人民参与这一政治过程，表明了国家元首对本国公民及其意见和愿望的关注态度。总统强调，"经过修订的基本法将成为一部真正的人民宪法"，因为"在这一过程中将考虑到不同职业和社会地位的人所表达的建议、意见和愿望"。②

关于宪法修正案的全民讨论于2022年6月25日开始。截至2022年7月4日，已从民众和民间社会机构收到超5.7万份关于宪法草案的意见。乌兹别克斯坦最高议会立法院全体会议上决定将宪法修正案的全民讨论期限延长至2022年7月15日，原因在于"公民对宪法草案发表意见的积极性不断提高，收到的意见数量在不断增加"。会议同时强调，将考虑卡拉卡尔帕克斯坦共和国人民的意见和建议，宪法第70、71、72、74、75条将保持不变，并保留现有条款。③

2022年7月15日，乌兹别克斯坦议会下院再次延长对宪法修正案进行公开讨论的期限到2022年8月1日。宪法委员会表示，截至2022年7月30日，已收到超11.73万份关于宪法修正案草案的建议（其中6.2万份是修正案草案公布之前提交的），其中大部分（7.76万份）通过电话提交，通过"这是我的宪法"网站提交2.43万份，公民个人提交1.45万份，集体提交

---

① Обновленная Конституция-новый исторический этап развития страны, 3 апреля 2023 года, https：//uza.uz/posts/469480, accessed：2023-11-14.

② Проект Конституции Узбекистана вынесут на референдум—президент, 7 декабря 2022 года, https：//www.gazeta.uz/ru/2022/12/07/constitution-30-years/, accessed：2023-11-14.

③ Срок обсуждения поправок к Конституции Узбекистана продляется до 15 июля, 4 июля 2022 года, https：//podrobno.uz/cat/politic/obsuzhdenie-popravok-v-konstitutsiyu-prodlili-do-15-iyulya-/, accessed：2023-11-14.

860 份。截至 2022 年 8 月 1 日，已收到超 15 万份修宪建议。①

2023 年 4 月 30 日，乌兹别克斯坦举行了新宪法全民公决，新宪法草案以 90.21%的压倒性赞成率获得通过。② 这一历史性选择足以证明乌兹别克斯坦人民对国家改革的高度信任和全力支持。5 月 2 日，据"报纸网"报道，独联体秘书长兼观察团团长谢尔盖·列别杰夫表示，乌兹别克斯坦新宪法全民公投"是在高水平组织、自由公开的氛围中、依据现有法律举行的；公投的结果将成为建设"新乌兹别克斯坦"和继续在该国进行民主改革的里程碑"。③

3. 新宪法"新"在何处

自 2023 年 5 月 1 日起，新宪法开始生效。新宪法条款数量从 128 条增加到 155 条，且对其中 91 条进行了修改，规范从 275 条增加到 434 条，整个基本法文本更新了 65%。④ 米尔济约耶夫总统指出，新宪法的本质、内容和宗旨旨在进一步提高人民的生活条件。新宪法为乌兹别克斯坦的第三次复兴奠定了法律基础。⑤

新宪法第 1 条规定，乌兹别克斯坦是一个主权、民主、法制、社会和世俗的国家，这是决定乌兹别克斯坦国家发展道路和命运的"五大支柱"，且永远不会改变。新宪法规定，乌兹别克斯坦将坚定不移地继续走民主发展的道路，宪法中有关人权保障的准则数量也增加了 3 倍。

新宪法将国家的社会义务增加了 3 倍，国家将承担包括减少贫困、提供

---

① Народное обсуждение поправок в Конституцию завершено, 1 августа 2022 года, https：//www. gazeta. uz/ru/2022/08/01/discussion-closed/, accessed：2023-11-14.

② Постановление Центральной избирательной комиссии Республики Узбекистан от 1 мая 2023 года №1245 «Об итогах референдума Республики Узбекистан, проведенного 30 апреля 2023 года», https：//lex. uz/ru/docs/6449097, accessed：2023-11-14.

③ Миссия СНГ отметила высокий уровень проведения референдума в Узбекистане, 2 мая 2023 года, https：//www. gazeta. uz/ru/2023/05/02/cis/, accessed：2023-11-14.

④ Обновленная Конституция-новый исторический этап развития страны, 3 апреля 2023 года, https：//uza. uz/posts/469480, accessed：2023-11-14.

⑤ Обновленная Конституция станет прочным правовым фундаментом Третьего Ренессанса в нашей стране, 8 мая 2023 года, https：//president. uz/ru/lists/view/6277, accessed：2023-11-14.

就业和减少失业在内的新义务。每年应从国家预算中增拨 30 万亿至 40 万亿苏姆用于新建数百所幼儿园、学校和医院。国家有义务采取措施提高社会贫困人口的生活质量，为残疾人充分参与社会和国家生活创造条件。

新宪法将总统任期从 5 年延长至 7 年，并授权总统提前举行国家元首选举。新宪法修正案还规定了一系列政治改革。立法院权力扩大，从目前的 5 项增加到 12 项，参议院的专有权力从 14 项增加到 18 项。同时，两院权力也更加具体化、细致化。①

正如参议院主席坦齐拉·纳尔巴耶娃（T. Нарбаева）在参议院全体会议开幕式上强调的，"从起草宪法到全民公决的所有过程中，我国人民都表现出了坚定的政治信念和意志"②。新宪法将为乌兹别克斯坦人民的社会和法律保护奠定坚实的基础，增进他们的福祉，进一步提高他们的权利和利益，并为国家的长期发展战略提供可靠的保障。对宪法的修改和补充都为确保"新乌兹别克斯坦"改革的连续性奠定了坚实的法律基础，在宪法改革的基础上，乌兹别克斯坦进入了一个新的历史发展阶段。

（二）总统选举

1. 选举前的政治局势

2023 年 4 月 30 日，乌兹别克斯坦成功举行了关于国家基本法修正案的全国公民投票。5 月 1 日，全民公投通过的新宪法正式生效。新宪法规定总统任期从 5 年延长至 7 年，并授权总统提前举行国家元首选举。5 月 6 日，米尔济约耶夫总统签署总统令，宣布该国于 7 月 9 日提前举行总统选举。米尔济约耶夫总统解释了"主动放弃剩余三年半的总统任期"的原因在于：一是新宪法对权力部门的改革提出了新要求，权力平衡发生了改变；二是新

① Обновленная Конституция станет прочным правовым фундаментом Третьего Ренессанса в нашей стране，8 мая 2023 года，https：//president. uz/ru/lists/view/6277，accessed：2023-11-14.

② T. Нарбаева：«Наш народ сказал свое слово，подтвердил，что не свернет с избранного пути»，3 мая 2023 года，https：//uza. uz/posts/479291，accessed：2023-11-15.

宪法对总统、议会、政府、部长、州长提出了新的政治、社会和经济任务；三是人民期待各领域重大和紧迫变革；四是为应对全球和地区形势变化，需要找到正确和有效的发展道路。①

国内外对米尔济约耶夫总统提前举行选举十分关注。卡内基国际发展基金会的政治分析家特穆尔·乌马罗夫（Темур Умаров）认为，"米尔济约耶夫总统之所以宣布总统选举提前，是因为他希望在自己威信下降之前巩固权力"。政治学家拉斐尔·萨塔罗夫（Рафаэль Саттаров）也认为，（努库斯骚乱事件发生后）米尔济约耶夫的权力已经失去了稳定性。从减少政治风险和不确定性来看，当局提前举行选举的决定是合乎逻辑的。尽管今天看来乌兹别克斯坦的社会政治经济形势较为稳定，但是考虑到国际关系中政治和经济动荡加剧的因素，三年后的形势和民众的支持率属实难以预测。②

2. 竞选政党及其竞选纲领

根据规定，只有政党才有权提名总统候选人。乌兹别克斯坦仅有5个政党有权提名候选人。该国中央选举委员会在5月15日举行的会议上通过决议，准许该国5个政党参加总统选举。各政党在5月17日至6月1日期间正式提名候选人。中央选举委员会在6月6日完成登记。

乌兹别克斯坦共有4名候选人竞选2023年总统职位。生态党提名该党中央委员会执委会主席阿卜杜苏库尔·坎扎耶夫（Абдушукур Хамзаев）为总统候选人。人民民主党提名该党领导人乌卢格别克·伊诺亚托夫（Улугбек Иноятов）为总统候选人。自由民主党提名现任总统米尔济约耶夫为候选人。"公正"社会民主党提名罗巴洪·马赫穆多娃（Робахон Махмудова）为总统候选人，这是唯一女性总统候选人。"民族复兴"民主党未提名该党候选人，并宣布支持现任总统。

---

① Обновленная Конституция станет прочным правовым фундаментом Третьего Ренессанса в нашей стране, 8 мая 2023 года, https: //president. uz/ru/lists/view/6277, accessed: 2023-11-14.

② Предстоящие выборы президента в Узбекистане. Никакой интриги не ожидается, 29 июля 2023 года, https: //cabar. asia/ru/predstoyashhie-vybory-prezidenta-v-uzbekistane-nikakoj-intrigi-ne-ozhidaetsya, accessed: 2023-11-14.

2023 年 6 月 2 日，各政党向中央选举委员会提交了正式文件，包括支持者的签名。6 月 7 日，中央选举委员会登记了所有候选人，4 位总统候选人开始在各地区与选民见面。据中央选举委员会称，当局拨款 1741 亿苏姆（超过 1500 万美元）用于提前组织总统选举。国家预算将拨款 196 亿苏姆用于资助参加选举的政党。这些资金将用于支付政党竞选活动和候选人宣传的费用。同时，每位候选人将获得 49 亿苏姆（约合 43.7 万美元）的选举基金。①

3. 选举开展情况

国内外专家对乌兹别克斯坦的总统选举结果进行了预测，大部分专家对现任总统连任充满信心。全民公决结果已经证实，乌兹别克斯坦国内不存在反总统情绪。米尔济约耶夫的支持率很高，获胜可能性极大。一些专家认为，关注重点在于现任总统将获得的支持率是否会比之前的支持率低。如果支持率明显降低，这是一个值得思考的现象。②

在选举日无法参与选举的选民可向选区选举委员会提出申请参与 6 月 28 日至 7 月 5 日的提前投票。2023 年 7 月 9 日上午 8 时，选举投票站正式开放。按照乌兹别克斯坦中央选举委员会公布的数据，此次选举注册选民约 1959.4 万人，设有 10784 个境内投票站，在 39 个国家设立 56 个境外投票站。来自独联体、上海合作组织、欧洲安全与合作组织等国际组织约 800 名观察员对选举进行监督。③ 投票于 2023 年 7 月 9 日 20 时结束。

根据该国中央选举委员会 11 日公布的最终结果，米尔济约耶夫总统以

---

① Власти направят на организацию досрочных выборов президента свыше 15 миллионов долларов, 19 мая 2023 года, https：//podrobno.uz/cat/obchestvo/vlasti－napravyat－na－organizatsiyu－dosrochnykh－vyborov－prezidenta－svyshe－15－millionov－dollarov－/, accessed：2023－11－04.

② В чем интрига выборов президента в Узбекистане, 3 июня 2023 года, https：//iz.ru/1521999/igor－karmazin/golosovanie－v－tiubeteike－kak－proidut－vybory－prezidenta－v－uzbekistane, accessed：2023－11－04.

③ Каждый участок для голосования за рубежом—на электронной карте, 1 июля 2023 года, https：//uz.sputniknews.ru/20230701/kajdyy-uchastok-golosovaniye-za-rubejom-elektronnaya-karta-36460390.html, accessed：2023－11－04.

87.05%的得票率胜出，成功连任。①7月14日，米尔济约耶夫总统在该国最高会议（议会）宣誓就职。他表示，今后一段时期，乌兹别克斯坦政治、经济、社会和文化领域将发生深刻转变与巨大变革。

由选举结果可以预测，短期内乌兹别克斯坦的内政外交政策不会有太大变化。对内将在各领域稳步推动大规模改革，对外将推行乌兹别克斯坦共和国开放、平衡的外交政策。在国际层面，提前举行总统选举不会对乌兹别克斯坦与其他国家的互动产生重大影响。对于俄罗斯、中国、中亚邻国和其他上海合作组织成员国而言，米尔济约耶夫总统顺利连任是一个积极的发展信号，这将减少政治不确定性，并将选举前时期（即2025~2026年）乌兹别克斯坦国内政治生活中可能出现的风险降至最低。这一点非常重要，因为乌兹别克斯坦目前在欧亚大陆中发挥着重要的稳定作用。

（三）努库斯骚乱事件引发世界关注

发展不可能没有危机和"黑天鹅"。2022年夏天是对乌兹别克斯坦的一次真正考验。

1.事件发生经过

2022年6月25日，乌兹别克斯坦当局将新宪法草案公之于众。其中第17条涉及"卡拉卡尔帕克斯坦共和国是一个主权共和国，该共和国人民有权在卡拉卡尔帕克斯坦共和国全民公决的基础上决定脱离乌兹别克斯坦"被从新宪法中删除。6月26日晚，社交网络上出现了呼吁卡拉卡尔帕克斯坦共和国民众举行大规模示威游行的信息。②

2022年7月1日，卡拉卡尔帕克斯坦共和国首府努库斯市爆发大规模

---

① ЦИК Узбекистана объявила итоги досрочных выборов президента, 11 июля 2023 года, https://www.nur.kz/world/2028239 - tsik - uzbekistana - obyavil - itogi - dosrochnyh - vyborov - prezidenta/, accessed：2023 - 11 - 04.

② В Каракалпакстане протесты из - за изменения статуса региона в Конституции. МВД Узбекистана назвал акции незаконными, 1 июля 2022 года, https://www.currenttime.tv/a/v-karakalpakstane-protesty-iz-za-izmeneniya-statusa-regiona-v-konstitutsii/31925244.html, accessed：2023 - 11 - 04.

抗议活动，导火索系部分民众对修宪草案内容不满。示威者称，乌兹别克斯坦政府意图取消卡拉卡尔帕克斯坦共和国的自治权。如果宪法修正案通过，卡拉卡尔帕克斯坦共和国将失去特殊地位。抗议活动从 7 月 1 日持续到 7 月 2 日，由最初的示威游行最终演变成骚乱。7 月 2 日，卡拉卡尔帕克斯坦共和国政府发表声明，声称犯罪集团组织打着民粹主义口号，企图暴力攻击国家机构，从而分裂社会。执法部门果断采取措施，及时制止大规模暴乱，拘留了一批抗议活动组织者。7 月 3 日，卡拉卡尔帕克斯坦共和国实行紧急状态，规定晚 7 时至早 5 时实行宵禁，并对侵犯乌兹别克斯坦宪法秩序的行为立案调查。7 月 3 日，米尔济约耶夫总统在卡拉卡尔帕克斯坦共和国发表讲话时指出，示威活动是恶意势力以抗议宪法改革为借口，以暴力方式对基础设施造成重大破坏，企图破坏乌兹别克斯坦的稳定和发展，是对乌兹别克斯坦领土完整的威胁，将依法对任何试图扰乱和平、安宁和公共安全的人采取严厉措施。

7 月 4 日，乌兹别克斯坦国民卫队发布消息称，努库斯市的骚乱中共有 243 人受伤，94 人在医院治疗，共有 516 人被拘捕。[①] 同日，该国总检察院部门通报了卡拉卡尔帕克斯坦共和国示威活动的调查细节，包括袭击努库斯执法机关、机场和内务局大楼，并表示"一些别有用心者，以对宪法改革不满为借口，试图挑起事端"。当日，该国检察官阿布罗尔·马马托夫在信息和大众传媒署新闻发布会上表示，根据乌兹别克斯坦共和国刑法第 159 条第 4 款及其他条款，总检察院已就努库斯的大规模示威活动进行了刑事立案。[②]

7 月 18 日，乌兹别克斯坦总检察院新闻发言人表示，卡拉卡尔帕克斯

---

① Александр Воробьев, Узбекистан после протестов, 11 июня 2022 года, https：//russiancouncil. ru/analytics－and－comments/analytics/uzbekistan－posle－protestov/, accessed：2023－11－04.

② Генпрокуратура сообщила детали следствия по событиям в Нукусе, 4 июля 2023 года, https：//www. gazeta. uz/ru/2022/07/04/tergov/, accessed：2023－11－04.

坦共和国骚乱事件死亡人数增加 3 人,升至 21 人。① 7 月中旬,乌兹别克斯坦立法院和参议院成立了由议会代表、政府官员、非政府组织和社会组织负责人组成的联合调查委员会,对此次事件进行独立调查。2022 年 11 月下旬,布哈拉法院对努库斯骚扰事件进行了刑事审判,包括记者、博客作者和卡拉卡尔帕克斯坦共和国内政部的一名官员在内的 22 人受审。② 2023 年 1月,努库斯骚乱事件主犯道列特穆拉特·塔日穆拉托夫被判处 16 年有期徒刑,其余数十人被判处 5~11 年不等的监禁。③

2. 原因分析

俄罗斯联邦安全会议秘书尼古拉·帕特鲁舍夫在上海合作组织成员国安全会议秘书会议上表示,乌兹别克斯坦努库斯骚乱事件和哈萨克斯坦“一月骚扰”是西方进行“颜色革命”的又一次尝试——未完成的宪法改革被得到境外组织支持的反政府者利用。④ 一些人则认为,宪法改革是长期酝酿的经济冲突的导火索。卡拉卡尔帕克斯坦共和国是一个落后地区,咸海环境恶化对就业和农业造成了灾难性影响,当地孕产妇、婴儿和儿童死亡率高居榜首,失业率高,年轻人急于离开这个贫困地区。卡拉卡尔帕克斯坦共和国人民期望得到中央政府的帮助,但由于资源有限,乌兹别克斯坦政府不可能在一夜之间改变现状。⑤ 这就是乌兹别克斯坦政府与卡拉卡尔帕克斯坦共和国之间矛盾的根源。

3. 事件的影响

俄罗斯莫斯科国际关系学院安德烈·卡赞采夫(Андрей Казанцев)教授认

---

① Генпрокуратура опровергла пропажу участников событий в Каракалпакстане, 18 июля 2022 года, https://www.gazeta.uz/ru/2022/07/18/information/, accessed: 2023-11-04.

② В чём обвиняются фигуранты дела о событиях в Нукусе, 28 ноября 2023 года, https://www.gazeta.uz/ru/2022/11/28/prok/, accessed: 2023-11-04.

③ Даулетмурат Тажимуратов приговорён к 16 годам лишения свободы, 31 января 2023 года, https://www.gazeta.uz/ru/2023/01/31/tajimuratov/, accessed: 2023-11-04.

④ РФ считает события в Каракалпакстане и Казахстане попытками «цветных революций», 19 августа 2022 года, https://www.gazeta.uz/ru/2022/08/19/patrushev/, accessed: 2023-11-04.

⑤ Протесты в Узбекистане: реакция России и Китая, 20 июня 2022 года, https://www.gazeta.uz/ru/2022/08/19/patrushev/, accessed: 2023-11-04.

为，"一方面，米尔济约耶夫总统已经展示了他通过政治手段解决危机的能力；另一方面，也体现了当局在符合国家利益的情况下愿意进行谈判的想法"①。此次抗议活动的发生既出乎必须对宪法改革做出调整的国家领导层的意料，也出乎对经济和社会领域的积极变革普遍持乐观态度的乌兹别克斯坦民众的意料。卡拉卡尔帕克斯坦共和国的抗议活动尽管没有对国家的政治稳定和统一构成直接严重威胁，但是该事件给乌兹别克斯坦的宪法改革蒙上了一层阴影，带来了一系列负面影响。第一，对抗一定程度上会导致地区不满情绪的增加，不利于社会稳定。第二，努库斯骚乱事件引起了西方国家和国际组织的密切关注。美国国务院呼吁乌兹别克斯坦当局尊重公民和平集会和表达意见的权利，并"对所发生的事件进行全面、可信和透明的调查"。② 欧盟当局认为有必要进行"公开和独立的调查"，并指出尊重基本人权的重要性。联合国人权事务高级专员米歇尔·巴切莱特（Michelle Bachelet）呼吁对抗议期间的死亡事件进行调查，并核查拘留抗议活动组织者和参与者的理由。③ 这可能会给乌兹别克斯坦政府带来一定国际压力。一方面，该国政府为维持法律和秩序，会对该事件的策划者采取严厉措施；另一方面，该国当局会担心西方国家和人权组织的过度批评。对于该事件，俄罗斯和中国与西方国家的立场大相径庭。7月6日，俄罗斯总统普京表示支持乌兹别克斯坦政府为稳定卡拉卡尔帕克斯坦共和国国内局势所做的努力。④时任中国外交部发言人赵立坚在例行记者会上表示，中国支持乌兹别克斯坦政府为确保国家稳定而采取的措施，相信在米尔济约耶夫总统的领导下，

---

① Почему начались беспорядки в Узбекистане—и к чему они привели, 5 июля 2022 годв, https：//massmedia. press/pochemu－nachalis－besporyadki－v－uzbekistane－i－k－chemu－oni－priveli/，accessed：2023-11-04.

② США призвали Узбекистан привлечь к ответственности силовиков, если во время нукусских событий они нарушили законы, 28 ноября 2022 года, https：//www. gazeta. uz/ru/2022/11/28/us/，accessed：2023-11-04.

③ Верховный комиссар ООН призвала не ограничивать интернет в Каракалпакстане, 7 июля 2022 года, https：//www. gazeta. uz/ru/2022/07/06/ohchr/，accessed：2023-11-04.

④ Путин поддержал меры по стабилизации ситуации в Каракалпакстане, 6 июля 2022 года, https：//www. gazeta. uz/ru/2022/07/06/ru/，accessed：2023-11-13.

乌兹别克斯坦能够保持安定团结。①此外，哈萨克斯坦、吉尔吉斯斯坦、塔吉克斯坦和土耳其领导人也表示支持米尔济约耶夫为稳定卡拉卡尔帕克斯坦共和国局势所采取的行动。第三，努库斯骚乱事件在某种程度上为西方国家在国际社会向乌兹别克斯坦施压提供了一个杠杆。该事件是在西方国家与俄罗斯就乌克兰问题展开激烈地缘政治对抗背景下发生的。美西方正在向乌兹别克斯坦在内的中亚国家施加压力，迫使它们选边站队。而要求尊重人权和独立调查的呼声往往成为西方国家加强干涉一个国家内政的借口。

三　乌兹别克斯坦政党建设

政党在社会与国家之间发挥着独特的桥梁作用，是市民社会最重要的机构之一。自独立以来，乌兹别克斯坦实行有限多党制，不仅政党的数量受到控制，而且政党发挥的作用有限。乌兹别克斯坦宪法和政党法禁止各政党和社会组织从事反政府的活动。截至目前，乌兹别克斯坦仅有人民民主党、"公正"社会民主党、"民族复兴"民主党、自由民主党和生态党在司法部登记注册，并被批准进入议会。

（一）乌兹别克斯坦政党

乌兹别克斯坦人民民主党、"公正"社会民主党、"民族复兴"民主党、自由民主党和生态党作为议会政党，有集中体现本党理论和路线方针政策的党章、党纲和竞选纲领。

1. 人民民主党（Народно-демократическая партия Узбекистана/НДПУ）

人民民主党成立于 1991 年 11 月 1 日，其前身为乌兹别克斯坦共产党，是乌兹别克斯坦独立后成立的第一个政党，也是该国历史上唯一参加过所有

---

① Официальный представитель Китая выразил уверенность, что в Узбекистане сохранятся мир и единство, 4 июля 2022 года, https：//kun.uz/ru/30092718, accessed：2023-11-13.

议会和总统选举的政党。根据官方数据，截至 2021 年 7 月 1 日，该党党员总数超过 52 万人。49% 的党员是女性，约 51% 是 30 岁以下的年轻人。该党由 1 个中央机构、14 地区组织（塔什干市、卡拉卡尔帕克斯坦共和国和 12 个州）、22 个市级组织、179 个区级组织以及 10000 多个基层组织组成。①现任人民民主党中央委员会主席为乌卢格别克·伊诺亚托夫（Улугбек Иноятов）。该党的章程规定，党的目标是表达和捍卫在国家权力代表机构中提供社会保护和社会支持的阶层利益。该党的新闻宣传媒体为《乌兹别克斯坦之声报》（«Голос Узбекистана»）。

2. "公正" 社会民主党（Социал-демократическая партия "Адолат"）

"公正" 社会民主党成立于 1995 年 2 月 18 日，是乌兹别克斯坦第一个社会民主党。截至 2020 年 7 月 1 日，该党共有 430496 名党员，其中 46% 是女性，39% 是青年；共有 14 个州议会、204 个区（市）议会和 6250 个基层党组织。②该党政治委员会主席是巴赫罗姆·阿布杜卡利莫夫（Бахром Абдухалимов）。该党主要目标是积极参与建设以市场经济为基础、符合各族人民共同利益、具有道德凝聚力的市民社会和公平法治民主国家。

3. "民族复兴" 民主党（Демократическая партия "Миллий тикланиш"）

"民族复兴" 民主党于 2008 年 6 月 20 日在 "民族复兴" 民主党和 "自我牺牲" 民主党两党合并的基础上成立。该党党员人数约 37 万人，其中 47.9% 是青年人，43.6% 是女性。③该党中央委员会主席是萨尔瓦尔·奥塔穆拉多夫（Сарвар Отамуратов）。该党旨在增强民族认同意识、培养和加强乌兹别克斯坦公民的民族自豪感、献身精神和爱国主义精神。该党特别关注那些维护民族传统和价值观的群体利益，直接维护从事创造性工作的知识

---

① История народно-демократической партии Узбекистана, 1 июля 2021 года, https://xdp.uz/ru/history, accessed: 2023-11-13.

② Социал-демократическая партия «Адолат» Узбекистана, https://www.saylov.uz/ru/for_candidates/political_party/social-demokraticheskoj-partii-adolat-uzbekistan, 1 июля 2020 года, accessed: 2023-11-13.

③ Официальный сайт партии "Миллий тикланиш", https://mt.uz/Ru, accessed: 2023-11-13.

分子（作家、诗人、艺术家、教育工作者、音乐家、记者等）、教育机构工作者、军人和执法机构工作人员等群体的利益。

4. 自由民主党（Либерально-демократическая партия/УзЛиДеП）

自由民主党成立于 2003 年 11 月 15 日，是乌兹别克斯坦最年轻的政党。近年来，该党正处于一个质的飞跃的发展阶段，党的队伍不断扩大，组织建设不断加强，在议会和地方代表机构中拥有最多的席位。该党拥有超过 120 万名党员，已成为拥有近 1.4 万个基层党组织的主要政治力量。[①] 代表大会是该党的最高机构，每 5 年举行一次。党政治委员会主席为阿克塔姆·海托夫（Актам Хаитов）。该党的主要目标是维护有产阶级、小企业代表、农场主、生产和管理方面高素质专家以及商人的利益，为该群体开展广泛活动提供新机会，基于市场经济原则建设民主社会。

5. 生态党（Экологическая партия）

生态党成立于 2018 年 11 月 14 日，当时名为"乌兹别克斯坦生态运动"。2019 年 1 月 22 日，生态党在司法部正式注册，成为正式合法政党。截至 2019 年 8 月 1 日，该党有 14 个地区党组织和约 200 个区市党组织，在许多大公司、企业、机构和组织中都有基层党组织。[②] 该党主席为阿卜杜舒库尔·扎姆扎耶夫（Абдушукур Хамзаев）。该党的宗旨和目标是通过参与社会政治生活，保护当代人和子孙后代在良好环境中生活的权利。

（二）政党政治发展和制度建设

乌兹别克斯坦政党的活跃是一个自然而然的过程，有着一定的法律、制度和政治基础。近年来，多党制的形成和有效性的提高已经具备了充分的法

---

① УзЛиДеПу-19：Анализ деятельности партии за прошедший период и исполнения задач Стратегии развития，14 ноября 2022 года，https：//uzlidep. uz/ru/news-of-party/13486，accessed：2023-11-14.

② Официальный сайт Экологической партии Узбекистана，https://www. saylov. uz/ru/for_ candidates/political_ party/ekologicheskoj-partii-uzbekistana，accessed：2023-11-14.

律基础。特别是《议会选举法》①《政党法》②《州、区和市人民代表委员会
选举法》③《政党筹资法》④《加强政党在国家行政改革、国家治理民主化和
国家现代化中的作用》⑤ 等一系列法律的颁布、修订和完善，逐步奠定了政
党政治和多党制形成的法律基础。

**1. 充分发挥政党职能，积极参与立法工作，开展立法宣传，成为政府
与人民沟通的桥梁**

各政党积极参与宪法草案起草工作，中央、市一级、区一级和基层各级
党员广泛讨论了相关提案。2023 年 3 月 7 日，自由民主党和"民族复兴"
民主党在乌兹别克斯坦共和国议会立法院举行了联席会议，详细审议了宪法
草案更新工作。⑥ 宪法修正案全民讨论期间，自由民主党各级委员会、基层
组织、党代表和积极分子积极参与和开展了与完善宪法有关宣传工作，广泛
收集民众建议，党的地区工作组向该党中央工作组提交了 5000 多条建议。

**2. 定期举行党内会议，分析和反思党在过去一段时间内的活动和发展战
略目标的实现情况，以国家发展战略和方针为引领，有针对性地部署党内工作
路线和任务目标**

以自由民主党为例，2022 年 11 月 14 日，自由民主党举行了第十一
次例会，会议讨论了该党在 2022 年的活动成果以及该党参与执行

---

① Закон Республики Узбекистан от 28. 12. 1993 года № 990-XII «О выборах в Олий Мажлис Республики Узбекистан», https：//lex. uz/docs/70553, accessed：2023-11-25.

② Закон Республики Узбекистан от 26. 12. 1996 года № 337-I «О политических партиях», https：//lex. uz/docs/57033, accessed：2023-11-25.

③ Закон Республики Узбекистан от 05. 05. 1994 года № 1050-XII «О выборах в областные, районные и городские кенгаши народных депутатов», https：//lex. uz/docs/67440, accessed：2023-11-25.

④ Закон Республики Узбекистан от 30. 04. 2004 г. № 617-II «О финансировании политических партий», https：//lex. uz/docs/168377, accessed：2023-11-25.

⑤ Конституционный Закон Республики Узбекистан от 11. 04. 2007 г. № ЗРУ-88 «Об усилении роли политических партий в обновлении и дальнейшей демократизации государственного управления и модернизации страны», https：//lex. uz/docs/1164598, accessed：2023-11-25.

⑥ Проект конституционного закона обсудили фракции-инициаторы, 7 марта 2023 года, https：//uza. uz/posts/460706, accessed：2023-11-25.

《2022—2026 年人类利益和马哈拉发展年新乌兹别克斯坦发展战略国家实施方案》的任务清单；分析了该党工作组在解决公共行政、教育、医疗和社会问题方面所做的工作，并指出了工作中的不足之处。[①] 此外，自由民主党政治委员会执行委员会举行了联席会议，将党的阶段任务和实际措施作为实现《2022—2026 年新乌兹别克斯坦发展战略》目标的全国性任务的一部分。[②]

3. 积极参与选举活动，围绕国家方针政策的制定和重大战略的实施建言献策

政党积极参与选举对深化民主改革至关重要。在 2023 年总统选举中，五个政党均获批参加总统竞选。每个政党以维护阶层的利益为出发点，对国家和社会建设提出了治理方案。以教育领域为例，人民民主党候选人乌卢格别克·伊诺亚托夫的竞选方案强调，要将保证最弱势群体的教育平等、扩大以免费和优惠为基础的国立学前教育机构网络、为低收入家庭的子女提供优惠的教育贷款等作为优先事项。自由民主党总统候选人沙夫卡特·米尔济约耶夫指出，要从扩大幼儿园网络开始改革，国家承担低收入儿童的幼儿园费用，增加国家对教育领域的财政支出……"公正"社会民主党总统候选人罗巴洪·马赫穆多娃的竞选纲领侧重于提高教育、科学和创新在建设公正社会和法治国家中的重要性。生态党总统候选人阿卜杜舒库尔·扎姆扎耶夫的竞选方案重点关注为学前和学校教育机构的儿童和学生免费出版和分发有关生态学的教科书和教材。[③]

---

① УзЛиДеПу- 19：Анализ деятельности партии за прошедший период и исполнения задач Стратегии развития，14 ноября 2022 года，https：//uzlidep. uz/ru/news – of – party/13486，accessed：2023–11–25.

② УзЛиДеП разработана целевая «Дорожная карта» реализации Стратегии развития，1 февраля 2022 года，https：//uzlidep. uz/ru/news-of-party/11241，accessed：2023–11–25.

③ Что предлагают политические партии Узбекистана в своих предвыборных программах в области образования，7 июля 2023 года，https：//nuz. uz/nauka – i – tehnika/1280934 – chto – predlagayut – politicheskie – partii – uzbekistana – v – svoih – predvybornyh – programmah – v – oblasti – obrazovaniya. html，accessed：2023–11–25.

（三）政党政治及建设存在的问题

当前的乌兹别克斯坦政党仍存在以下问题。第一，各政党仍未能在国家社会政治生活中发挥强有力作用，在议会立法院的活动中未能科学地将宏观政策转化成具体举措，提高为人民服务的能力和水平。第二，各政党未能形成对政府和权力运行的有效监督。第三，政党组织人员问题依然十分紧迫。各政党在提高人才储备、加大人才培养力度、健全人才管理机制等方面存在不足。第四，乌兹别克斯坦国内不存在真正意义上的"反对派"，现有政党都紧紧围绕在"总统及其政府"周围。

政党多元化是现代民主的重要组成部分。乌兹别克斯坦基于民主原则的多党制度尚处于形成阶段。未来乌兹别克斯坦政党制度的发展很大程度上取决于政党的积极性及对新立法权的有效利用。根据米尔济约耶夫总统签署的《关于实施新版乌兹别克斯坦共和国宪法的首要措施》总统令和《乌兹别克斯坦-2030战略》，未来议会选举将从比例选举制改为混合选举制，以进一步加强政党在深化民主改革和国家现代化进程中的作用。

结　语

"修宪"改革、全民公投、总统选举是乌兹别克斯坦民族国家建设和民主政治发展的重大事件，既标志着国家政治局势的变化，也体现了乌兹别克斯坦向以民主和强大的市民社会为基础的开放国家的转变。政权的平稳过渡降低了乌兹别克斯坦国内政治的风险性和不稳定性，确保了国家改革的连续性和一致性。新宪法为建设"新乌兹别克斯坦"奠定了坚实的宪法基础，是持续深入推进改革的法律保障。《乌兹别克斯坦-2030战略》为议会各院和现有政党积极发挥自身优势、参与民主政治发展和"新乌兹别克斯坦"建设指明了方向。

今天的乌兹别克斯坦正处于一个全新的高质量发展时期，深层次、全方位改革的深入推进给这个国家带来了新的活力。未来，在米尔济约耶夫总统的领导下，乌以《2022—2026 年新乌兹别克斯坦发展战略》和《乌兹别克斯坦-2030 战略》为引领，一方面，全面贯彻实施新宪法的基本要求和准则，深化行政体制改革，创新行政管理方式，促进多元治理主体形成合力共同推动国家治理体系和治理能力现代化；另一方面，不断健全多党制和议会选举制，推动政党政治规范化，形成符合乌兹别克斯坦国情的多党制和民主政治制度，进一步发挥政党在全面建设"新乌兹别克斯坦"、实现乌兹别克斯坦伟大复兴的改革事业中的积极作用，谱写乌兹别克斯坦发展新篇章。

B.11
乌兹别克斯坦教育与
人文领域改革及发展

李郁瑜　林秋霞*

摘　要：　乌兹别克斯坦政府认识到教育与人文事业对于人民幸福和社会福祉的重要意义，结合本国国情以及国家战略目标，着手实施应对未来变化的改革。2022~2023年，乌兹别克斯坦在教育、科技、旅游、体育、艺术、媒体等领域实施了系统化改革，重点关注教育教学质量提高与人民的全面发展，以实现其通往"福利国家"的愿景。

关键词：　乌兹别克斯坦　人文合作　教育改革

　　教育与人文事业改革是乌兹别克斯坦在"福利国家"原则基础上建设"新乌兹别克斯坦"的重要途径之一。所谓福利国家，米尔济约耶夫指出："首先意味着为人民创造平等机会以实现其潜能，并为人民过上体面生活和减少贫困创造必要条件"，"而这一切美好目标的实现都要通过知识和教育"。为此，米氏提议将2023年定为乌兹别克斯坦的"人文关注和素质教育年"，并将其列入新时期国家优先发展的六个方向。① 2022~2023年，乌兹别克斯坦在教育、科技、旅游、体育、艺术、媒体等领域实施了系统化改

＊　李郁瑜，历史学博士，陕西师范大学中亚研究所、教育部国别和区域研究基地陕西师范大学乌兹别克斯坦研究中心讲师，研究方向为中亚区域与国别问题；林秋霞，陕西师范大学中亚研究所硕士研究生。

①　"O'zbekiston Respublikasi Prezidenti Shavkat Mirziyoyevning Oliy Majlis va O'zbekiston xalqiga Murojaatnomasi," December 20, 2022, https：//pm. gov. uz/oz/lists/view/1727, accessed：2023-10-09.

革，重点关注教育教学质量提高与人的全面发展，以实现其通往"福利国家"的愿景。

一 教育领域

教育是经济繁荣和国家发展的基础，高质量的教育既能为国家培养科研创新人才，推动经济结构转型升级，又有助于减少贫困和失业，推动社会和谐稳定发展。近年来，乌兹别克斯坦在教育领域投入倾斜力度较大，学前教育取得突破，教师教育受到关注，职业教育转型蓄势待发，国际教育合作稳步推进。

（一）教育投入持续增加，教育规模进一步扩大

在新冠疫情引发全球经济低迷、国际社会普遍削减教育支出的背景下，乌兹别克斯坦反而加大了在教育领域的投入，并将其视为对建设"新乌兹别克斯坦"最重要的投资。学前教育一直是乌兹别克斯坦教育体系中的薄弱环节，也是此次教育改革的重点。2022 年乌兹别克斯坦学前教育的入学率达到 70%，目前有近 200 万名儿童在幼儿园就读，实现了学前教育改革的突破性进展。高等教育也获得阶段性发展，其覆盖率从 9% 提高到 38%，高校数量增加了 2.5 倍，达到 198 所。各阶段在校生人数已达 530 万人。[1]

2022 年 12 月 20 日，米尔济约耶夫在致乌兹别克斯坦议会和人民的讲话中承诺，"到 2023 年，将新建 70 所学校、扩建 460 所学校、启动 100 个校舍项目，在未来 5 年，将增加 1000 个校舍项目、60 万个幼儿园名额，面向大学生的教育贷款专项拨款额将达到 1.7 万亿苏姆"[2]。目前，这一规划正在顺利进行中。截至 2023 年 9 月底，乌兹别克斯坦的学前教育入学率已

---

[1] "O'zbekiston Respublikasi Prezidenti Shavkat Mirziyoyevning Oliy Majlis va O'zbekiston xalqiga Murojaatnomasi," December 20, 2022, https：//pm. gov. uz/oz/lists/view/1727, accessed：2023-10-09.

[2] "O'zbekiston Respublikasi Prezidenti Shavkat Mirziyoyevning Oliy Majlis va O'zbekiston xalqiga Murojaatnomasi," December 20, 2022, https：//pm. gov. uz/oz/lists/view/1727, accessed：2023-10-09.

达 72%，高等教育覆盖率达到 42%，大学数量增加到 212 所。① 据 2023 年
10 月初乌教育部部长在教师节上的发言，"在地方政府的支持下，面向教育
系统的建设合同，正式签订的合同金额已达 2.1 万亿苏姆，已完成合同金额
1.6 万亿苏姆的工程，并筹集了 1.4 万亿苏姆的资金。在计划建设和维修的
338 个教育设施中，乌政府已完成了其中的 236 个，其余 102 个项目处于建
设阶段。此外，乌政府还为 33 所没有配备体育馆的学校兴建了体育馆并投
入使用。2023 年，学前教育系统将新建 57 所学校，重建 123 所学校，并计
划全面翻新 2 所学校。这将为公众多提供 10600 个学前教育名额"②。由此
可以看出，乌兹别克斯坦在教育领域的持续投资和扩大教育范围的决心，彰
显了乌政府致力于提升全民教育水平的坚定信念。

（二）教师教育受到关注，教师技能培训渐次展开

受益于全球教育治理的发展，教师教育逐渐受到乌兹别克斯坦政府的关注。
特别是近两年，扩大教师队伍和提升教师教育教学水平已成为乌兹别克斯坦教
育改革的重要任务之一。乌兹别克斯坦 2022 年发布的《关于批准国家 2022—
2026 年学校教育发展纲要》（以下简称《纲要》）明确提到教师在社会生活中
的作用和影响力。《纲要》指出：其一，要提高教师职业的社会威望，为教师创
造良好的社会条件并充分认可他们的工作；其二，要为年轻教师的发展提供条
件，满足其在专业领域的可持续发展诉求；其三，要建立国家普通中等教育机
构人才储备库，制定模范教师标准，并在此基础上评价教师的教学活动。③

为进一步提升教师社会声望，提高教师教学技能水平，乌兹别克斯坦做
了大量尝试。其一，乌学前教育部与联合国教科文组织于 2023 年 8 月合作

① "O'zbekiston Respublikasi Prezidenti Shavkat Mirziyoyevning Oliy Majlis va O'zbekiston xalqiga Murojaatnomasi," December 20, 2022, https：//pm. gov. uz/oz/lists/view/1727, accessed：2023-10-09.

② Vazir Hilola Umarova, "Pedagoglarning kasbiy huquq va faoliyati davlatimiz himoyasida," October 1, 2023, https：//pm. gov. uz/oz/lists/view/2020, accessed：2023-10-10.

③ "2022-2026-yillarda maktab ta'limini rivojlantirish bo'yicha," March 11, 2022, https：//lex. uz/docs/-6008663#-6487242, accessed：2023-10-12.

举办了第二届教师论坛，并于同年 8 月 15～17 日在全国范围内（包括卡拉卡尔帕克斯坦共和国、塔什干市及 12 个州）举办了教师教育研讨会。为落实论坛及研讨会精神，乌兹别克斯坦还举办了面向各州（市）中学教师的培训班。其二，联合中亚教育学界，共同探讨激发教师潜能的途径和方法。2023 年 9 月 21 日，乌在塔什干市举行了中亚教育学研讨会，"合格的教师——合格的国家"为此次研讨会的主题。其三，教育部门积极开展多种形式的教师培训，提高教师教学水平。2023 年 8～9 月，乌教育部组织了16021 名数学教师和 17477 名英语教师参加了旨在向普通学校引入包含现代教学方法的业务培训。其四，聘请外籍专家参与本国教师教育培训工作。2023 年乌兹别克斯坦聘请了超过 500 名外籍教师赴乌为当地教师授课，传授其先进的教育教学理念，提高当地教师专业技能水平。乌政府表示，未来还将引进更多的外国专家，深化国际合作。[①] 其五，鼓励教育专家、青年教师赴境外参与课程研修、会议论坛，与国际教育学界探讨教师教育相关议题，汲取先进经验，服务乌兹别克斯坦教师教育事业发展。如 2023 年 11 月27 日乌兹别克斯坦塔什干国立师范大学校长与乌兹别克斯坦撒马尔罕国立大学副校长受邀参加了陕西师范大学"一带一路"教师教育论坛，并与中国专家共同探讨了乌兹别克斯坦的教师培养问题。

（三）职业教育相对薄弱，双元制改革蓄势待发

乌兹别克斯坦的职业教育体系承袭自苏联时期，其专业设置和培养方式已无法适应当下经济体制转型及企业需求。2022 年底，米尔济约耶夫在发言中称："50%的中学毕业生在没有任何手艺的情况下进入劳动力市场，这一事实应该让我们所有人感到震惊。700 多所职业技术学校、学院和中等技术学校应得到有效利用。"[②] 为解决培养体系与就业市场不匹配的问题，乌

---

① "O'zbekiston o'qituvchi va murabbiylariga," September 30, 2023, https://pm.gov.uz/oz/lists/view/2019, accessed: 2023-10-09.

② "O'zbekiston Respublikasi Prezidenti Shavkat Mirziyoyevning Oliy Majlis va O'zbekiston xalqiga Murojaatnomasi," December 20, 2022, https://pm.gov.uz/oz/lists/view/1727, accessed: 2023-10-09.

政府决定从 2023 年引入欧洲的职业教育标准。自 2023 年 9 月 1 日起，在卡拉卡尔帕克斯坦共和国、各地州以及塔什干市各建立 1 所完全符合欧洲职业教育和培训质量保障体系要求，由外国专家参与的示范职业教育学校；从 2023~2024 学年起，对实施双元制教育①形式的高等专科学校和技工学校发放国家助学金。② 这一计划试图借鉴欧洲国家的经验来提升乌兹别克斯坦的职业教育水平，同时促进与欧洲国家在职业教育领域的合作。此外，乌兹别克斯坦还将创建一个新的工程师培训体系，"在化学工业、电气工程、交通和能源等领域，与国际权威机构合作，建立单独的工程学院"③，其目的在于培养青年人才的实践和创新能力。总体而言，乌兹别克斯坦的职业教育正处于从苏联模式向欧洲模式转型的阶段，在这一过程中，仍需结合本国实际，进行本土化改良。

（四）合作办学势头不减，教育改革推力加大

来自国际社会的教育援助是乌兹别克斯坦教育发展的重要助推力。美、俄等国出于自身利益考虑，通过资金支持、开办海外分校、委派语言教师、教育模式移植等方式，为乌兹别克斯坦提供了大量教育资源。

美国与乌兹别克斯坦在教育领域一直保持着合作关系，以直接提供资金、设立资助项目、扶持英语教学等方式推动乌兹别克斯坦在教育领域的西化改革。2019 年，美国国际开发署与乌兹别克斯坦教育部签署了一项名为"DOAG"的教育发展援助协议。根据该援助协议，美国政府将在未来 5 年

---

① 双元制教育（dual ta'lim）是一种源于德国的职业教育培训模式。职业学校与企事业单位分别指代其中的一"元"。《乌兹别克斯坦共和国教育法》规定，双元制教育的组织程序由政府决定，其理论部分由教育部门实施，实践部分在学生的工作地点进行。双元制教育的目的，是让职业院校的学生获得必要的知识技能和专业技术能力，从而为适应未来职业的需求做好准备。

② "2022-2026 yillarga mo'ljallangan Yangi O'zbekistonning taraqqiyot strategiyasini 'Insonga e'tibor va sifatli ta'lim yili ' da amalga oshirishga oid davlat dasturi to'g'risida," February 28, 2023, https：//president. uz/uz/lists/view/5980, accessed：2023-10-09.

③ "O'zbekiston Respublikasi Prezidenti Shavkat Mirziyoyevning Oliy Majlis va O'zbekiston xalqiga Murojaatnomasi," December 20, 2022, https：//pm. gov. uz/oz/lists/view/1727, accessed：2023-10-09.

内拨款 5000 万美元用于支持乌兹别克斯坦的教育改革。① 2022 年 10 月，美国国际开发署在该援助协议基础上追加了 535 万美元。② 近年来，美国国际开发署与乌兹别克斯坦教育部下属的教育中心和信息通信技术发展中心合作，通过对学生阅读技能和数学技能相关数据的收集与分析，制定新的教学计划。③ "美国角"是 2021 年以来美国在乌兹别克斯坦各高校创建的传播美国文化的教育中心。据美驻乌使馆称，这些教育中心联合成一个单一的全球网络，由分布在世界 140 个国家的 600 个此类中心组成。"美国角"以现代美国图书馆为蓝本，免费为到访者提供美国文化和获取美国教育机会的相关信息。官方派遣英语教师则是美国向乌兹别克斯坦输出其语言、思维方式和价值观的一贯做法。2023 年 9 月 13 日，一批受富布莱特基金资助的美国教师赴乌兹别克斯坦推广英语教育。其受众不仅包括青年学生，还包括青年教师。④ 以上种种做法在帮助乌兹别克斯坦实现教育改革的同时，也使得更多的青年人才流向了美国。据统计，2022 年乌兹别克斯坦赴美留学人数创历史新高，达到 1089 人，比 2021 年增加了 72.6%。⑤

作为曾经的苏联加盟共和国，乌兹别克斯坦与俄罗斯有着共同的俄语传统。乌独立之后，民族语言地位上升，俄语地位下降；而俄罗斯对乌教育援助政策的重点就是推广俄语，建立俄语学校、培养俄语教师、设置俄语中

① "O'zbekiston–AQSH: ta'lim sohasida yangi hamkorlik davri," September 28, 2019, https://uza.uz/oz/posts/o-zbekiston-aqsh-ta-lim-sohasida-yangi-hamkorlik-davri-28-09-2019, accessed: 2023-11-17.

② "USAID Invests an Additional $ 5.35 Million to Support Education," October 17, 2022, https://uz.usembassy.gov/usaid-invests-an-additional-5-35-million-to-support-education/, accessed: 2023-11-17.

③ "USAID and the Ministry of Public Education Disseminate the Results of the National Early Grade Reading and Math Assessments," March 5, 2022, https://uz.usembassy.gov/usaid-invests-an-additional-5-35-million-to-support-education/, accessed: 2023-11-17.

④ "U.S. Embassy Welcomes 25 American Teachers to Support English Language Teaching in Uzbekistan," September 13, 2023, https://uz.usembassy.gov/english-language-teaching/, accessed: 2023-11-17.

⑤ "Record Number of Students from Uzbekistan Studying in the United States," November 5, 2023, https://uz.usembassy.gov/record-number-of-students-from-uzbekistan-studying-in-the-united-states/, accessed: 2023-11-17.

心。2023 年 9 月 18 日在莫斯科举行的乌兹别克斯坦和俄罗斯政府首脑级联合委员会第四次会议上，俄总理米哈伊尔·米舒斯京表示，俄方准备在乌兹别克斯坦建设多所学校，以俄语授课，并以俄罗斯项目为基础。乌总理阿卜杜拉·阿里波夫表示将接受这一提议，还提出可以在俄乌合作的"班级"项目中增加使用俄语教授数学、物理和化学课程的教师的数量。① 目前，俄罗斯在乌兹别克斯坦已开设 14 所分校。2022 年有 5.3 万名乌国学生在俄罗斯高校及其分校学习。②

欧盟和日本也有面向乌兹别克斯坦的教育援助措施。乌兹别克斯坦青年可以通过欧盟的"坦普斯"（TEMPUS）计划和"伊拉斯谟"（ERASMUS）计划申请到欧洲留学。日本的援助则体现出"小而精"的特点。2022 年 12 月，乌兹别克斯坦国家考试中心的管理人员参观了位于日本东京的国家考试管理中心，向日方学习使用模拟考试测试系统评估学生能力的经验，以支持本国新兴的教育改革。③ 2023 年 7 月，日本与乌兹别克斯坦签署了一项关于人力资源开发奖学金计划的文件，其资助金额达 3 亿日元。④

二 科学技术领域

近年来，乌政府逐渐加大在科研领域的投资力度，尤其关注生物医药、

---

① "Rossiya O'zbekistonda bir nechta maktab qurmoqchi," September 18, 2023, https：//kun. uz/uz/news/2023/09/18/rossiya – ozbekistonda – bir – nechta – maktab – qurmoqchi, accessed：2023 – 11 – 18.

② 《再开七所！乌兹别克斯坦 4.6 万人留学俄罗斯》，丝路新观察网，2023 年 6 月 11 日，http：//www. siluxgc. com/static/content/public/StudyingAbroad/2023 – 06 – 11/1117551135286 132736. html，最后访问日期：2023 年 12 月 18 日。

③ 『ウズベキスタン共和国に対する無償資金協力「人材育成奨学計画」に関する書簡の署名 · 交 換』、2023 – 07 – 05、https：//www. mofa. go. jp/mofaj/press/release/press7 _ 000073. html、accessed：2023–11–18.

④ 『日本型学力テスト、ウズベキスタンに輸出新興国の教育改革後押し』、2023 – 02 – 18、https：//www. sankei. com/article/20230218 – UEO7R7WC6ZL2HITWDR3I3BWXSQ/、accessed：2023–11–18.

新材料、绿色科技、数字经济等关键领域和核心技术。

首先，乌政府已经意识到科技发展的重要性，在科学技术研究领域提供了较多的资金支持。2022 年乌兹别克斯坦用于科研和创新的经费达 1.5 万亿苏姆，2023 年这一数字预计将上升至 1.8 万亿苏姆。此举的目的是支持科学家在各个领域的研究，包括纳米材料、现代农业、生物技术、数字地质学、先进制造业等 18 个新的科学方向。[①]

其次，乌政府积极拓展国际领域的科研合作，推动高水平科研机构建设，尤其重视同中国的合作。"一带一路"倡议为中乌双方在科研领域的合作交流提供了契机。中国企业与中国高校携手在乌兹别克斯坦开展了一系列科研项目，为乌兹别克斯坦的经济和社会发展提供了有力支持。华为公司承担了乌国"电子政府"、"数字丝绸之路"、扩建电信基站等通信技术领域的建设工作，通过提供基础设施改建经验、新产品研发技术、科研人员联合攻关、青年技术员培训等方式，促进当地通信技术发展。腾讯、陕西旅游集团等中国企业已经与乌方达成用先进数字技术服务文化遗产保护的意愿，共同推进"数字丝路——中国与中亚五国数字国宝展"等项目，让数字化成为丝绸之路文化遗产的"活化剂"。2023 年 9 月兰州大学大气科学学院与乌方就建立塔什干的"一带一路"环境与气候观测网和布哈拉的两座沙尘暴野外科学试验站交换了意见，双方在空气污染和沙尘暴监测技术、反演方法、预警预报等方面达成了共识。[②] 乌兹别克斯坦还是《"一带一路"绿色发展北京倡议》的发起国之一。中、乌两国在绿色金融、绿色能源、绿色交通等方面达成合作意向。由中国商务部主办、杨凌示范区承办的中亚国家农业先进适用技术综合培训班，在推广中国先进农业技术经验、帮扶乌兹别克斯坦走农业可持续发展道路方面作用显著。2023 年 9 月，第 30 届中国杨凌农

---

① "O'zbekiston Respublikasi Prezidenti Shavkat Mirziyoyevning Oliy Majlis va O'zbekiston xalqiga Murojaatnomasi," 2022-12-20, https: //pm. gov. uz/oz/lists/view/1727, accessed：2023-10-09.

② 《大气科学学院赴乌兹别克斯坦交流讨论共建野外观测站》，兰州大学新闻网，2023 年 9 月 26 日，https：//news. lzu. edu. cn/c/202309/105473. html，最后访问日期：2023 年 10 月 10 日。

业高新科技成果博览会邀请了乌兹别克斯坦担任主宾国，促使中、乌两国在农业领域的合作更加紧密。[①] 在生物医药领域，中乌协作搭建了多个医药交流平台，并在国家层面签署了合作协议，促进了双方在药物研发、临床试验、生产制造等方面的资源共享和互补，共同促进全球生物安全治理。

由于乌兹别克斯坦经济水平有限，政府虽然加大了投入力度，但在研发资金拨付、实验仪器配备、研发基础等方面仍显薄弱。不少优秀的科研人员因待遇、发展空间等原因离开乌兹别克斯坦，导致乌科研人才短缺。此外，乌国科研成果的转化率较低。除了加强国际合作、接受他国科技成果援助外，乌兹别克斯坦在扩大科研项目的资金渠道、完善国内大学和研究机构的科学实验室基地、吸引高水平人才等方面仍有很长的路要走。

三 旅游、文博领域

乌兹别克斯坦一直是东西方文化交流的重要通道，千年来吸收、融汇了希腊罗马、伊斯兰、中国等各路文明，形成了自身独特的文化景观和建筑风格。乌兹别克斯坦共有7000多处名胜古迹，还有"文明的十字路口"撒马尔罕、"露天博物馆"希瓦、"史诗和童话之城"布哈拉以及"第二帝都"沙赫里萨布兹等历史文化名城。这都成为人类文明史中重要的旅游考古文化资源。2022年底，乌兹别克斯坦入选《纽约时报》25个必去的旅游目的地。旅游业和文物博物馆业也成为乌兹别克斯坦经济发展的重要支柱。

（一）旅游发展势头向好

近年来，乌兹别克斯坦以"丝路文旅"为主题，大力发展旅游业，取得了不俗的成绩。

首先，旅游业规模快速扩大。一是游客数量增加，2022年前往乌兹别

---

① 《第30届中国杨凌农业高新科技成果博览会开幕》，光明网百家号，2023年9月20日，https：//baijiahao．baidu．com/s？id=1777502618560531752&wfr=spider&for=pc，最后访问日期：2023年12月10日。

克旅游的国外游客超过 520 万人次，是 2017 年的 2.5 倍；二是旅游服务出口额增长，2019 年旅游服务出口额为 9.51 亿美元，2021 年为 2.96 亿美元，2022 年已升至 16.10 亿美元；三是旅游业从业人数增加，2017 年该国从事旅游的人数为 18.7 万人，2022 年为 27.4 万人，旅游公司的数量从 2017 年的 749 家增长到 2022 年的 1838 家。[①]

其次，乌政府为旅游业发展提供有力支持。2022 年 1 月 28 日发布的《2022—2026 年新乌兹别克斯坦发展战略》，为旅游业发展制定了明确的目标，如到 2026 年旅游业从业人数翻倍至 52 万人、完善首都塔什干市的旅游基础设施建设等。经过对旅游业的全面改革，乌兹别克斯坦批准了超过 93 项规范性法案，签证制度大幅放宽：对 93 个国家取消入境签证，对 56 个国家施行电子签证，对 47 个国家施行过境签证；在国际机场引入"绿色通道"机制，将过境和在机场停留的时间从 2 小时缩短至 30 分钟；游客可以在机场申请旅游电话卡、旅游手册，查询旅游线路等。[②] 2022 年 4 月《关于国内旅游服务多样化的补充措施》出台，明确了自 2022 年 9 月 1 日起实施"环游乌兹别克斯坦"计划。[③] 2022 年 7 月，为迎接上合组织峰会而建设的丝绸之路撒马尔罕旅游中心项目正式落地，该旅游中心有助于将前往撒马尔罕的外国游客人数增加到 150 万人以上。2023 年在撒马尔罕召开了联合国世界旅游组织全体大会第 25 届会议，并举办了"撒马尔罕——新乌兹别克斯坦旅游门户"宣传活动。[④]

① 《乌兹别克斯坦六年来旅游业发展动态》，知乎，2023 年 7 月 25 日，https://zhuanlan.zhihu.com/p/645787370，最后访问日期：2023 年 10 月 17 日。

② "2022-2026-yillarda O'zbekiston Respublikasining innovatsion rivojlanish strategiyasini tasdiqlash to'g'risida," July 6, 2022, https://lex.uz/docs/-6102462, accessed: 2023-10-12.

③ "Ichki turizm xizmatlarini diversifikatsiya qilishga oid qo'shimcha chora," April 30, 2022, https://president.uz/oz/lists/view/5170, accessed: 2023-10-16.

④ "Samarqand viloyatining turizm va transport salohiyatidan samarali foydalanish, viloyatni 'Samarqand-Yangi O'zbekistonning turizm darvozasi' konsepsiyasi asosida rivojlantirish bo'yicha qo'shimcha chora-tadbirlar to'g'risida," December 24, 2022, https://president.uz/uz/lists/view/5809, accessed: 2023-10-16.

（二）古迹遗址开发潜力巨大

历史文化遗迹具有独特的历史、文化和艺术价值，是旅游业的重要资源。乌政府除注重出台政策帮助旅游业发展外，对考古研究和挖掘也有相应的扶持。乌政府机构和学术界对考古工作中发现的考古资源高度重视，采取了一系列措施来保护历史文化遗址，推动考古研究。例如 2022 年 6 月和 8 月，乌兹别克斯坦先后出台《关于考古遗址"乌尊达拉"的保护措施及合理利用》和《关于建立以古洛莫夫命名的撒马尔罕考古研究所及布哈拉分所》两份文件。前者将考古遗迹"Uzundara"指定为历史遗址，通过建立希腊-巴克特里亚历史博物馆和批准举行"希腊-巴克特里亚"国际慈善马拉松活动为遗址的保护提供场地和资金支持。[①] 后者对考古研究所的主要工作做出详细指导，提出"国家预算划拨、创新发展部补助金、文化遗产局预算、国际金融机构和其他外国组织的赠款都可以作为考古研究的资金来源"。[②] 进一步丰富了考古研究的资金渠道，乌举全社会之力，推进文物博物馆业发展。

此外，乌兹别克斯坦也与其他国家的考古机构进行合作，共同推动中亚地区的考古学研究，为揭示古代中亚文明做出积极贡献。自 2013 年乌兹别克斯坦科学院考古研究所同中国考古学家组成联合考古队，联合考古队踏遍乌兹别克斯坦南部的山山水水，获得了古代游牧文化的重要考古学信息，为复原丝绸之路历史提供了实证资料和科学依据。联合考古队还开创了"开发与研究并举"的工作方式，采取多学科、多单位合作，使得国内外许多大学和研究机构的学者、学生都参与到联合考古工作中来，在做好文物保护与展示的同时，培养了一批从事丝绸之路考古研究的中青年学者，实现了考古成果的社会共享。

---

① "'Uzundara' arxeologiya yodgorligini muhofaza qilish va undan oqilona foydalanish chora-tadbirlari to'g'risida," June 7, 2022, https：//lex. uz/uz/docs/-6052501，accessed：2023-10-16.

② "Y. G'ulomov nomidagi Samarqand arxeologiya instituti va uning Buxoro filiali faoliyatini tashkil etish to'g'risida," August 31, 2022, https：//lex. uz/uz/docs/-6180572，accessed：2023-10-16.

也需看到，乌兹别克斯坦的旅游和文博事业发展仍面临一些问题。首先，乌国仍需要提升历史文化遗产资源的利用率。乌兹别克斯坦拥有7000多处文化遗产，其中一些还被联合国教科文组织列入了世界遗产名录。然而这些文化遗产中能够有效运用到旅游产业中的占比不高。为此，乌需要加大对考古遗址的保护力度，进行科学的挖掘研究，利用现代信息技术创造性地开发和利用其文化产品，促进文物博物馆业发展。其次，仍需要加大对旅游业发展的投入。乌兹别克斯坦基础设施相对较弱，旅游服务、交通、住宿、餐饮等方面还需进一步改善。新落成的丝绸之路撒马尔罕旅游中心可以成为一个有力的标杆，为其他地区旅游设施的完善提供先进的和本土化的经验。最后，乌仍需要加大与其他国家和地区的交流合作力度，宣传其旅游文化产品，促进旅游业健康稳定发展。

四　体育、艺术、媒体等其他领域

乌兹别克斯坦在人文事业方面的深化改革还体现在体育、艺术、新闻媒体等领域。体育业的发展能够丰富人民文化生活、提高国民健康水平。在国际赛事中赢得体育项目奖项能够增强民族自豪感和认同感，提高国家的国际地位和声誉。作为一个人口年轻化的国家，乌兹别克斯坦十分关注青少年体质健康。政府出台了一系列旨在促进体育事业发展的指导文件和具体措施。《关于进一步完善体育运动领域人才培养和科学研究体系的措施》提出"要将学校奥林匹克体育活动课程数量增加20%，非奥林匹克体育活动课程数量增加60%"。①《关于进一步发展体操运动的措施》推出"体操第一步""少儿体操"等项目，督促体育发展部与体操联合会从公共教育改革基金中

---

① "Jismoniy tarbiya va sport sohasida kadrlarni tayyorlash hamda ilmiy tadqiqotlar tizimini yanada takomillashtirish chora-tadbirlari to'g'risida," November 3, 2022, https：//lex. uz/uz/docs/-6273973, accessed：2023-10-16.

拨出专款，为学校购置体育器材及其他设备，助力体操运动在学生中的普及。① 2023 年 3 月 1 日，乌兹别克斯坦实施"非奥林匹克-奥林匹克-国家级竞技"体育三级竞赛制度。② 以上措施，不仅有利于发掘有专业技能和发展潜力的运动员，还扩大了体育比赛的覆盖范围，有助于推动全民参与体育活动，促进国民健康水平的提升。

艺术活动能够超越民族和国界，诉诸感官和直觉抵达人类心灵与情感的深处，成为国相交、民相通的重要媒介。新时期，乌兹别克斯坦的"福利与繁荣规划""新乌兹别克斯坦"发展战略与中国"一带一路"倡议对接，双方发表联合声明将进一步扩大艺术团体间的友好交流。一方面，乌兹别克斯坦以东道主身份积极筹备音乐节、艺术节，吸引国内外艺术家、艺术爱好者、游客赴乌兹别克斯坦，在切磋交流、学习观展的过程中实现艺术互鉴共赏，促进本国艺术事业发展。例如，"东方旋律"国际音乐节。2023 年 8 月 26 日，第十二届"东方旋律"国际音乐节在撒马尔罕盛大开幕，来自 75 个国家的 340 位艺术家参加，评委组由 9 位来自乌兹别克斯坦、中国、土耳其、韩国、阿塞拜疆、白俄罗斯、蒙古国等国的艺术家组成。音乐节期间还举办了多场以"东方传统音乐艺术发展前景"为主题的学术研讨会、民族乐器展和传统服饰展等多项文化活动。另一方面，乌兹别克斯坦鼓励艺术家、艺术爱好者走出国门交流学习，如 2023 年 7 月 20 日至 8 月 5 日，在乌鲁木齐举办的第六届中国新疆国际民族舞蹈节就邀请了来自乌兹别克斯坦的优秀艺术团体出演剧目。2023 年 10 月 28 日"'一带一路'十周年中乌艺术大展"在乌兹别克斯坦国家博物馆开展，撒马尔罕州长、乌兹别克斯坦国家艺术博物馆馆长等出席活动，并表示将共同筹备设立"'一带一路'中国艺术馆"。

媒体通常被视为第三方评价的权威来源，肩负信息传播、增进互信、凝聚共识的使命。乌兹别克斯坦的主流媒体包括乌兹别克斯坦国家通讯社、

---

① "Gimnastika sport turlarini yanada rivojlantirish chora-tadbirlari to'g'risida," December 13, 2022, https：//president. uz/uz/lists/view/5808, accessed：2023-10-16.

② "Mahallalarda yoshlarni ommaviy sportga jalb qilishni yangi bosqichga olib chiqish chora-tadbirlari to'g'risida," April 11, 2022, https：//lex. uz/uz/docs/-5950242, accessed：2023-10-16.

"世界"新闻社、塔什干 Podrobno. uz 通讯社、《人民言论报》、《塔什干真理报》、"卓尔"电视台、"乌兹别克斯坦 24"电视台、"MY5"电视台、详实网、国家媒体协会等。伴随共建"一带一路"活动的深入推进，中国与乌兹别克斯坦在新闻媒体领域的合作不断密集。2023 年 5 月 16 日，由中国中央广播电视总台发起、中亚五国主流媒体参与的"中国-中亚媒体高端对话"交流活动在北京成功举办。乌兹别克斯坦国家电视广播公司总裁阿利舍尔·哈热耶夫表示，"乌兹别克斯坦把进一步加强乌中全面战略伙伴关系作为优先方向。以元首外交为引领，乌中两国媒体将保持密切合作。未来，将秉持开放态度，继续扩大对话交流，为促进各国现代化建设、增进各国人民福祉、促进地区繁荣做出贡献"①。2023 年乌兹别克斯坦最有影响的媒体之——塔什干 Podrobno. uz 通讯社，在"乌兹别克斯坦和中国：未来的关键"专栏中，发布了对丝绸之路考古合作研究中心首席科学家、西北大学王建新教授的访谈和报道，表达了对中国文化遗产保护实践和经验的关注，并提出分享中国经验，欢迎中方在乌兹别克斯坦开展大遗址保护实践的希望。② 媒体发挥其联接国内外、沟通世界的功能，逐渐成为乌兹别克斯坦与"一带一路"国家交流合作的纽带和桥梁。

教育与人文事业关乎人民福祉与国家发展，是国家现代性的重要体现。近年来，乌兹别克斯坦在教育、科研、文旅、考古、体育、艺术、媒体等领域的改革力度有目共睹，成绩显著。但不可否认，资金、人员与技术依旧是其发展的三大瓶颈。故而，加强国际合作也就成为乌兹别克斯坦人文与教育事业发展的必经之路。如何在兼收并蓄的过程中实现先进经验的本土化改造，并保持国家自主性，是乌兹别克斯坦在未来发展道路中需要应对的重大挑战。

---

① 《中国-中亚媒体高端对话交流成功举办》，国际在线百家号，2023 年 5 月 17 日，https：//baijiahao. baidu. com/s？id=17661162550540084477&wfr=spider&for=pc，最后访问日期：2023 年 11 月 26 日。

② Китайские археологи ищут исторические корни своей страны в Узбекистане, 17 февраля 2023 года，https：//podrobno. uz/cat/uzbekistan - i - kitay - klyuchi - ot - budushchego/putevodnaya- tropa - kitayskie - arkheologi - ishchut - istoricheskie - korni - svoey - strany - v - uzbekistane/，accessed：2023-11-26.

B.12
乌兹别克斯坦的交通运输与互联互通发展

张华清　〔乌〕塞尔达尔·乌马罗夫*

摘　要：　米尔济耶约夫执政以来，将交通领域的发展视作社会经济发展的基石。通过系列政策引导和深化改革，铁路网络得到逐步完善并持续扩展，电气化更新和高铁网络规划进一步推动了铁路交通的现代化。公路网络作为最早完善的交通基础设施之一，尽管已初具规模，但仍需持续维护和改进，目前尚未形成完备的现代化高速公路系统。在航空领域，政府实施改革举措，引入竞争机制，长期由一家企业垄断的状态逐步受到挑战，新航空公司的成立和新航线的开辟标志着航空领域改革初见成效。鉴于乌兹别克斯坦地理位置的特殊性，政府积极倡导互联互通合作，加强与周边国家的关系。俄乌冲突爆发，导致北方交通走廊畅通受阻，这为乌兹别克斯坦的跨境运输发展创造了有利条件。

关键词：　乌兹别克斯坦　铁路　公路　航空　互联互通

近年来，乌兹别克斯坦政府致力于促进该国国内及该国与亚欧各国之间陆上、空中交通运输网络的完善。目前，乌兹别克斯坦交通基础设施发展水平在中亚五国中位居第二。铁路网络覆盖全国，四通八达连接着乌兹别克斯坦14个行政单位，为居民出行和国内外贸易提供了便利。公路设施是乌兹

---

* 张华清，陕西师范大学中亚研究所博士研究生，研究方向为中亚国别和区域史、中亚互联互通；〔乌〕塞尔达尔·乌马罗夫，历史学博士，副教授，撒马尔罕国立大学国际教育计划中心主任，研究方向为中亚史。

别克斯坦覆盖范围最广、服务人口最多的交通基础设施，公路干线连接了该国的主要城市和各个乡村。为提高公路交通运输效率和安全性，政府在维护升级现有公路的同时，还计划修建现代化高速公路。在航空交通运输方面，乌兹别克斯坦开通了多条国内和国际航线，该国的航空公司正在不断扩大其业务范围，增加新的航线，提升其服务水平，以满足不断增长的航空运输需求。独立以来，乌兹别克斯坦在交通运输与互联互通方面有着较快发展，取得了显著成效。随着开放政策的实施，为促进国内和国际交通运输体系高质量发展，一个全面、高效的交通运输网络体系正在乌兹别克斯坦形成。

一　乌兹别克斯坦的交通运输发展历程

运输业是社会经济系统的基础，是联系各产业、各地区、各部门的纽带。在社会经济发展实践中，当交通运输能适应社会经济的需要时，其对经济发展起推动作用；交通运输落后于经济增长速度，会引起经济发展的停滞；当经济飞速发展而产生量大质高的运输需求时，经济发展会反作用于交通运输，迫使交通运输急剧变革和发展，带动交通运输全面融入经济发展之中。根据各国的历史经验，生产力水平越高，越是现代化，就越要求其基础结构超前发展。[①]

独立初期，乌兹别克斯坦制定了一系列改善和建设国内包括公路、铁路、航空等交通基础设施的政策。在逐步实现经济现代化建设的过程中，交通运输体系作为国民经济发展的重要支柱也逐渐完善。2017 年以来，米尔济约耶夫总统带领新一届政府，不断深化国内改革、积极对外开放，市场活力不断迸发，发展潜力持续释放。2017～2019 年，乌兹别克斯坦年均 GDP 涨幅为5.50%，受新冠疫情影响，2020 年 GDP 增长率为2.00%，较 2019 年下降 3.99个百分点，2021 年 GDP 增长率为7.40%，较 2020 年提高 5.40 个百分点，

---

① 刘建强、何景华：《交通运输业与国民经济发展的实证研究》，《交通运输系统工程与信息》2002 年第 1 期，第 82 页。

2022 年 GDP 增长率为 5.67%，较 2021 年下降 1.73 个百分点。随着疫情冲击变弱，在《2022—2026 年新乌兹别克斯坦发展战略》的指导下，2023 年乌兹别克斯坦继续实施经济私有化改革，截至 2023 年 9 月 GDP 增长率为 5.80%[①]，增速超出世界银行的预测[②]，表明乌兹别克斯坦的经济活力正在恢复。

交通运输是国民经济的基础性、先导性、战略性产业和重要的服务性行业。乌兹别克斯坦是位于中亚腹地的"双内陆国"，国土自西向东绵延 1430 千米，南北连亘 925 千米。地理位置的特殊性决定了陆路交通运输在乌兹别克斯坦经济发展中的主导性作用。

独立之初，继承自苏联时期的交通运输基础设施相对落后，乌兹别克斯坦各地区没有形成完善的运输网络。近年来，乌兹别克斯坦的交通运输领域得到了快速发展。尤其米尔济耶约夫执政以来，从政策上给予了该领域极大的支持，出台了《进一步发展乌兹别克斯坦共和国的战略行动》（2017 年 2 月），强调进一步发展道路交通基础设施并使其向现代化转型，将信息和通信技术引入经济、社会领域和管理系统，彻底改善服务于人民的交通设施状况，提高客运安全等。2019 年 2 月，米尔济约耶夫签署了《关于从根本上改善交通领域国家管理体系的措施》总统令，规定了交通运输部的主要任务和职能，并对公路、铁路、航空、河流运输，地铁的发展、运营和改革做了详细的要求和规划。根据 2023 年 2 月 28 日发布的《关于在"关注人民和优质教育年"中实施〈2022—2026 年新乌兹别克斯坦发展战略〉的国家计划》，交通运输部制定了一系列针对提高人民福祉的措施，包括增加交通系统中的远程服务和通过移动应用程序提供的公共服务等。法令的不断出台为交通运输领域的发展提供了政策保障。此外，交通运输领域的改革也在不断提速，表现为原来部分国有部门的业务和权力开始授权给私营企业。乌兹别克斯坦政府于 2023 年 6 月 14 日签订了《关于在行政改革框架内有效组织交

---

① "State Budget Deficit Neared 6% Against GDP in 9 Months of 2023," November 2, 2023, https：//kun. uz/en/news/2023/11/02/state－budget－deficit－neared－6－against－gdp－in－9－months-of-202, accessed：2023-11-12.

② A World Bank Group Flagship Report, Global Economic Prospects, June 2023, p.151.

通领域公共行政的措施》，该文件明确规定交通运输领域将采用公私合营的经营模式，道路施工与后续运营的部分业务将转让给私营企业。2023 年 10 月 10 日，米尔济约耶夫总统签署了《关于进一步改善道路行业的措施》的决议，进一步规定在道路建设和运营方面鼓励私营企业参与。2023 年 11 月，乌政府把塔什干中央火车站、撒马尔罕火车站和浩罕火车站作为试点，将公共闲置区域出租给私营企业经营，私营企业可在此组织办公、开设酒店、建立服务站和购物中心。自 2024 年 1 月 1 日起，作为试点，乌兹别克斯坦政府将会把卡拉卡尔帕克斯坦共和国长达 20 千米的公共高速公路运营权外包给私营企业。自 2025 年 1 月 1 日起，道路建设项目中的工程管理和技术监控环节也将以外包形式交由包括私营企业在内的独立企业进行。

二 乌兹别克斯坦交通运输现状

交通运输是一个复杂的系统，涵盖航空、陆路、水路运输的客运和货运。随着经济的稳步增长，乌兹别克斯坦加快构建现代化交通基础设施体系，包括新建和改造公路，加强配套服务设施建设，以提升公路的耐久性、安全性以及对不断变化的环境的适应性。推进铁路路网和电气化改造，升级火车站、站台、变电站等配套设施，使铁路系统逐渐告别"内燃时代"，迎来"电气化时代"。实施航空领域改革，鼓励发展民航企业，引入竞争机制，打破一直以来航空领域的垄断经营。交通基础设施的快速发展，提升了客运和货运的转运能力，促使客运量和货运量不断攀升，对促进乌兹别克斯坦的经济稳步发展、提高人民福祉和确保国家安全有着非常重要的作用。2022 年 1~12 月，乌兹别克斯坦的铁路、航空和公路运输的货运总值为 13.4 亿卢比，比 2021 年同期增长 98.6%；货物周转量为 455 亿吨/千米（增长 103.5%），客运量为 61.7 亿人次（增长 102.3%），客运周转量为 1447 亿人次/千米（增长 105.6%）。[①]

---

① Ministry of Transport Republic of Uzbekistan, "Annual Report of Ministry of Transport of Uzbekistan for 2022," December 22, 2022, https：//mintrans.uz/en/2022yilhisobot, accessed：2023-11-23.

（一）铁路交通持续发展

乌兹别克斯坦国土面积为 44.89 万平方千米，国内城市由东向西呈串状分布。目前，该国境内铁路的主干线是俄罗斯帝国时期修建的"中亚铁路"的一部分，该铁路将塔什干与阿姆河沿岸的各个城市相连。所有铁路由国营的乌兹别克斯坦铁路公司进行运营管理，该企业于 1994 年脱离"中亚铁路"后组建，主要从事货运和客运，是乌兹别克斯坦经济发展的重要一环。

铁路系统的良好运行与国民经济的发展密切相关。乌兹别克斯坦独立初期，从苏联继承而来的铁路网，虽然密度不高，但高于俄罗斯的同类指数，达到了每 1000 平方千米 7.8 千米，而俄罗斯为每 1000 平方千米 5.1 千米。[1]伴随独立出现的通货膨胀加剧、生产下降、金融信贷不稳定、人民生活水平下降等问题，铁路设施发展也相对滞后。随着政权的稳定和经济形势逐渐向好，政府也逐渐意识到发展铁路交通的重要性。发展初期，铁路的主要任务是满足经济的需要以及提供境内货物和旅客运输，发展速度较为缓慢。直至 2010 年，政府在铁路建设方面的投资总额仅为 10 亿美元。

2009 年，乌兹别克斯坦前总统卡里莫夫批准了《关于 2009—2013 年铁路行业发展和现代化综合计划》，该计划涵盖三个主要领域：修复和修建新的铁路线、铁路路段电气化改造，以及发展维修基地和更新机车车辆。该计划耗资 17.30 亿美元，其中 4.90 亿美元用于修建新铁路线、修复铁轨和基础设施，2.24 亿美元用于铁路电气化改造，10.19 亿美元用于发展维修基地和更新机车车辆。[2]在此计划实施过程中，该国铁路网不断完善，铁路电气化改造成果显著，先后完成了东部的"塔什干—安格连"、南部的"马拉坎达—卡尔希—塔什古扎尔—博伊松—库姆库尔干"、西北部的"纳沃伊—乌

---

① Igor Azovskiy, "Railroads in the Central Asian Countries: Problems and Prospects," *Central Asia and the Caucasus*, No. 1 (25), 2004, p.127. (cited in Transport Isviaz'stran SNG, Moscow, 1996, p. 13.)

② Модернизация под стук колес, 31 марта 2009 года, https://www.gazeta.uz/ru/2009/03/31/railway/, accessed: 2023-11-21.

奇库杜克—苏丹努伊兹达格—努库斯"等多条铁路干线电气化改造任务。根据《关于 2009—2013 年铁路行业发展和现代化综合计划》的规定：至 2013 年，货物运输量需从 2008 年的 7830 万吨增加到 1.02 亿吨；客运量需从 1430 万人次增加到 1800 万人次；货物周转量需从 2343 万吨/千米增加到 3165 万吨/千米；服务出口额需从 1.83 亿美元增至 2.44 亿美元；同时，铁路运输在货运总周转量中所占份额需从 54.0%增至 58.6%，客运周转量将从 4.2%增至 4.5%。①

在该计划的指导下，2013 年"安格连—帕普"铁路项目开工建设，2016 年 2 月由中国铁路隧道集团公司承建的卡姆奇克隧道主体贯通。该隧道是乌兹别克斯坦有史以来第一条铁路隧道，也是中亚地区最长的隧道。同年 6 月，"安格连—帕普"铁路线正式通车，该线路全长 129 千米，是连接乌东、西部交通的关键工程，也是中乌共建"一带一路"的示范性项目。②该项目实现了将相对间隔的费尔干纳盆地纳入国家统一铁路运输系统的战略目的。在此之前，费尔干纳地区除了石油外的大宗货物向西运输只能采用公路运输，需翻越危险的库拉马山，若采用铁路运输则需要借道塔吉克斯坦北部索格德省的 110 千米长的苏联时代支线，而这条线路早在 2010 年就被乌兹别克斯坦封锁。因此，该新线路不仅减少了乌兹别克斯坦对塔吉克斯坦的过境依赖，每年还可节省 2500 万美元的过境费。③ 作为连接塔什干和人口稠密的费尔干纳地区的唯一铁路线，其还对该国未来建成统一的综合铁路运

① О Комплексной программе развития и модернизации железнодорожной отрасли на 2009-2013 годы, Постановление Президента Республики Узбекистан от 18.03.2009 г., NПП-1074, https：//nrm.uz/contentf? doc=306751_postanovlenie_prezidenta_respubliki_uzbekistan_ot_18_03_2009_g_n_pp-1074_o_kompleksnoy_programme_razvitiya_i_modernizacii_jeleznodorojnoy_otrasli_na_2009-2013_gody&products=1_vse_zakonodatelstvo_uzbekistana, accessed：2023-11-16.
② 《中亚第一长隧道见证中国速度》，中华人民共和国外交部网站，2023 年 5 月 16 日，https：//www.mfa.gov.cn/web/ziliao_674904/zt_674979/dnzt_674981/zgzyfh/bjzl/202305/t20230516_11078264.shtml，最后访问日期：2023 年 11 月 16 日。
③ "Uzbekistan：New Ferghana Railway Plan Tweaks Tajikistan," Eurasianet, March 14, 2013, https：//eurasianet.org/uzbekistan-new-ferghana-railway-plan-tweaks-tajikistan, accessed：2024-01-17.

输系统具有促进作用。同时，该铁路线也提升了乌兹别克斯坦的过境潜力。目前该线路已成为"中国—中亚—欧洲"国际运输走廊的重要一环。

伴随着铁路的电气化改造，乌兹别克斯坦引入了高速列车。自 2011 年乌兹别克斯坦高速列车首开以来，目前该国已有全长 741 千米的高速铁路，高速列车共有 6 辆。线路连接塔什干、撒马尔罕、布哈拉、卡尔希、纳沃伊，途经塔什干、锡尔河、吉扎克、撒马尔罕、卡什卡达里亚、纳沃伊、布哈拉 7 个地区。2009 年 5 月，乌兹别克斯坦时任总统卡里莫夫访问西班牙期间，双方就实施乌兹别克斯坦高速电动列车运行项目达成协议。同年 9 月，乌兹别克斯坦铁路公司与西班牙塔尔戈（Talgo）公司签订了两列 Talgo 250 高速列车采购协议。2010 年 1 月，卡里莫夫签署了《关于实施购买两列 Talgo250 高速电动客运列车项目的措施》，确定该项目的资金来源为乌兹别克斯坦铁路公司和乌兹别克斯坦重建与发展基金，双方各承担 50%。[①] 2011 年 8 月，以撒马尔罕古城遗址命名的"阿夫罗西亚布"高速列车在塔什干至撒马尔罕的铁路线上首开。2015 年乌兹别克斯坦铁路公司继续投资 4 亿美元用于铁路电气化改造，撒马尔罕至卡尔希高铁支线开通，铁路系统开始实施电子购票。2016 年，在之前基础上增加了 10% 的投资继续用于铁路的修建和改造，同时包括从西班牙塔尔戈公司追加购买了 2 列高速列车，这项政策直接促成了塔什干至布哈拉高铁的开通，两地间的铁路客运时间由 7~8 小时缩短到 3.5~4 小时。至此，塔什干至乌兹别克斯坦中部地区的高速铁路网初具规模，客货运输速度提高 1.3 倍。[②]

2017 年，乌兹别克斯坦在继续实施原有铁路电气化改造的同时，还规划修建了新的铁路线路。2018 年，布哈拉至卡拉卡尔帕克斯坦共和国米斯金的铁路建成，使塔什干和乌尔根奇之间的距离缩短了 75 千米。

---

① O Mepax Пo Peaлизaции Пpoeктa, Пpиoбpeтeниe Двyx Bыcoкocкopocтныx Пaccaжиpcкиx Элeктpoпoeздoв Talgo-250（Иcпaния），Пocтaнoвлeниe Пpeзидeнтa Pecпyблики Узбeкиcтaн, oт 05. 01. 2010 г. № ПП-1255, https：//lex.uz/docs/1579719, accessed：2023-11-18.

② 《乌兹别克斯坦将在 8 月底开通塔什干至布哈拉高铁》，中华人民共和国驻乌兹别克斯坦共和国大使馆经济商务处网站，2016 年 4 月 22 日，http：//uz.mofcom.gov.cn/article/jmxw/201604/20160401303345.shtml，最后访问日期：2023 年 11 月 18 日。

随着乌兹别克斯坦铁路修建技术的不断突破，铁路网持续得到完善，已经在该国境内形成连接东西和沟通南北的铁路网。截至 2022 年，乌兹别克斯坦境内铁路总长度为 6118.3 千米，其中运营里程为 4732.8 千米，包括电气化铁路 1929.2 千米。① 2023 年第一季度，乌兹别克斯坦运营铁路里程为 4726.1 千米，电气化铁路为 1933.9 千米，电气化铁路占公共铁路里程的比重为 40.9%。电气化铁路总长度所占比重较大的地区分别为：塔什干州（19.4%），卡什卡达里亚州（16.6%），撒马尔罕州（12.7%），纳曼干州（10.7%），苏尔汉河州（10%）。②

2023 年，乌兹别克斯坦的铁路运输领域改革全面启动，10 月 10 日通过了《关于乌兹别克斯坦共和国铁路运输部门根本性改革措施》的决定。高速铁路电气化改造开始进入全面实施阶段。"布哈拉—乌尔根奇—希瓦"高速铁路电气化改造项目已列入乌 2022~2026 年投资规划，该项目成本为 4.45 亿美元，是隶属于中亚区域经济合作二号走廊框架内的铁路电气化项目，其中 2.7 亿美元将从亚洲开发银行和亚洲基础设施投资银行筹集，并计划于 2024 年竣工。③ 作为该项目的一部分，从布哈拉到希瓦的 465 千米铁路轨道将实现电气化。届时，从塔什干到乌尔根奇的列车最高时速将达到 250 千米/小时，时间将从 14 小时缩短至 6 小时，从布哈拉到希瓦的时间将从 8 小时缩短到 3 小时。这将减少民众出行的时间成本，且会极大提升沿线地区旅游业的发展速度。此外，铁路运力也将相应增加，货物运输量将增至每年 1100 万吨，旅客数量将增至 230 万人次。该项目的实施将支持乌兹别克斯

① Агентство Статистики При Президенте Республики Узбекистан，Общая длина железных дорог，22 июля 2022 года，https：//stat.uz/ru/press-tsentr/novosti-goskomstata/24429-temir-yo-llarning-umumiy-uzunligi-2，accessed：2023-11-23.

② Агентство Статистики При Президенте Республики Узбекистан，Какой регион лидирует по протяженности электрифицированных железных дорог，12 апреля 2023 года，https：//stat.uz/ru/press-tsentr/novosti-goskomstata/37669-elektrlashtirilgan-temir-yo-llarning-uzunligi-bo-yicha-qaysi-hudud-yetakchi-2，accessed：2023-11-11.

③ Investloyiha：Buxoro-Urganch-Xiva temir yo'l liniyasini elektrlashtirish，2 мая 2022 года，https：//www.mintrans.uz/news/investloyiha-buxoro-urganch-xiva-temir-yo-l-liniyasini-elektrlashtirish，accessed：2023-11-21.

坦向低碳运输转型，使该国铁路从柴油牵引转向电力牵引，每年将节省柴油1.8万吨。通往努库斯市的铁路电气化项目也会与该项目同时启动，完成后，塔什干和努库斯之间的旅行时间会从16小时减少到7小时。[①]

乌兹别克斯坦铁路系统的不断健全，为货运和客运组织、铁路服务和道路安全等领域创造了约2500个就业岗位，特别是小微企业和个体工商户的增加，也创造了超过4000个就业岗位。铁路的修建，改变了沿线地区居民的社会经济生活，客运量和货运量不断增加。2023年，铁路运输旅客970.77万人次，比2022年同期增加69.47万人次。[②] 货物运量为7380万吨，与2022年同期相比，货物运量增加了40万吨。[③]

乌兹别克斯坦的铁路系统在过去几年中经历了多个阶段的发展，从铁路电气化改造到新铁路路线的建成，不仅在国内促进了货物和旅客运输，还为国际运输走廊的建设提供了重要支持。随着铁路运输领域的改革全面启动，乌兹别克斯坦的铁路系统将会在不断创新中迎接更加繁荣的未来。

（二）公路系统逐渐完善

公路对国家经济社会的发展十分重要，公路网的完善和良好的运营状态，不仅可以节省运输的时间和成本，还可以减少事故数量，进而避免对道路使用者和国家经济造成重大损失，直接体现了一个国家的陆路运输水平。

乌兹别克斯坦是大幅增加道路基础设施支出用以改造道路网络、加强贸易并改善当地经济状况的中亚国家之一。其大部分支出都用于道路重建，因

---

① Прзидент Республики Узбекистан，удет налажено движение скоростных поездов до Нукуса，28 ноября 2022 года，https：//president. uz/ru/lists/view/5742，accessed：2023-11-09.

② Агентство Статистики При Президенте Республики Узбекистан，Сколько грузов отправлено железнодорожным транспортом，19 января 2024 года，https：//stat. uz/en/press-center/news-of-committee/49986-2023-yil-yanvar-dekabr-oylarida-temir-yo-l-transporti-xizmatidan-9-7-million-yo-lovchi-foydalangan-3，accessed：2024-01-26.

③ Агентство Статистики При Президенте Республики Узбекистан，За январь-декабрь 2023 года железнодорожным транспортом пользовались 9，7 миллионов пассажиров，25 января 2024，https：//stat. uz/uz/matbuot-markazi/qo-mita-yangiliklar/49721-temir-yo-l-transportida-qan-cha-yuk-jo-natilgan-2，accessed：2024-01-26.

此在道路设计标准和建筑规范方面没有取得长足进步，气候变化对道路的影响也没有得到充分考虑。由于中亚地区缺水、荒漠化以及干旱和洪水等极端天气事件发生频率的增加，公路交通设施容易受到影响。因此，建立更具抵御严酷气候能力的公路交通基础设施对于发展陆路交通的乌兹别克斯坦来说至关重要。

由于乌兹别克斯坦的地理位置的特殊性，公路运输在国家运输系统中发挥着主导作用。根据《乌兹别克斯坦共和国公路法》，乌兹别克斯坦的公路由公共道路、市内公路、乡村道路和其他道路组成。乌兹别克斯坦国家统计局公布的数据表明，截至 2022 年，该国现有公路约 18.42 万千米，其中公共道路总长度约 4.29 万千米，市内公路约 6.17 万千米，乡村公路 6.73 万千米，其他公路 1.23 万千米。[1] 其中公共道路比 2017 年（4.27 万千米）增加 200 千米，增长 0.5%，柏油路约 4.23 万千米，占公共道路总数的 98.6%。就区域而言，纳沃伊州（4666.5 千米）、塔什干州（4422.3 千米）、费尔干纳州（4160.8 千米）和卡拉卡尔帕克斯坦共和国（4262.1 千米）的公共道路占比较大。[2]

公路系统是否完善影响着一国的社会和经济发展速度。独立以来，乌兹别克斯坦政府做了大量工作来发展公路运输基础设施建设，各地区之间建立了广泛的交通联系，国内公路网络逐步完善。然而，乌国在公路系统的建设、管理和养护维修的资金等方面仍存在问题。受建设质量和极端天气的双重影响，乌兹别克斯坦的公路受损率较高，因此需要大量资金用于公路网络的维护。根据世界卫生组织的统计，2023 年乌兹别克斯坦因交通事故死亡的人数达 3617 人，青壮年劳动年龄人口（18~64 岁）的道路交通事故伤亡

---

① 中国商务部：《对外投资合作（地区）指南：乌兹别克斯坦（2022 年版）》，2022，第 16 页。

② O'Zbekiston Respublikasi Prezidenti Huzuridagi Statistika Agentligi, "O'zbekiston bo'yicha umumfoydalanadigan avtomobil yo'llarining uzunligi qancha?" April 7, 2022, https://stat.uz/uz/matbuot-markazi/qo-mita-yangiliklar/23857-o-zbekiston-bo-yicha-umumfoydalanadigan-avtomobil-yo-llarining-uzunligi-qancha, accessed：2023-11-09。

率高达 84%，高于国际标准。① 这表明该国现有的公路网虽然可以满足通行需求，但其道路状况较差，需要时常修复以保证质量。来自国际投资银行的资金主要致力于提升国际交通走廊路段的运力，不会用于该国其他路段，而国内也没有足够的资金承担持续消耗，这也是多年来该国公路无法提质升级的原因。因此，乌兹别克斯坦急需资金发展国内交通运输。

鉴于该国当前公路网的实际状况和发展水平，乌兹别克斯坦新一届政府认为有必要制定具体有效的措施发展公路系统的各个领域。于是出台了《关于进一步完善道路管理体制的措施》②，目的是对原公路建设部门进行改组，在国家公路建设和运营股份公司的基础上组建乌兹别克斯坦共和国国家公路委员会，赋予该部门在公路建设方面制定统一技术政策、实施国家公路发展计划、确定道路网络的改善前景以形成国际公路过境走廊等权力，从而解决当前公路的融资、设计、建设、维修和运营等问题。

为了配合《关于进一步完善公路管理体制的措施》，有效组织乌兹别克斯坦公路国家委员会的活动，该国总统还批准了乌兹别克斯坦国家建筑与建设委员会、经济部、财政部和乌兹别克斯坦国家私有化、垄断与竞争发展委员会起草的《关于组织乌兹别克斯坦共和国国家公路委员会和乌兹别克斯坦共和国部长内阁下的共和国公路基金的活动》③ 的提案。该提案对乌兹别克斯坦共和国国家公路委员会组织结构，乌兹别克斯坦共和国内阁下属共和国公路基金执行局以及信息通信、调度、地区公路主要部门等单位的组织架构做了明确规定。

为了有效利用公路网络的设计、建设、维修和运营等国家财政资源，发

① World Bank Group, "Uzbekistan of Europe and Central Asia, Uzbekistan'S Road Safety Country Profile," December 2022, https：//www. roadsafetyfacility. org/country/uzbekistan, accessed：2023-11-09.

② О Мерах По Дальнейшему Совершенствованию Системы Управления Дорожным Хозяйством, Указ Президента Республики Узбекистан, от 14. 02. 2017 г. , № УП-4954, https：//lex. uz/docs/3114304, accessed：2023-11-09.

③ Об Организации Деятельности Государственного Комитета Республики Узбекистан По Автомобильным Дорогам, Постановление Президента Республики Узбекистан, от 14. 02. 2017 г. , № ПП-2776, https：//lex. uz/docs/3121493, accessed：2023-11-10.

展符合国际标准的高速公路网，确保运输通信系统广泛融入国际运输走廊，乌兹别克斯坦总统还通过了《关于乌兹别克斯坦共和国的公路建设》的决议，该决议指出该国公路领域存在的具体问题，详细列出了需要修复和改造的路段。

截至 2019 年，乌兹别克斯坦政府领导层面意识到制定和实施统一的国家运输政策尤为重要，政策旨在确保运输服务的可用性和质量。为了从根本上改善国家在运输领域的管理体制，提高国家的投资吸引力和出口潜力，确保运输通信的战略发展和可持续运行，根据《2017—2021 年乌兹别克斯坦五大优先发展方向行动战略》确定的任务，决定在乌兹别克斯坦道路运输局的基础上成立乌兹别克斯坦共和国交通运输部。随着颁布《关于从根本上改善交通领域国家管理体系的措施》① 的制定，该国国家公路委员会划归交通运输部，更名为交通运输部公路委员会，同时又改组了很大一部分交通运输相关部门。将所有交通部门进行统一管理后，乌兹别克斯坦总统于 2019 年 12 月 9 日出台了《关于乌兹别克斯坦共和国公路经济体制改革的措施》② 和《关于采取措施进一步完善公路部门管理体制的决议》等一系列针对公路管理改革的文件。同时，为了进一步完善该国公路部门的管理体制，提高其投资吸引力，在乌兹别克斯坦共和国部长内阁的协调下，建立独立的高速公路维修企业和其他企业，包括合资企业，以此为私营企业承包部分公路业务做准备。2020 年，《关于批准 2020—2030 年乌兹别克斯坦共和国公路发展战略》的总统决定草案颁布，该战略的主要目标是发展和完善公路网，使其有利于经济平稳较快发展，提高国家发展和人民生活水平，并确保交通通信、干线运输类型的枢纽和终点站的畅达，以最大限度地利用各种运输方式发展最具成本效益的多式联运。为了建立现代化的管理制度，实现公

---

① O Mepax По Коренному Совершенствованию Системы Государственного Управления В Сфере Транспорта, Указ Президента Республики Узбекистан, от 01. 02. 2019 г. № УП - 5647, https：//lex. uz/docs/4194115, accessed：2023 - 11 - 13.

② O Mepax По Глубокому Реформированию Системы Дорожного Хозяйства Республики Узбекистан, Указ Президента Республики Узбекистан, от 09. 12. 2019 г. № УП - 5890, https：//lex. uz/docs/4634789, accessed：2023 - 11 - 17.

路部门的数字化，加强质量控制，防止该领域的利益冲突，为私营部门企业的广泛参与创造条件，提高预算资金的使用效率，2023 年 10 月，米尔济约耶夫总统签署了《关于进一步改进公路部门的措施》的法令，该法令计划将利用亚洲基础设施投资银行的贷款资金，在 14 个地区的 414.1 千米的公共道路上实施 28 个基于设计、建设和运营方面的试点。

至此，乌兹别克斯坦的道路发展越来越规范，标准越来越与国际接轨，公路交通运输水平得到提升。

（三）航空领域实施改革

20 世纪下半叶，随着全球航空和电信网络的全球化，航空运输和电子信息的发展使各类物资在短时间内快速流动成为可能，使得航空运输在快速物流和供应链管理领域的作用日益凸显。

尽管乌兹别克斯坦在独立初期面临诸多经济困境，但鉴于航空业在全球市场中的巨大机遇，该国仍将民航业视为优先发展的方向，投入了大量资金发展航空运输系统。虽然乌兹别克斯坦独立时已拥有多样化的货运及民航机队，但是从苏联时期继承而来的机队磨损率接近 70%。为解决这一问题，乌兹别克斯坦一方面着手成立了国家航空公司"乌兹别克斯坦航空公司"，另一方面开始更新机队，引进如"波音 757""空中客车 A310""阿弗罗 85"等现代化的飞机。

在航空系统现代化转型背景下，乌兹别克斯坦航空公司对机队进行了更新，对机场进行了全面重建，并对空中交通管制系统进行了优化。乌兹别克斯坦在相对短的时间内成功建立了基于国际标准和技术的航空运输系统。截至 2023 年 9 月，乌兹别克斯坦的空运货物量已达 6300 吨，呈现显著增长的趋势。

如今，乌兹别克斯坦航空公司在 25 个国家设有 45 个代表处，带有"乌兹别克斯坦航空"标志的飞机，定期飞往 40 多个国家的机场。此外，每周还有 165 班航班，航班覆盖乌兹别克斯坦境内的各个城市，成为促进该国经济增长、提升全球声誉的重要因素。

由于乌兹别克斯坦航空公司是该国航空市场上唯一获得 100% 国家支持的航空公司，独立以来一直保持着对该国航空领域的垄断。2019 年，政府开始实施民航业领域的改革。改革方向是通过在航空领域引入竞争，降低价格，改善服务，以吸引外资，从而将乌兹别克斯坦变成中亚区域的航空枢纽。新的政策使航空基础设施也得到了全面升级，现代化机场（塔什干、努库斯、撒马尔罕、布哈拉、乌尔根奇、铁尔梅兹、卡尔希、纳曼干、安集延、费尔干纳、纳沃伊）增加到 11 个，其中塔什干机场已成为中亚最大的国际机场。

虽然改革仍在持续进行，但是直至 2020 年 2 月，乌兹别克斯坦航空公司和乌兹别克斯坦机场公司在发表的联合声明中，仍然表达了对该行业发展前景的担忧。声明表示该行业在 30 年来几乎没有进行任何改革，在缺乏竞争的情况下形成的垄断、关税高、服务质量低等问题仍未解决。

为了进一步提升乌兹别克斯坦的民航业发展质量，政府采取一系列措施加大改革力度，包括增加航班，继续引进先进的飞机，加强与国外航空公司合作等。航班地域不断扩大，开通了如飞往莫斯科、圣彼得堡、新西伯利亚、阿拉木图、努尔苏丹、土耳其等地的国际航空线路；航空市场继续开放，新的航空公司不断在乌兹别克斯坦成立。根据乌兹别克斯坦共和国交通部公布的数据，截至 2023 年上半年，乌兹别克斯坦注册的航空公司数量增加了 1 倍，已达 8 家，除了"乌兹别克斯坦航空"以及已于 2021 年运营的"东翼航空""全景航空""胡莫航空"之外，还有"丝路航空""中央航空""亚洲联合航空""塔什干航空"四家航空公司从 2023 年初成立并开始运营。如今，"乌兹别克斯坦航空""东翼航空""中央航空""丝路航空""胡莫航空"每周在当地航线上运营约 93 趟定期航班。[①]

新航空公司出现的主要意义是，恢复了自苏联解体以来几乎丧失的本土空中交通。但是在目前民航自由化进程中，大多数政策还未落地实施。在宣

---

① Ўзбекистон Республикаси Транспорт вазирлиги, O'zbekistonda rezident aviakompaniyalar soni 8 ta yetdi, 26 июля 2023 года, https：//t.me/Mintrans_ uz/14107, accessed：2023-11-28.

布正式成立的 8 家航空公司中，实际上只有 4 家在该国运营，且在运营的这一年中，没有公司表示亏损，而事实可能远非如此。根据目前乌兹别克斯坦航空公司的运力，以及经济生活水平预测，新兴航空公司要完全盈利还需加大投资吸引力丰富运输类别。至于能否成为区域航空枢纽，这取决于多方面的因素。作为竞争对手，乌兹别克斯坦新成立的航空公司的运营能力能否被各邻国认可与接受，这是其与周边国家应持续磋商解决的问题，目前中亚各国在该领域的合作意愿并不明确。

总体而言，乌兹别克斯坦的航空运输在全球化的趋势下取得了显著发展，通过改革和现代化措施，旨在使乌兹别克斯坦成为中亚地区的航空枢纽，吸引更多的国际航空公司和旅客。乌兹别克斯坦航空公司在国际航空运输领域逐渐崭露头角，为该国经济增长和全球航空业的发展做出了积极贡献。

三 乌兹别克斯坦的互联互通建设

在乌兹别克斯坦，国家运输系统与国际运输走廊的互利整合正在成功实施，作为中亚地区陆地和空中交通的交会点，乌兹别克斯坦拥有参与国际物流转运的独特机遇。从欧亚货物和客运过境的角度来看，该国拥有几乎通往所有方向的最短路线，因此对周边国家和亚欧市场都极具吸引力。随着对外开放程度加深，乌兹别克斯坦对外贸易的蓬勃发展也要求提高国际货运的转运能力。

（一）互联互通合作优势

地理位置优越。乌兹别克斯坦位于中亚腹地，撒马尔罕、纳沃伊地区与塔吉克斯坦接壤，卡拉卡尔帕克斯坦共和国与哈萨克斯坦的克孜勒奥尔达和曼吉斯套地区接壤，布哈拉、卡什卡达里亚和苏尔汉河州、花剌子模地区与土库曼斯坦达绍乌兹和列巴布地区接壤，费尔干纳盆地与吉尔吉斯斯坦的奥什、贾拉拉巴德和巴特肯地区，塔吉克斯坦的索格德地区接壤。接壤的地区大都属于平原，因此与之相连接的道路大多穿过经济发达地区。经济地理和地缘政治地位也是影响交通系统形成的因素。作为古丝绸之路的必经之地，其沟通联系着亚、欧、非各国以及各民族间的政治、经济、文化往来。诸多民族间语言相通、宗教信仰相同、风俗习惯相近及长久的和平跨居为双边或多边合作奠定了坚实基础。① 经过该国境内的连接亚欧大陆的现代交通走廊也表明乌兹别克斯坦是亚欧经济往来绕不开的区域。

交通网络较为发达。乌兹别克斯坦发展的经济和对外开放的积极姿态使各类贸易路线不断确立。作为中亚地区的重要交通枢纽，乌兹别克斯坦拥有发达的交通基础设施，包括现代化的铁路、公路和航空网络。这些交通枢纽为跨境贸易和人员流动提供了便利条件，提高了该地区的整体可达性。目前，乌兹别克斯坦有多条国际交通走廊，用于组织乌兹别克斯坦的进出口运输。通过"乌兹别克斯坦—哈萨克斯坦—俄罗斯—欧盟"走廊以及其他相关走廊组成连接亚欧贸易的桥梁，为乌兹别克斯坦提供通往这些地区市场的进出口通道。通过"乌兹别克斯坦—土库曼斯坦—阿塞拜疆—格鲁吉亚—土耳其""乌兹别克斯坦—土库曼斯坦—伊朗—阿曼""乌兹别克斯坦—哈萨克斯坦—俄罗斯"交通走廊，丰富该国跨境贸易路线，增强与邻国的合作关系。通过"乌兹别克斯坦—阿富汗—巴基斯坦（卡拉奇港）"走廊，建立出海口通道，以实现内陆国家多元化过境转运，降低运输风险，提高了国际贸易的稳定性和灵活性。通过"乌兹别克斯坦—哈萨克斯坦—中国""乌兹别克斯坦—吉尔吉斯斯坦—中国"走廊，形成中亚与东亚之间的贸易纽带，对加强与中国的贸易合作，推动共建"一带一路"倡议下的亚洲经济一体化具有战略意义。②

具备国际合作基础。该国积极参与多个国际合作组织，展现了强烈的合

① 李琪：《"丝绸之路"的新使命：能源战略通道——我国西北与中亚国家的能源合作安全》，《西安交通大学学报》（社会科学版）2007年第2期，第77页。

② Транспортные Коридоры, Перечень Основных Транспортных Коридоров И Внешнеторговых Маршрутов Республики Узбекистан, https：//miit.uz/ru/menu/transportnye-koridory, accessed：2023-11-28.

作意愿和积极的态度。这些组织包括但不限于欧洲—高加索—亚洲运输走廊、国际民用航空组织、国际航空运输协会、铁路合作组织、国际道路运输联盟、《国际铁路货物联运协定》、联合国中亚经济体特别计划、中亚区域经济合作以及《上海合作组织成员国政府间国际道路运输便利化协定》等。这一系列国际组织的参与为乌兹别克斯坦交通运输互联互通提供了多层次、多领域的合作平台。在运输领域，乌国参与运输走廊项目、加入《国际铁路货物联运协定》和国际道路运输联盟，加强与各相关国家和地区内外的合作。这能够为跨境货物运输、跨境交通提供便利通道，推动运输领域的国际标准和规范建设，促进地区贸易和人员流动。此外，乌兹别克斯坦通过参与《上海合作组织成员国政府间国际道路运输便利化协定》等机制，不仅深化了各国间经济层面的合作，也表明乌兹别克斯坦在国际事务中扮演着积极的角色，为加深其与国际伙伴之间的合作奠定了基础，为跨境交通运输和进出口贸易的顺畅进行提供了保障。

（二）构建多元化交通走廊，成为中亚交通枢纽

交通基础设施具有投资规模大、落地见效快的特点，是扩大有效投资的重要领域。道路货运业是畅通国民经济的"血脉"，也是保障改善民生的基础性服务行业。2022 年，道路货运行业 1100 多万辆货运车辆和 1700 余万名货车司机完成了全社会 73% 的营业性货运量，为支撑经济社会发展做出重要贡献。[1]

中亚国家需要在几乎所有领域进行大规模投资，尤其发展区域和跨国互联互通是刺激经济进一步增长和多样化的良好机遇。乌兹别克斯坦一直实行积极的交通外交政策，通过欧亚铁路贸易加强其地缘政治和地缘经济地位，主要目标是把自己从一个内陆国家转变为与更广阔的欧亚大陆相连的陆上国家。2017 年，政府出台了《2017—2021 年乌兹别克斯坦五大优先发展方向

---

[1] 《中华人民共和国交通运输部 8 月份例行新闻发布会》，中华人民共和国交通运输部网站，2023 年 8 月 24 日，https：//www. mot. gov. cn/2023wangshangzhibo/2023eighth/，最后访问日期：2023 年 11 月 10 日。

行动战略》，开始实施对外开放政策，指出加强发展当地基础设施和货运路线。2022 年 9 月，在上海合作组织峰会上，乌兹别克斯坦总统米尔济约耶夫提出加强中亚与南亚地区联系、加强地区整体互联互通的倡议，表明该国通过寻求东西方合作以提高自身地位的愿望。

从经济上看，区域互联互通的加强将使乌兹别克斯坦进出口路线多样化，减少对俄罗斯的依赖（乌兹别克斯坦 80% 的进出口活动通过俄罗斯），并保护该国免受外部经济冲击。改善的交通网络和基础设施引起了其他国家的关注，这增强了该国的投资吸引力。俄乌冲突爆发后，西方国家对俄罗斯实施了广泛制裁，欧洲国家封锁穿越俄罗斯领土的东西向过境走廊的可能性越来越大，这些都对中亚内陆国家产生了深远影响，这些国家历史上曾依靠穿越俄罗斯的公路和铁路走廊到达当地及其他地区的市场。俄乌冲突爆发前，俄罗斯、乌克兰、波兰和白俄罗斯都希望成为连接欧洲和东亚的“新亚欧大陆桥”的一部分。俄乌冲突爆发后，该计划被迫中止。中亚内陆各国克服国际贸易突然出现的瓶颈的方法是跨越内陆里海连接巴库—第比利斯—卡尔斯铁路，该铁路可以承载运往欧洲的货物。但另一可能替代方案是经过伊朗的南北航线，特别是恰赫巴哈尔港，它是伊朗唯一直接通往印度洋的海港，也是距离中亚国家最近的海港。[①]

俄乌冲突爆发后，北方走廊的不稳定以及对哈萨克斯坦和俄罗斯之间紧张局势的日益担忧，这为乌兹别克斯坦成为中亚的替代交通枢纽创造了绝佳的机会。从短期来看，积极的交通外交政策使该国吸引了更多的货运量，并增加了与周边国家（主要是中国）合作进一步发展区域互联互通的潜力。从长远来看，乌兹别克斯坦在该地区其他国家的帮助下建立完善的软硬件基础设施，可能会最大限度地提高其地缘经济地位，并为与哈萨克斯坦相媲美的中亚第二个交通枢纽的出现提供条件。

乌兹别克斯坦作为双内陆国需要大力发展陆路运输。由于缺乏出海口，

---

① Vali Kaleji, "With Russian Route Blocked, Uzbekistan Looks to Indian-Iranian-Afghan Chabahar Port Project," *Eurasia Daily Monitor*, Vol. 19, No. 55, 2022.

所有经过乌兹别克斯坦的通道皆需要同时经过其周边国家，这相对增加了运输风险。因此，乌兹别克斯坦想要发展过境运输，需要积极与周边国家开展合作。2022 年以来，米尔济约耶夫总统出台了多项交通领域的新政策，北向与哈萨克斯坦合作修建新的铁路干线，南向与阿富汗沟通重新启动修建海拉通—内巴巴德—马扎里—沙里夫铁路段。① 同时，乌兹别克斯坦也进一步寻求加强与国际组织的合作。2023 年 11 月，经济合作组织成员国交通部长第十二次会议在塔什干举行，会议讨论了扩大贸易和运输通信领域合作、发展该地区现有运输走廊、有效利用和创建新运输走廊、扩大乌兹别克斯坦与外国伙伴之间的国际合作等问题。这一系列举措旨在促进从亚太地区通过乌兹别克斯坦、土库曼斯坦、伊朗和土耳其至欧盟国家的货物运输，创造有竞争力的运价，制定统一的沿线货物运输规范性法律和技术标准，并加强走廊参与国之间的交通联系。由于泛亚公路通过中亚运输系统连接东亚和欧洲，欧洲国家也对此产生了浓厚的兴趣。TRACECA（欧洲—高加索—亚洲运输走廊）的开通，缩短了货物运输距离，从而有 50% 的出口货物通过此走廊运送。以棉花为例，通过哈萨克斯坦和俄罗斯将乌兹别克斯坦棉花运输到乌克兰港口的成本是每吨 100 多美元，而通过 TRACECA 的成本每吨仅为 55 美元。②

　　乌兹别克斯坦在交通基础设施方面的积极发展和外交政策的不断调整，为其在中亚地区崛起为重要交通枢纽创造了机遇。通过加强国际合作，特别是与中亚邻国和国际组织之间的合作，乌兹别克斯坦正在努力构建多样化的交通走廊，推动其地缘经济地位的提升。对于中亚国家而言，这些基础设施项目不仅是巨大的投资，更是加入全球贸易、实现地理重新定位的关键途径，走向西欧、南亚和东亚市场的门票。乌兹别克斯坦在交通领域的积极探索和战略举措，标志着该国正迈向更加开放、多元化的未来。

---

① Информационно-аналитический медиа цент, Состоялась встреча между руководством АО «Узбекистон темир йуллари» и Афганских железных дорог, 9 ноября 2023 года, https://www.railway.uz/ru/informatsionnaya_ sluzhba/novosti/35237/, accessed：2023-11-18.

② Isayev A. A., The Impact of The Geographical Location of The Republic of Uzbekistan on The Formation of Transport Corridors, Экономика и социум, №12（79）2020.

结　语

乌兹别克斯坦地处中亚中心，拥有作为交通枢纽的地理优势。米尔济耶约夫执政后，对内积极发展交通基础设施建设，实施改革，不断提升交通运输能力。随着乌兹别克斯坦旅游业的发展，根据当前该国人口潜力判断，未来该国客运量和货运量将持续增长。对外新政府积极实施对外开放，在铁路建设、公路运营和航空发展领域强化吸引外资能力，利用外资弥补国内建设资金不足的情况，不断提高过境转运通道能力。近年来，乌兹别克斯坦在交通运输互联互通方面也取得显著进展。积极参与"一带一路"倡议，尤其是"安格连—帕普"铁路项目，使乌兹别克斯坦成为中亚地区重要的国际运输走廊之一。通过大规模发展铁路和公路陆路交通网络，乌兹别克斯坦不仅加强了国内交通系统的效能，也强化了与邻国的国际联系，多式联运能力得到显著提升。航空领域的改革虽成效甚微，但随着相关政策的出台，该领域未来发展潜力将得到释放。交通体系改革方面，引入私营企业提高了运输服务水平和竞争性。未来，计划中的"南北交通走廊"项目将进一步提升运输速度，为乌兹别克斯坦国内外提供更高效的运输选择，为经济和交通体系发展注入新的动力，进而为乌兹别克斯坦走向繁荣奠定坚实的基础。

B.13
乌兹别克斯坦的劳务移民输出与减贫

王晓红　王添瑞*

摘　要：　贫困是影响人类社会发展的痼疾，在历史进程中与现实背景下都是国际社会共同关注并谋求解决的一个重大问题。2020年初，乌兹别克斯坦总统沙夫卡特·米尔济约耶夫提出在本国开展减贫工作的倡议。2022年1月，米尔济约耶夫签署命令，将减贫问题写入国家发展战略，并将减贫作为社会经济政策的主要优先事项。劳务移民的侨汇收入在乌兹别克斯坦的国民经济发展中占据举足轻重的地位，直接影响该国减贫的进程。

关键词：　乌兹别克斯坦　劳务移民　减贫　中国经验

　　中亚是俄罗斯补充劳动力的主要来源，目前在中亚已经形成了独特的劳务经济，其对中亚国家国民经济、内政外交、经济结构以及自身的社会结构产生了重要影响。乌兹别克斯坦的劳务移民在赴俄的中亚劳务移民中所占比重较大，也是乌兹别克斯坦国民收入的主要来源，对该国居民生活条件的改善作用巨大。

　　2015年，联合国制定的《2030年可持续发展议程》中的减贫目标号召国际社会联合起来在2030年"消除一切形式的贫困"，为推动国际减贫进程构建了良好的国际合作环境。2020年初，乌兹别克斯坦总统沙夫卡特·米尔济约耶夫提出在本国开展减贫工作的倡议，并将减贫作为社会经济政策

---

* 王晓红，历史学博士，陕西师范大学中亚研究所所长助理，陕西师范大学吉尔吉斯斯坦研究中心主任，研究方向为中亚移民和地区安全等；王添瑞，陕西师范大学中国西部边疆研究院博士研究生。

的主要优先事项。

2022 年 4 月 8 日，乌兹别克斯坦共和国第 101 号总统令《关于通过改善商业环境和发展私营部门为经济稳定增长创造条件的常规改革》确认，通过实现包容性和稳定的经济增长将贫困人口减少一半是减贫的目标之一。①《2022—2026 年新乌兹别克斯坦发展战略》也提出，加强对公民的社会保护和减少贫困，提供新的就业机会和有保障的收入来源、合格的医疗和教育服务以及体面的生活条件将被提高到一个新的水平。②对乌兹别克斯坦而言，劳务移民带来的侨汇收入成为该国减贫的重要途径之一。

一　乌兹别克斯坦劳务移民现状

目前，在乌兹别克斯坦，劳务移民是主要的移民类型。劳务移民占劳动适龄人口的 20%。国际劳务移民产生的主要原因是不同国家的收入和机会不平等、劳动力过剩、接受国使用廉价劳动力的能力以及减轻劳动力供应国劳动力市场人口压力。有效就业问题尚未解决，与其他国家相比，类似工作的工资水平相对较低，这是乌兹别克斯坦人口向外迁徙的经济动因。乌兹别克斯坦全国每六个家庭中就有一个家庭成员在国外工作，其中大部分在俄罗斯。近年来，向非独联体国家的劳务移民逐渐增加，主要原因是 2014 年俄罗斯卢布大幅贬值，这使得以美元计算的劳务移民收入减少了一半。换句话说，乌兹别克斯坦人从俄罗斯寄给家人的钱少了一半。这导致乌兹别克斯坦劳务移民的选择去向逐渐多元化。他们为寻找工作而

---

① Указ Президента Республики Узбекистан от 8 апреля 2022 года № УП-101 «Об очередных реформах по созданию условий для стабильного экономического роста путем улучшения предпринимательской среды и развития частного сектора», 9 апреля 2022 года, https://lex. uz/ru/docs/5947782, accessed: 2023-11-30.

② Указ Президента Республики Узбекистан, от 28.01.2022 г. № УП-60 «О стратегии развития нового Узбекистана на 2022-2026 годы», 29 января 2022 года, https://lex. uz/ru/docs/5841077, accessed: 2023-11-30.

迁徙的地理格局开始发生变化。过去5年，这些劳动力大都流向了美国、土耳其、以色列、韩国、阿联酋和哈萨克斯坦等国家。

（一）2022~2023年乌兹别克斯坦赴俄劳务移民继续增加

2022年底，来俄工作的外国公民达到347万人，比上年增加了1/3，即87.1万人。据统计，90%以上的劳务移民来自乌兹别克斯坦、塔吉克斯坦和吉尔吉斯斯坦。根据这项研究，2022年劳务移民数量增长最快的是来自乌兹别克斯坦的公民，增长了35.1%，即37.77万人。[①]

2022年11月，俄罗斯政府向国家杜马提交了一项关于修订移民登记的法案。内政部可使用"护照和签证服务"系统以及专门的莫斯科"移民"服务系统，来处理劳务移民的文件并在居住地进行公民登记。政府认为，这将简化移民进入俄罗斯工作的合法化进程。

2023年，从乌兹别克斯坦到俄罗斯的劳务移民人数增加了12倍。乌兹别克斯坦共和国对外劳务移民局称，自2023年初以来，有组织地前往俄罗斯境内工作的劳务移民人数增加了12倍。在2023年的短短8个月内，20450名劳务移民有组织地从乌兹别克斯坦前往俄罗斯。同时，韩国成为乌兹别克斯坦第二大最受欢迎的劳务派遣国。

目前，乌兹别克斯坦共有200万名公民在境外工作。值得注意的是，其中60%以上在俄罗斯工作。2022年，劳务移民向乌兹别克斯坦转入约200亿美元侨汇收入，其中80%以上来自俄罗斯。[②]

（二）未来在俄罗斯的乌兹别克斯坦劳务移民发展趋势

专家预测，未来在俄罗斯的中亚劳务移民数量不可能减少。金融市场波

---

① Приток трудовых мигрантов в Россию вырос на треть в 2022 году, 2023. 2. 20, Снова нам всем создают этнические банды и большую безработицу, https：//www. dzen. ru/a/Y_MWxDL FuBINI6fv, accessed：2023−11−30.

② Число трудовых мигрантов, прибывших из Узбекистана в Россию увеличилось в 12 раз, 14 сентября 2023 года, https：//kapital. uz/trudovie-milranti/, accessed：2023−11−30.

动对劳务移民影响并不严重。2023 年 8 月，卢布兑美元和欧元的汇率大幅波动，引起金融家和赴俄劳务移民的担忧。后者人数在 2022 年有所增加，达到 347 万人，比 2021 年增加了 1/3。

俄罗斯内务部数据显示，2023 年赴俄移民人数略有下降。2023 年上半年，有 350 万人在俄罗斯进行了移民登记（以工作为目的）。相比之下，2022 年同期，这一数字超过 580 万人，全年则达到 1180 万人。在主要移民输出国乌兹别克斯坦，人们也可发现同样趋势。2022 年上半年，290 万名乌兹别克斯坦公民登记成为劳务移民，2023 年同期则降至 170 万人。值得注意的是，移民人数的整体下降，并没有对劳动力数量产生重大影响。2022 年上半年，超过 128 万名乌兹别克斯坦人办理了劳动卡。2023 年同期，数量达到 122 万人。2023 年，卢布汇率波动和货币兑换方面的困难与政治局势相叠加。从长远来看，这可能会导致劳务移民进一步从俄罗斯外流，但不会很严重。

莫斯科乌兹别克斯坦侨民领导者律师巴赫罗姆·伊斯玛伊洛夫（Bakhrom Ismailov）此前在接受采访时表示，1/3 乌兹别克斯坦移民可能离开俄罗斯，主要原因是在俄收入与在本国的收入相差不大。① 但笔者认为，这种评价并不完全正确。首先，莫斯科和塔什干的物价水平差别较大，但整个乌兹别克斯坦的物价几乎差不多。其次，大多数移民都持观望态度，希望汇率趋于稳定。再次，中亚国家的货币与卢布兑美元的汇率一起下跌。例如，2023 年 1 月 1 日，1 美元兑 11255 乌兹别克斯坦币苏姆，而 7 月 1 日的汇率已跌至 1 美元兑 12134 苏姆。塔吉克斯坦索莫尼的情况也是如此。最后，即使汇率回升，许多移民也无法在本国找到工作。中亚国家人口增长快速，而就业机会的增加却比较缓慢。乌兹别克斯坦的工业发展速度略快于该地区其他国家，但即使在该国，就业岗位也不足以满足有劳动能力的就业者需求。

---

① Каждый третий трудовой мигрант может уехать из России, 2023 - 08 - 15, https://news. ru/society/rossiya-mozhet-lishitsya-treti-trudovyh-migrantov-iz-za-kursa-rublya/, accessed: 2023-11-30.

俄罗斯的乌兹别克斯坦劳务移民数量取决于许多因素。其主要影响因素包括输出国乌兹别克斯坦的就业机会和失业率、国际移民政策、输入国俄罗斯对移民的社会保障水平，以及强大的移民社群等。卢布汇率的稳定，仍是决定向俄罗斯移民数量的重要因素，但绝不是唯一因素。其他因素包括劳务移民输出国工作岗位数量的增加，其他劳务移民输入国所能提供的工作条件。然而，其他输入国对劳务移民的吸引力不足，这导致只有一小部分人会改变劳务移民方向。

二　乌兹别克斯坦减贫问题的提出与解决路径

2020 年初，乌兹别克斯坦总统沙夫卡特·米尔济约耶夫发出在本国开展减贫工作的倡议，并将减贫作为社会经济政策的主要优先事项。《2022—2026 年新乌兹别克斯坦发展战略》也提出，加强对公民的社会保护和减少贫困，提供新的就业机会和有保障的收入来源、合格的医疗和教育服务以及体面的生活条件将被提高到一个新的水平。① 2023 年 9 月，乌兹别克斯坦总统米尔济约耶夫签署命令通过《乌兹别克斯坦-2030 战略》。消除贫困化问题再次在新的国家发展战略中被提及。②

（一）贫困的概念和界定

2021 年，联合国将贫困线定义为购买基本商品和服务（食品、衣服、住房、水、电、学校教育、医疗保健）所需的收入水平。生活在绝对贫困中的人只能满足确保生物生存的最低需求。相对贫困人口的收入相当于全国收入中位数的 50%~60%。国家当局在 2021 年设定贫困线，以确定人口

①　Указ Президента Республики Узбекистан，от 28. 01. 2022г. №УП-60«О стратегии развития нового Узбекистана на 2022-2026годы»，29 января 2022 года，https：//lex. uz/ru/docs/5841077，accessed：2023-11-30.

②　Указ Президента Республики Узбекистан，от 11. 09. 2023г. №УП-158，О стратегии «Узбекистан-2030»，12 сентября 2022 года，https：//lex. uz/uz/docs/660040，accessed：2023-11-30.

中最贫困的部分，并设定社会保护目标。各国采用不同的标准，富国的贫困线高于穷国。世界银行专家建议采用最贫困国家使用的标准来衡量世界贫困人口的数量。在研究了 15 个此类国家的国家贫困率后，他们使用购买力等值标注对其进行了换算。这样做的目的是正确地比较各国单一商品和服务的价格。结果，专家们得出结论，所研究的六个最贫穷国家的贫困线约为每人每天 1 美元。这个数字被采纳为第一个国际贫困线。由于世界各地生活费用的差距越来越大，世界银行认为有必要定期审查全球贫困率。世界银行根据世界上同样最贫穷国家的贫困率重新计算了这一指标，并将全球贫困线提高到每人每天 1.25 美元。此外，世界银行还对中低收入国家、中等收入国家和高收入国家采用了更高的贫困水平——每人每天 3.2 美元、5.5 美元和 21.7 美元。世界银行专家强调，这些指标以货币标准为基础，并没有考虑到获得教育、医疗保健、水电等方面。世界银行每两年发布一次"贫困与共同繁荣"报告。其主要指标是每人每天 1.9 美元的国际贫困线，但也引入了新的贫困定义和衡量标准，如社会贫困。这一指标结合了绝对贫困和相对贫困的概念。此外，收入贫困不能反映公用设施（水、电）、医疗保健或教育的获取情况，因此引入了多维贫困衡量标准。根据这一定义，全球贫困人口的比例比货币贫困人口高出约 50 个百分点。

不同国家的最低收入标准不同。例如，2021 年乌兹别克斯坦的这一指标为每月 44 万苏姆或每天 1.46 万苏姆。贫困线是根据对乌兹别克斯坦各州 10600 户家庭的调查计算得出的。当局以此为标准来确定养老金和津贴的最低金额，以及向低收入家庭提供的其他类型的财政援助。自 2022 年 1 月起，乌兹别克斯坦的贫困线定为每人每月 498000 苏姆（46 美元）或每人每天 16600 苏姆（1.53 美元）。这是由乌兹别克斯坦国家统计委员会报告的。

根据世界银行的数据，有 7.36 亿人（占世界人口的 10%）生活在极端贫困之中（每天收入低于 1.9 美元），世界人口的近一半——34 亿人每天收入低于 5.5 美元。世界上最贫穷的国家大多位于非洲。这些国家的特点是独裁政权、军事冲突、经济欠发达、腐败严重、犯罪、环境和其他许多问题。

根据世界银行的标准，"赤贫"国家包括人均国内生产总值低于每年1025美元的国家。[①]

（二）乌兹别克斯坦产生贫困的原因

对于乌兹别克斯坦这个中亚大国而言，贫困的主要原因包括三个方面。

一是经济缺陷严重，经济发展水平较低。苏联时期，执政当局在乌兹别克斯坦的经济发展中出现了两极分化。只有农业和重工业两极，中间断层。这就导致农业收入需要满足购买生活必需品所需。随着重工业不断没落，国家入不敷出，居民就业机会不足。

二是资源未得到有效开发，失去自身发展的先天优势。乌兹别克斯坦长期实行僵化的计划经济体制，政府官员腐败严重，工作效率低下，导致资源不能得到有效开发利用，经济发展严重滞后。

三是人口增长和经济发展不平衡，劳动力市场压力较大。大量的年轻人进入劳动力市场，但就业机会相对有限。这不仅制约了国家经济的可持续增长，也限制了居民收入的提高，增加社会不稳定性。

（三）乌兹别克斯坦政府采取的减贫措施

首先，建立了一个减贫体制框架，成立了一个部门来协调这些问题，并建立了一个研究中心来开展这方面的研究。在过去的一段时间里，乌兹别克斯坦与国际组织（联合国开发计划署、上海合作组织、联合国人口基金）、金融机构（世界银行、亚洲开发银行）以及在该领域拥有成功经验的国家的研究中心（中国国际扶贫中心）建立了密切的联系。

借鉴中国的减贫经验对于乌兹别克斯坦减少贫困意义重大。乌兹别克斯坦总统沙夫卡特·米尔济约耶夫为《摆脱贫困》一书撰写了题为《真正的中国奇迹》的序言。他在序言中指出，"我国在联合国可持续发展目标基础

---

① Х. С. Хаджаев，бедностьицельсокращениябедностив Узбекистане，2023. N°6－1，https：// cy berleninka. ru/article/n/bednost－i－tseli－sokrascheniya－bednosti－v－uzbekistane/viewer， accessed：2023－11－30.

上制定了全新发展战略，其中一个优先方向是在未来 5 年内推动经济可持续和包容性增长，实现全国贫困人口减半的目标。同时，我们高度重视深入学习其他国家，特别是中国的减贫经验。乌兹别克斯坦已初步建立以社区为依托，以《贫困户帮扶名册》《妇女帮扶名册》《青年帮扶名册》为重要组成部分的高效减贫体系并取得显著成果，在较短时间内成功使 50 多万人摆脱贫困"。

2020 年 1 月 24 日，乌兹别克斯坦总统米尔济约耶夫向议会发表的讲话确定了消除贫困的国家战略。讲话指出，"减贫需要一项全面的经济和社会政策，首先要激发创业精神，调动民众的能力和潜力，创造新的就业机会"。

在乌兹别克斯坦，国家努力提高所实施的社会政策的有效性，旨在改善人力资本的质量和提高人民的生活水平。然而，贫困问题在乌兹别克斯坦依然存在：12%~15%的人口生活在贫困中。这是一个需要解决的问题。[①]

一个国家消除贫困主要取决于经济发展、足够数量的工作岗位和就业机会、收入的增加、受教育的机会、医疗服务的提供、公共基础设施、优质饮用水的提供以及环境。同时，成功战胜贫困的国家的经验表明，如果不同时发展人类生活的社会、经济和文化领域，消除贫困是不可能的。

从这个角度看，解决消除贫困、让贫困人口脱贫、建立有效机制防止贫困家庭数量增长等问题，在当前显得尤为重要。乌兹别克斯坦政府正在积极实施大规模的减贫计划。已经通过了一项长期减贫战略，其中包括在全国范围内直至最偏远地区采取全面、有针对性和目标明确的减贫措施。政府已经启动了综合研究，这项工作为全面评估国家的贫困状况奠定了方法论基础，并为确定贫困人口行列标准奠定了基础。最低需求体系和最低生活保障的计算和确立为随后社会保障制度调整、福利的计算和发放提供了必要的基础研究结果。借鉴中国的经验将使乌兹别克斯坦更成功地减少本国的贫困。

---

① Г. Т. Самиева, Узбекистаннапутиксокращению бедности：опыт Китая, Экономикаисоциум №10（101）-1, 2022, С. 530-536.

乌兹别克斯坦领导人借鉴中国的经验，指示将各部委和机构分配到教育水平高的村庄。鉴于乌兹别克斯坦实际上正在制定消除贫穷的综合办法，研究国际减贫经验并引进适合乌兹别克斯坦具体情况的最佳做法和解决办法极为重要。从这个角度看，中国是在减贫方面取得显著成效的典范之一。

中国取得的成功已得到国际社会的认可。特别是在过去十年中，中国已成为减贫世界纪录的保持者。从 2013 年到 2019 年，中国有 8240 万人摆脱贫困，生活在国家贫困线以下的人口比例从 10.2% 下降到 1.7%。从 2012 年到 2018 年，中国每年都有超过 1000 万人摆脱贫困。[①] 中国已成为世界上最大的多种农产品出口国。从这个角度看，乌兹别克斯坦通过《2030 年前农业发展战略》后，在很短的时间内就启动了系统的减贫工作，其实施极大地改变了农业、养殖业的实际做法。顺理成章的是，在一个农业占国内生产总值 28%、大多数穷人生活在农村地区的国家，土地改革以及随后的发展和减贫工作不能分开进行。中国减少贫困、增加就业和收入的经验对乌兹别克斯坦极为有用。在乌兹别克斯坦，农村地区，尤其是边远贫困村最突出的问题之一就是严重缺乏人才——有效的管理者和专家。如果不结合现代社会和技术的发展，在有效组织经济生活方面积累丰富的知识和经验，陷于贫困的村庄就不可能在短时间内摆脱贫困。偏远贫困地区发挥人的潜能的机会有限，导致拥有必要知识和技能的人很少到这些地区从事专业活动。如果不吸引具有现代思维、必要知识和技能的人才以及有效的管理者到贫困乡村工作，就很难解决该国的贫困问题。

从总体上看，中国的经验表明，减贫工作既艰巨又意义重大，它决定着国家社会经济发展的方向。同时，扶贫任务也只有通过并行不悖的方式才能解决。发展人类生活的各个领域，包括满足人类的最低需求，通过扩大教育机会、医疗保健、职业发展和创造性的实现来释放人类的潜能。改善乌兹别克斯坦人民的福利是一项具有战略意义的重要任务。在最近一段

---

① Г. Т. Самиева, Узбекистаннапутиксокращению бедности: опыт Китая, Экономикаисоциум №10（101）-1, 2022, С. 530-536.

时期，考虑到乌兹别克斯坦战略方案和发展计划的制定和执行，扶贫一直被纳入国家经济政策中，并被正式确定为国家目标。乌兹别克斯坦目前在提高生活水平、减少失业、鼓励民众创业和提高收入水平方面所面临的具体任务，中国在近几十年来已经成功地解决了这些问题，进一步促进了中国经济发展。中国经济总量位居世界第二，并基本实现在全国范围内消除贫困。借鉴中国的经验将使乌兹别克斯坦更成功地实现其在这方面的目标。

其次，在新冠疫情蔓延的情况下向贫困人口提供援助。与四个部门的代表、马哈拉、国家和地方议员一起组织了"帮扶名册"系统——需要物资援助的贫困家庭名单。政府批准了《无劳动能力家庭成员就业创收暂行办法》。2021年，引入了"激励、技能和经济支持"原则，以帮助列入"帮扶名册"的家庭摆脱贫困。为了进一步完善这项工作，2021年4月28日，通过了《关于向需要物资援助和支持的家庭、妇女和青年提供社会支持的补充措施》的第250号内阁决定。

再次，根据世界银行和联合国开发计划署等国际组织的建议，2021年8月27日，通过了《关于引入最低消费支出计算程序》的第544号内阁决定。乌兹别克斯坦副总理扎姆什德·库齐卡洛夫说，最低消费支出的实行使重新界定最低社会支付和福利成为可能。2021年，残疾人以及失去养家糊口能力的家庭的最低养老金和福利金额增加了10%~50%。[①]

最后，为了确定中长期减贫战略目标，与世界银行和联合国开发计划署的专家联合制定了《2021—2030年乌兹别克斯坦减贫战略》草案。

乌兹别克斯坦在这一领域实施的措施有其自身的特点。例如，马哈拉的作用值得注意。通过乌兹别克斯坦各州的马哈拉系统开展的活动包括：为658000人（包括233400名青年和213400名妇女）（占社会弱势人口的76.5%）提供就业；为197300名（占86.3%）表示有此愿望的人中的

---

① О том, как будут сокращать бедность в дваразa, https://www.gazeta.uz/ru/2022/05/26/poverty/, accessed：2023-11-30.

170200 人提供各种专业和创业培训；确定 346900 名愿意开展和扩大创业活动的人。此外，共向 30.44 万人发放了 72806 亿苏姆的信贷资金，并创造了 34.33 万个新工作岗位。由于在马哈拉地区开展的工作，人们和社会设施的具体问题得到了解决。由于采取了这些措施，到 2021 年 10 月，共和国为不同地区的 180.2 万多名居民提供了饮用水，为 1738 个居民点的 40078 万多名居民改善了饮用水供应条件。全国人口的供水普及率从 61.5% 提高到 70.0%。①

考虑到这一问题的重要性，可以得出以下结论。

截至 2021 年底，约 7.5% 的乌兹别克斯坦公民生活在世界银行规定的中低收入国家贫困线以下。他们中的许多人生活在这条线附近，收入降低的风险很高，稍有不慎就会掉到这条线以下，全国每六个家庭中就有一个家庭成员在国外工作，其中大部分在俄罗斯，在新冠疫情流行期间启动的旨在改善向公民提供社会援助的改革，将有助于扩大社会保护和劳动力市场扶持方案的覆盖面。这些措施的实施将有助于防止乌兹别克斯坦贫困率急剧上升。

2022 年，乌兹别克斯坦政府将减贫写入国家发展战略，把减贫工作提到更高水平。2022 年 1 月，《2022—2026 年新乌兹别克斯坦发展战略》提出，加强对公民的社会保护和减少贫困，提供新的就业机会和有保障的收入来源、合格的医疗和教育服务以及体面的生活条件将被提高到一个新的水平。② 2023 年 6 月 12 日，乌兹别克斯坦总统米尔济约耶夫签署命令《关于与商业实体建立互利合作促进减贫的措施》。③ 2023 年 9 月，乌兹别克斯坦

---

① Данные информационной службы Министерства экономического развития и сокращени я бедности.

② Указ Президента Республики Узбекистан, от 28.01.2022г. №УП-60 «О стратегии развития нового Узбекистана на 2022-2026 годы», 29 января 2022 года, https://lex.uz/ru/docs/5841077, accessed: 2023-11-30.

③ Указ Президента Республики Узбекистан от 12 июня 2023 года № УП-93 «О мерах по установлению взаимовыгодного сотрудничество с субъектами предпринимательства по сокращению бедности», 14 июня 2023 года, https://lex.uz/docs/6493144, accessed: 2023-11-30.

总统米尔济约耶夫签署命令通过《乌兹别克斯坦–2030 战略》，减贫问题再次在新的国家发展战略中被提及。[①]

三 乌兹别克斯坦劳务移民对减贫工作的作用和意义

据统计，260 多万名乌兹别克斯坦人作为劳务移民长期居留国外。他们寄给家人的汇款占人口总收入的 5%~23%。这意味着，即使根据官方数据，在某些领域，对这些汇款的依赖也仅占普通家庭收入的 1/20，但在部分领域，依赖这些汇款的收入约占人口收入的 1/5 或 1/4。因此，劳务移民的侨汇收入影响 GDP 的增长和居民生活水平的提高。这些以前往俄罗斯为主的境外劳务移民收入对该国减少贫困作用巨大。

（一）乌兹别克斯坦劳务移民的侨汇收入对国家经济发展至关重要

中亚地区 75%~95% 的劳务移民在俄罗斯工作。尽管近年来移民数量有所波动，但侨汇收入对国家经济仍然非常重要。平均而言，尽管受到疫情、反俄制裁和俄乌冲突的影响，但侨汇收入仍在继续增长。根据世界银行的数据，2020 年，侨汇收入在乌兹别克斯坦的 GDP 占比达到 11.8%，2021 年达到 13.3%，2022 年达到 20% 以上。尽管乌兹别克斯坦经济复苏强劲，但侨汇收入在 GDP 的占比仍在增长。这些数字表明，作为俄罗斯最大的劳动力资源输出国，乌兹别克斯坦严重依赖侨汇收入。

中亚地区的生活水平，不仅取决于劳务移民的侨汇收入，还取决于国民经济的质量、工业数量的增长，进而取决于该地区各国的就业情况。俄罗斯目前正在帮助中亚加快这些进程，提高人民生活质量。例如，根据乌兹别克斯坦统计署的数据，仅 2023 年前 7 个月，俄罗斯企业家就在乌兹别克斯坦开办了 425 家企业。

---

① Указ Президента Респу блики Узбекистан, от 11. 09. 2023г. № УП‑158, О стратегии 《Узбекистан‑2030》, 12 сентября 2022 года, https：//lex. uz/uz/docs/660040, accessed：2023‑11‑30.

可见，对于乌兹别克斯坦来说，加强境外劳务移民的管理和培训，促使这些人不断适应国家局势的变化和移民输入国移民政策的调整，确保劳务移民侨汇收入的稳定性增长，将对该国经济可持续性发展，逐步减少贫困产生积极影响。

（二）乌兹别克斯坦通过加强劳务移民管理促进减贫工作发展

劳务移民对乌兹别克斯坦共和国既有积极的影响，也有消极的影响。单纯从积极方面看，它有助于改善该国的社会和经济状况，减少人口的失业和贫困，刺激市场关系和商业活动良性循环。境外汇款对乌兹别克斯坦经济来说是极其重要的收入。根据乌兹别克斯坦共和国对外劳务移民机构的数据，2021年，该国劳务移民的收入占国内生产总值的13%，2021年通过国际汇款系统向共和国提供了81亿美元，比2020年增加60亿美元，并呈现逐年增长的趋势。

近年来，乌兹别克斯坦的结构调整和经济改革明显改变了国家的社会经济面貌：经济开放，投资环境明显改善，确保人口安全的体制环境和规范性法律规范体系已经形成，运用各种机制和措施来支持家庭改善生活条件。此外，本国移民政策也发生了积极变化，使得该国的移民进程得到适当控制，境外劳务移民权益得到一定保护。

乌兹别克斯坦共和国政府非常重视劳务移民问题。正在积极推动加强国家间合作和确保对劳务移民的社会保护政策。俄罗斯、韩国、土耳其和其他西方国家各种有组织的劳务派遣正在扩大。乌兹别克斯坦2021年正式获得了欧亚经济联盟（EAEU）的观察员国地位。这不仅可以在欧亚经济联盟成员国一体化的框架内得到经济支持，刺激本国经济的全面发展，而且还将加大进入世界和区域市场的机会，并将作为该国规范劳务移民发展的基础。乌兹别克斯坦采取各种措施对劳务移民进行规范化管理，促进劳务移民良性发展。长期以来，在俄罗斯和独联体其他国家的大多数乌兹别克斯坦劳务移民的身份不稳定，主要是非法的。根据乌兹别克斯坦对外劳务移民局的数据，

2020 年上半年，在 200 万出国旅行的人中，只有 99.2 万人拥有合法身份。[①]
乌兹别克斯坦现代移民政策的主要优先方向是减小非法移民的规模，鼓励合
法劳动力外流，扩大国家间合作，加强对劳务移民的社会保护。为保障境外
劳务移民权益，通过了以下政策：乌兹别克斯坦共和国总统关于进一步完善
乌兹别克斯坦共和国对外劳务移民制度的补充措施的决定（2018 年 7 月 5
日）[②]；乌兹别克斯坦共和国部长内阁关于进一步完善和彻底改革乌兹别克
斯坦共和国公民在国外有组织就业制度的措施的决定（2018 年 9 月 12
日）[③]；乌兹别克斯坦共和国总统令关于进一步加强保障在国外从事临时工
作的乌兹别克斯坦共和国公民及其家庭成员的措施（2019 年 8 月 20 日）[④]；
乌兹别克斯坦共和国总统关于实施安全、有序和合法劳工移徙制度的措施的
决议（2020 年 9 月 15 日）。[⑤]

为此目的，在过去几年中通过了大约 15 项法律文书，批准了 13 项关于
移徙和人权的国际公约，加入了《保护移徙者权利公约》，设立了私营劳务
移民机构。此外，还建立了一些创新型机构，例如成立了一个国家对外劳务
移民委员会、一个支持和保护劳务移民权利和利益的基金会、一个委员会，
以制定与劳务移民合作促进汇款投资潜力的机制，并开设了办事处。

---

① Открытые данные в соответствии с законодательными актами о бюджете//Агентстве по
внешней трудовой миграции при Министерстве занятости и трудовых отношений Республики
Узбекистан, 30 июня 2020 года, http：//www. migration. uz/post/view/33, accessed：2023-11-30.

② Постановление Президента Республики Узбекистан от 05. 07. 2018г. № ПП - 3839 «О
дополнительных мерах по дальнейшему совершенствованию системы внешней трудовой
миграции Респу блики Узбекистан», https：//lex. uz/ru/docs/3811333, accessed：2023-11-30.

③ Постановление Кабинета Министров Республики Узбекистан от 12. 09. 2018 г. № 725 «О
мерах по дальнейшему совершенствованию и коренному пересмотру системы организованного
трудоустройства граждан Республики Узбекистан за рубежом», https：//lex. uz/ru/docs/
3903309, accessed：2023-11-30.

④ Указ Президента Республики Узбекистан от 20. 08. 2019г. №УП - 5785 «О мерах по
дальнейшему усилению гарантий защиты граждан Республики Узбекистан, осуществляющих
временную трудовую деятельность за рубежом, и членов их семей», https：//lex. z/docs/
4482657, accessed：2023-11-30.

⑤ Постановление Президента Республики Узбекистан от 15. 09. 2020 г. № ПП-4829 «О мерах
по внедрению системы безопасной, упорядоченной и легальной трудовой миграции»,
https：//lex. uz/ru/docs/4997979, accessed：2023-11-30.

结　语

　　全球化的高速发展和互联网的普及使人的流动在对外部世界更多感知的前提下变得越来越容易。世界各地的人们愈加希望通过移民的方式来实现对美好生活的向往和追求。劳务移民创造的财富以汇款的方式源源不断地寄回家乡，成为提高家庭生活水平甚至为原籍国创收、减少贫困的重要经济来源。劳务移民的侨汇收入对乌兹别克斯坦国家发展和减贫工作推进的重要性不言而喻。在国际合作不断加强、国家移民政策不断完善的情况下，乌兹别克斯坦劳务移民的境外工作和生活权益将得到保障，这将极大促进乌兹别克斯坦人口和经济发展的安全环境逐步形成和改善，将不断提高劳动力收入和国民经济发展水平，推动国家减贫政策的落实和阶段性任务的完成。

B.14
乌兹别克斯坦与中亚国家的区域合作

苑鹤铧*

摘 要： 近年来，随着国际局势变化愈加复杂，中亚地区的国际地位和影响力愈加突出，该地区的合作进程加速发展。2022~2023年，乌兹别克斯坦政府在实现政治互通、协调地区安全、推动经济合作、促进人文交流等方面为中亚区域合作做出了巨大贡献。

关键词： 乌兹别克斯坦 中亚 区域合作

当今时代正经历世界百年未有之大变局，国际格局与经济重心正在进行深刻的调整，全球治理体系愈加复杂，国际力量对比也出现了革命性的变化。中亚地区以其独特的地理位置和地缘政治处于大国博弈的利益交汇处，这使其成为国际政治经济格局调整的重要参与者，同时为中亚地区带来了许多新的机遇和挑战。

苏联解体后，为保障中亚国家的区域稳定与安全发展，一体化问题一直被提上议程。但由于中亚五国间复杂的地缘政治，参差的经济发展水平，中亚国家之间缺乏集体认同，外部势力在中亚地区的博弈，都使得中亚国家区域合作的进程步履维艰。中亚国家试图通过经济层面的多边合作推进中亚区域合作，早在1994年吉尔吉斯斯坦、哈萨克斯坦和乌兹别克斯坦就已签署了关于建立统一经济空间的条约，该条约实现了其共同经济空间内商品、服务、资本和劳动力的自由流通，在其条约框架下成立了中亚合作与发展银

---

* 苑鹤铧，陕西师范大学中亚研究所博士研究生，研究方向为中亚国家间关系、中亚国家政策。

行，通过关税联盟和货币联盟加强了共同经济空间内实体经济的直接联系，为深化中亚区域合作创造了有利条件。1999年塔吉克斯坦加入"中亚经济合作组织"（CAEC），自此除了土库曼斯坦保持"中立国"外，其他中亚四国均保持积极发展一体化的态度。其间，虽然各国签署了一系列政府间的合作协议，但均未得到有效落实和积极推进。2004年，随着俄罗斯的加入，中亚合作组织（CACO）就此并入欧亚经济联盟；2008年，乌兹别克斯坦退出欧亚经济共同体成员国行列，自此乌兹别克斯坦在中亚国家区域合作进程中的作用大大降低。

2016年米尔济约耶夫总统执政之后，大力推行改革开放，优先提升中亚国家经济合作水平。他于2017年提出"中亚国家首脑峰会"，自此将中亚地区的区域合作推向新的高度，中亚国家自此以"中亚五国+"的形式与其他国家开展高层对话与深度交流活动，中亚国家间的区域合作开始复兴并逐渐达到前所未有的高度。乌兹别克斯坦在2022~2023年发起了许多倡议，旨在通过跨区域合作项目促进中亚国家间关系紧密联系和互联互通。

一　乌兹别克斯坦在中亚区域合作进程中的作用

（一）政治互动的先行者

外交方面，乌兹别克斯坦积极调整国家外交政策，提倡加强区域合作、增进互信，构建真诚睦邻关系的稳步推进。自米尔济约耶夫总统执政以来，在其外交政策中，乌兹别克斯坦尤其将与中亚地区的外交合作放在首要位置，重新调整与中亚国家的关系，促进该地区国家共同发展。2023年4月30日，乌兹别克斯坦以全民公投的方式通过了宪法修正案，新宪法中乌兹别克斯坦的外交原则和外交方针发生根本性的改变①，这向整个中亚地区乃

---

① Конституция Республики Узбекистан, 1 мая 2023 года, https：//lex.uz/docs/6445147, accessed：2023-11-30.

至国际社会展示其和平友好的外交态度，得到了国际社会的高度认可与广泛支持，并使全球与中亚地区合作迈上新台阶。乌兹别克斯坦新外交政策的推进也导致中亚地区的政治氛围发生根本性变化，实现了中亚地区和全球层面的紧密联系和相互依存。

政治合作方面，乌兹别克斯坦积极开展与中亚其他国家进行高层对话和多边合作，以促进地区内的相互理解和合作。2023年1月26~27日，乌兹别克斯坦总统米尔济约耶夫访问吉尔吉斯斯坦，其间签署了25份文件，此举旨在宣布乌、吉两国正式建立全面战略伙伴关系；2023年7月4日，在上海合作组织成员国元首理事会上，乌兹别克斯坦总统米尔济约耶夫认为，由于当今国际关系中地缘政治的紧张加剧和地区冲突的升级，全球稳定和可持续发展出现了新的风险与威胁，在这方面，上海合作组织成员国间迫切需要建立一个基于不结盟原则，相互尊重、相互理解的新型对话模式，他首次提出制定多边政治文件《上海合作组织睦邻信任和跨境伙伴关系准则》的倡议，他表示"该倡议的通过将使我们能够确定优先任务，制定共同方针和综合措施，在新形势下进一步深化合作"①。这将为新国际形势下的中亚地区与上海合作组织成员国之间的合作形成稳定的政策保障。2023年8月17日，哈萨克斯坦共和国副总理兼外交部部长努尔特列乌对乌兹别克斯坦共和国进行正式访问，此次访问中哈萨克斯坦和乌兹别克斯坦外交部签署了2024~2025年合作计划的文件，该文件的成功签署进一步加强了乌兹别克斯坦与哈萨克斯坦的战略伙伴关系和同盟关系，并赋予其新的务实内容。

以上这些成就不仅仅是解决了双边争议问题，而且有效地从实际上消除了地区间潜在的冲突，有助于解决潜在的政治分歧，推动共同利益的实现。

---

① Президент Узбекистана выступил за дальнейшее развитие и укрепление многостороннего сотрудничества в рамках ШОС, 4 июля 2023 года, https://president.uz/ru/lists/view/6458, accessed: 2023-11-30.

（二）经贸合作的推动者

乌兹别克斯坦政府认识到，经济发展的首要原则是加强与邻国之间的密切区域合作，这对于一个双重陆锁国来说尤为关键。因此，乌兹别克斯坦大力推动与中亚国家间的贸易、经济和投资合作。在新经济路线领导下，目前乌兹别克斯坦与中亚国家间的经济合作已取得累累硕果。据乌兹别克斯坦经济研究与改革中心报告统计，2023 年 1~10 月，乌兹别克斯坦与中亚国家的贸易额达到了 60 亿美元，占对外贸易总额的 11%。[1] 近年来，在中亚五国的共同努力下，该地区国家的生产总值增长了 40%，中亚国家之间的贸易成交额增长了 2.5 倍以上，相互投资额增长了近 6 倍，对外直接投资和投资流量增长了 45%。[2]

在中亚五国中，哈萨克斯坦是乌兹别克斯坦最为重要的贸易伙伴之一，其与乌兹别克斯坦的贸易额仅次于中俄，是乌兹别克斯坦的第三大主要外贸伙伴。哈萨克斯坦政府总理阿里汗·斯马伊洛夫于 2023 年 11 月 9 日访问乌兹别克斯坦时强调，两国基于相互信赖和相互理解的战略伙伴关系，在国际关系当中堪称典范。乌兹别克斯坦是哈萨克斯坦最大的贸易伙伴之一。阿里汗·斯马伊洛夫认为"两国之间的经贸额占到了整个中亚地区贸易额的70%。2022 年的统计显示，双边贸易额实现了 30% 的增长，首次达到了 50 亿美元的规模。目前，我们正在开展积极的工作，力争将双边贸易额提升至100 亿美元"[3]。由此可见，乌哈经贸合作已进入稳步发展时期，两国的关系也将愈加紧密。

---

[1] Инфографика: Торговля Узбекистана со странами Центральной Азии за январь – октябрь 2023 года, 23 ноября 2023 года, https://review.uz/post/infografika – torgovlya – uzbekistana – so-stranami-centralnoy-azii-za, accessed：2023-11-30

[2] Firdavs Kobilov, "Uzbekistan's Regional Economic Foreign Policy: Embracing Regionalism and Economic Unity in Central Asia," November 3, 2023, https://cabar.asia/en/uzbekistan – s – regional-economic-foreign-policy, accessed：2023-11-30.

[3] 资料参考: Данные Государственной службы статистики Узбекистана, 24 января 2023 года, https://uzdaily.uz/ru/post/75050, accessed：2023-11-30。

得益于乌、吉两国边境争端问题的和平解决，两国的经贸合作也在近年来得到重大突破。乌兹别克斯坦与吉尔吉斯斯坦的相互贸易额较 2017 年增长了 5 倍，合资企业数量增长了 8 倍。乌、吉双方的大型合作项目主要集中在纺织、汽车生产、地质、化工、农业和水管理、畜牧业等领域①；为促进合作，双方还决定扩大乌吉发展基金规模，并确定"2023～2025 年乌吉战略经贸伙伴关系综合规划"，还将通过一项关于工业领域优先发展的协议，这为双方进一步合作构建坚实的物质基础和法律保障。在能源与交通运输领域，乌、吉两国特别是就坎巴拉塔 1 号水电站（Камбаратинская ГЭС-1）联合建设的问题进行了详细讨论，同时双方就大力建设中吉乌铁路项目达成一致。双方强调需要进一步激活本地区的内在联系，并呼吁定期举行地区边境服务负责人理事会会议，以便及时高效的沟通、落实双边项目。乌、吉两国在近两年的经济合作中收获颇丰，尤其是中吉乌铁路的建设工作，一旦成功落实将直接影响到整个欧洲与亚洲的互联互通，为两国及其沿线国家提供坚实的战略保障和经济支持。

目前，塔吉克斯坦有乌兹别克斯坦资本企业 64 家，而在乌兹别克斯坦开展业务的塔吉克斯坦公司有 252 家。由于双边关系的加强，在米尔济约耶夫领导的 6 年期间，塔吉克斯坦与乌兹别克斯坦的贸易额增长了近 8 倍，2016～2022 年至少增加了 4.85 亿美元。② 乌兹别克斯坦与土库曼斯坦经济领域关系也在不断加强。土方参股的乌兹别克斯坦企业有 157 家，其中合资企业 65 家，土库曼斯坦全资企业 92 家。主要合作领域集中在贸易服务、纺织工业、装饰材料和家具生产。③

① Firdavs Kobilov, "Uzbekistan's Regional Economic Foreign Policy: Embracing Regionalism and Economic Unity in Central Asia," November 3, 2023, https://cabar.asia/en/uzbekistan-s-regional-economic-foreign-policy, accessed: 2023-11-30.

② Таджикистан существенно сократил торговлю с Узбекистаном. С чем это связано?, 30 ноября 2023 года, https://asiaplustj.info/ru/news/tajikistan/economic/20230901/tadzhikistan-sutshestvenno-sokratil-torgovlyu-s-uzbekistanom-s-chem-eto-svyazano, accessed: 2023-11-30.

③ Повышение уровня кооперации с ближайшими странами может предоставить новые возможности для промышленного развития Узбекистана, 16 июня 2021 года, https://uzdaily.uz/ru/post/61604, accessed: 2023-11-30.

由此可见，米尔济约耶夫的经济改革为整个中亚地区的经济发展注入新的动力，中亚国家间贸易额开始积极增长，大量项目真正得到落地，投资也开始进行，虽然在具体项目落实中仍然存在着一些问题，但乌兹别克斯坦在中亚区域经济一体化的过程中已经起到不容小觑的作用。

（三）安全合作的协调者

乌兹别克斯坦在地理位置上处于中亚五国的中心地带，与其他四国均有领土接壤，边境争端自中亚五国独立以来始终存在。近年来，乌兹别克斯坦积极采取和平外交手段解决边境争端问题，以维护中亚地区的安全与稳定。2022 年 12 月 22 日，哈萨克斯坦总统访问乌兹别克斯坦，两国签署了同盟关系和划定国家边界的协定，彻底为两国边界问题提供了完善的法律保障。此次谈判表明乌、哈两国想要全面发展双边关系的意愿，条约的成功签署也给双边关系增添了新的务实内容。而乌兹别克斯坦与吉尔吉斯斯坦的边境问题更加复杂，自苏联解体以来，乌、吉两国在边境问题上就冲突不断，乌兹别克斯坦在近两年为此做出了巨大努力：2022 年 11 月 29 日，乌、吉两国共同签署了《关于批准吉尔吉斯斯坦-乌兹别克斯坦边界部分地段条约》的法案。乌吉双方做出了让步，最终通过协商解决了领土争议的问题，并且两国均同意不再以土地争端为由在边境制造冲突。自此乌、吉两国边境局势得到缓和。2023 年 1 月 26～27 日，乌兹别克斯坦总统米尔济约耶夫访问吉尔吉斯斯坦，缔结《乌吉国界分段条约》[①]，自此吉尔吉斯斯坦与乌兹别克斯坦在边界问题上终于达成一致，所有争议边界的划线问题得到解决，两国再无争议领土。此举是乌吉关系中的一次历史性进步，大大改善了两国人民之间的友好睦邻关系，也为两国日后的经贸合作奠定了坚实的基础。

乌兹别克斯坦不但致力解决其与中亚四国的安全问题，还积极帮助周边中亚国家维护当地的安全与稳定。虽然阿富汗并不属于中亚五国之中，但中

---

① Обсуждены приоритетные направления развития узбекско－кыргызского сотрудничества，27 января 2023 года，https：//president. uz/ru/lists/view/5844，accessed：2023-11-30.

亚地区的安全局势与阿富汗密切相关。乌兹别克斯坦总统米尔济约耶夫在2023 年 9 月 14 日第五届中亚国家领导人磋商会议上就提出了这一点，他特别强调，"阿富汗局势是直接影响中亚安全稳定的关键因素之一"。会议指出，乌兹别克斯坦打算继续向阿富汗人民提供必要的援助，在铁尔梅兹设立国际人道主义援助中心，并继续在专门的教育中心为阿富汗人民提供安全培训。此外，米尔济约耶夫还指出了与阿富汗方面就边境安全、水资源和贸易发展等问题进行多边对话的重要性。[①] 此外，乌兹别克斯坦总统米尔济约耶夫在发言中提出要重点加大中亚国家间的安全领域合作力度，他建议中亚国家间应定期举行安全问题会议并由各国安全委员会发挥协调作用，这一提议得到了各国领导人的广泛支持。这些会议成果也将有助于进一步加强中亚国家间的睦邻友好和战略伙伴关系，促进中亚国家间的全面发展与区域合作。

（四）人文交流的倡导者

中亚地区有着悠久的文明历史，更是"丝绸之路"中各大文明交会的十字路口，乌兹别克斯坦拥有著名的历史名城撒马尔罕、布哈拉和希瓦。几个世纪以来，这里保留了大量珍贵的历史文化遗产，在中亚区域合作的发展中，共同的文化认同为中亚国家间的合作与发展打下坚实的基础。乌兹别克斯坦在推进与中亚国家人文交流方面积极利用媒体和非政府组织的宣传能力、现代信息和通信技术，在国际舞台上展示宣传了本地区独特的文化、历史和精神遗产。

乌兹别克斯坦对发扬本民族优秀传统文化非常重视，2022 年 11 月 11日米尔济约耶夫总统在撒马尔罕市主持了"突厥国家组织"峰会，他在会议中表示"中亚的历史和文化是一个过去和共同的未来"，并强调要有效落实当天通过的"突厥世界 2040 愿景"和《撒马尔罕宣言》，旨在进一步扩大这一框架内的多方面合作，加深中亚地区的集体认同感。

---

① Выступление Президента Республики Узбекистан Шавката Мирзиёева на Консультативной встрече глав государств Центральной Азии/Президент Республики Узбекистан，14 сентября 2023 года，https：//president. uz/ru/lists/view/6658, accessed：2023-11-30.

教育文化方面，中亚国家拥有规模庞大、充满活力的高等教育部门，这些学校自中亚地区独立以来都经历了重大变革。在过去的几十年里，中亚地区高等教育机构和学生的数量显著增加。如今，哈萨克斯坦、吉尔吉斯斯坦、塔吉克斯坦和乌兹别克斯坦有 430 多所大学，为 180 万名学生提供教育服务。[①] 2023 年 9 月 21 日，世界银行与乌兹别克斯坦高等教育、科学和创新部合作举办的促进中亚国家高等教育领域对话与合作发展的高层会议在塔什干开幕。活动期间，参会者强调，若想要中亚地区高等教育的质量与水平得到进一步提高，则需要整个中亚地区高校与科研机构的共同协作与努力。乌兹别克斯坦代表提出应加强中亚地区高校之间的发展合作、知识交流和资源共享，这一举措将为提高中亚高等教育和科学研究质量打下基础。

近年来，乌兹别克斯坦总统米尔济约耶夫还重点关注本国与中亚地区的青年政策，仅乌兹别克斯坦就有超过 1800 万名青年，占该国人口的 50%以上。[②] 可以说青年未来的发展对乌兹别克斯坦尤为重要。在 2023 年 9 月 14 日中亚国家领导人磋商会议上，米尔济约耶夫特别呼吁关注中亚国家的青年政策，他鼓励"继续开展全面支持年轻一代、发现年轻人的才华及主观能动性、发掘他们的潜力"，并建议"在乌兹别克斯坦举办突厥世界青年科学与创新国际大会，开设突厥语世界青年创意中心，以鼓励年轻一代在文化发展方面做出更多创新与贡献"。[③] 乌兹别克斯坦新宪法中也纳入了有关年轻一代权益的具体条款，青年事务局制定了《到 2025 年乌兹别克斯坦青年政策发展概念草案》，相关举措进一步巩固了青年政策的法律框架，为推动实践工作落地创造了新的机遇。在全国公民投票与讨论通过新宪法期间，乌兹

① 资料参考：Всемирный банк окажет содействие региональному сотрудничеству с целью улучшения качества высшего образования в Центральной Азии, 21 ноября 2023 года, https：//www. vsemirnyjbank. org/ru/news/press-release/2023/09/21/regional-cooperation-on-higher-education-in-central-asia-to-improve-with-world-bank-support, accessed：2023-11-30。

② Молодежная политика Узбекистана и международное взаимодействие, 28 октября 2023, https：//www. kp. kz/online/news/5519119/, accessed：2023-11-30.

③ Выступление Президента Республики Узбекистан Шавката Мирзиёева на Консультативной встрече глав государств Центральной Азии, 14 сентября 2023 года, https：//president. uz/ru/lists/view/6658, accessed：2023-11-30.

别克斯坦的年轻人活跃程度很高，这也表明乌兹别克斯坦青年对祖国未来命运发展的参与意识与关注度都很高。

二　乌兹别克斯坦助力中亚区域合作采取的应对举措

目前乌兹别克斯坦在中亚区域合作中面临着复杂的外部环境和多方面的内部挑战，包括大国博弈、乌兹别克斯坦的内部矛盾、中亚各国间的经济不平衡、文化差异以及环境危机等因素。乌兹别克斯坦作为倡导区域合作发展的积极推进者，其在保持战略自主权的同时，加强与中亚各国的合作，通过多种方式解决区域内部矛盾，推动区域经济一体化进程，以实现区域共同发展与稳定。

（一）政治方面：改善各国关系，促进共同发展

乌兹别克斯坦一直在为中亚地区新的政治环境发展做出贡献，这为加强中亚地区的团结奠定了基础。乌兹别克斯坦推进的"中亚国家首脑峰会"起到重要作用，这标志着中亚国家重新致力于促进各国之间的协作与合作，也是使区域合作制度化的第一步。各级定期的对话逐步促进了区域内各国的多边合作，中亚地区的政治生态明显改善。在解决边界争端中，乌兹别克斯坦不仅积极解决自己的边境问题，对于邻国的边境争端也发挥了建设性作用。就乌吉边境水资源问题，乌兹别克斯坦与吉尔吉斯斯坦成立了一个联合双边水管理委员会以及相关工作组，就乌兹别克斯坦、哈萨克斯坦和塔吉克斯坦之间水关系的所有领域制定提案①，为解决相关边境水资源问题构建多方对话平台和管理机制建立基础。乌兹别克斯坦提出以深化水和能源利用、互联互通、发展贸易、经济和投资合作以及共同促进文化和旅游机会等领域的区域合作实现整个地区的繁荣，以此弱化边境问题；在 2021 年 4 月塔吉

---

① Bakyt Ibraimov, "How Much Progress Has Been Made on Kyrgyz-Uzbek Water Cooperation?" June 30, 2022, https://www.thethirdpole.net/en/regional-cooperation/how-much-progress-has-been-made-kyrgyz-uzbek-water-cooperation/, accessed: 2023-11-30.

克边境危机期间，米尔济约耶夫向其提供了积极援助。[①] 乌兹别克斯坦积极
主动的态度也鼓舞了邻国，各国之间开始照顾彼此利益，为加强区域一体化
与合作带来了希望。在国家高层对话方面，乌兹别克斯坦学者建议维持磋商
会议的形式，保护区域内各国利益，在各国协商一致基础上进行决策决议，
这将进一步便利各方签署条约，巩固双边关系。[②] 为了高层协商会议中的各
项协议能够得到落实，吉尔吉斯斯坦学者提议建立合规公平公正的监督机
制，以确保参与国遵守协议条款，其中需要更多关注于解决冲突和争端的
机制。[③]

（二）经济方面：加强多方交流合作，落实地方项目

乌兹别克斯坦与中亚国家的经济合作在政府层面构建了许多框架体系，
但具体项目落实并不到位，政府与民间企业的合作交流不够深入。为解决这
一问题，在 2022 年 11 月 11 日"突厥国家组织"峰会上，乌兹别克斯坦总
统米尔济约耶夫提议在该组织框架内创建"新经济机会空间"，"在会议论
坛中同时举办'政商'联合活动、企业家会议、圆桌会议、创新项目展览
等"[④]。这些措施的有效实施将使政府合作规划与民间企业紧密关联在一起，
具体的政策项目立即在企业间的会议协商中得到落实，该举措或将增加中亚
五国间的相互贸易量、共同创建可持续价值链、增加中亚地区的高科技集群
和风险投资公司。乌兹别克斯坦的特别之处在于其不仅与所有中亚国家接

① Yana Valchetskaya, "Strengthening Integration and Cohesion in Central Asia," July 8, 2021, https：//www. brusseltimes. com/176744/integration-processes-in-central-asia-the-role-of-uzbekistan, accessed：2023-11-30.

② Фазлиддин Джамалов, "Региональное сотрудничество в Центральной Азии：видение из Узбекистана", 31 ноября 2022 года, https：//cabar. asia/ru/regionalnoe-sotrudnichestvo-v-tsentralnoj-azii-videnie-iz-uzbekistana, accessed：2023-11-30.

③ Адамкулова Ч. У. , Интеграционные процессы в Центральной Азии：состояние, риски и перспективы развития, ДА МИД КР, №. 13, 2020, С. 1-13.

④ В Самарканде состоялось заседание глав стран - участниц Организации тюркских государств, 11 ноября 2022 года, https：//kun. uz/ru/news/2022/11/11/v-samarkande-sostoyalos-zasedaniye-glav-stran-uchastnits-organizatsii-tyurkskix-gosudarstv, accessed：2023-11-30.

壤，而且其下属的 12 个州、1 个直辖市和 1 个自治共和国都与中亚其他四个邻国有共同边界。因此，米尔济约耶夫总统提议成立中亚国家地区和工商首脑协会〔Association of Heads（Khokims）of Regions and Business Communities of Central Asian States〕①，以促进地方间经济合作，地方领导人可以根据当地的具体特点和市场需求进行合作。为了充分实现乌兹别克斯坦与中亚地区的多样化合作，乌兹别克斯坦政府还特别强调经济数字化的重要性，"这将降低生产成本，通过《区域贸易经济合作大方向协定》建立统一规则、边境贸易区体系和供应链体系可有效保障该地区商品的竞争力"②。乌兹别克斯坦总统米尔济约耶夫还强调共同的财政和货币政策是经济一体化不可或缺的组成部分。在美国-中亚贸易和投资框架协议（TIFA）理事会上，乌兹别克斯坦共和国投资和外贸部部长拉齐兹·库德拉托夫提议"可以建立一个单一适用中亚地区的支付系统以促进该地区商人之间的商贸合作"。③ 这些提议为乌兹别克斯坦与其他中亚国家的经济合作有效落实提供了坚实的政策基础保障。

乌兹别克斯坦切实地将合作层次从国家层面向地方层面扩展。具体表现在放宽签证要求，乌兹别克斯坦通过简化签证手续，减少过境时间，提高边境海关服务效率④，在与乌兹别克斯坦、吉尔吉斯斯坦和塔吉克斯坦接壤的费尔干纳地区，地方政府之间建立了新的合作与磋商框架，跨境合作不断推

---

① Выступление Президента Республики Узбекистан Шавката Мирзиёева на международной конференции "Центральная Азия: Одно прошлое и общее будущее, сотрудничество для устойчивого развития и взаимного процветания" в Самарканде, 10 ноября 2017 годы, https: //president. uz/ru/lists/view/1227, accessed: 2023-11-30.

② О мерах по дальнейшему расширению и укреплению стратегического партнерства между Республикой Узбекистан и Республикой Таджикистан, 28 августа 2018 годы, https: //lex. uz/docs/4872246, accessed: 2023-11-30.

③ Центральноазиатская единая платежная система: возможности и перспективы, 12 апреля 2023 года, https: //uz. sputniknews. ru/20230412/tsentralnoaziatskaya – edinaya – platejnaya – sistema-vozmojnosti-i-perspektivy-33832926. html, accessed: 2023-11-30.

④ 《乌兹别克斯坦的改革有助于中亚更加稳定》，京报网，2023 年 4 月 19 日，https: //bj. bjd. com. cn/a/202304/19/AP643edd9ae4b0017157a4e020. html，最后访问日期：2023 年 11 月 30 日。

进。新的边境政策有助于恢复跨境公共交通服务，促进边境贸易，使边境地区从一个分离和对抗的地区变成了一个合作的地区，加强了与中亚地区国家的人员往来、为该地区经济合作和文化交流铺平了道路，为中亚经济区域合作繁荣发展做出了贡献。

乌兹别克斯坦学者提议建立联合基础设施项目，促进中亚地区内人民之间的经济互动。建立更多合资企业并开拓新领域的生产合作，以提供更多的就业机会。目前乌兹别克斯坦失业人数为 130 万人，2024 年还将有 240 万人进入劳动力市场。米尔济约耶夫总统就此问题提出了"2024 年新增就业和促进人口就业方案"，乌兹别克斯坦计划通过在当地创造可持续、高利润的就业岗位，为约 500 万人提供就业机会。其中，服务业就业 250 万人，农业就业 210 万人，投资项目和工业就业 25 万人，建筑业就业 14 万人。还计划通过广泛引入新型金融工具，包括新的小额信贷系统，让 200 万人参与商业活动。① 乌兹别克斯坦的经济财政部门也为创造新就业机会提前储备了相关的补贴金。

（三）交通运输方面：多方参与中亚地区的区域交通合作

乌兹别克斯坦是一个双重内陆国家，建立一个中亚运输网络以进入世界市场是乌兹别克斯坦发展对外贸易的一个主要优先事项。因此，乌兹别克斯坦一直是中亚地区各种区域交通合作倡议的积极参与者，并在其中发挥了至关重要的作用。首先是耗资 60 亿美元的跨阿富汗铁路项目，计划在 2027 年完工。该铁路的建成将为南亚与乌兹别克斯坦、塔吉克斯坦和土库曼斯坦等中亚邻国之间提供重要的运输通道，增加该地区的货物、人员和服务的流动，促进该地区贸易和经济一体化。其次是中吉乌铁路项目，该项目已经讨论了 20 多年。自 2021 年 9 月这三个国家签署"共同资助可行性研究"的协议后，虽因面临多方阻挠，铁路建设项目有所搁置，但俄乌冲突爆发后，

---

① Выяснилось, как в Узбекистане планируют бороться с безработицей, 8 января. 2024 года, https：//repost. uz/ stroyki-i-selxoz-jdut, accessed：2024-01-08.

该铁路建设进程近期发展势头强劲。若项目建成，预计将为这三个国家以及周边地区带来巨大的经济效益和战略优势。

跨阿富汗铁路建设和中吉乌铁路项目是铁路交通基础设施建设促进中亚区域合作与发展的两个经典案例。通过连接不同国家和市场，实现中亚地区运输和贸易的多方合作，将大大改善该地区间的贸易流动和区域安全，并为经济增长和社会进步创造新的机遇。[①] 虽然中亚已经开始融入世界经济，但各国政府和国际组织还有很多工作要做。

（四）能源创新与科技协作方面：多方合作，加强创新，共同应对问题

乌兹别克斯坦积极倡导与周边国家建立区域合作伙伴关系，共同应对中亚地区面临的问题：农业部门科技发展不足、水资源严重短缺、水资源利用率低、气候危机、物流效率低和人民营养健康等问题。为此乌兹别克斯坦领导人提出建立生态部长级多边平台，构建"中亚气候对话"[②]，启动中亚地区气候预警系统。在2023年9月15日拯救咸海国际基金创始国元首理事会上，乌兹别克斯坦总统米尔济约耶夫在讲话中重点讨论了防止生态系统进一步退化的区域合作问题，指出乌兹别克斯坦目前正在开展大规模工作，以改善咸海地区的环境和社会状况。米尔济约耶夫说："过去几年，咸海地区的植树面积已达170万公顷；我们计划在未来两年继续在该地区建设40万公顷的防护绿化带。"[③] 为了减轻咸海灾难性的后果，保护咸海地区的生物多样性，乌兹别克斯坦建立的自然公园、保护区和国家保护区已超350万公

---

① Как Узбекистан продвигает региональную интеграцию в Центральной Азии，14 ноября 2023 года，https：//thediplomat.com/2023/09/how－uzbekistan－promotes－regional－integration－in－central－asia/，accessed：2023－11－30.

② Президент Республики Узбекистан выдвинул ряд предложений по перспективам дальнейшего взаимодействия государств Центральной Азии，14 сентября 2023 года，https：//president.uz/ru/lists/view/6659，accessed：2023－11－30.

③ Выступление Президента Республики Узбекистан Шавката Мирзиёева на заседании Совета глав государств－учредителей Международного фонда спасения Арала，15 сентября 2023 года，https：//president.uz/ru/lists/view/6662，accessed：2023－11－30.

顷。此外，米尔济约耶夫还提出了提高水资源利用率的综合措施，"7年来，节水技术推广面积超过100万公顷，约占全国灌溉面积的1/4"①。乌兹别克斯坦在农业节水方面已取得初步成效。

能源方面，乌兹别克斯坦保持着与中亚地区和俄罗斯的多方合作，并积极开发新的合作伙伴。2023年7月11日，米尔济约耶夫、哈萨克斯坦总统托卡耶夫和俄罗斯总统普京一起启动了天然气供应计划。米尔济约耶夫强调反向进口俄罗斯天然气对乌兹别克斯坦具有重要战略意义，"该项目是确保乌兹别克斯坦能源安全的突破性一步，使其供应的保障来源多样化，提供足够的储备以满足季节性需求，为人民提供可靠不间断的天然气和电力供应保障"②。如此大规模项目的实施将进一步加强三个国家间的紧密联系。中亚地区拥有巨大的潜在能源储量，将为全球能源市场做出重大贡献。区域合作中，中亚的可再生能源也是一个充满前途的发展领域，并且与政治和经济领域的区域一体化问题密切相关。乌兹别克斯坦早在2019年通过了《可再生能源法》，以鼓励用户向清洁能源转型。乌兹别克斯坦能源部部长阿卜杜拉琼·奥塔博耶夫（Абдуллажон Отабоев）表示："乌兹别克斯坦首座100兆瓦太阳能发电厂现已在纳沃伊地区投入运营，目前正在与国际金融机构（IFI）合作。""我们设定了到2030年可再生能源（太阳能、风能和水力）发电量占比达到25%的目标。"③ 2021年，乌兹别克斯坦政府即宣布到2050年实现碳中和的目标。虽然受技术限制中亚地区发展真正可自给自足的可再生能源部门存在重大障碍，但水力发电和其他形式的替代能源的前景足够光明，值得中亚各国政府和国际各方进一步投资和勘探。

---

① Узбекистан предлагает соседям усилить сотрудничество в сфере водосбережения, 9 сентября 2023 года, https：//www.ritmeurasia.ru/news--2023-09-18--uzbekistan-predlagaet-sosedjam-usilit-sotrudnichestvo-v-sfere-vodosberezhenija-68720, accessed：2023-11-30.

② Президенты Узбекистана, Казахстана и России дали старт поставкам природного газа, 7 октября 2023 года, https：//president.uz/ru/lists/view/6741, accessed：2023-11-30.

③ USAID, Uzbekistan's Leap Towards Renewable Energy, https：//www.usaid.gov/news/uzbekistans-leap-towards-renewable-energy, accessed：2023-11-30.

中亚地区还成立了"中亚专家联盟"①，该联盟将作为一个平台，以公开对话的形式讨论区域合作的热点问题，提出建设性建议与解决方案以应对中亚地区面临的共同挑战。中国学者建议加强"科学外交"②，中亚五国之间还应加强医学、环境保护等领域的专家交流合作，在应对咸海危机、中亚地区气候危机、水资源的高效合理应用、粮食安全等方面加强科技板块的交流合作，共同应对环境资源的安全威胁、可持续发展等问题。

结　语

近年来得益于乌兹别克斯坦领导人的果断与努力，今天的乌兹别克斯坦在国际社会中取得了不容忽视的地位。中亚地区已然成为乌兹别克斯坦外交发展的优先方向，其中发展经济关系成为乌兹别克斯坦新经济外交的核心内容。如今，乌兹别克斯坦已经与中亚地区国家建立了富有成效的、公开的友好关系，乌兹别克斯坦提出的区域合作倡议得到邻国支持，营造了地区合作新氛围。乌兹别克斯坦与中亚各国的双边关系取得明显进展。

鉴于乌兹别克斯坦的地理中心位置、人口规模、文化底蕴和经济发展潜力，乌兹别克斯坦注定成为塑造中亚区域合作的中坚力量。但仅仅依靠某一个国家或地区的力量对比国际世界必然是微不足道的，中亚国家需要联合起来，抓住世界百年未有之大变局的时代机遇，提高中亚地区在世界舞台上的竞争力与影响力。中亚区域合作的加强对中亚地区的和平稳定、安全发展、可持续的社会经济建设都有着广泛而深远的影响。

---

① 中亚专家联盟（The Alliance of Central Asian Experts），2022年11月15日成立于塔什干，该组织汇集了中亚地区政治学领域的研究专家，旨在共同解决中亚地区面临的国际问题。"Newly Formed Alliance of Experts in Tashkent May Provide Recommendations to Governments of Central Asia," November 15, 2022, https：//daryo. uz/en/2022/11/15/newly-formed-alliance-of-experts-in-tashkent-may-provide-recommendations-to-governments-of-central-asia/en/rss，accessed：2023-11-30。

② 《"一带一路"视域下区域国别研究的新视野》，中国社会科学网，2023年4月28日，https：//cssn. cn/skgz/bwyc/202304/t20230428_5625756. shtml，最后访问日期：2023年11月30日。

附录一
2022年乌兹别克斯坦人口数据统计

王田田*

截至2023年1月1日，乌兹别克斯坦的常住人口为3602.49万人，居世界第41位，占世界总人口的0.45%。2022年，乌兹别克斯坦的人口同比增长率为2.1%。①

一　2022年乌兹别克斯坦主要人口指标

出生人口：93.22万人；

死亡人口：17.21万人；

自然人口增长：76.01万人；

男性人口：1812.86万人；

女性人口：1789.63万人；

城市人口：1833.57万人；

农村人口：1768.92万人；

人口密度：78.6人/千米^2；

人口平均预期寿命：74.3岁（男性72.1岁，女性74.1岁）；

结婚人数：29.67万人；

---

*　王田田，陕西师范大学中亚研究所硕士研究生。

①　"Demographic Indicatators," Demographic Situation, https：//stat.uz/en/quarterly - reports/ 21530-2022-eng#january-december, accessed：2023-11-25.

离婚人数：4.87万人；

国外迁入人数：0.23万人；

国内迁出人数：0.88万人。①

乌兹别克斯坦全国划分为1个自治共和国、12个州和1个直辖市。截至2023年1月1日，按乌兹别克斯坦各地区划分的永久居民人数如表1所示。

表1　乌兹别克斯坦各地区永久居民人数（截至2023年1月1日）

单位：万人

	地区	人口
1	撒马尔罕州	411.84
2	费尔干纳州	397.65
3	卡什卡达里亚州	348.26
4	安集延州	332.28
5	纳曼干州	299.76
6	塔什干州	299.26
7	塔什干市	295.57
8	苏尔汉河州	280.67
9	布哈拉州	200.98
10	卡拉卡尔帕克斯坦共和国	197.63
11	花剌子模州	195.82
12	吉扎克州	147.56
13	纳沃伊州	105.55
14	锡尔河州	89.66

资料来源："Permanent Population of the Republic of Uzbekistan," Demographic Situation, https：//stat. uz/en/quarterly-reports/21530-2022-eng#january-december, accessed：2023-11-25。

截至2023年1月1日，常住人口最多的地区是撒马尔罕州（411.84万人），最少的地区是锡尔河州（89.66万人）。

---

① "Demographic Indicatators," Demographic Situation, https：//stat. uz/en/quarterly - reports/21530-2022-eng#january-december, accessed：2023-11-25.

二 2022年乌兹别克斯坦人口民族构成

乌兹别克斯坦共有130多个民族，其中：

乌兹别克族：83.8%；

俄罗斯族：2.3%；

塔吉克族：4.8%；

哈萨克族：2.5%；

其他：6.6%。[①]

三 2022年乌兹别克斯坦各年龄段人口

15岁以下人口：10835512人（女性：5218703人，男性：5616809人）；

15~64岁人口：23262385人（女性：11603768人，男性：11658617人）；

65岁及以上人口：1927090人（女性：1073938人，男性853152人）。[②]

截至2023年1月1日，乌兹别克斯坦各年龄段人口情况如图1所示。

四 2022年乌兹别克斯坦登记的人口出生情况

活产是指活产的婴儿，即有呼吸、心跳、脐带的搏动、不自主的肌肉收缩。在这种情况下，母亲的怀孕期应为22周或22周以上，孩子的身高应为25厘米或25厘米以上，体重应为500克或500克以上。

2022年1~12月，乌兹别克斯坦的活产人数为93.22万人，其中男孩

---

① 《乌兹别克斯坦国家概况》，中国领事服务网，http：//cs. mfa. gov. cn/zggmcg/ljmdd/yz_645708/wzbkst_647880/gqjj_647888/200308/t20030814_936895. shtml，最后访问日期：2023年11月25日。

② "Population by Sex and Age Groups," Demographic Situation, https：//stat. uz/en/quarterly - reports/21530-2022-eng#january-december, accessed：2023-11-25.

15岁以下人口
30.10%

65岁及以上人口
5.30%

15~64岁人口
64.60%

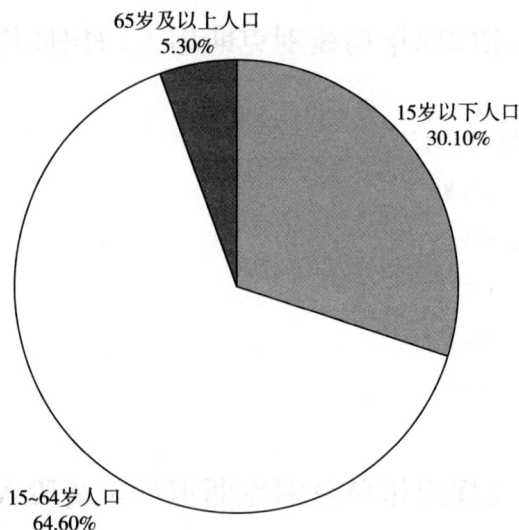

图1 2022年乌兹别克斯坦各年龄段人口情况

资料来源："Population by Age Groups," Demographic Situation,
https：//stat. uz/en/quarterly - reports/21530 - 2022 - eng # january -
december, accessed：2023-11-25。

48.24 万人，女孩 44.98 万人，城市出生人口 47.34 万人，农村出生人口
45.88 万人。

对 2022 年 1~12 月期间登记的婴儿数量的分析显示，一名儿童的出生
比例为 97.8%，2 名儿童为 2.1%，3 名或 3 名以上儿童的出生比例
为 0.1%。

根据独联体国家的出生率，其中最高的是乌兹别克斯坦（2.62%），
之后分别是哈萨克斯坦（2.35%）、吉尔吉斯斯坦（2.24%）、亚美尼亚
（1.24%）、阿塞拜疆（1.12%）、摩尔多瓦（1.12%）、俄罗斯（0.96%）
和乌克兰（0.73%）。①

---

① "Births Registered in the Republic of Uzbekistan," Demographic Situation, https：//stat. uz/en/
quarterly-reports/21530-2022-eng#january-december, accessed：2023-11-25.

五　2022年乌兹别克斯坦的人口死亡情况

2022年1~12月，乌兹别克斯坦的死亡人数为17.21万人，其中男性9.50万人，女性7.71万人，城市死亡9.20万人，农村死亡8.01万人。

其中，55.5%死于循环系统疾病，9.6%死于呼吸道疾病，8.0%死于肿瘤，5.5%死于事故、中毒和伤害，4.1%死于消化系统疾病，1.4%死于传染病和寄生虫病，15.9%死于其他疾病。

按年龄组划分死亡的人数，20岁以下的人数占20.0%，20~59岁人数占24.6%，60岁及以上人群占55.4%。[①]

六　2022年乌兹别克斯坦的婚姻状况

2022年1~12月登记结婚人数为29.67万人，且在过去5年中显著减少，即较2018年减少了14.7万人。其中，城市14.93万人，农村14.74万人。女性结婚的平均年龄为22.3岁，男性结婚的平均年龄为26.5岁。登记婚姻中占比最大的是25岁以下的人，占所有登记结婚人数的55.5%。

2022年1~12月，离婚人数为4.87万人，并在过去5年中显著增加，与2018年相比，增加了1.64万人，即增长了50.8%。其中，城市的离婚人数为3.02万人，农村的离婚人数为1.85万人。2022年1~12月，离婚人士中，男性的平均年龄为39.2岁，女性的平均年龄为33.1岁。35岁以下的离婚者所占的比例最大，占离婚者总数的50.5%。[②]

[①]　"Number of Death in the Republic of Uzbekistan," Demographic Situation, https：//stat. uz/en/quarterly-reports/21530-2022-eng#january-december, accessed：2023-11-25.

[②]　"Marriages & Divorce," Demographic Situation, https：//stat. uz/en/quarterly-reports/21530-2022-eng#january-december, accessed：2023-11-25.

七 2022年乌兹别克斯坦的移民状况

2022 年 1~12 月，国外移民人数为 0.23 万人，近 5 年明显下降，较 2018 年减少 0.06 万人。其中，男性 0.11 万人移民，女性 0.12 万人移民。

移民到乌兹别克斯坦的人主要来自俄罗斯（占移民者的 35.0%）、哈萨克斯坦（32.8%）、塔吉克斯坦（6.7%）、吉尔吉斯斯坦（4.8%）、土库曼斯坦（1.6%）和其他国家（19.1%）。

2022 年 1~12 月，从乌兹别克斯坦移民国外的人数为 0.88 万人，近 5 年显著下降，较 2018 年减少 0.88 万人。其中，男性为 0.41 万人，女性为 0.47 万人。

从乌兹别克斯坦移居到其他国家的移民主要移居哈萨克斯坦（79.5%），其次是俄罗斯（16.4%）、吉尔吉斯斯坦（0.7%）、塔吉克斯坦（0.5%）、土库曼斯坦（0.3%）和其他国家（2.6%）。[①]

---

① "Total Arrivals in the Republic of Uzbekistan & Total Who Left the Republic of Uzbekistan," Demographic Situation, https：//stat. uz/en/quarterly - reports/21530 - 2022 - eng # january - december, accessed：2023-11-25.

附录二
2023年乌兹别克斯坦人口数据统计

李燕楠*

截至 2023 年 7 月 1 日，乌兹别克斯坦的人口约为 36372300 人，居世界第 43 位，占世界总人口的 0.45%。2023 年，乌兹别克斯坦人口增长率为 2.2%。[①]

一 2023年乌兹别克斯坦主要人口指标

出生人口：434519 人；

死亡人口：79767 人；

自然人口增长：354752 人；

外来移民人口：1581 人；

移居他国人口：9004 人；

男性人口：183063 人（截至 2023 年 7 月 1 日）；

女性人口：180660 人（截至 2023 年 7 月 1 日）；

人口密度：81.0 人/千米²。

人口平均预期寿命：74.3 岁（城市人口平均 74.8 岁，农村人口平均

---

* 李燕楠，陕西师范大学中亚研究所硕士研究生。

① "Demographic Indicatators," Demographic Situation, https://stat.uz/en/quarterly-reports/39036-2023-eng-2, accessed: 2023-11-25.

73.6岁；男性人口平均72.1岁，女性人口平均76.6岁）。[①]

乌兹别克斯坦有12个州、1个直辖市和1个自治共和国。截至2023年7月1日，乌兹别克斯坦全国常住人口3637.23万人，其中男性人口1830.63万人，占比为50.3%，女性人口1806.60万人，占比为49.7%；城市人口1855.75万人，占比为51.0%，农村人口1781.48万人，占比为49.0%。其中：城市人口中男性占比为50.1%，女性占比为49.9%；农村人口中男性占比为50.6%，女性占比为49.4%。2023年乌兹别克斯坦人口按性别和城乡的分布情况如图1所示。

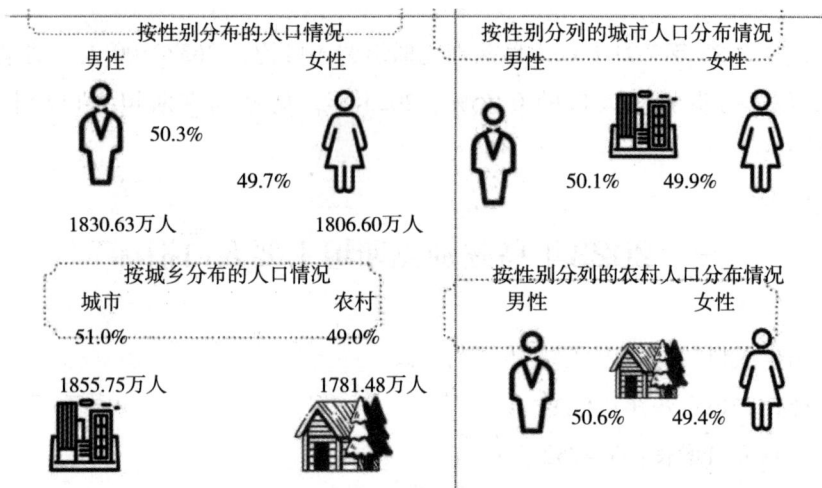

图1　乌兹别克斯坦人口性别和城乡分布情况（截至2023年7月1日）

资料来源："Permanent Population of the Republic of Uzbekistan," Demographic Situation, https：//stat. uz/en/quarterly-reports/39036-2023-eng-2, accessed：2023-07-01。

二　2023年乌兹别克斯坦人口密度分布情况

人口密度是一个国家或地区的常住人口总数与领土面积的比值。截至

---

① "Demographic Indicatators," Demographic Situation, https：//stat. uz/en/quarterly-reports/39036-2023-eng-2, accessed：2023-11-25.

2023年7月1日，乌兹别克斯坦全国的平均人口密度为每平方千米81.0人。与2022年同期数据（每平方千米79.3人）相比，每平方千米增加了1.7人。

从各地区来看，人口密度最大的城市是塔什干市（6695.4人/千米²），安集延州人口密度为780.0人/千米²，费尔干纳州人口密度为593.9人/千米²。纳沃伊州的人口密度最低，为9.6人/千米²，卡拉卡尔帕克斯坦共和国人口密度为11.9人/千米²。[①]

三 2023年乌兹别克斯坦各年龄段人口

截至2023年1月1日，在按性别和年龄段分布的乌兹别克斯坦常住人口构成中：男性人口中4岁及以下年龄段占比最高，为21.64万人；60~64岁年龄段占比最小，为64.12万人。女性人口中4岁及以下年龄段占比最大，为200.18万人；60~64岁年龄段占比最小，为71.53万人。[②]

四 2023年乌兹别克斯坦人口抚养比

截至2023年1月1日，乌兹别克斯坦65岁及以上人口占5.4%。这意味着，根据国际标准，该国为处于"人口老龄化边缘"国家。

抚养比是非劳动年龄人口和劳动年龄人口的比值。非劳动年龄人口包括16岁以下人口和女性55岁以上、男性60岁以上的人口，劳动年龄人口是指女性16~55岁、男性16~60岁的人口。截至2023年1月1日，乌兹别克斯坦总抚养比为72%（即每1000名劳动年龄人口对应有720名非劳动年龄人口），其中儿童抚养比为53.4%，老年抚养比为18.6%。截至2023年7月1日，乌兹别克斯坦全国有56.7%的劳动年龄人口，43.3%的非劳动年龄

[①] "Population Density in the Republic of Uzbekistan," Permanent Population, https://stat.uz/en/quarterly-reports/39036-2023-eng-2, accessed: 2023-11-25.

[②] "Population by Sex and Age Groups," Permanent Population, https://stat.uz/en/quarterly-reports/39036-2023-eng-2, accessed: 2023-11-25.

男性	年龄段	女性
4.7%	65+	6.0%
3.5%	60~64	4.0%
4.0%	55~59	4.5%
4.7%	50~54	5.0%
5.4%	45~49	5.5%
6.3%	40~44	6.4%
7.9%	35~39	8.0%
8.9%	30~34	8.7%
8.7%	25~29	8.4%
7.3%	20~24	7.0%
7.6%	15~19	7.3%
9.1%	10~14	8.6%
10.0%	5~9	9.4%
11.9%	0~4	11.2%

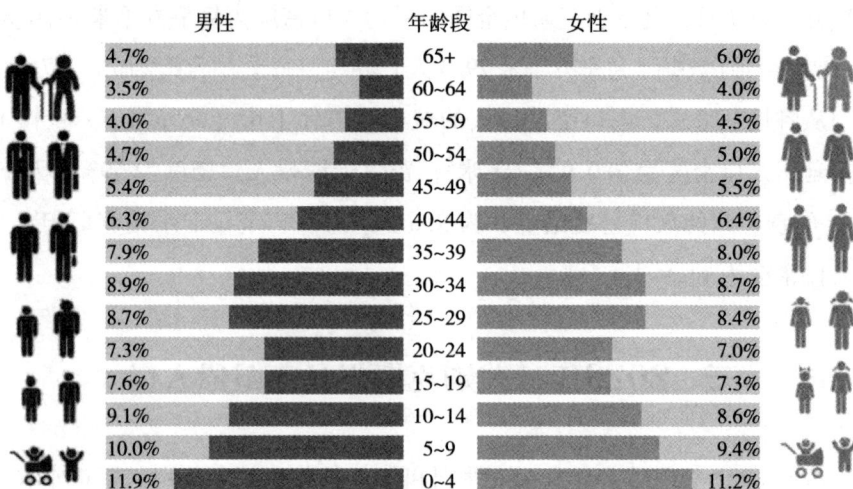

图 2　乌兹别克斯坦各年龄段人口分布情况（截至 2023 年 1 月 1 日）

资料来源："Population by Sex and Age Groups," Permanent Population, https：//stat. uz/en/quarterly-reports/39036-2023-eng-2, accessed：2023-01-01。

人口，其中低于劳动年龄的人口占 31.9%，高于劳动年龄的人口占 11.4%。2023 年乌兹别克斯坦的社会总抚养比在逐步走高。[①]

五　2023年乌兹别克斯坦人口生育年龄情况

据 2023 年 1~6 月新生儿父母的年龄情况统计，其中，作为父亲的男性人口中，年龄在 25 岁以下的占比为 9.6%，年龄在 25~39 岁的占比为 83.7%，40 岁及以上的占比为 6.7%。而对母亲一方的女性人口生育年龄统计显示，新生儿母亲年龄在 25 岁以下的占比为 36.5%，年龄在 25~39 岁的占比为 62.3%，年龄在 40 岁及以上的占比为 1.2%。[②]

[①] "Dependency Ratio," Permanent Population, https：//stat. uz/en/quarterly-reports/39036-2023-eng-2, accessed：2023-11-25.

[②] "Distribution of Babies by Age of Parents," Birth, https：//stat. uz/en/quarterly-reports/39036-2023-eng-2, accessed：2023-11-25.

六 2023年乌兹别克斯坦的婚姻状况

2023年1~6月，乌兹别克斯坦登记结婚的夫妻数量为98700对，与2021年同期相比减少了10200对，与2020年同期相比有所增加，增加了23100对。在登记结婚的98700对夫妻中，在城市地区登记的有49400对，占比为50%；农村地区有49300对，占比为50%。

据乌兹别克斯坦《家庭法》，男女法定婚龄为18岁。如有正当理由且在特殊情况下，婚姻登记处可以应希望结婚者的请求适当降低结婚年龄，但不得超过一岁。据2023年1~6月新婚夫妻登记年龄统计，登记结婚夫妻当中年龄在20岁以下的占比为14.7%；20~29岁的占比最大，占比为70.2%；年龄在30~39岁的占比为10.9%；40岁及以上的占比最小，为4.2%。

2023年1~6月，乌兹别克斯坦离婚的数量达到25400对，过去4年来一直呈逐年上升趋势。与2020年同期相比增加了12600对，增长了98.4%。在申请离婚的25400对夫妻中，在城市登记的有15300对，占比为60%；农村地区有10100对，占比为40%。

据2023年1~6月离婚夫妻的年龄统计结果，离婚男性的平均年龄为37.7岁，女性为33.2岁。离婚夫妻中35岁以下的占比最大，占离婚总数的62.3%。无子女的离婚夫妻数为6730对，占离婚夫妻总数的51.9%；有一个孩子的离婚夫妻数为13186对，占离婚夫妻总数的26.5%；有两个及两个以上孩子的离婚夫妻数为5505对，占离婚夫妻总数的21.6%。[①]

七 2023年乌兹别克斯坦的移民情况

2023年1~6月，移民入境乌兹别克斯坦的总人数为10.63万人，其中

---

① "Marriages & Divorce," https://stat.uz/en/quarterly-reports/39036-2023-eng-2, accessed: 2023-11-25.

男性为 4.43 万人，女性为 6.20 万人。其中，移民迁入城市地区的人数达到8.19 万人，迁入农村地区的人数达到 2.44 万人。

从境外迁入乌兹别克斯坦永久居留的移民当中，来自俄罗斯和哈萨克斯坦两国的移民最多，占比分别为 36.8% 和 24.2%。另外 13.1% 的移民来自塔吉克斯坦，5.4% 的移民来自吉尔吉斯斯坦，1.8% 的外来移民来自土库曼斯坦，剩余 18.7% 的移民来自其他国家。

2023 年 1~6 月，迁出乌兹别克斯坦的移民人数为 11.37 万人，其中男性为 4.80 万人，女性为 6.57 万人。其中，自城市地区迁出的移民为 7.86万人，自农村地区迁出的移民为 3.51 万人。

乌兹别克斯坦迁往境外的移民当中，去往哈萨克斯坦永久居留的移民人数最多，占总迁出移民数的 78.6%；其次是迁往俄罗斯的移民，占比为17.6%；迁往吉尔吉斯斯坦的移民占比为 0.5%，迁往土库曼斯坦的移民占比为 0.3%，迁往塔吉克斯坦的移民占比为 0.2%，剩余 2.8% 的移民迁往其他国家。①

---

① "Total Arrivals in the Republic of Uzbekistan & Total Who Left the Republic of Uzbekistan," Migration, https：//stat. uz/en/quarterly-reports/39036-2023-eng-2, accessed：2023-11-25.

附录三
2022年乌兹别克斯坦社会经济发展
状况统计及发展指标

王田田*

乌兹别克斯坦国家统计局2023年1月26日消息，2022年，乌兹别克斯坦国内生产总值为803.84亿美元（888.32万亿苏姆，平均汇率1美元兑换11051苏姆），同比增长5.7%，人均GDP达2254.9美元（约2492万苏姆），同比增长3.5%；年通胀率为12.3%。

三大产业占GDP的比重分别为：农业占比为25.1%，工业（含建筑业）占比为33.4%，服务业占比为41.5%。

各产业涨幅分别为：农业同比增长3.6%，工业增长5.2%，建筑业增长6.6%，服务业增长15.9%。[1]

一 国内生产总值

根据乌兹别克斯坦国家统计局的报告：2022年末，制造业增长5.3%；采矿和采石业增长2.1%，其中，煤炭生产总量为5356.2千吨，增长了5.9%，碎石生产总量为4484.0千吨，增长了91.1%；电力、燃

---

* 王田田，陕西师范大学中亚研究所硕士研究生。

[1] 《2022年乌兹别克GDP达803.84亿美元》，中华人民共和国驻乌兹别克斯坦共和国大使馆经济商务处网站，2023年1月31日，http://uz.mofcom.gov.cn/article/jmxw/202301/20230103381303.shtml，最后访问日期：2023年11月30日。

气、蒸汽和空调行业也出现了 12.7% 的正增长；供水、污水处理、废物收集和处理下降了 8.0%。

建筑业增长 6.6%，建筑工程额达 1307671 亿苏姆，大型企业占 28.4%，小微企业占 52.7%，个体企业占 18.9%。

在贸易结构中，零售贸易所占份额最大，达到 66.1%（机动车贸易除外）。批发贸易占 27.3%（机动车贸易除外），机动车及其修理批发和零售贸易占 6.6%。

截至 2022 年底，运输和仓储业在乌兹别克斯坦 GDP 中的份额为 5.2%。在运输和仓储行业的总增加值结构中，道路运输所占份额最大，为 56.7%。管道运输占 12.6%，铁路运输占 10.1%，辅助运输活动占 12.9%，航空运输占 7.7%。

2022 年，信息和通信在国家经济中的份额为 1.8%。在该行业的增加值结构中，通信服务（有线和移动通信服务、互联网等）的份额最大，达到 61.7%。

2022 年，乌兹别克斯坦新成立了 9.02 万家小微企业。其中数量部分如下：贸易（38.1%），工业（18.0%），农业、林业和渔业（13.3%），住宿和食品服务（6.4%），建筑（5.3%），运输和储存（3.7%），信息和通信（2.9%）等。

小微企业在经济主要部门所占比例为：农业、林业和渔业占 95.9%，建筑业占 73.6%，服务业占 41.1%，工业占 21.5%。到 2022 年底，小微企业创造的增加值为 4292927 亿苏姆，占经济总增加值的 51.8%。

服务业增值达到 3433743 亿苏姆，同比增长 8.5%。其中贸易服务增长 8.9%，住宿和餐饮增长 13.1%，运输和仓储增长 11.5%，信息和通信增长 24.6%，其他服务增长 6.6%。

固定资产投资增长率直到 2019 年一直在增长，达到 138.1%，但是在 2020 年急剧下降至 95.6%，然后继续增长，截至 2022 年达到 100.9%。

2022 年 1~12 月，塔什干市对乌兹别克斯坦 GDP 贡献最大，比重为 16.6%。塔什干州和纳沃伊州分别排名第二和第三，指标分别为 10.5% 和

7.5%。锡尔河州（2.0%）和吉扎克州（3.1%）在乌兹别克斯坦GDP中所占比例较小。①

二　财政收入概况

根据乌兹别克斯坦财政部公布的2022年度国家预算收入执行情况初步报告，上年度乌预算总收入为202万亿苏姆（约合183亿美元），同比增加37.2万亿苏姆，增长22.6%，占当年GDP总量的22.7%。

从预算收入结构看：政府预算收入148.4万亿苏姆，占比为73.4%；海关关税收入46万亿苏姆，占比为22.8%；非税收入7.6万亿苏姆，占比为3.8%。

从预算收入来源看：直接税收入64.5万亿苏姆，占比为31.9%；间接税收入71.4万亿苏姆，占比为35.3%；资源税和财产税23.9万亿苏姆，占比为11.8%；其他收入42.3万亿苏姆，占比为21%。②

三　农业、林业和渔业

农业、林业和渔业产品的总产出是在该行业中创造的供销售和自己消费的产品和服务的总价值。

乌兹别克斯坦国家统计局初步数据显示，2022年1~12月，乌兹别克斯坦农业、林业和渔业产品的生产总值为364.5万亿苏姆，其中农作物、畜牧业、狩猎和服务的生产总值为352.1万亿苏姆，林业9.2万亿苏姆，渔业3.2万亿苏姆。

---

① "Gross Domestic Product," Socio-Economic Situation in the Republic of Uzbekistan, https://stat. uz/en/quarterly-reports/21530-2022-eng#january-december, accessed: 2023-11-25.

② 《2022年乌兹别克斯坦国家预算收入增加22.6%》，中华人民共和国驻乌兹别克斯坦共和国大使馆经济商务处网站，2023年1月31日，http://uz. mofcom. gov. cn/article/jmxw/202301/20230103381303. shtml，最后访问日期：2023年11月25日。

农业、林业和渔业的增长率为 3.6%，这一积极态势主要取决于农业生产总值增加了 3.6%，其中畜牧业的增长率为 3.4%，农作物的增长率为 3.8%，而林业增长了 2.3%，渔业增长了 1.9%。

其中，农场里面牛的数量达到 1385.76 万头（同比增长 2.3%），奶牛 496.57 万头（2.1%），绵羊和山羊 2362.37 万头（2.8%），马 26.91 万匹（3.4%），家禽 9731.02 万只（5.8%）。

蔬菜产量为 11163 万吨，增长率为 2.9%。瓜类产量为 2420.7 万吨，增长率为 5.9%。土豆产量为 3441.7 万吨，增长率为 4.7%。肉类产量为 2726 万吨，增长率为 3.4%。水果产量为 2983.5 万吨，增长率为 4.6%。谷物产量为 7994.9，增长率为 4.7%。葡萄产量为 1760.6 万吨，增长率为 3.9%。牛奶产量为 11629.4 万吨，增长率为 3.2%。鸡蛋产量为 8129.3 万吨，增长率为 4.4%。

分析上年同期农业、林业和渔业产品的增长率，应该注意到，纳曼干州（104.2%）、塔什干州（104.1%）、纳沃伊州（103.9%）、撒马尔罕州（103.7%）和卡什卡达里亚州（103.7%）的增长率较高。与其他地区相比，苏尔汉河州（102.5%），卡拉卡尔帕克斯坦共和国（103.3%）等的增长率相对较低。[①]

四　工业

乌兹别克斯坦国家统计局初步数据显示，截至 2023 年 1 月 1 日，乌兹别克斯坦共有 9.88 万家工业企业。其中，塔什干市有 1.68 万家（17.0%），塔什干州有 1 万家（10.1%），费尔干纳州有 1.11 万家（11.2%），安集延州有 0.99 万家（10.0%），撒马尔罕州有 0.89 万家（9.0%）。

2022 年 1~12 月，这些工业企业的生产总值为 551.1 万亿苏姆。根据人

---

① "Agriculture, Forestry and Fisheries," Socio-Economic Situation in the Republic of Uzbekistan, https：//stat.uz/en/quarterly-reports/21530-2022-eng#january-december, accessed：2023-11-25.

均工业产出差异的分析，纳沃伊州（8054.67万苏姆）、塔什干市（3687.38万苏姆）和塔什干州（3135.43万苏姆）的人均工业产出明显高于全国平均水平（1545.81万苏姆）。

在工业生产的主要部门中，制造业企业的占比最大，占整个行业的83.2%，产值为458.2万亿苏姆。矿业和采石企业占整个行业总量的9.5%，产值为52.5万亿苏姆。电力、燃气、蒸汽和空调企业生产的产品占整个行业的6.8%，产值为37.5万亿苏姆。供水、污水处理、废物收集和处理企业占整个行业的0.5%，产值达2.9万亿苏姆。

在制造业结构中，高新技术产业的比重为2.1%，中高新技术产业的比重为23.2%，中低技术产业的比重为36.4%，低技术产业比重为38.3%。

在制造业的总量中，生产、维修、安装机械设备，生产车辆、拖车和半拖车以及其他金属成品的企业占20.3%，冶金行业占23.2%，生产纺织、服装、皮革制品的企业占17.9%，生产食品、饮料和烟草产品的企业占17.2%，生产化工产品、橡胶和塑料产品的企业占9.2%。

其中，乌兹别克斯坦大型企业生产卡车4094辆（相比2021年同期，产量下降7.6%），生产公交车1357辆（相比2021年同期，产量增长35.3%），生产可乘坐2~8人的乘用车共318607辆，各个品牌的乘用车生产量均有大幅提升。

2022年1~12月，乌兹别克斯坦大型企业生产汽车发动机22.54万台（比2021年同期增长40.5%），生产播种机555台（相比2021年1~12月，增长了2.7倍），生产活塞式发动机启动用铅蓄电池92.01万块（较2021年同期增长21.1%），生产冰箱和冰柜70.91万台（较2021年同期增产51.2%）。

冶金行业在制造业总量中的份额达到23.2%，产值达到1064438亿苏姆，其他非金属矿物产品份额为4.9%，产值为223740亿苏姆。

纺织品生产占制造业总量的13.7%，产值达到627570亿苏姆。服装生产在制造业总量中的份额为3.8%，产值达到172101亿苏姆。

食品生产占制造业总量的13.0%，总产值为594219亿苏姆。饮料生产份额达 3.6%，产值达到 163363 亿苏姆。

化工产品占制造业总量的 7.3%，产值为 333502 亿苏姆。

焦炭和精炼石油产品产值占制造业总量的 3.3%，产值为 150641 亿苏姆。

橡胶和塑料产品产值占制造业总量的 1.9%，产值为 89170 亿苏姆。

电气设备生产在制造业中的份额为 3.1%，产值为 143024 亿苏姆。

金属产品（机器及设备除外）产量在制造业中的份额为 2.6%，产值为 118922 亿苏姆。

在矿业和采石企业中，2022 年 1~12 月，煤的产量为 535.62 万吨，同比增长 5.9%；石油的产量为 78.78 万吨，同比增长 1.8%；天然气的产量为 516.6 亿立方米，同比下降 4.0%；天然气凝析油产量为 128.71 万吨，同比下降 2.8%。

在电力、燃气、蒸汽和空调企业中，生产的产品总值达到 37.5 万亿苏姆（占整个行业的 6.8%）。

供水、污水处理、废物收集和处理企业的产值与 2021 年同期相比，排空、清洁和处理污水池、沉淀池和化粪池的服务增加了 5.5%，废水的清除、运输及处理服务减少了 1.2%。①

五　国内贸易

截至 2023 年 1 月 1 日，零售贸易领域的经营企业数量为 117603 家，较 2022 年 1 月 1 日的数据增加了 17052 家。

2022 年 1~12 月零售额达到 3192882 亿苏姆，较 2021 年同期增长 112.3%。其中零售额增长率最高的是塔什干州（114.6%），居第二至第四位的依次是纳曼干州（114.2%）、苏尔汉河州（113.0%）和花剌子模州

---

① "Industry," Socio-Economic Situation in the Republic of Uzbekistan, https://stat.uz/en/quarterly-reports/21530-2022-eng#january-december, accessed：2023-11-25.

（112.6%）。

初步数据显示，2022年1~12月，批发贸易额达到2470769亿苏姆，较2021年同期增长26.8%。与2021年相比，大型企业的批发营业额增长率最高的是布哈拉州，居第二和第三位的分别是纳沃伊州和苏尔汉河州。①

六　对外贸易

据乌兹别克斯坦国家统计局2023年1月21日消息，2022年，乌外贸总额约500.1亿美元，同比增长18.6%。其中，乌方出口额为193.1亿美元，增长15.9%，进口额为307亿美元，同比增长20.4%，乌方外贸逆差为113.9亿美元。②

俄罗斯为乌第一大贸易伙伴，2022年乌俄贸易额为92.8亿美元，同比增长22.9%，占乌外贸总额的18.6%。

中国为乌第二大贸易伙伴，2022年双边贸易额达89.2亿美元，同比增长19.7%，占乌外贸总额的17.8%。其中：中方出口额为64亿美元，同比增长30%；中方进口额为25.2亿美元，同比下降0.4%。中国为乌第一大进口来源国和第二大出口目的地国（仅次于俄罗斯）。

乌第三至第五大贸易伙伴依次为：哈萨克斯坦（贸易额46.2亿美元，同比增长17.9%，占乌外贸总额的9.2%），土耳其（贸易额32.2亿美元，同比下降5.6%，占比为6.4%），韩国（贸易额23.4亿美元，同比增长23.2%，占比为4.7%）。

在出口结构中，商品占79.5%，其中工业产品占23.0%，食品和活的动物占8.4%，化学品及类似产品占6.7%。黄金所占的份额为21.3%。服

---

① "Internal Trade," Socio-Economic Situation in the Republic of Uzbekistan, https://stat.uz/en/quarterly-reports/21530-2022-eng#january-december, accessed: 2023-11-25.

② 《2022年乌兹别克斯坦贸易逆差157亿美元》，中华人民共和国驻乌兹别克斯坦共和国大使馆经济商务处网站，2023年2月9日，http://uz.mofcom.gov.cn/article/jmxw/202302/20230203384009.shtml，最后访问日期：2023年11月25日。

务所占的份额较 2021 年同期增长了 5.0%，达到 20.5%。

在乌兹别克斯坦的出口结构中，塔什干市占比很大，为 23.9%，即 4.6169 亿美元，吉扎克州的份额最小，为 1.0%，即 1.995 亿美元。与 2021 年同期相比，出口增长率最高的是锡尔河州（140.1%），居第二至第四位 的分别是安集延州（127.3%）、撒马尔罕州（123.4%）和塔什干市 （120.0%）。卡拉卡尔帕克斯坦共和国的增长率最低（87.8%）。

由于国家非常重视农业和园艺事业的发展，其出口产品的质量和数量都 在逐年增加。特别是 2022 年 1~12 月，出口的水果和蔬菜为 1743.7 千吨， 比 2017 年增加了 1.9 倍。水果和蔬菜的主要出口市场是俄罗斯联邦 （42.5%）、哈萨克斯坦（18.9%）、中国（9.1%）和巴基斯坦（8.8%）。

纺织品出口总额为 31.78 亿美元，占出口总额的 16.5%，同比增长 8.6%。其中，棉纱占 44.4%，针织服装成品占 29.2%。主要出口市场是 俄罗斯（12.649 亿美元，占 39.8%）和土耳其（5.191 亿美元，占 16.3%）。

服务出口总额为 39.595 亿美元，占出口总额的 20.5%，较 2021 年同期 增长 53.4%。在服务出口结构中，交通服务占 44.3%，旅游占 40.7%，电 信、计算机和信息服务占 6.8%，其他商业服务占 3.9%。

在进口结构中，机械和运输设备占 31.4%，工业产品占 18.8%，化学 品及类似产品占 13.8%。

在乌兹别克斯坦的进口结构中，塔什干市所占份额最大，为 48.6%，为 149.132 亿美元，苏尔汉河州所占份额最小，为 0.5%，为 1.452 亿美元。

其中，服务进口总额为 25.263 亿美元，占乌进口总额的 8.2%，较 2021 年同期增长 42.9%。作为服务进口的一部分，旅游占 56.6%，交通 服务占 15.5%，电信、计算机和信息服务占 9.4%，其他商业服务占 5.3%。

机械和运输设备进口总额达到 96.483 亿美元，较 2021 年同期增长 16.9%，占乌国进口总额的 31.4%。这些商品的供应大部分集中在中国

（36.445亿美元，占比为37.8%），韩国（15.471亿美元，占比为16.0%）和土耳其（7.269亿美元，占比为7.5%）。

工业产品进口总额达到57.615亿美元，较2021年同期增长22.0%，占进口总额的18.8%。[①]

[①] "Foreign Economic Activity," Socio-Economic Situation in the Republic of Uzbekistan, https://stat. uz/en/quarterly-reports/21530-2022-eng#january-december, accessed: 2023-11-25.

附录四
2023年乌兹别克斯坦社会经济发展状况统计及发展指标

李燕楠[*]

2023年，乌兹别克斯坦的国内生产总值取得了可喜的进展，GDP相比2022年同期增长了5.6%，乌兹别克斯坦国家统计局发布的季度报告全面解读了这一指数，以及乌兹别克斯坦在社会经济部门和其他领域的发展情况。该报告还根据2023年1~6月的结果公布了乌兹别克斯坦全国的各项主要统计指标，详细展示了乌兹别克斯坦工业生产、建筑、农业、运输和通信、国内外贸易、批发和消费市场、价格、金融、劳动力市场、生活水平和人口领域的信息。[①]

一 国内生产总值

根据初步评估，按现行价格计算，2023年1~6月乌兹别克斯坦的国内生产总值为4696190亿苏姆，与2022年同期相比实际增长了5.6%。与2022年同期物价水平相比，2023年1月的GDP平均指数为111.9%。

2023年1~6月，美元兑苏姆的官方汇率平均为1∶11388.7；2022年同

---

* 李燕楠，陕西师范大学中亚研究所硕士研究生。

① "Socio-Economic Situation in the Republic of Uzbekistan，" https：//stat.uz/en/quarterly-reports/39036-2023-eng-2, accessed：2023-11-25.

期这一汇率为1∶11046.9；2021年同期汇率为1∶10524.5；2020年同期汇率为1∶9790.2；2019年同期汇率为1∶8426.8。

换算为以美元为单位，按本文所述期间的汇率计算，2023年1~6月乌兹别克斯坦的国内生产总值为4123570万美元。各行业产值都为GDP的增长做出了贡献：农业、林业和渔业贡献了0.7个百分点，工业贡献了1.4个百分点，建筑业贡献了0.3个百分点，服务业贡献了2.6个百分点。此外，由于产品净税的增长，其还为GDP增长贡献了0.6个百分点。

各经济部门创造的产值增加总额占GDP的94.6%，相较上年同期增长了5.5%，为GDP的增长贡献了5.0个百分点。GDP中产品净税额占5.4%，较上年同期相比增长了6.9%，为GDP的增长贡献了0.6个百分点。

按现行价格计算，2023年1~6月乌兹别克斯坦的人均国内生产总值为1297.34万苏姆，相当于1139.2美元。与2022年同期相比，人均GDP实际增长了3.4%；与2019年同期相比，实际增长了11.7%。

2023年1~6月，乌兹别克斯坦林业和渔业产值增长了3.8%（2022年同期为2.6%，2021年同期为1.8%，2020年同期为2.4%，2019年同期为2.4%）。该产业呈现出的向好发展是由于畜牧业产值增长了3.5%（2022年同期为2.0%，2021年同期为4.1%，2020年同期为1.6%，2019年同期为2.0%），农业产值增长了4.3%（2022年同期为3.8%，2021年同期为-1.4%，2020年同期为3.8%，2019年同期为3.6%）。

2023年1~6月，乌兹别克斯坦工业产值增长了5.6%。其中，采矿业和采石业产值增长了0.2%，制造业产值增长了6.3%，电力、天然气、蒸汽和空调业产值增长了9.9%，供水、污水处理、废物收集和处理业产值增长了3.6%，共同促成了该产业的向好发展。相比上年同期，2023年1~6月的建筑工程产值增长了4.8%。其中建筑和结构工程的增长率为101.8%，民用设施的增长率为102.3%，专业建筑工程的增长率为137.9%。

2023年1~6月，乌兹别克斯坦服务业总产值为2094036亿苏姆，与2022年同期相比增长了6.4%。其中贸易服务业增长了6.8%，住宿和食品业增长了9.7%，运输和仓储业增长了7.6%，信息和通信业增长了22.2%，其他行业增长了 4.9%。2023 年 1~6 月的零售贸易（不包括机动车贸易）在贸易产值总额中占比最大，达到 63.5%；批发贸易（不包括机动车贸易）产值占比为 29.4%；机动车及其修理的批发和零售贸易产值占 7.1%。2023年 1~6 月的运输和仓储业产值在 GDP 中占比为 5.8%。其中公路运输产值占比最大，为 52.5%；管道运输产值占 16.5%；铁路运输产值占 9.3%；辅助运输产值占 14.1%；航空运输产值占 7.6%。2023 年 1~6 月，信息和通信业产值在 GDP 中占比达到 2.1%。2023 年 1~6 月，信息和通信技术（ICT）服务业产值在 GDP 中占比为 1.9%。ICT 服务中，通信服务增长了60.3%，计算机编程、咨询和其他相关服务增长了 22.3%，数据存储和处理服务、门户网站增长了 9.8%，计算机和通信设备的维修增长了 3.9%，软件发布增长了 3.7%。[①]

二　工　业

工业是生产制造的一个分支，涵盖原材料加工、生产资料和消费品的创造。据 2023 年 1~6 月初步数据，乌兹别克斯坦全国的企业生产的工业产品总值为 293.6 万亿苏姆，是 2022 年同期产值的 105.6%。

截至 2023 年 7 月 1 日，乌兹别克斯坦共有 69.6 万家工业企业在运营，其中：11.5 万家位于塔什干市，占运营企业总数的 16.4%；7.9 万家位于费尔干纳州，占运营企业总数的 11.4%；7.1 万家位于塔什干州，占运营企业总数的 10.2%；6.2 万家位于撒马尔罕州，占运营企业总数的 9.0%；5.5万家位于安集延州，占运营企业总数的 7.9%。

在生产结构中，制造业企业的产值占比最大，为 84.0%，其产值可达246.6 万亿苏姆。

2023 年 1~6 月，塔什干市的工业产值在全国所占比重最大，为 18.3%；

---

① "Gross Domestic Product," Socio-Economic Situation in the Republic of Uzbekistan, https：//stat. uz/en/quarterly-reports/39036-2023-eng-2, accessed：2023-11-25.

塔什干州占16.6%；纳沃伊州占16.2%；安集延州占9.8%；费尔干纳州占5.1%。

2023年1~6月的人均工业产值各地区存在较大差异，纳沃伊州（4472.11万苏姆）、塔什干市（1801.64万苏姆）和塔什干州（1620.55万苏姆）显著高于全国平均水平（811.12万苏姆）。

2023年1~6月，在乌兹别克斯坦制造业产值中：机械设备的生产、修理、安装，汽车、拖车和半拖车以及其他金属制品的产值占比为20.7%（产值为2022年同期的110.8%）；冶金行业占比为23.4%（产值为2022年同期的103.2%）；纺织、服装、皮革制品业占比为18.0%（产值为2022年同期的107.0%）。食品、饮料和烟草制品业产值占比为16.5%（产值为2022年同期的107.3%），化学产品、橡胶和塑料制品业产值占比为8.3%（产值为2022年同期的100.6%）。供水、污水处理、废物收集和处理企业的产值达1.4万亿苏姆，占到整个工业行业的0.5%。2023年1~6月，乌兹别克斯坦的消费品制造业产值达84.8万亿苏姆，为2022年同期的107.0%，占到整个工业行业的28.9%。[1]

三　农业、林业和渔业

截至2023年7月1日，有关农业的企业和经营组织数量如下，林业和渔业当中，作物种植和畜牧业的企业共计38332家，提供狩猎和相关服务企业35677家，林业企业234家，渔业企业2721家。据2023年1~6月乌兹别克斯坦新创立的农业企业和经营组织数量统计，其中林业和渔业企业共计5535家。

林业和渔业这一行业，为销售和自身消费创造的产品和服务，以作物种植和畜牧业产品服务的产值为基础形成。据2023年1~6月数据，乌兹别克斯坦林业和渔业总产值达154.5万亿苏姆。其中包括了农作物种植和畜牧业

---

[1] "Industry," Socio-Economic Situation in the Republic of Uzbekistan, https://stat.uz/en/quarterly-reports/39036-2023-eng-2, accessed：2023-11-25.

的产值、提供狩猎和相关服务业产值 149.7 万亿苏姆，林业产值 3.8 万亿苏姆，渔业产值 1.0 万亿苏姆。

2023 年 1~6 月，林业和渔业行业、农产品服务业产值增长到 2022 年同期的 103.8%（2022 年同期产值为 2021 年同期的 102.7%）。其中，农作物种植和畜牧业产值、提供狩猎和相关服务业产值增长到 2022 年同期的 103.8%（2022 年同期产值为 2021 年同期的 102.7%），林业产值增长到 2022 年同期的 101.4%（2022 年同期产值为 2021 年同期的 102.0%），渔业产值增长到 2022 年同期的 110.9%（2022 年同期产值为 2021 年同期的 111.5%）。

据 2023 年 1~6 月数据，农业、林业和渔业服务产值分布中，农作物种植和畜牧业产值、提供狩猎和相关服务业产值占总额的 96.9%，林业产值占 2.5%，渔业产值占 0.6%。

据 2023 年 1~6 月数据，国内生产总值的总增加值结构中，农业、林业和渔业占 20.1%。对农业、林业和渔业在地区生产总值的结构中占比分析显示：该产业在苏尔汉河州总产值中也占很大比例，为 46.6%；而在纳沃伊州的占比最低，为 11.3%。①

四　投资和建设

2023 年 1~6 月乌兹别克斯坦全国数据显示，为经济和社会领域发展，自各资金来源处共获得固定资产投资金额总计 139.1 万亿苏姆，为 2022 年同期的 107.9%。

据过去 5 年来乌兹别克斯坦固定资产投资增长率数据，2019 年较上年的投资增长率达到 158.9%，2020 年略有下降，为 90.6%，2021 年增长到 102.5%，随后持续增长直至 2023 年的 107.9%。

2023 年 1~6 月固定资产投资总额中，12.3% 的比例即 17.1 万亿苏姆来

---

① "Agriculture, Forestry and Fisheries," Socio-Economic Situation in the Republic of Uzbekistan, https://stat.uz/en/quarterly-reports/39036-2023-eng-2, accessed: 2023-11-25.

自集中融资，该数据相比2022年同期减少了0.7个百分点。相应地，同时段内通过非集中融资金额为122.0万亿苏姆，占总额的87.7%，较2022年同期增加了0.7个百分点。

固定资产投资可按以下几个类型划分：按技术划分；按生产结构划分；按经济活动类型划分；按融资来源划分。

哈萨克斯坦2023年1~6月获投资总额中，用于重建和发展基金的数额为0.3万亿苏姆（相当于3120万美元），其在投资总额中占比达70.9%，相比前一年同期下降了0.1~0.3个百分点。2023年1~6月的国家政府预算出资中，主要用于基础设施建设、经济和社会领域发展的金额为2022年同期的103.6%。由供水和污水系统发展基金出资的投资金额达9.1万亿苏姆，为2022年同期的79.8%，减少了0.8万亿苏姆，其在固定投资总额中占比下降了0.2~0.6个百分点。

在社会领域中，最重要的建设活动类型即住房建设。从这类建设的全部资金中共吸收了12.0万亿苏姆的固定资产投资，占乌兹比克斯坦总投资额的8.6%。

2023年1~6月的固定资产投资总额中，93417亿苏姆用于投资住房建设。其中，205亿苏姆资金来自国家财政预算，366亿苏姆来自企业和组织的自有资金，87926亿苏姆来自居民税收，4920亿苏姆为其他来源。2023年1~6月，乌兹别克斯坦供水网络全国投入运营1390.0千米，相比2022年同期增长了2.8倍。值得注意的是，其中的73.7%即1023.8千米的委托供水网络投入在农村地区。

2023年1~6月，乌兹别克斯坦由国家政府组织进行的建筑工程总额达199.23亿苏姆，由非政府组织进行的建设工程额达5812.17亿苏姆，其占比分别为2.9%和97.1%。①

---

① "Investments and Construction," Socio-Economic Situation in the Republic of Uzbekistan, https://stat. uz/en/quarterly-reports/39036-2023-eng-2, accessed：2023-11-25.

五 服务业

在现代经济中，相比物质生产，非物质生产更受青睐。目前服务业在全球经济中占据重要地位，是公共生产中最重要的部门之一。因当今对这一领域的需求非常高，许多国家将经济发展重点放在这一部门。许多国家的服务业收入都在助推 GDP 的增长，这对任何国家的经济都有积极的影响。服务业结构复杂，由向消费者提供各种类型服务的企业和组织组成。这些企业和组织的活动范围相当广泛，它们向客户提供各种商品和贸易服务、运营和维护服务或提供自身所能提供的卫生、教育、文化等服务。2023 年 1~6 月，乌兹别克斯坦全国的服务业产值在 GDP 中占比为 47.1%。较 2019 年同期上升了 4.8 个百分点。

截至 2023 年 7 月 1 日，乌兹别克斯坦全国在运营的企业和组织总数已达 477722 家，其中涉及服务业的有 335360 家，占总数的 70.2%。

据 2023 年 1~6 月初步数据，乌兹别克斯坦国内市场提供的服务总额达 2128406 亿苏姆，为上年同期的 112.3%（2022 年同期增速为 114.5%），服务业产值增加了 471657 亿苏姆。2023 年 1~6 月，乌兹别克斯坦国内市场提供的人均服务额达 587.98 万苏姆，为 2022 年同期的 109.9%，产值金额增长了 120.47 万苏姆。

在 2023 年 1~6 月按经济活动类型划分的市场服务当中，贸易和金融服务占比为 23.5%，运输服务占比为 23.1%，通信和信息服务占比为 6.8%，教育服务占比为 4.3%。

2023 年 1~6 月，贸易和金融服务产值达 500144 亿苏姆，相比 2019 年同期增加了 347441 亿苏姆。其在服务业总额中占比为 23.5%。2023 年金融服务产值增速为 122.7%。

2023 年 1~6 月，运输服务产值达 491416 亿苏姆，为 2022 年同期的 108.6%。其在服务业总额中占比为 23.1%。

2023 年 1~6 月，通信和信息服务产值达 143731 亿苏姆，为 2022 年同期的 122.9%。

2023 年 1～6 月，教育服务产值达 91074 亿苏姆，为 2022 年同期的 119.5%。①

六　运输和通信

截至 2023 年 7 月 1 日，乌兹别克斯坦全国运输领域在运营的企业和组织共有 17380 家，与 2022 年同期相比减少了 9.9% 的企业。

2023 年 1～6 月乌兹别克斯坦从事运输和存储领域的企业和组织总数中，小企业占比 98.7%。2023 年 4～6 月，从事运输与存储领域的新创立企业和组织达到 2235 家。这些新创立的运输企业和组织在全部企业总数中占比 4.7%。较 2022 年同期相比增速为 141.0%。

在 2019 年、2021 年及 2023 年同期，货物运输领域的产值增速呈现上涨；而在 2020 年 6 月末，则呈现下降（下降了 2.5%）。据对各运输方式的分析，货物运输占主要部分，运输总量为 6.193 亿吨，其中通过铁路运输量为 3630 万吨，通过管道输送量为 3030 万吨，通过航空运输量相对较低，为 5700 吨。据 2023 年 1～6 月数据，公路运输占据了货物运输总量的绝大部分，占比为 90.3%，其他运输方式的运输量占比为 9.7%。根据 2023 年 1～6 月数据，管道运输占货物总量的 38.2%，铁路运输占 34.6%，公路运输占 26.9%，航空运输占 0.3%。

对 2023 年 1～6 月所有交通方式的总计中，乘客平均运送里程为 23.7 千米。2022 年同期的这一记录为 23.2 千米，2021 年同期为 22.4 千米，2020 年同期为 22.6 千米，2019 年同期则为 23.4 千米。②

---

① "Services," Socio-Economic Situation in the Republic of Uzbekistan, https：//stat. uz/en/quarterly-reports/39036-2023-eng-2, accessed：2023-11-25.

② "Transport and Communiucations," Socio-Economic Situation in the Republic of Uzbekistan, https：//stat. uz/en/quarterly-reports/39036-2023-eng-2, accessed：2023-11-25.

附录五
2022年乌兹别克斯坦对外贸易主要指标

王田田*

表1　乌兹别克斯坦 2022 年对外贸易主要指标

单位：亿美元，%

国家和地区	对外贸易额		出口		进口	
	贸易额	占贸易总额的比重	出口额	占出口总额的比重	进口额	占进口总额的比重
中国	588.97	18.30	170.78	13.25	418.19	21.67
俄罗斯	548.56	17.04	167.62	13.01	380.93	19.74
哈萨克斯坦	281.61	8.75	81.91	6.36	199.70	10.35
土耳其	227.20	7.06	117.73	9.13	109.47	5.67
韩国	158.85	4.94	2.42	0.19	156.44	8.11
吉尔吉斯斯坦	74.40	2.31	58.92	4.57	15.48	0.80
德国	72.20	2.24	5.82	0.45	66.39	3.44
土库曼斯坦	61.73	1.92	13.13	1.02	48.60	2.52
阿富汗	47.27	1.47	46.68	3.62	0.59	0.03
印度	42.71	1.33	2.05	0.16	40.66	2.11
塔吉克斯坦	38.13	1.18	28.60	2.22	9.53	0.49
巴西	32.62	1.01	0.03	0.00	32.60	1.69
伊朗	31.30	0.97	11.45	0.89	19.85	1.03
立陶宛	29.95	0.93	4.42	0.34	25.53	1.32
白俄罗斯	29.90	0.93	6.43	0.50	23.48	1.22

---

* 王田田，陕西师范大学中亚研究所硕士研究生。

国家和地区	对外贸易额		出口		进口	
	贸易额	占贸易总额的比重	出口额	占出口总额的比重	进口额	占进口总额的比重
阿联酋	29.84	0.93	7.05	0.55	22.79	1.18
美国	29.29	0.91	3.73	0.29	25.55	1.32
意大利	26.06	0.81	3.96	0.31	22.10	1.15
乌克兰	22.99	0.71	6.11	0.47	16.88	0.87
法国	22.78	0.71	8.04	0.62	14.74	0.76
波兰	21.13	0.66	8.64	0.67	12.48	0.65
拉脱维亚	16.56	0.51	6.13	0.48	10.44	0.54
瑞士	15.97	0.50	2.50	0.19	13.48	0.70
日本	15.37	0.48	1.09	0.08	14.28	0.74
巴基斯坦	13.98	0.43	6.27	0.49	7.71	0.40
加拿大	13.47	0.42	12.38	0.96	1.09	0.06
荷兰	12.20	0.38	1.91	0.15	10.29	0.53
英国	10.94	0.34	4.87	0.38	6.07	0.31
阿塞拜疆	10.89	0.34	7.80	0.60	3.10	0.16
格鲁吉亚	10.76	0.33	3.04	0.24	7.73	0.40
捷克	10.10	0.31	1.74	0.13	8.36	0.43
沙特阿拉伯	9.56	0.30	0.22	0.02	9.34	0.48
奥地利	8.23	0.26	1.36	0.11	6.87	0.36
爱沙尼亚	6.71	0.21	1.34	0.10	5.37	0.28
斯洛文尼亚	6.70	0.21	0.19	0.01	6.51	0.34
保加利亚	6.40	0.20	2.71	0.21	3.69	0.19
比利时	6.24	0.19	1.65	0.13	4.59	0.24
匈牙利	5.99	0.19	0.31	0.02	5.69	0.29
越南	5.94	0.18	1.17	0.09	4.77	0.25
马来西亚	5.11	0.16	0.96	0.07	4.15	0.21
新加坡	4.75	0.15	2.09	0.16	2.65	0.14
爱尔兰	4.66	0.14	0.19	0.02	4.47	0.23
中国香港	4.65	0.14	0.46	0.04	4.19	0.22
希腊	4.42	0.14	3.58	0.28	0.83	0.04
印度尼西亚	3.95	0.12	1.25	0.10	2.70	0.14
泰国	3.87	0.12	1.34	0.10	2.53	0.13
墨西哥	3.69	0.11	0.00	0.00	3.68	0.19
厄瓜多尔	3.66	0.11	0.00	0.00	3.65	0.19

续表

国家和地区	对外贸易额		出口		进口	
	贸易额	占贸易总额的比重	出口额	占出口总额的比重	进口额	占进口总额的比重
瑞典	3.56	0.11	0.05	0.00	3.51	0.18
丹麦	3.17	0.10	0.01	0.00	3.16	0.16
罗马尼亚	3.00	0.09	0.75	0.06	2.25	0.12
以色列	2.89	0.09	0.79	0.06	2.10	0.11
芬兰	2.50	0.08	0.03	0.00	2.47	0.13
西班牙	2.43	0.08	0.42	0.03	2.02	0.10
孟加拉国	2.12	0.07	0.61	0.05	1.51	0.08
埃及	2.03	0.06	1.49	0.12	0.54	0.03
阿根廷	1.95	0.06	0.01	0.00	1.94	0.10
缅甸	1.84	0.06	1.83	0.14	0.01	0.00
摩尔多瓦	1.70	0.05	1.26	0.10	0.44	0.02
斯洛伐克	1.70	0.05	0.15	0.01	1.55	0.08
亚美尼亚	1.45	0.05	1.15	0.09	0.30	0.02
中国台湾	1.01	0.03	0.02	0.00	0.99	0.05
塞尔维亚	0.98	0.03	0.06	0.00	0.92	0.05
伊拉克	0.93	0.03	0.68	0.05	0.25	0.01
葡萄牙	0.89	0.03	0.45	0.03	0.44	0.02
摩洛哥	0.74	0.02	0.69	0.05	0.04	0.00
塞浦路斯	0.51	0.02	0.06	0.00	0.44	0.02
澳大利亚	0.47	0.01	0.00	0.00	0.47	0.02
蒙古国	0.45	0.01	0.34	0.03	0.10	0.01
约旦	0.37	0.01	0.03	0.00	0.34	0.02
卢森堡	0.35	0.01	0.06	0.00	0.29	0.02
南非	0.32	0.01	0.01	0.00	0.31	0.02
阿尔巴尼亚	0.27	0.01	0.27	0.02	0.00	0.00
肯尼亚	0.27	0.01	0.00	0.00	0.27	0.01
秘鲁	0.26	0.01	0.24	0.02	0.02	0.00
英属维尔京群岛	0.25	0.01	0.25	0.02	0.00	0.00
阿曼	0.25	0.01	0.01	0.00	0.24	0.01
挪威	0.24	0.01	0.00	0.00	0.24	0.01
卡塔尔	0.19	0.01	0.04	0.00	0.15	0.01
莫桑比克	0.18	0.01	0.00	0.00	0.18	0.01
斯里兰卡	0.17	0.01	0.00	0.00	0.17	0.01

续表

国家和地区	对外贸易额		出口		进口	
	贸易额	占贸易总额的比重	出口额	占出口总额的比重	进口额	占进口总额的比重
北马其顿	0.16	0.00	0.15	0.01	0.01	0.00
加纳	0.15	0.00	0.00	0.00	0.15	0.01
智利	0.15	0.00	0.10	0.01	0.05	0.00
津巴布韦	0.14	0.00	0.00	0.00	0.14	0.01
科威特	0.14	0.00	0.14	0.01	0.00	0.00
黎巴嫩	0.13	0.00	0.13	0.01	0.01	0.00
哥伦比亚	0.13	0.00	0.13	0.01	0.00	0.00
突尼斯	0.13	0.00	0.08	0.01	0.05	0.00
新西兰	0.12	0.00	0.00	0.00	0.12	0.01
科特迪瓦	0.11	0.00	0.00	0.00	0.11	0.01
马耳他	0.11	0.00	0.09	0.01	0.03	0.00
波黑	0.11	0.00	0.11	0.01	0.00	0.00
克罗地亚	0.08	0.00	0.04	0.00	0.04	0.00
菲律宾	0.07	0.00	0.02	0.00	0.05	0.00
巴拿马	0.05	0.00	0.05	0.00	0.00	0.00
巴勒斯坦	0.03	0.00	0.01	0.00	0.02	0.00
哥斯达黎加	0.03	0.00	0.00	0.00	0.03	0.00
柬埔寨	0.02	0.00	0.00	0.00	0.02	0.00
危地马拉	0.02	0.00	0.01	0.00	0.01	0.00
英属印度洋领地	0.02	0.00	0.01	0.00	0.01	0.00
朝鲜	0.02	0.00	0.01	0.00	0.00	0.00
乌干达	0.01	0.00	0.00	0.00	0.01	0.00
巴林	0.01	0.00	0.00	0.00	0.01	0.00
斐济	0.01	0.00	0.01	0.00	0.00	0.00
阿尔及利亚	0.01	0.00	0.00	0.00	0.01	0.00
毛里求斯	0.01	0.00	0.01	0.00	0.00	0.00
多米尼加	0.01	0.00	0.01	0.00	0.00	0.00
洪都拉斯	0.01	0.00	0.00	0.00	0.01	0.00
黑山	0.01	0.00	0.00	0.00	0.01	0.00
赞比亚	0.01	0.00	0.00	0.00	0.01	0.00
喀麦隆	0.00	0.00	0.00	0.00	0.00	0.00
中国澳门	0.00	0.00	0.00	0.00	0.00	0.00
叙利亚	0.00	0.00	0.00	0.00	0.00	0.00

续表

国家和地区	对外贸易额		出口		进口	
	贸易额	占贸易总额的比重	出口额	占出口总额的比重	进口额	占进口总额的比重
尼泊尔	0.00	0.00	0.00	0.00	0.00	0.00
古巴	0.00	0.00	0.00	0.00	0.00	0.00
也门	0.00	0.00	0.00	0.00	0.00	0.00
冰岛	0.00	0.00	0.00	0.00	0.00	0.00
老挝	0.00	0.00	0.00	0.00	0.00	0.00
安哥拉	0.00	0.00	0.00	0.00	0.00	0.00
美属萨摩亚	0.00	0.00	0.00	0.00	0.00	0.00
塞内加尔	0.00	0.00	0.00	0.00	0.00	0.00
直布罗陀	0.00	0.00	0.00	0.00	0.00	0.00
圣文森特和格林纳丁斯	0.00	0.00	0.00	0.00	0.00	0.00
巴巴多斯	0.00	0.00	0.00	0.00	0.00	0.00
埃塞俄比亚	0.00	0.00	0.00	0.00	0.00	0.00
圣马力诺	0.00	0.00	0.00	0.00	0.00	0.00
马达加斯加	0.00	0.00	0.00	0.00	0.00	0.00
列支敦士登	0.00	0.00	0.00	0.00	0.00	0.00
玻利维亚	0.00	0.00	0.00	0.00	0.00	0.00
伯利兹	0.00	0.00	0.00	0.00	0.00	0.00
马尔代夫	0.00	0.00	0.00	0.00	0.00	0.00
法属波利尼西亚	0.00	0.00	0.00	0.00	0.00	0.00
苏丹	0.00	0.00	0.00	0.00	0.00	0.00
泽西岛	0.00	0.00	0.00	0.00	0.00	0.00
乌拉圭	0.00	0.00	0.00	0.00	0.00	0.00
尼加拉瓜	0.00	0.00	0.00	0.00	0.00	0.00
博茨瓦纳	0.00	0.00	0.00	0.00	0.00	0.00
塞拉利昂	0.00	0.00	0.00	0.00	0.00	0.00
塞舌尔	0.00	0.00	0.00	0.00	0.00	0.00
尼日利亚	0.00	0.00	0.00	0.00	0.00	0.00
基里巴斯	0.00	0.00	0.00	0.00	0.00	0.00
牙买加	0.00	0.00	0.00	0.00	0.00	0.00
萨尔瓦多	0.00	0.00	0.00	0.00	0.00	0.00
特立尼达和多巴哥	0.00	0.00	0.00	0.00	0.00	0.00
毛里塔尼亚	0.00	0.00	0.00	0.00	0.00	0.00
马里	0.00	0.00	0.00	0.00	0.00	0.00

续表

国家和地区	对外贸易额		出口		进口	
	贸易额	占贸易总额的比重	出口额	占出口总额的比重	进口额	占进口总额的比重
委内瑞拉	0.00	0.00	0.00	0.00	0.00	0.00
摩纳哥	0.00	0.00	0.00	0.00	0.00	0.00
格陵兰	0.00	0.00	0.00	0.00	0.00	0.00
圣基茨和尼维斯	0.00	0.00	0.00	0.00	0.00	0.00
法罗群岛	0.00	0.00	0.00	0.00	0.00	0.00
圭亚那	0.00	0.00	0.00	0.00	0.00	0.00
卢旺达	0.00	0.00	0.00	0.00	0.00	0.00
冈比亚	0.00	0.00	0.00	0.00	0.00	0.00
埃斯瓦蒂尼	0.00	0.00	0.00	0.00	0.00	0.00
波多黎各	0.00	0.00	0.00	0.00	0.00	0.00
贝宁	0.00	0.00	0.00	0.00	0.00	0.00
加蓬	0.00	0.00	0.00	0.00	0.00	0.00
纳米比亚	0.00	0.00	0.00	0.00	0.00	0.00
吉布提	0.00	0.00	0.00	0.00	0.00	0.00
文莱	0.00	0.00	0.00	0.00	0.00	0.00
格林纳达	0.00	0.00	0.00	0.00	0.00	0.00
坦桑尼亚	0.00	0.00	0.00	0.00	0.00	0.00
法属留尼汪	0.00	0.00	0.00	0.00	0.00	0.00
巴拉圭	0.00	0.00	0.00	0.00	0.00	0.00
根西岛	0.00	0.00	0.00	0.00	0.00	0.00
马拉维	0.00	0.00	0.00	0.00	0.00	0.00
几内亚	0.00	0.00	0.00	0.00	0.00	0.00
多米尼克	0.00	0.00	0.00	0.00	0.00	0.00
尼日尔	0.00	0.00	0.00	0.00	0.00	0.00
赤道几内亚	0.00	0.00	0.00	0.00	0.00	0.00
利比里亚	0.00	0.00	0.00	0.00	0.00	0.00
安圭拉	0.00	0.00	0.00	0.00	0.00	0.00
苏里南	0.00	0.00	0.00	0.00	0.00	0.00
其他国家及地区	535.07	16.62	453.89	35.22	81.18	4.21

资料来源：乌兹别克斯坦国家统计局官网，O'zbekiston Respublikasi Prezidenti Huzuridagi Statistika Agentligi，"Asosiy sahifa-Ochiq ma'lumotlar-Tashqi iqtisodiy faoliyat oylik（2022-yil），" January 25, 2024，https：//stat.uz/en/official-statistics/merchandise-trade，accessed：2024-01-27。

附录六
2023年乌兹别克斯坦对外贸易主要指标

李燕楠*

表1 乌兹别克斯坦2023年对外贸易主要指标

单位：亿美元，%

国家和地区	对外贸易额		出口		进口	
	贸易额	占贸易总额的比重	出口额	占出口总额的比重	进口额	占进口总额的比重
中国	787.55	19.99	149.93	9.46	637.62	27.08
俄罗斯	607.33	15.42	192.34	12.14	414.99	17.62
哈萨克斯坦	283.88	7.21	88.65	5.59	195.23	8.29
土耳其	203.67	5.17	86.50	5.46	117.17	4.98
韩国	147.24	3.74	2.73	0.17	144.52	6.14
德国	93.49	2.37	5.12	0.32	88.37	3.75
吉尔吉斯斯坦	64.13	1.63	45.43	2.87	18.70	0.79
土库曼斯坦	62.97	1.60	11.01	0.69	51.96	2.21
法国	57.86	1.47	26.00	1.64	31.85	1.35
阿富汗	52.76	1.34	52.21	3.29	0.55	0.02
塔吉克斯坦	46.17	1.17	37.10	2.34	9.07	0.39
巴西	45.87	1.16	0.21	0.01	45.67	1.94
立陶宛	44.13	1.12	8.06	0.51	36.06	1.53
印度	43.78	1.11	6.25	0.39	37.54	1.59
白俄罗斯	39.53	1.00	8.41	0.53	31.12	1.32

---

* 李燕楠，陕西师范大学中亚研究所硕士研究生。

国家和地区	对外贸易额		出口		进口	
	贸易额	占贸易总额的比重	出口额	占出口总额的比重	进口额	占进口总额的比重
阿联酋	39.03	0.99	15.64	0.99	23.39	0.99
美国	38.98	0.99	9.41	0.59	29.56	1.26
伊朗	33.41	0.85	11.85	0.75	21.55	0.92
意大利	32.14	0.82	4.87	0.31	27.27	1.16
波兰	26.82	0.68	6.43	0.41	20.39	0.87
瑞士	25.41	0.64	1.66	0.10	23.74	1.01
拉脱维亚	25.32	0.64	6.62	0.42	18.70	0.79
巴基斯坦	24.18	0.61	15.26	0.96	8.92	0.38
捷克	22.71	0.58	3.05	0.19	19.65	0.83
英国	21.35	0.54	8.07	0.51	13.28	0.56
墨西哥	17.91	0.45	0.07	0.00	17.84	0.76
新加坡	15.30	0.39	6.03	0.38	9.27	0.39
荷兰	15.06	0.38	1.83	0.12	13.24	0.56
阿塞拜疆	14.19	0.36	8.28	0.52	5.91	0.25
乌克兰	14.12	0.36	4.67	0.29	9.45	0.40
日本	12.97	0.33	0.62	0.04	12.35	0.52
乔治亚	12.57	0.32	3.71	0.23	8.85	0.38
奥地利	12.00	0.30	0.91	0.06	11.09	0.47
马来西亚	10.96	0.28	0.48	0.03	10.48	0.45
比利时	10.70	0.27	4.32	0.27	6.38	0.27
沙特阿拉伯	10.52	0.27	0.25	0.02	10.27	0.44
越南	10.51	0.27	1.37	0.09	9.14	0.39
中国香港	8.07	0.20	0.72	0.05	7.34	0.31
泰国	7.82	0.20	0.23	0.01	7.59	0.32
斯洛文尼亚	7.41	0.19	0.29	0.02	7.12	0.30
爱尔兰	6.79	0.17	0.03	0.00	6.76	0.29
匈牙利	6.48	0.16	0.38	0.02	6.09	0.26
厄瓜多尔	5.91	0.15	0.00	0.00	5.91	0.25
保加利亚	5.86	0.15	2.53	0.16	3.33	0.14
爱沙尼亚	5.80	0.15	1.03	0.06	4.77	0.20
印度尼西亚	5.42	0.14	0.61	0.04	4.81	0.20
西班牙	5.01	0.13	0.38	0.02	4.63	0.20

续表

国家和地区	对外贸易额		出口		进口	
	贸易额	占贸易总额的比重	出口额	占出口总额的比重	进口额	占进口总额的比重
加拿大	3.56	0.09	2.29	0.14	1.27	0.05
罗马尼亚	3.31	0.08	1.37	0.09	1.94	0.08
丹麦	3.20	0.08	0.82	0.05	2.37	0.10
芬兰	3.15	0.08	0.11	0.01	3.03	0.13
瑞典	3.15	0.08	0.24	0.01	2.91	0.12
斯洛伐克	2.82	0.07	0.07	0.00	2.75	0.12
亚美尼亚	2.58	0.07	2.02	0.13	0.56	0.02
埃及	2.52	0.06	1.71	0.11	0.81	0.03
孟加拉国	2.36	0.06	0.34	0.02	2.02	0.09
开曼群岛	2.26	0.06	0.00	0.00	2.26	0.10
摩尔多瓦	2.21	0.06	1.59	0.10	0.62	0.03
以色列	2.17	0.06	0.75	0.05	1.42	0.06
南非	2.12	0.05	0.02	0.00	2.09	0.09
中国台湾	1.88	0.05	0.03	0.00	1.85	0.08
塞浦路斯	1.45	0.04	1.38	0.09	0.07	0.00
阿根廷	1.36	0.03	0.01	0.00	1.35	0.06
伊拉克	1.17	0.03	1.08	0.07	0.09	0.00
塞尔维亚	0.98	0.02	0.04	0.00	0.93	0.04
葡萄牙	0.95	0.02	0.23	0.01	0.71	0.03
希腊	0.89	0.02	0.30	0.02	0.59	0.03
缅甸	0.82	0.02	0.79	0.05	0.03	0.00
蒙古国	0.69	0.02	0.44	0.03	0.25	0.01
卢森堡	0.63	0.02	0.04	0.00	0.59	0.03
科威特	0.63	0.02	0.62	0.04	0.00	0.00
挪威	0.62	0.02	0.16	0.01	0.46	0.02
菲律宾	0.54	0.01	0.13	0.01	0.41	0.02
卡塔尔	0.45	0.01	0.05	0.00	0.41	0.02
英属维尔京群岛	0.41	0.01	0.41	0.03	0.00	0.00
肯尼亚	0.30	0.01	0.00	0.00	0.30	0.01
摩洛哥	0.29	0.01	0.19	0.01	0.10	0.00
斯里兰卡	0.27	0.01	0.00	0.00	0.26	0.01
约旦	0.25	0.01	0.05	0.00	0.20	0.01

续表

国家和地区	对外贸易额		出口		进口	
	贸易额	占贸易总额的比重	出口额	占出口总额的比重	进口额	占进口总额的比重
澳大利亚	0.23	0.01	0.01	0.00	0.21	0.01
加纳	0.19	0.00	0.03	0.00	0.17	0.01
莫桑比克	0.15	0.00	—	—	0.15	0.01
智利	0.11	0.00	0.02	0.00	0.09	0.00
突尼斯	0.11	0.00	0.05	0.00	0.06	0.00
阿曼	0.10	0.00	0.06	0.00	0.05	0.00
科特迪瓦	0.10	0.00	0.00	0.00	0.10	0.00
克罗地亚	0.10	0.00	0.01	0.00	0.08	0.00
马耳他	0.09	0.00	0.05	0.00	0.04	0.00
津巴布韦	0.09	0.00	0.00	0.00	0.09	0.00
柬埔寨	0.08	0.00	0.00	0.00	0.08	0.00
冰岛	0.06	0.00	0.05	0.00	0.00	0.00
巴勒斯坦	0.06	0.00	0.02	0.00	0.03	0.00
阿尔巴尼亚	0.05	0.00	0.05	0.00	0.00	0.00
黎巴嫩	0.05	0.00	0.04	0.00	0.01	0.00
秘鲁	0.04	0.00	0.01	0.00	0.04	0.00
北马其顿	0.04	0.00	0.02	0.00	0.02	0.00
毛里求斯	0.04	0.00	0.02	0.00	0.01	0.00
朝鲜	0.04	0.00	0.04	0.00	0.00	0.00
新西兰	0.04	0.00	0.00	0.00	0.03	0.00
阿尔及利亚	0.04	0.00	0.03	0.00	0.00	0.00
哥伦比亚	0.03	0.00	0.02	0.00	0.02	0.00
巴林	0.03	0.00	0.02	0.00	0.01	0.00
马达加斯加	0.03	0.00	0.03	0.00	0.00	0.00
巴拿马	0.03	0.00	0.03	0.00	0.00	0.00
哥斯达黎加	0.02	0.00	0.00	0.00	0.02	0.00
多米尼加	0.02	0.00	0.01	0.00	0.02	0.00
乌干达	0.02	0.00	0.00	0.00	0.02	0.00
危地马拉	0.02	0.00	0.00	0.00	0.02	0.00
波黑	0.02	0.00	0.01	0.00	0.00	0.00
叙利亚	0.02	0.00	0.01	0.00	0.00	0.00
乌拉圭	0.01	0.00	0.00	0.00	0.01	0.00

国家和地区	对外贸易额		出口		进口	
	贸易额	占贸易总额的比重	出口额	占出口总额的比重	进口额	占进口总额的比重
波多黎各	0.01	0.00	0.01	0.00	0.00	0.00
尼加拉瓜	0.01	0.00	0.01	0.00	0.00	0.00
埃塞俄比亚	0.01	0.00	0.01	0.00	0.00	0.00
圣马力诺	0.01	0.00	0.00	0.00	0.01	0.00
古巴	0.01	0.00	0.00	0.00	0.01	0.00
黑山	0.01	0.00	0.00	0.00	0.00	0.00
安哥拉	0.01	0.00	0.00	0.00	0.00	0.00
马尔代夫	0.01	0.00	0.00	0.00	0.00	0.00
也门	0.01	0.00	0.01	0.00	0.00	0.00
美属萨摩亚	0.01	0.00	0.00	0.00	0.00	0.00
塞内加尔	0.01	0.00	0.00	0.00	0.01	0.00
老挝	0.01	0.00	0.00	0.00	0.01	0.00
尼日利亚	0.00	0.00	0.00	0.00	0.00	0.00
卢旺达	0.00	0.00	0.00	0.00	0.00	0.00
马绍尔群岛	0.00	0.00	—	—	0.00	0.00
多哥	0.00	0.00	0.00	0.00	—	—
中国澳门	0.00	0.00	0.00	0.00	0.00	0.00
利比亚	0.00	0.00	0.00	0.00	—	—
委内瑞拉	0.00	0.00	0.00	0.00	0.00	0.00
尼泊尔	0.00	0.00	0.00	0.00	0.00	0.00
巴巴多斯	0.00	0.00	0.00	0.00	0.00	0.00
百慕大	0.00	0.00	—	—	0.00	0.00
列支敦士登	0.00	0.00	0.00	0.00	0.00	0.00
赞比亚	0.00	0.00	0.00	0.00	0.00	0.00
格林纳达	0.00	0.00	0.00	0.00	0.00	0.00
博茨瓦纳	0.00	0.00	0.00	0.00	0.00	0.00
牙买加	0.00	0.00	0.00	0.00	0.00	0.00
圣文森特和格林纳丁斯	0.00	0.00	0.00	0.00	0.00	0.00
摩纳哥	0.00	0.00	0.00	0.00	0.00	0.00
塞舌尔	0.00	0.00	0.00	0.00	0.00	0.00
泽西岛	0.00	0.00	0.00	0.00	0.00	0.00
洪都拉斯	0.00	0.00	0.00	0.00	0.00	0.00

续表

国家和地区	对外贸易额		出口		进口	
	贸易额	占贸易总额的比重	出口额	占出口总额的比重	进口额	占进口总额的比重
萨尔瓦多	0.00	0.00	0.00	0.00	0.00	0.00
科科斯(基林)群岛	0.00	0.00	—	—	0.00	0.00
马拉维	0.00	0.00	0.00	0.00	0.00	0.00
刚果(布)	0.00	0.00	0.00	0.00	—	—
塞拉利昂	0.00	0.00	0.00	0.00	0.00	0.00
索马里	0.00	0.00	0.00	0.00	—	—
特立尼达和多巴哥	0.00	0.00	0.00	0.00	0.00	0.00
科摩罗	0.00	0.00	0.00	0.00	0.00	0.00
马里	0.00	0.00	0.00	0.00	0.00	0.00
直布罗陀	0.00	0.00	0.00	0.00	0.00	0.00
巴拉圭	0.00	0.00	0.00	0.00	0.00	0.00
巴哈马	0.00	0.00	0.00	0.00	0.00	0.00
格陵兰	0.00	0.00	0.00	0.00	0.00	0.00
毛里塔尼亚	0.00	0.00	0.00	0.00	0.00	0.00
法属新喀里多尼亚	0.00	0.00	0.00	0.00	—	—
多米尼克	0.00	0.00	0.00	0.00	0.00	0.00
圭亚那	0.00	0.00	0.00	0.00	0.00	0.00
安道尔	0.00	0.00	0.00	0.00	0.00	0.00
托克劳	0.00	0.00	0.00	0.00	0.00	0.00
马恩岛	0.00	0.00	0.00	0.00	0.00	0.00
文莱	0.00	0.00	0.00	0.00	0.00	0.00
中非	0.00	0.00	0.00	0.00	—	—
法属波利尼西亚	0.00	0.00	0.00	0.00	0.00	0.00
英属印度洋领地	0.00	0.00	0.00	0.00	0.00	0.00
喀麦隆	0.00	0.00	0.00	0.00	0.00	0.00
斐济	0.00	0.00	0.00	0.00	0.00	0.00
苏丹	0.00	0.00	0.00	0.00	0.00	0.00
几内亚比绍	0.00	0.00	0.00	0.00	—	—
法属留尼汪	0.00	0.00	0.00	0.00	0.00	0.00
冈比亚	0.00	0.00	0.00	0.00	0.00	0.00
根西岛	0.00	0.00	0.00	0.00	0.00	0.00
尼日尔	0.00	0.00	0.00	0.00	0.00	0.00

国家和地区	对外贸易额		出口		进口	
	贸易额	占贸易总额的比重	出口额	占出口总额的比重	进口额	占进口总额的比重
图瓦卢	0.00	0.00	0.00	0.00	0.00	0.00
苏里南	0.00	0.00	0.00	0.00	0.00	0.00
玻利维亚	0.00	0.00	0.00	0.00	0.00	0.00
利比里亚	0.00	0.00	0.00	0.00	0.00	0.00
纳米比亚	0.00	0.00	0.00	0.00	0.00	0.00
美属维尔京群岛	0.00	0.00	0.00	0.00	0.00	0.00
圣基茨和尼维斯	0.00	0.00	0.00	0.00	0.00	0.00
贝宁	0.00	0.00	0.00	0.00	0.00	0.00
南苏丹	0.00	0.00	—	—	0.00	0.00
莱索托	0.00	0.00	0.00	0.00	0.00	0.00
坦桑尼亚	0.00	0.00	0.00	0.00	0.00	0.00
安圭拉	0.00	0.00	0.00	0.00	0.00	0.00
布基纳法索	0.00	0.00	0.00	0.00	0.00	0.00
瓦努阿图	0.00	0.00	0.00	0.00	—	—
特克斯和凯科斯群岛	0.00	0.00	0.00	0.00	0.00	0.00
吉布提	0.00	0.00	0.00	0.00	0.00	0.00
佛得角	0.00	0.00	0.00	0.00	0.00	0.00
关岛	0.00	0.00	0.00	0.00	0.00	0.00
斯威士兰	0.00	0.00	0.00	0.00	0.00	0.00
几内亚	0.00	0.00	—	—	0.00	0.00
赤道几内亚	0.00	0.00	0.00	0.00	0.00	0.00
法属南部领地	0.00	0.00	—	—	0.00	0.00
安提瓜和巴布达	0.00	0.00	0.00	0.00	0.00	0.00
法罗群岛	0.00	0.00	0.00	0.00	0.00	0.00
伯利兹	0.00	0.00	0.00	0.00	0.00	0.00
刚果(金)	0.00	0.00	0.00	0.00	0.00	0.00
不丹	0.00	0.00	0.00	0.00	—	—
所罗门群岛	0.00	0.00	—	—	0.00	0.00
布隆迪	0.00	0.00	0.00	0.00	—	—
乍得	0.00	0.00	—	—	0.00	0.00
法属圭亚那	0.00	0.00	0.00	0.00	—	—
加蓬	0.00	0.00	0.00	0.00	0.00	0.00

续表

国家和地区	对外贸易额		出口		进口	
	贸易额	占贸易总额的比重	出口额	占出口总额的比重	进口额	占进口总额的比重
基里巴斯	0.00	0.00	0.00	0.00	0.00	0.00
瓜德罗普	0.00	0.00	—	—	0.00	0.00
海地	0.00	0.00	0.00	0.00	—	—
赫德岛和麦克唐纳群岛	0.00	0.00	—	—	0.00	0.00
英属蒙特塞拉特	0.00	0.00	0.00	0.00	—	—
荷属安的列斯群岛	0.00	0.00	—	—	0.00	0.00
巴布亚新几内亚	0.00	0.00	0.00	0.00	—	—
皮特凯恩群岛	0.00	0.00	0.00	0.00	—	—
圣卢西亚	0.00	0.00	—	—	0.00	0.00
圣多美和普林西比	0.00	0.00	—	—	0.00	0.00
汤加	0.00	0.00	0.00	0.00	—	—
萨摩亚	0.00	0.00	0.00	0.00	—	—
其他国家及地区	796.38	20.21	725.17	45.76	71.21	3.02

资料来源：乌兹别克斯坦国家统计局官网，O'zbekiston Respublikasi Prezidenti Huzuridagi Statistika Agentligi，"Asosiy sahifa-Ochiq ma'lumotlar-Tashqi iqtisodiy faoliyat oylik（2023-yil），" January 25，2024，https：//stat. uz/uz/rasmiy-statistika/merchandise-trade-2，accessed：2024-01-26。

附录七
2022年乌兹别克斯坦大事记

崔晓宇 *

1月2日　乌兹别克斯坦总统米尔济约耶夫与中华人民共和国主席习近平互致贺电，庆祝中国与乌兹别克斯坦迎来建交30周年。

1月5日　乌兹别克斯坦总统米尔济约耶夫制定了《2022—2026年新乌兹别克斯坦发展战略》，该战略包括七大重点方向和100个具体目标，拟使乌兹别克斯坦能够尽快迈入世界中高平均水平收入国家行列，乌国迎来"新乌兹别克斯坦"建设时代。

1月15日　乌兹别克斯坦人权研究中心称，乌兹别克斯坦几乎一半的个体企业家是女性。

1月17日　乌兹别克斯坦经济和财政部发文称，乌兹别克斯坦和土库曼斯坦贸易额增长65%。

1月20日　乌兹别克斯坦投资工业和贸易部数据显示，乌兹别克斯坦对外贸易额达421亿美元。

1月25日　乌兹别克斯坦总统米尔济约耶夫出席由中国国家主席习近平在北京主持的中国同中亚五国建交30周年视频峰会。

1月26日　举行乌中经贸关系建立30周年商业会谈。

2月4日　乌兹别克斯坦总统米尔济约耶夫受邀出席北京冬奥会开幕式，与中华人民共和国主席习近平举行面对面会谈，强调要进一步加强全面

* 崔晓宇，陕西师范大学中亚研究所硕士研究生。

战略伙伴关系。在两国元首的见证下，有关部门签署为期5年的贸易、经济和投资合作计划，为中乌经济合作提供了新的机遇和制度保障。

2月7日　乌兹别克斯坦经济研究中心发文《2017—2021五年行动战略：改革总结》，该文指出了乌兹别克斯坦在这五年的各领域发展变化。

2月21日　乌兹别克斯坦总统米尔济约耶夫召开政治会议，就重要的经济和社会项目展开讨论。

2月25日　乌兹别克斯坦总统米尔济约耶夫与俄罗斯总统普京进行电话会议，就双方关心的热点问题交换意见。

2月26日　乌兹别克斯坦代表团访问哈萨克斯坦阿斯塔纳市，就经济贸易领域的合作交换意见。

3月3日　应巴基斯坦总统阿里夫·阿尔维邀请，乌兹别克斯坦总统米尔济约耶夫前往巴基斯坦首都伊斯兰堡进行国事访问，两国领导人就热点问题交换意见，并表示深化两国关系。当天乌总统米尔济约耶夫参观巴基斯坦国家纪念馆。

3月9日　乌兹别克斯坦总统米尔济约耶夫接见伊朗代表团，指出双方在经贸文化领域可以进一步交流合作。

3月14日　乌兹别克斯坦总统米尔济约耶夫与德国总统施泰因迈尔进行电话交谈，就扩大多方面合作问题进行讨论。

3月18日　乌兹别克斯坦总统米尔济约耶夫参加医疗系统会议，表示"新乌兹别克斯坦"的医疗系统的重大变化是私立医疗与公立医疗共同发展，促进医疗社会改革。

3月25日　乌兹别克斯坦总统米尔济约耶夫与阿联酋代表团会晤，米尔济约耶夫总统讨论在贸易、经济领域扩大合作的机会。

3月29日　土耳其总统埃尔多安应乌兹别克斯坦总统米尔济约耶夫邀请抵乌进行国事访问。两国总统表示将在经济、文化、商业领域深化合作交流。

4月5日　乌兹别克斯坦总统米尔济约耶夫与巴基斯坦总理谢里夫通电话，交流当下热点问题。

4月5日 乌兹别克斯坦总统米尔济约耶夫与哈萨克斯坦首任总统纳扎尔巴耶夫进行电话会议,两国领导人讨论了双边和地区议程的热点问题。

4月14日 乌兹别克斯坦共和国经济和财政部数据显示,2022年第一季度信息技术服务出口同比增长近4倍。

4月25日 乌兹别克斯坦总统米尔济约耶夫祝贺法国总统马克龙成功连任。

4月26日 乌兹别克斯坦总统米尔济约耶夫与白俄罗斯总理戈洛夫琴科举行正式会谈,讨论开展务实合作的前景。

5月2日 乌兹别克斯坦总统米尔济约耶夫与土耳其总统埃尔多安在开斋节之际互致贺电。

5月4日 乌兹别克斯坦总统米尔济约耶夫和塔吉克斯坦总统拉赫蒙进行电话交流,就进一步扩大务实合作问题进行探讨。

5月7日 乌兹别克斯坦总统米尔济约耶夫在政府经济会议上表示,乌兹别克斯坦近5年来在电气工程领域新开工项目163个。

5月16日 乌兹别克斯坦总统米尔济约耶夫与土库曼斯坦总统别尔德穆哈梅多夫进行电话会议,就两国间多领域合作做出展望,并强调扩大与土库曼斯坦议会间合作的重要性。

5月17日 乌兹别克斯坦总统米尔济约耶夫与上海合作组织秘书长张明讨论加强地区伙伴关系的问题。

5月19日 乌兹别克斯坦总统米尔济约耶夫和吉尔吉斯斯坦总统扎帕罗夫讨论双边议程上的当前问题。

5月27日 乌兹别克斯坦总统米尔济约耶夫召开政府经济会议,探讨工业区发展计划。

6月2日 塔吉克斯坦总统拉赫蒙对乌兹别克斯坦进行正式访问。乌兹别克斯坦总统米尔济约耶夫与塔吉克斯坦代表团举行延长会谈,两国就贸易商务往来进行磋商。

6月6日 乌兹别克斯坦总统米尔济约耶夫和哈萨克斯坦首任总统纳扎尔巴耶夫进行电话沟通,讨论了具有双边和地区意义的热点问题。

6月21日　阿塞拜疆总统阿利耶夫对乌兹别克斯坦共和国进行国事访问。

6月25日　乌兹别克斯坦总统米尔济约耶夫呼吁为实现可持续发展目标开展广泛的国际合作。

6月26日　乌兹别克斯坦代表团参加第11届土耳其人民解放军会议。

6月30日　乌兹别克斯坦总统米尔济约耶夫会见白俄罗斯驻乌大使马里尼奇（Л. А. Маринич），于晚间参与青年节活动，并发言寄语青年人。

7月2日　阿塞拜疆总统阿利耶夫会见了乌兹别克斯坦参议院主席齐拉·纳尔巴耶娃率领的代表团。

7月4日　乌兹别克斯坦和塔吉克斯坦领导人通电话，就最近热点问题交换意见。

7月5日　乌兹别克斯坦总统米尔济约耶夫和俄罗斯总统普京进行电话交流，并就两国深化合作问题交换意见。

7月20日　乌兹别克斯坦总统米尔济约耶夫抵达吉尔吉斯斯坦开始正式访问。

7月24日　乌兹别克斯坦总统米尔济约耶夫和俄罗斯总统普京讨论了具有双边和地区重要性的热点问题。

7月28日　乌兹别克斯坦总统米尔济约耶夫与土耳其内政部部长索伊卢（Süleyman Soylu）讨论开展执法合作的问题。

8月11日　乌兹别克斯坦总统米尔济约耶夫签署嘉奖令，授予2022年世界国际象棋奥林匹克竞赛的获胜者、参赛者荣誉称号和奖牌。

8月14日　乌兹别克斯坦总统米尔济约耶夫出席欧亚经济委员会最高理事会线上峰会。哈萨克斯坦总统托卡耶夫、亚美尼亚总理帕希尼扬、白俄罗斯总统卢卡申科、吉尔吉斯斯坦总统扎帕罗夫、俄罗斯总统普京、古巴（观察员国）总统贝穆德斯，以及欧亚经济委员会执委会主席米亚斯尼科维奇等参加。会议讨论了进一步深化多边经济伙伴关系，以及在贸易、工业、过境运输潜力发展、粮食安全、数字化、绿色经济及其他领域开展务实合作等问题。

8月14日 据乌兹别克斯坦国家统计委员会公布的数据，2022年1~6月，乌人均国内生产总值达1099.49万苏姆（约995.3美元），同比增长3.3%，其中，卡拉卡尔帕克斯坦共和国人均生产总值达667.44万苏姆（约604.2美元），同比增长2.1%。

8月17日 应沙特阿拉伯国王萨勒曼·本·阿卜杜勒-阿齐兹的邀请，乌兹别克斯坦总统米尔济约耶夫对沙特阿拉伯进行国事访问，会谈期间，双方指出两国不同级别的交流有所增加，政府间委员会会议和商业理事会会议定期举行。

8月24日 上海合作组织国防部长第19次会议在塔什干举行。上海合作组织成员国（中国、乌兹别克斯坦、塔吉克斯坦、俄罗斯、印度、哈萨克斯坦、吉尔吉斯斯坦、巴基斯坦）、观察员国（白俄罗斯）国防部长出席了会议。会上讨论了进一步扩大国家间国防合作，确保上合组织地区的和平、稳定、安全的措施，协调该组织成员国应对挑战和威胁等问题。

8月26日 由乌兹别克斯坦主办的"阿富汗安全与经济发展会议"在乌首都塔什干落下帷幕。来自美国、俄罗斯、伊朗、卡塔尔、土耳其、欧盟、伊斯兰合作组织等20余个国家和国际组织的代表参会。阿富汗临时政府代理外交部部长穆塔基出席，与各国代表共同讨论阿富汗的安全、经济发展。

8月26日 乌兹别克斯坦代外长诺罗夫率领团访问土库曼斯坦，土乌双方在阿什哈巴德举行政治磋商。

8月29日 乌兹别克斯坦最高会议立法院举行例会，审议并批准阿齐兹·沃伊托夫为乌兹别克斯坦农业部部长。

8月31日 乌兹别克斯坦总统米尔济约耶夫在乌独立31周年纪念仪式上发表讲话。米尔济约耶夫在讲话中指出，"新乌兹别克斯坦"发展战略正在快速实施，并强调，六年来，该国在新的发展阶段一直在进行全面改革。

9月2日 乌兹别克斯坦独立31周年之际，俄罗斯总统普京向乌兹别克斯坦总统米尔济约耶夫发来贺电。

9月7日 由土库曼斯坦贸易副总理巴特尔·阿特达耶夫率领的土库曼

斯坦代表团对塔什干进行工作访问。访问期间，阿特达耶夫与乌兹别克斯坦投资和外贸部部长贾姆希德·霍扎耶夫在塔什干会面，讨论两国关系的发展问题。

9月8日　各国议会联盟第14次女性议长峰会在塔什干开幕，乌兹别克斯坦总统新闻秘书阿萨多夫在会上宣读了总统米尔济约耶夫的致辞。乌兹别克斯坦总统指出，本次峰会议程很有意义，反映了女性在社会政治和经济生活中地位的提高，以及女性在解决国家和国际层面关键问题中发挥的作用。

9月10日　在乌兹别克斯坦战略发展署的基础上，成立了总统领导下的战略改革署。

9月14日　应乌兹别克斯坦总统米尔济约耶夫总统邀请，中华人民共和国主席习近平对乌兹别克斯坦进行国事访问并将出席上海合作组织成员国元首理事会第二十二次会议。访问期间，两国元首就互利合作以及共同关心的国际和地区问题广泛深入交换意见并签署发表联合声明，米尔济约耶夫总统授予习近平主席"最高友谊勋章"，这是该勋章设立以来首次颁授给外国领导人。

9月15~16日　上海合作组织成员国元首理事会第二十二次会议在乌兹别克斯坦撒马尔罕举行，并发表共同宣言。

9月26日　乌兹别克斯坦总理阿卜杜拉·阿里波夫抵达比什凯克，开始对吉尔吉斯斯坦进行国事访问。吉尔吉斯斯坦内阁主席阿克勒别克·扎帕罗夫在玛纳斯国际机场迎接。

9月28日　据乌兹别克斯坦投资和外贸部新闻处称，近日，乌兹别克斯坦副总理扎姆希德·霍扎耶夫与哈萨克斯坦副总理谢里克·朱曼加林在塔什干举行会谈。会谈期间，双方探讨工业合作发展问题，就尽快制定国际工业合作中心内外部基础设施建设的设计预算文件以及规范该中心活动的相关政府间协议达成一致。

10月1日　值此中华人民共和国成立73周年之际，乌兹别克斯坦总统米尔济约耶夫向中国国家主席习近平致贺电，庆祝中华人民共和国成立73

周年。

10 月 3 日 乌兹别克斯坦总统米尔济约耶夫对匈牙利进行正式访问。访问期间，米尔济约耶夫在布达佩斯与匈牙利总统卡塔林·诺瓦克、总理维克多·欧尔班等人举行会谈。

10 月 4 日 乌兹别克斯坦总统米尔济约耶夫与匈牙利总理维克多·欧尔班在布达佩斯举行会谈，讨论扩大两国政治、经贸、投资等领域合作的问题。米尔济约耶夫指出，近 5 年，双方贸易额增长近 2 倍。

10 月 13 日 亚洲相互协作与信任措施会议第六次峰会在哈萨克斯坦首都阿斯塔纳开幕，乌兹别克斯坦总统米尔济约耶夫出席会议并发言。

10 月 21 日 土库曼斯坦首都阿什哈巴德奥古兹汗宫举行土总统谢尔达尔·别尔德穆哈梅多夫与乌兹别克斯坦总统米尔济约耶夫的正式会晤仪式。之后，两国总统举行小范围会谈。会议指出，近年来，两国在各个实际合作领域取得突破性进展。

10 月 23 日 乌兹别克斯坦总统米尔济约耶夫对习近平再次当选中国共产党中央委员会总书记及中共二十大的胜利召开表示祝贺。

10 月 27 日 "中亚-欧盟"领导人首次会晤在哈萨克斯坦首都阿斯塔纳举行，乌兹别克斯坦总统米尔济约耶夫出席会议并发表讲话。米尔济约耶夫在讲话中提议成立"欧盟-中亚"经济合作委员会，并就经贸合作、发展与欧盟的运输、通信互联互通制定战略方案。

10 月 27 日 欧洲理事会主席米歇尔对乌兹别克斯坦进行访问。会谈中，双方审议了扩大乌兹别克斯坦与欧盟多层次合作的现实问题。此外，双方还就国际和区域议程交换了意见。

10 月 31 日 乌兹别克斯坦总统米尔济约耶夫就韩国首尔踩踏事故向韩国总统尹锡悦表示慰问。

11 月 7 日 乌兹别克斯坦总统米尔济约耶夫与土库曼斯坦议会上议院主席库尔班古力·别尔德穆哈梅多夫进行了通话。双方讨论了进一步发展和深化乌土友好、睦邻、战略伙伴关系的问题。此外，米尔济约耶夫向土总统谢尔达尔·别尔德穆哈梅多夫致以美好的祝愿。

11 月 11 日　乌兹别克斯坦总统米尔济约耶夫与土库曼斯坦总统谢尔达尔·别尔德穆哈梅多夫进行会谈。乌兹别克斯坦总统米尔济约耶夫尤为重视进一步发展和加强与土库曼斯坦的合作，与土库曼斯坦的密切合作基于深厚的历史根源以及民族传统、宗教、语言、文化的共性和相似性。

11 月 18 日　据乌兹别克斯坦国家统计委员会消息，俄罗斯仍然是乌兹别克斯坦主要的投资伙伴，总投资额占 20% 以上。

11 月 21 日　应法国总统埃马纽埃尔·马克龙的邀请，乌兹别克斯坦总统米尔济约耶夫对法国进行正式访问，两国总统在巴黎国民议会举行双边会谈，举办由法国领头企业和银行代表参加的商业活动。通过 10 多项双边文件以及一揽子投资协议和贸易合同。

11 月 23 日　乌兹别克斯坦总统米尔济约耶夫同哈萨克斯坦总统托卡耶夫互致贺函，庆祝两国建交 30 周年。

11 月 24 日　由乌兹别克斯坦国防部部长巴霍迪尔·尼扎莫维奇·库尔班诺夫（Баходир Низамович Курбанов）率领的乌方代表团抵达土耳其。这次访问是在两国领导人关于进一步发展和加强友好关系、战略伙伴关系以及扩大两国多层次合作协议框架下安排的。会谈中，两国国防部长重点关注与乌土紧密相关的各方面，重点讨论了军事领域进一步合作的现状、前景，军事训练、军事教育以及国防工业发展问题。

11 月 28 日　乌兹别克斯坦总统米尔济约耶夫接见了由俄罗斯国家杜马主席沃洛金率领的俄议会代表团。会谈中，双方讨论了进一步深化两国全面战略伙伴关系和同盟关系以及政治、经贸、文化和人文领域合作发展的问题。双方强调，近年来，两国议会交往活跃。新成立的议会间合作委员会将有助于进一步加强双边合作，增进立法工作组织方面的经验交流。

11 月 29 日　乌兹别克斯坦副外长巴赫罗姆·阿洛耶夫（Bakhromjon Juraboyevich）会见乌克兰驻乌兹别克斯坦大使尼古拉·多罗申科。会谈中，双方讨论了两国双边合作的热点问题。双方就进一步扩大两国经贸关系的前景交换了意见，其中包括在对等的基础上向两国商业实体提供优惠和特惠。

11 月 30 日　乌兹别克斯坦总统米尔济约耶夫与俄罗斯总统普京进行了

通话。通话中，双方讨论了进一步扩大两国多层次合作、加强全面战略伙伴关系等热点问题。双方指出在各个层面持续进行的积极接触以及高层为落实协议所做的共同努力，取得了越来越多的成果。

12 月 5 日 乌兹别克斯坦外长诺罗夫·弗拉基米尔·伊马莫维奇（Норов Владимир Имамович）出席了欧洲安全与合作组织外长理事会会议，并发表讲话。

12 月 9 日 乌兹别克斯坦总理阿卜杜拉·尼格马托维奇·阿里波夫（Абдулла Нигматович Арипов）出席在吉尔吉斯斯坦比什凯克举行的欧亚经济联盟成员国领导人扩大会议，并在会上表示，乌兹别克斯坦继续与欧亚经济联盟积极合作，并打算扩大产业合作规模。

12 月 9 日 欧亚经济委员会最高理事会会议在吉尔吉斯斯坦首都比什凯克召开，这是近 3 年来会议首次以线下形式举办。各国领导人还讨论了能源共同市场和服务业发展问题。乌兹别克斯坦作为观察员国出席会议，表明塔什干对逐步加入欧亚经济联盟的兴趣。

12 月 10 日 根据乌兹别克斯坦国家统计委员会消息，当地时间 12 月 9 日，该国人口突破 3600 万人。

12 月 14 日 据报道，乌兹别克斯坦农业部部长阿齐兹·沃伊托夫（Laziz Kudratov）日前表示，该国在 2019~2022 年粮食安全水平提高速度最快的十大国家中排名第一。

12 月 22 日 哈萨克斯坦总统托卡耶夫对乌兹别克斯坦进行国事访问，同乌兹别克斯坦总统米尔济约耶夫签署了一系列重要协议。两国总统签署了同盟关系和划定国家边界协定。哈萨克斯坦与乌兹别克斯坦边界超过 2100 千米，此次边界划定条约的签署标志两国共同边界的彻底划定。

12 月 22 日 据乌兹别克斯坦国家统计委员会统计，2022 年前 11 个月，乌兹别克斯坦与俄罗斯的外贸额超过 83 亿美元。与上年同期相比，增长 26.5%。

12 月 24 日 乌兹别克斯坦总统米尔济约耶夫与阿塞拜疆总统阿利耶夫进行了通话。通话期间，双方指出，由于高级别的定期和富有成效的对话，乌阿两国战略伙伴关系、多层面合作关系在各个领域蓬勃发展。自 2022 年初以来，双方贸易额增长了 50%。能源、汽车制造、棉纺织、建筑材料生产等领域的合作项目正在进行。此外，为支持有前景的合作项目，正在设立一个联合投资基金。

12 月 27 日　乌兹别克斯坦总统米尔济约耶夫日前出席在俄罗斯圣彼得堡举行的独联体国家领导人非正式会晤。阿塞拜疆总统阿利耶夫、白俄罗斯总统卢卡申科、哈萨克斯坦总统托卡耶夫、吉尔吉斯斯坦总统扎帕罗夫、塔吉克斯坦总统拉赫蒙、土库曼斯坦总统谢尔达尔·别尔德穆哈梅多夫、亚美尼亚总理帕希尼扬也出席了会晤。会上总结了本年度的合作成果，讨论了 2023 年的优先事项，还就国际和区域议程热点问题交换了意见。

12 月 31 日　乌兹别克斯坦总统米尔济约耶夫发表新年贺词，祝乌兹别克斯坦人民新年快乐。

附录八
2023年乌兹别克斯坦大事记

崔晓宇[*]

1月1日　乌兹别克斯坦最高会议立法院（议会下院）批准乌兹别克斯坦总统改组后的各部委组成，总统米尔济约耶夫签署相关任命法令。

1月4日　乌兹别克斯坦总统米尔济约耶夫与俄罗斯总统普京进行了通话。双方重申了加强两国同盟关系、战略伙伴关系、增加贸易额、扩大包括能源领域在内的各领域互利合作的共同愿望。

1月6日　乌兹别克斯坦总统沙夫卡特·米尔济约耶夫向议会和全国人民发表国情咨文时指出，2022年，乌兹别克斯坦国内生产总值首次突破800亿美元，吸引外国直接投资达80亿美元，出口额达190亿美元。

1月9日　巴赫季约尔·赛义多夫被任命为乌兹别克斯坦代理外长。

1月12日　应印度总理纳伦德拉·莫迪的邀请，乌兹别克斯坦总统米尔济约耶夫出席"全球南方国家之声"线上峰会并发表讲话。米尔济约耶夫总统呼吁，为了确保全球和平与安全，支持乌兹别克斯坦提出的关于组建阿富汗问题国际谈判小组的建议。

1月17日　乌兹别克斯坦总统米尔济约耶夫抵达新加坡进行国事访问，并与新加坡总统哈莉玛、总理李显龙举行会谈。

1月24日　经济合作组织成员国外交部长理事会会议在乌兹别克斯坦首都塔什干举行。

---

[*]　崔晓宇，陕西师范大学中亚研究所硕士研究生。

1月26日　乌兹别克斯坦总统米尔济约耶夫抵达吉尔吉斯斯坦进行国事访问。此次国事访问期间，两国元首将广泛讨论共同关心的话题，进一步深化双边合作，并签署一揽子双边文件。

2月2日　乌兹别克斯坦代理外长巴赫季约尔·赛义多夫与乌克兰驻乌兹别克斯坦大使尼古拉·多罗申科举行会谈。双方讨论了两国合作的多个方面，其中包括经济和贸易领域的伙伴关系。

2月2日　乌兹别克斯坦国家统计局公布的人口报告显示，截至2023年1月1日，乌兹别克斯坦常住人口已达3602.4万人，同比增长2.1%（增加75.3万人）。

2月3日　据乌兹别克斯坦国家通讯社报道，乌兹别克斯坦总统米尔济约耶夫签署总统令，对多个部委进行了人事任命。

2月3日　乌兹别克斯坦总统米尔济约耶夫签署了一项关于改善乌军队装备和国防工业领域国家管理的法令。根据该法令，成立了国家军队装备委员会，它将由总统米尔济约耶夫领导。

2月12日　乌兹别克斯坦国家统计局数据显示，塔什干人口即将突破300万人。

2月16日　乌兹别克斯坦总统米尔济约耶夫就乌兹别克斯坦、吉尔吉斯斯坦两国建交30周年向吉尔吉斯斯坦总统萨德尔·扎帕罗夫致贺函。

2月17日　乌兹别克斯坦总统米尔济约耶夫在乌兹别克斯坦与美国建交30周年之际收到了美国总统拜登的来信。美国总统拜登对米尔济约耶夫总统的领导以及对加强两国关系所做的努力表示感谢。

2月21日　应阿拉伯埃及共和国总统阿卜杜勒·法塔赫·塞西的邀请，乌兹别克斯坦总统米尔济约耶夫对埃及进行正式访问，并与埃及总统塞西在埃及首都开罗举行会谈。两国元首称，将加强全面合作，并一致同意将双边关系提升至全面伙伴关系。

2月22日　乌兹别克斯坦经济财政部公布了2022年国家预算收入执行情况的初步统计结果。根据该报告，2022年个人所得税收入为24.3万亿苏姆，与2021年相比，增加了54亿苏姆。

2月26日 第74届"斯特兰扎杯"国际拳击邀请赛在保加利亚首都索非亚落下帷幕。乌兹别克斯坦队共收获18枚奖牌（7金、5银、6铜），蝉联冠军。

2月27日 乌兹别克斯坦总统米尔济约耶夫签署了《关于完善残疾人支持体系的补充措施》法令。该法令指出，《2022—2026年新乌兹别克斯坦发展战略》设定的目标是将向贫困居民提供现代假肢矫形器及康复器材的水平提高至60%。

3月1日 乌兹别克斯坦总统米尔济约耶夫接见由国务卿安东尼·布林肯率领的美国代表团，双方讨论了政治、经贸、投资、教育、文化和人文领域双边关系议程中的广泛问题以及区域合作的关键方面。

3月2日 乌兹别克斯坦总统米尔济约耶夫出席在巴库举行的不结盟运动峰会并发表讲话。米尔济约耶夫总统强调，后疫情时代，地缘政治和意识形态冲突加剧，在此影响下，世界各国恐怖主义和极端主义威胁日益严重，在不结盟运动框架内扩大务实合作就有更为紧迫的需求。米尔济约耶夫总统呼吁，"不结盟运动"应带头夯实国际法根基，打击一切形式的恐怖主义。

3月3日 乌兹别克斯坦总统米尔济约耶夫与哈萨克斯坦总统托卡耶夫在哈国城市奇姆肯特举行了非正式会见，双方讨论了现阶段加强两国联盟关系及前景的问题，双方重点讨论了两国的经贸合作，包括扩大双边贸易额、吸引投资、工业合作、能源、农业和交通物流等领域。双方还就地区重要问题交换了意见。

3月3日 据哈通社报道，哈萨克斯坦与乌兹别克斯坦两国联合外贸公司于3日正式成立，其宗旨是扩大哈萨克斯坦和乌兹别克斯坦之间贸易总额。

3月7日 首次阿富汗邻国阿问题特使会议在塔什干举行。乌兹别克斯坦、伊朗、中国、巴基斯坦、俄罗斯、塔吉克斯坦和土库曼斯坦代表参加了此次会议。

3月8日 应乌兹别克斯坦代理外长巴赫季约尔·赛义多夫的邀请，蒙古国外长巴特策策格将对乌进行正式访问。乌、蒙两国就深化务实合作和国际、地区问题交换意见。

3月9日 乌兹别克斯坦总统米尔济约耶夫签署总统令，批准了关于伊朗加入上海合作组织义务的备忘录。

3月9日 乌兹别克斯坦总统米尔济约耶夫会见到访的吉尔吉斯斯坦内阁总理阿克尔别克·扎帕罗夫。双方对进一步深化乌吉全面战略伙伴关系，扩大经济、贸易、能源、运输、物流等领域的合作，加强区域间联系，加强文化和人文交流等问题给予了特别关注。此外，双方还讨论了共同建设"卡姆巴尔阿塔1号水电站"的实际问题，强调了筹备中吉乌铁路项目的必要性。

3月10日 乌兹别克斯坦总统米尔济约耶夫听取了几个工程建设项目的介绍，其中包括"新塔什干"城市项目。根据该项目，将有80万人居住在"新塔什干"。

3月10日 乌兹别克斯坦总统米尔济约耶夫祝贺习近平再次当选中华人民共和国主席。

3月13日 联合国人权事务高级专员沃尔克·图尔克率领代表团访问乌兹别克斯坦。

3月12日 根据乌兹别克斯坦国家统计局公布的数据，2022年，外国在乌共投资270万亿苏姆（约237.26亿美元）。

3月17日 乌兹别克斯坦与吉尔吉斯斯坦边境正在建设一个大型贸易物流中心。

3月18日 2023年男足亚洲杯结束了决赛的争夺，最终东道主乌兹别克斯坦1：0战胜伊拉克，这也是乌兹别克斯坦首次赢得男足亚洲杯冠军。

3月20日 中国国家主席习近平和美国总统拜登向乌兹别克斯坦总统米尔济约耶夫以及乌兹别克斯坦人民致以纳乌鲁斯节日祝贺。

3月21日 乌兹别克斯坦总统米尔济约耶夫出席了纳乌鲁斯节庆祝活动，米尔济约耶夫强调，"乌兹别克斯坦与俄罗斯一直并将永远在一起"。

3月28日 乌兹别克斯坦总统米尔济约耶夫签署法令，将养老金、工资基础计算值的最低标准提高了7%。

4月4日 贾洪吉尔·希代霍贾耶夫被任命为乌兹别克斯坦对外劳务移民局局长。

4 月 12 日　乌兹别克斯坦总统米尔济约耶夫接受了巴勒斯坦、日本、卡塔尔国、斯洛伐克、巴基斯坦新任驻乌大使递交的国书。在与巴基斯坦新任大使会面时，米尔济约耶夫强调了对跨阿富汗铁路项目的兴趣。

4 月 13 日　撒马尔罕主办阿富汗邻国外长会议。乌兹别克斯坦、伊朗、中国、巴基斯坦、塔吉克斯坦、土库曼斯坦和俄罗斯外长讨论阿富汗当前局势。

4 月 14 日　亚锦赛第 5 天，乌兹别克斯坦摔跤手包揽 3 枚奖牌。

4 月 15 日　乌兹别克斯坦总统米尔济约耶夫与土库曼斯坦领导人通话，双方讨论务实合作的问题。

4 月 17 日　博布尔·乌斯曼诺夫被任命为乌兹别克斯坦副外长。

4 月 18 日　首趟中欧班列（商洛—西安—撒马尔罕）开行。

4 月 25 日　乌兹别克斯坦总统米尔济约耶夫签署命令，正式任命代外长巴赫季约尔·赛义多夫为乌外交部部长。

4 月 26 日　乌兹别克斯坦总统米尔济约耶夫与俄罗斯总统普京通电话，就深化务实合作、保障贸易关系持续健康发展、支持龙头企业合作项目等问题进行了讨论。

4 月 26 日　乌兹别克斯坦总统米尔济约耶夫会见到访的意大利国防部长圭多·克罗塞托。

4 月 27 日　乌兹别克斯坦总统米尔济约耶夫出席第二届塔什干国际投资论坛全体会议并发表讲话。

4 月 30 日　乌兹别克斯坦举行修宪公投。

5 月 1 日　乌兹别克斯坦总统米尔济约耶夫与哈萨克斯坦总统托卡耶夫进行电话联系，在谈话中，托卡耶夫就 4 月 30 日乌兹别克斯坦成功举行修宪公投向米尔济约耶夫总统表示祝贺。两国领导人重申了他们对巩固两国战略伙伴关系和合作的承诺。

5 月 3 日　乌兹别克斯坦总统米尔济约耶夫前往德国柏林进行国事访问，会见德国主要公司和银行的领导人。

5 月 3 日　乌兹别克斯坦总统米尔济约耶夫和土耳其总统埃尔多安讨论进一步扩大战略伙伴关系的问题。

5月9日 乌兹别克斯坦总统米尔济约耶夫抵达莫斯科并与俄罗斯总统普京讨论当前双边关系。

5月10日 根据乌兹别克斯坦总统米尔济约耶夫签署的《关于实施新版〈乌兹别克斯坦共和国宪法〉的首要措施》总统令，乌兹别克斯坦将议会选举从比例选举制改为混合选举制。

5月12日 "乌兹别克斯坦-阿富汗-巴基斯坦"铁路建设项目协调办公室在塔什干举行了正式揭牌仪式。

5月18日 乌兹别克斯坦总统米尔济约耶夫与中国国家主席习近平签署联合声明，并通过《中华人民共和国和乌兹别克斯坦共和国新时代全面战略伙伴关系发展规划（2023—2027年）》，共同见证签署优先投资项目、减贫、农产品贸易、检验检疫、地方合作等领域多项双边合作文件。此访期间，两国共签署41份旨在加强两国关系和深化合作的文件。

5月19日 中国国家主席习近平在陕西省西安市主持首届中国-中亚峰会。乌兹别克斯坦总统米尔济约耶夫与哈萨克斯坦总统托卡耶夫、吉尔吉斯斯坦总统扎帕罗夫、塔吉克斯坦总统拉赫蒙、土库曼斯坦总统别尔德穆哈梅多夫出席。

5月21日 乌兹别克斯坦外长巴赫季约尔·赛义多夫对俄罗斯进行国事访问，与俄罗斯外长谢尔盖·拉夫罗夫在莫斯科举行会谈。

5月22日 据中国海关发布消息，在乌兹别克斯坦总统米尔济约耶夫和中华人民共和国主席习近平共同见证下，中国海关总署署长俞建华在中国-中亚峰会上与乌兹别克斯坦投资部部长库德拉托夫签署《中华人民共和国海关总署和乌兹别克斯坦共和国经济和财政部海关委员会关于"经认证的经营者"制度互认的安排》。中国海关成为乌兹别克斯坦海关首个"经认证的经营者"（AEO）互认伙伴。

5月23日 乌兹别克斯坦总统米尔济约耶夫听取了关于社会机构和政府部门可再生能源实施情况的汇报。

5月24日 乌兹别克斯坦总统米尔济约耶夫为到访的新加坡总统哈莉玛·雅各布在塔什干库克萨罗伊官邸（绿宫）举行隆重的欢迎仪式。欢迎仪式后，两国总统举行会谈。会议强调，此次高级别访问是两国建交 25 年以来的首次。

5 月 25 日 乌兹别克斯坦总统米尔济约耶夫出席欧亚经济委员会最高理事会会议并发表讲话。

5 月 26 日 中国发出首趟甘肃至乌兹别克斯坦首都塔什干的"天马号"中欧班列。

5 月 30 日 乌兹别克斯坦总统米尔济约耶夫在塔什干举行的会议上发言时宣布，成立一个新的国家机构——国家社会保障署。

6 月 2 日 欧盟-中亚领导人第二次会晤在吉尔吉斯斯坦举行，乌兹别克斯坦总统米尔济约耶夫在发言中对合作发展跨里海国际运输走廊持肯定态度，米尔济约耶夫总统指出应共同努力发展中亚和欧洲的互联互通，包括扩大交通物流、完善港口基础设施建设等。

6 月 6 日 应乌兹别克斯坦总统米尔济约耶夫的邀请，卡塔尔埃米尔谢赫塔米姆·本·哈马德·阿勒萨尼抵达乌兹别克斯坦进行国事访问。在撒马尔罕会议中心乌总统米尔济约耶夫与卡塔尔埃米尔谢赫塔米姆·本·哈马德·阿勒萨尼举行了会谈，签订总价值超过 120 亿美元的多项合作项目。

6 月 8 日 乌兹别克斯坦总统米尔济约耶夫与意大利总统马塔雷拉在罗马奎里纳尔宫（意大利总统府）举行会谈。两国元首讨论了经济合作问题，双方对前一天举行的商业论坛的结果表示满意，该论坛签署了 90 多亿欧元的协议和合同。

6 月 15 日 据"乌兹别克斯坦新闻网"称，乌兹别克斯坦总统米尔济约耶夫签署《关于加快乌兹别克斯坦加入世界贸易组织进程的补充措施》总统令。

6 月 21 日 乌兹别克斯坦最高会议参议院主席坦兹拉·纳尔巴耶娃到访哈萨克斯坦并会见了哈萨克斯坦总统托卡耶夫。会谈中，双方讨论了旨在发展议会间关系和为国家间关系注入新动力的哈萨克斯坦-乌兹别克斯坦合作的热点问题。

6 月 26 日 据乌兹别克斯坦国家通讯社报道，根据 2023 年 1 月至 5 月的外贸统计数据，中国已经成为乌兹别克斯坦最大的贸易伙伴，双边贸易额达到了45亿美元。

6月27日 乌兹别克斯坦成为第十届国际足联五人制足球世界杯的承办国。据乌兹别克斯坦足球协会称，这是乌兹别克斯坦首次举办五人制足球世界杯。

6月29日 乌兹别克斯坦总统米尔济约耶夫与土库曼斯坦人民委员会主席库尔班古力·别尔德穆哈梅多夫进行了电话交谈。两位领导人互致古尔邦节节日祝福。米尔济约耶夫总统还就阿尔卡达格市的落成向库尔班古力·别尔德穆哈梅多夫主席表示祝贺。此外，电话交谈中，双方还讨论了进一步扩大两国在贸易、投资、工业、能源、农业和运输等领域的多层面合作问题。

7月4日 乌兹别克斯坦司法部消息称，从2024~2025学年起，该国大学入学考试将按照新的原则组织进行。

7月4日 上海合作组织成员国元首理事会第23次会议在印度新德里开幕，会议以线上方式举行。乌兹别克斯坦总统米尔济约耶夫在本次会议上发言表示，保持和加强上海合作组织作为一个有效的国际组织在解决区域议程中最紧迫问题方面的领导作用至关重要。

7月5日 不结盟运动部长级会议在阿塞拜疆首都巴库举行。来自93个国家和11个国际组织的代表团参加了此次会议。乌兹别克斯坦代表团由乌兹别克斯坦外长巴赫季约尔·赛义多夫率领。据悉，在乌干达之后（2024~2026年），不结盟运动主席国将由乌兹别克斯坦接任。

7月7日 根据世界黄金协会公布的数据，5月，乌兹别克斯坦成为全球黄金第二大卖家。

7月17日 据乌兹别克斯坦国民警卫队新闻中心消息，该国女兵首次参加了国民警卫队仪仗队的官方仪式。

7月19日 乌兹别克斯坦总统米尔济约耶夫出席在沙特阿拉伯吉达举行的首届海湾阿拉伯国家合作委员会（海合会）-中亚国家峰会并发表讲话。米尔济约耶夫总统在讲话中指出，近年来，乌兹别克斯坦与海湾国家的关系已提升至全新水平，建议在一些优先领域扩大两个地区之间的务实合作。

7 月 20 日　据中国海关总署数据，2023 年上半年，乌兹别克斯坦对华出口了 2.039 亿美元的天然气。

7 月 21 日　乌兹别克斯坦总理阿里波夫抵达塔吉克斯坦，并与塔吉克斯坦总统拉赫蒙会见。会谈中，双方讨论了塔乌战略伙伴关系和联盟合作关系的现状和前景，以及进一步发展方式。

7 月 23 日　根据乌兹别克斯坦电报频道公布的统计数据，2023 年上半年，乌兹别克斯坦出生率明显上升，人口将超 4500 万人。

7 月 24 日　乌兹别克斯坦国家统计局公布的数据显示，根据 2022 年通货膨胀率计算，2023 年乌兹别克斯坦最低消费支出为每人每月 56.8 万苏姆（约 49 美元），即每人每天 1.89 万苏姆（约 1.6 美元）。

7 月 25 日　根据乌兹别克斯坦国家统计局 25 日公布的数据，2023 年上半年，该国从国外进口了 5403 辆电动汽车，价值 1.67 亿美元。

7 月 27 日　乌兹别克斯坦通过《关于筹备和举行国家独立 32 周年庆祝活动》的第 241 号总统令。

7 月 28 日　乌兹别克斯坦"民间外交在促进民族间关系中的作用"国际研讨会在乌兹别克斯坦首都塔什干隆重开幕。

7 月 31 日　据乌兹别克斯坦国家统计局公布的数据，2023 年上半年，土库曼斯坦与乌兹别克斯坦贸易额同比增长 4.7%，达到 4.38 亿美元。

7 月 31 日　乌兹别克斯坦发展战略中心发布了《乌兹别克斯坦-2030战略》草案向社会征求意见。该战略目的是服务建设"新乌兹别克斯坦"，规划投资 2522 亿美元，内容涵盖 5 个方面，100 项具体目标。

8 月 2 日　据乌兹别克斯坦总统新闻处报道，米尔济约耶夫总统就减少贫困、提供就业和增加地方预算收入的措施召开电话视频会议。

8 月 3 日　乌兹别克斯坦外交部副部长弗拉基米尔·诺罗夫与俄罗斯驻乌兹别克斯坦大使奥列格·马利吉诺夫探讨进一步深化互利合作的互动机制。

8月4日　乌兹别克斯坦总统米尔济约耶夫、塔吉克斯坦总统拉赫蒙前往土库曼斯坦首都阿什哈巴德参加土、塔、乌三国元首峰会。会谈中，双方讨论了双边议程中的热点问题。双方指出，两国多层面关系蓬勃发展，战略伙伴关系不断深化。双方强调，扩大贸易、工业、能源、农业、水资源管理、交通等优先领域的务实合作。

8月12日　乌兹别克斯坦国家统计局公布了该国人口数据。乌兹别克斯坦全国人口已达3640万人，其中1830万人为男性，1810万人为女性。

8月14日　乌兹别克斯坦经济财政部称，为了帮助中小型企业发展，在与企业家的"公开对话"框架内提出了100个项目提案投资。

8月16日　乌兹别克斯坦与吉尔吉斯斯坦双边合作政府间委员会第十次会议在乔尔蓬阿塔举行。乌兹别克斯坦与吉尔吉斯斯坦两国贸易额增长了13.3%。

8月17日　乌兹别克斯坦总统米尔济约耶夫与俄罗斯总统普京就双边关系的当前问题进行电话讨论。

8月19日　乌兹别克斯坦总统米尔济约耶夫携夫人一行抵达匈牙利首都布达佩斯进行国事访问。匈牙利总理办公室主任盖尔盖利·古利亚斯等人到机场迎接。乌兹别克斯坦总统米尔济约耶夫一行与匈牙利总理欧尔班等人举行了会谈。会谈中，双方讨论了深化两国战略伙伴关系、建立多层面合作等问题，并强调了推进文化和人文领域合作计划的重要性。会议指出，8月20日起开通的"塔什干—布达佩斯"直航服务是具有重要意义的大事。此外，双方还就地区议程交换了意见。双方商定在联合国及其他国际平台框架下继续开展密切、建设性的合作。

8月22日　应阿塞拜疆总统伊利哈姆·阿利耶夫的邀请，乌兹别克斯坦总统米尔济约耶夫携夫人乘机抵达阿塞拜疆进行国事访问，双方签署一系列文件。

8月23日　据《经济日报》报道，初步数据显示，2023年上半年乌兹别克斯坦国内生产总值（GDP）为469.62万亿苏姆（约412.36亿美元），较上年同期实际增长5.6%。欧洲复兴开发银行认为，中亚地区的经济发展对周边地缘政治冲击表现出了韧性，其中以乌兹别克斯坦最为突出。

8 月 28 日　乌兹别克斯坦总统米尔济约耶夫主持召开关于提高教学质量、增加学生名额、给予教师支持的视频会议。

8 月 29 日　在塔什干举行了外国投资者理事会中期会议，乌兹别克斯坦总统米尔济约耶夫亲临现场。出席会议的主要有西方投资公司、外交使团、各部委和办事处负责人以及国际金融机构（XMI）的 150 多名代表。

8 月 29 日　自 2023 年 9 月 1 日起，乌兹别克斯坦和吉尔吉斯斯坦公民可凭 ID 卡（身份证）和普通公民护照（出国护照）通过乌吉边境。

8 月 30 日　乌兹别克斯坦总统米尔济约耶夫在"库克萨罗伊"总统官邸庆祝独立 32 周年，为军人、执法人员、运动员和教练员、外国投资者以及科学、教育、卫生、文学、艺术、媒体领域从业人员等颁发了奖章、勋章和荣誉称号。

9 月 1 日　9 月 1 日为乌兹别克斯坦独立日。2023 年迎来第 32 个独立日。中国国家主席习近平向乌兹别克斯坦总统致贺电。

9 月 1 日　乌兹别克斯坦和吉尔吉斯斯坦开放了两个自 2010 年起关闭的边境检查站。

9 月 4 日　乌兹别克斯坦主办乌兹别克斯坦-白俄罗斯妇女商业论坛。

9 月 5 日　乌兹别克斯坦总统米尔济约耶夫接见巴基斯坦代表团。

9 月 7 日　国际粮食安全会议在乌兹别克斯坦撒马尔罕国际会议中心开幕。乌兹别克斯坦总理阿里波夫，欧洲和亚洲国家农业部部长、外交官，国际组织和金融机构的代表出席了会议。

9 月 8 日　乌兹别克斯坦总统米尔济约耶夫表示支持进一步加强民族体育普及方面的国际合作。

9 月 12 日　根据乌兹别克斯坦国家统计局公布的数据，2023 年上半年乌兹别克斯坦的投资超过 40% 是由国外资本提供的。

9 月 14 日　第五届中亚国家领导人磋商会议在塔吉克斯坦首都杜尚别举行。乌兹别克斯坦总统米尔济约耶夫受邀对塔吉克斯坦进行国事访问，两国领导人讨论双边议程上的热点问题，并交换意见。

9月17日 由乌兹别克斯坦、塔吉克斯坦、土库曼斯坦联合申报的"丝绸之路：泽拉夫善-卡拉库姆的廊道"项目获咨询机构推荐，经世界遗产委员会审议，成功列入《世界遗产名录》。

9月18日 乌兹别克斯坦总统米尔济约耶夫访问美国纽约，与国际货币基金组织总裁格奥尔基耶娃讨论新的互动领域。

9月19日 第78届联合国大会一般性辩论在纽约联合国总部拉开帷幕。乌兹别克斯坦总统米尔济约耶夫出席大会并发表讲话。

9月25日 在中国杭州举行的杭州亚运会赛艇男子四人单桨无舵手决赛中，舍赫罗兹·哈基莫夫、迪尔绍德忠·胡多伊别尔季耶夫、达夫尔忠·达夫罗诺夫、阿利舍尔·图尔季耶夫代表乌兹别克斯坦队出赛，并最终夺冠。

9月27日 中亚和南亚国家总参谋长会议在塔什干"乌兹别克斯坦"国际论坛宫举行。乌兹别克斯坦、哈萨克斯坦、吉尔吉斯斯坦、塔吉克斯坦、土库曼斯坦、美国、巴基斯坦等国国防部代表团出席了会议。

9月29日 乌兹别克斯坦总统米尔济约耶夫出席首届"中亚-德国"峰会，会后，米尔济约耶夫总统与德国和中亚四国领导人发表联合声明表示，各方同意在能源原材料、基础设施投资、应对气候变化等领域扩大现有合作。

10月1日 乌兹别克斯坦总统米尔济约耶夫应卡塔尔元首埃米尔谢赫·塔米姆·本·哈马德·阿勒萨尼的邀请，抵达多哈进行国事访问并签订一揽子项目。米尔济约耶夫总统抵达多哈市接见了内布拉斯电力公司董事会主席穆罕穆德·哈吉里。会议期间，双方讨论了发展互利合作，特别是替代能源新项目的实际问题。

10月5日 乌兹别克斯坦总统米尔济约耶夫应俄罗斯总统普京的邀请，抵达俄罗斯喀山，开始对俄罗斯进行正式访问。

10月6日 乌兹别克斯坦总统米尔济约耶夫在莫斯科和俄罗斯举行首脑会晤，乌兹别克斯坦和俄罗斯代表团举行扩大形式会谈。两国领导人讨论进一步深化乌俄关系、发展多层面合作等问题，主要是政治、经贸、投资、人文等领域的合作，并对谈判取得的有效成果表示满意。两国元首表示乌兹别克斯坦与俄罗斯是战略伙伴与可靠的朋友。

10 月 8 日 乌兹别克斯坦总理阿里波夫来中国杭州出席第 19 届亚洲运动会闭幕式，并与中国国务院总理李强进行会晤。

10 月 13 日 乌兹别克斯坦总统米尔济约耶夫前往吉尔吉斯斯坦首都比什凯克参加独联体国家元首理事会会议并发表重要讲话，获授"独联体荣誉勋章"。

10 月 17 日 乌兹别克斯坦总统米尔济约耶夫来中国出席第三届"一带一路"国际合作高峰论坛，并在人民大会堂与中国国家主席习近平举行会晤，米尔济约耶夫总统表示，中国是乌兹别克斯坦的可靠合作伙伴，乌中关系为各国睦邻友好和互利共赢树立了典范。

10 月 25 日 乌兹别克斯坦总统米尔济约耶夫在卡尔希主持召开卡什卡达里亚州社会经济发展会议。

10 月 28 日 在乌兹别克斯坦，女性领导人积极参与国家政策的制定和各领域的决策。根据乌兹别克斯坦"Yuksalish 运动"数据，在领导岗位担任职务的女性占比为 33%。

10 月 29 日 据乌兹别克斯坦"世界通讯社"报道，由乌兹别克斯坦副总理扎姆希德·霍贾耶夫率领的乌兹别克斯坦政府代表团对喀布尔进行了访问，并与阿富汗当局举行会谈。双方达成了约 12 亿美元的进出口协议。

11 月 1 日 法国总统对乌兹别克斯坦进行正式访问。乌兹别克斯坦总统米尔济约耶夫在撒马尔罕会见了抵乌进行正式访问的法国总统马克龙，会后发表联合声明，签署多项合作文件。

11 月 2 日 据乌兹别克斯坦总统新闻中心消息，乌法商务论坛在撒马尔罕举行。乌兹别克斯坦总统米尔济约耶夫、法国总统马克龙、知名企业代表出席了活动。

11 月 3 日 据乌兹别克斯坦参议院新闻中心消息，预计到 2030 年，乌兹别克斯坦人口将达到 4000 万人，占中亚国家总人口一半。

11 月 4 日 据乌兹别克斯坦司法部新闻中心消息，乌兹别克斯坦总统米尔济约耶夫签署法律，禁止宣传一夫多妻和穿戴蒙面服饰。

11月6日　乌兹别克斯坦能源部部长茹拉别克·米尔扎马赫穆多夫在第12届圣彼得堡国际天然气论坛上发言称，乌兹别克斯坦计划与俄罗斯发展长期天然气合作。

11月7日　据乌兹别克斯坦国家统计局统计，2023年前9个月，乌兹别克斯坦对外贸易额超447亿美元，与上年同期相比，增长22.1%。

11月9日　第16届经济合作组织峰会在塔什干举行。阿塞拜疆、伊朗、哈萨克斯坦、吉尔吉斯斯坦、土库曼斯坦、巴基斯坦、塔吉克斯坦、土耳其等国的国家元首和政府首脑出席会议。会议审议在经济合作组织框架内进一步扩大经贸、投资、交通运输和人道主义领域合作，以及改进该组织活动等问题。

11月9日　乌兹别克斯坦总统米尔济约耶夫和塔吉克斯坦总统拉赫蒙举行会晤，并讨论双边关系问题。

11月10日　乌兹别克斯坦总统米尔济约耶夫与到访的意大利总统马塔雷拉举行双边会谈，双方发表旨在进一步发展两国伙伴关系的联合声明。

11月13日　《联合国防治荒漠化公约》执行情况审评委员会第21届会议在乌兹别克斯坦撒马尔罕举行。来自196个国家的500多名代表齐聚一堂，分析在实现《联合国防治荒漠化公约》战略目标方面取得的进展。

11月15日　中乌友好年暨中乌丝路文化之旅系列活动，于2023年10月28日~11月2日在乌兹别克斯坦举办。

11月16日　在第六次乌兹别克斯坦加入世贸组织工作组会议上，其成员赞扬了乌兹别克斯坦政府努力推进谈判、完善国内机构的设置等举措。

11月17日　《摆脱贫困》乌兹别克文版在乌兹别克斯坦出版发行。乌兹别克斯坦总统米尔济约耶夫特为该书撰写了题为《真正的中国奇迹》的序言。

11月20日　乌兹别克斯坦总统米尔济约耶夫参加银行体系的转型过程的经济会议，并发表讲话。

11月21日　乌兹别克斯坦外长赛义多夫与中国政治局委员、外交部部长王毅在北京举行首次中乌外长战略对话。双方就落实两国元首重要共识，加强发展战略对接进行了全面深入沟通，达成广泛共识，并共同宣布建立两国外长战略对话机制。

11 月 21 日 根据乌兹别克斯坦统计署公布的报告，2023 年前 10 个月，乌兹别克斯坦对外贸易总额达 509.738 亿美元，与上年同期（407.179 亿美元）相比增长 25.2%。

11 月 21 日 乌兹别克斯坦交通部起草了一份法律草案并提交公众讨论。根据该草案，计划废除禁止女性驾驶 14 座以上公共汽车的规定。

11 月 22 日 乌兹别克斯坦总统米尔济约耶夫参加政治会议，并指出与阿联酋发展多边合作的重要性。

11 月 24 日 联合国中亚经济体特别计划（SPECA）会议在阿塞拜疆首都巴库召开。乌兹别克斯坦总统米尔济约耶夫在联合国中亚经济体特别计划首届峰会上发表讲话。同日，米尔济约耶夫总统与阿塞拜疆总统阿利耶夫举行了会谈。会谈中，双方讨论了进一步加强两国友好关系和战略伙伴关系问题，两国关系达到了一个新的水平。

11 月 27 日 据乌兹别克斯坦总统新闻中心报道，乌兹别克斯坦总统米尔济约耶夫会见沙特投资大臣哈立德·法利赫率领的沙特代表团。双方就推动价值 110 亿美元的新项目和计划达成一致。

11 月 27 日 据乌兹别克斯坦努兹新闻网报道，位于塔什干的 Nest One 摩天大楼已经竣工。大楼高 267 米，成为中亚又一高楼。

11 月 30 日 乌兹别克斯坦总统米尔济约耶夫前往阿联酋并对其进行商务访问。

12 月 1 日 乌兹别克斯坦总统米尔济约耶夫出席了在迪拜举行的联合国气候变化大会，提出一系列重要倡议，并且表示乌兹别克斯坦支持设立联合国秘书长水资源问题特别代表一职。

12 月 1 日 乌兹别克斯坦最低工资、养老金、社会津贴将平均上调 7%。乌兹别克斯坦总统米尔济约耶夫已签署相关法令。

12 月 2 日 据乌兹别克斯坦总统新闻中心消息，乌兹别克斯坦总统米尔济约耶夫与阿联酋总统穆罕默德在迪拜举行了会谈。阿联酋副总统曼苏尔、副总理兼内政部长赛义夫、能源和基础设施部部长苏海尔·马兹鲁伊、工业与先进技术部部长兼气候变化特使苏尔坦·贾比尔等人参加会见。

12月3日　根据发布的2023年妇女和平与安全指数（WPS指数），乌兹别克斯坦在177个国家中排名第94位。土库曼斯坦在中亚国家中位居第一，排名第58位，其次是哈萨克斯坦，排名第70位。此外，塔吉克斯坦在榜单中排名第90位，吉尔吉斯斯坦排名第95位。

12月4日　联合国总部就全球和地区议程中的热点问题举行了会议。会上，讨论了乌兹别克斯坦总统米尔济约耶夫在9月举行的第78届联合国大会上的讲话和倡议。

12月4日　乌兹别克斯坦正在实施持续的改革措施，建筑行业正进入新发展阶段。乌兹别克斯坦建设部部长巴蒂尔·扎基罗夫撰文指出，建筑业如今已成为乌兹别克斯坦经济增长较快领域。

12月5日　根据乌兹别克斯坦投资和外贸部发布消息，乌兹别克-欧盟合作委员会成立19周年纪念活动在塔什干举行。

12月5日　据乌兹别克斯坦航空公司（Uzbekistan Airways）新闻中心消息，由于费尔干纳国际机场改造，该公司取消2023年12月7日至2024年1月31日期间往返费尔干纳国际机场的所有航班。

12月8日　乌兹别克斯坦总统官网发表米尔济约耶夫总统庆祝乌兹别克斯坦宪法日的节日贺词。他指出，2023年的宪法日具有特殊意义。米尔济约耶夫强调："在新宪法条件下，我们将继续改革，以更坚定的态度维护个人利益、荣誉和尊严，必须按照人民意愿，全面落实宪法所载的各项原则，使其成为我们生活中不可分割的一部分。"

12月8日　据乌兹别克斯坦高等教育、科学与创新部报道，全球高等教育分析机构（QS）发布了第二版（2024年）QS世界大学可持续发展排名。乌兹别克斯坦三所大学首次进入该排名。塔什干灌溉和农业机械化工程师学院，排名第701位；塔什干国立技术大学，排名第1101位；乌兹别克斯坦国立大学，排名第1201位。

12 月 9 日　据乌兹别克斯坦国家统计局公布的数据，截至 2023 年 1 月 1 日，乌兹别克斯坦公路总长达 4. 29 万千米，居独联体国家第四。

12 月 10 日　据乌兹别克斯坦国家统计局统计，乌兹别克斯坦在人口住房供应量方面居独联体国家第七。

12 月 12 日　乌兹别克斯坦总统米尔济约耶夫召开经济会议，确立进一步发展农业自由市场关系的措施。

12 月 15 日　据国际商会消息，由乌兹别克斯坦撒马尔罕州副州长哈伊达罗夫·贾姆希德率领的企业代表团访问中国杭州，并同期举办撒马尔罕州和杭州经贸论坛。浙江省贸促会、浙江省国际商会副会长应国华受邀出席论坛。此次论坛旨在进一步扩大乌兹别克斯坦撒马尔罕州与中国浙江省间的经贸交流与往来，落实两国区域间合作协议。

12 月 19 日　乌兹别克斯坦总统米尔济约耶夫与卡塔尔元首塔米姆会晤，两国元首表示将两国关系从双边关系提升至战略伙伴关系。

12 月 21 日　乌兹别克斯坦总统米尔济耶夫与吉尔吉斯斯坦总统阿塔姆巴耶夫会晤，米尔济约耶夫指出与吉尔吉斯斯坦开展多边合作的重要性。

12 月 26 日　据国际货币基金组织发布的《世界经济展望》预测，2023 年乌兹别克斯坦国内生产总值将达到 904 亿美元，较 2022 年增长 12.4%，居独联体国家第四，仅次于俄罗斯（18625 亿美元）、哈萨克斯坦（2593 亿美元）和乌克兰（1734 亿美元）。

12 月 28 日　乌兹别克斯坦总统米尔济约耶夫与土库曼斯坦人民委员会主席库尔班古力·别尔德穆哈梅多夫进行电话交流，讨论了乌兹别克斯坦和土库曼斯坦进一步发展睦邻友好、深化战略伙伴关系的当前问题，双方就中亚区域合作的务实问题互换了意见，表示希望未来在工业、能源、农业、交通等领域深化合作。

Abstract

Uzbekistan is located at the hub of Asia and Europe, at the geopolitical center of Central Asia, bordering four other Central Asian countries and Afghanistan, and is an important gateway between Central Asia, South Asia and the Middle East, with significant implications for regional security, stability and development. Uzbekistan is an ancient civilization with a world-renowned reputation. For thousands of years, Uzbekistan has been engaged in exchanges and mutual understanding of multiple civilizations through the Silk Road, which linked East and West, and the road that connects the South and the North, and it possesses a thick historical deposit and rich cultural heritage. "In the 10 years since the Belt and Road Initiative was launched, Uzbekistan has transformed itself from a "land-locked country" into a "land-connected country", thanks to connectivity." Thanks to connectivity, Uzbekistan is transforming from a land-locked country to a land-connected one, becoming one of the most important engines of economic development in Central Asia.

In September 2022, President Xi Jinping met with President Shavkat Mirziyoyev in Samarkand and jointly announced that the Community with a shared future would be practiced at the bilateral level between China and Uzbekistan, establishing a new positioning for relations between the two countries. On May 19, 2023, President Xi Jinping hosted the first China-Central Asia Summit in Xi'an, the eastern starting point of the ancient Silk Road, during which he further emphasized the importance of constructing the China-Central Asia partnership. Summit, during which he further emphasized building a closer "China-Central Asia Community with a shared future". Under the guidance of the heads of state of China and Uzbekistan, the China-Uzbekistan comprehensive strategic partnership has entered a period of rapid development, deepening pragmatic and efficient all-round cooperation, promoting the quality and upgrading of relations between the two countries, and continually enriching and enriching the connotation and practice of the China-Uzbekistan Community with a shared future for the betterment of the two countries and their peoples.

The years 2022 – 2023 are crucial for the reform and opening up of Uzbekistan. Under the leadership of President Shavkat Mirziyoyev, the government and people of Uzbekistan have weathered the difficult period of the New Crown Epidemic and entered a new phase of development. The domestic political situation has been generally stable; the economic situation has rebounded and is improving; security governance has been effective, and multifaceted diplomacy is progressing steadily. In line with Mirziyoyev's philosophy of governance, the people of Uzbekistan are implementing the "Uzbekistan – 2030 Strategy" on the road to building a "new Uzbekistan", and are committed to sustainable economic development that will place them among the ranks of upper-middle-income countries.

The period 2022 – 2023 will be the decisive year for large-scale socio-political change in Uzbekistan. The domestic political situation is largely stable. Although, there were riots in Karakalpakstan, the situation quickly returned to normal due to the leadership's adherence to the principle of consultation with the people; the government's active measures and timely de-escalation and treatment. A referendum on constitutional reform was successfully held and a new Constitution of Uzbekistan was adopted. Mirziyoyev was successfully re-elected as President. The reform process that he pushed forward received broad support. Constitutional reform became the inevitable choice for solving the country's development problems in the new situation.

In 2022 – 2023, against the backdrop of a general slowdown in economic growth in Eurasia due to the negative impact of the new crown epidemic and the Ukrainian crisis, Uzbekistan's national economy is on the rebound. Its economic growth is due, first, to the fact that the economic situation in the countries that are Uzbekistan's main trading and economic partners in the region is developing steadily. Secondly, Uzbekistan's inflation rate continues to decline. Further, high priority was given to the digital economy, green development and e-commerce cooperation; fixed investment growth accelerated. Uzbekistan's foreign trade is growing in a balanced manner, creating a stable and favorable environment for economic and trade cooperation. China still ranks first among Uzbekistan's trade partners. At the same time, Uzbekistan's economic and trade development is also facing new problems, risks and challenges.

In 2022－2023, the security situation in Uzbekistan will be generally stable with some risks. Given the intensification of geopolitical confrontation in today's world; the intertwining of traditional and non-traditional security; and outstanding problems in the areas of economic security, social security, political security, and cyber-information security. The spillover of terrorism, extremism and drug trafficking from Afghanistan is one of the key factors affecting security in Central Asia, particularly in Uzbekistan. There are growing challenges and threats to regional security in Central Asia. Peace and tranquillity in Uzbekistan present a number of security risks that elevate the difficulty of its national security governance. Ensuring public safety is the primary direction of national security. The armed forces of the country are an important guarantee of maintaining the stability of the regime and national security.

Uzbekistan pursues a pluralistic, open, pragmatic and constructive all-round foreign policy in the context of reforms at the new stage of development, with the Central Asian region as a priority direction, actively pursuing a policy of good-neighbourly diplomacy, promoting further mutual trust, reconciliation and cooperation within Central Asia, and fostering economic growth and political stability across the entire Central Asian region; it strengthens its relations with China, Russia, the United States of America and the countries of the regional axis, and fully meets its obligations to partner countries and international organizations, put forward many major relevant initiatives using the United Nations, the Shanghai Cooperation Organization and other international organizations as a platform, and significantly increased its political role and status on the regional and international stage.

Keywords: Uzbekistan; Social Politic; Economic Development; Pluralistic Diplomacy; Security Environment

Contents

I   General Report

Abstract: The years 2022−2023 are crucial for the reform and opening-up of the Republic of Uzbekistan. Under the leadership of President Shavkat Mirziyoyev, the Government and people of Uzbekistan have weathered the difficult period of the COVID − 19 epidemic and entered a new phase of development. The domestic political situation is generally stable; the economic situation is rebounding and improving; security governance has been effective; and multi-dimensional diplomatic relations are progressing steadily. In keeping with Mirziyoyev's philosophy of governance, the people of the country are implementing the "Uzbekistan−2030 Strategy" on the road to building a "New Uzbekistan", and are committed to sustainable economic development that will place them in the ranks of upper-middle-income countries.

Keywords: Uzbekistan; Socio-Political; Economic Development; Multi-Faceted Diplomacy; Security Environment

II   Topical Reports

Abstract: In 2022−2023, the internal and external situation in Uzbekistan will undergo significant changes. In the domestic sphere, the July riots, which occurred as a result of the implementation of the constitutional reforms, but under the strong leadership of President Mirziyoyev, who was re-elected for a second term of office in July 2023, first of all ensured the security of the country and stability of society, thus proving that the current political situation in Uzbekistan is relatively stable, and that it is committed to the realization of the strategic goals of the "New Uzbekistan". The current political situation in the country is relatively stable, and the country is committed to realizing the strategic goals of the "New Uzbekistan". In the diplomatic sphere, the deteriorating global situation caused by the Russia-Ukraine conflict has led Uzbekistan to actively adjust its foreign policy in an attempt to reconstruct a new diplomatic and security landscape in the country and Central Asia, and to maximize the benefits of flexible interactions between world powers, regional neighbors and neighboring powers.

Keywords: Uzbekistan; Constitutional Reform; Diversified and Balanced Diplomacy; Prioritization of Central Asian Neighbors; Russia-Ukraine Conflict

Abstract: At present, Uzbekistan's economy is in a new period of comprehensive development. The national economy develops steadily, the industrial structure continues to be optimized, innovation capabilities continue to increase, and foreign trade significantly improves. With the favorable policies of domestic reform and opening up to the outside world, demand dividends, factor dividends, reform dividends and digital dividends have been released at an accelerated pace, and economic vitality, development momentum and comprehensive competitiveness have continued to increase. At the same time, the economic development in Uzbekistan faces both external challenges such as changes in the world situation, changes in Central Asia and surrounding areas, and internal challenges such as continued high inflation, prominent economic structural risks, low government efficiency, and insufficient green development, however, these challenges have not changed the fundamentals of economy in Uzbekistan which are strong resilience, great potential, full of energy and positive trends.

Keywords: Economic Development; Industrial Structure; Reform Dividend; Digital Dividend

B.4 Security Situation and Governance in Uzbekistan
from 2022 to 2023 *Long Guoren, Fan Chengzhi* / 095

Abstract: In 2023, the overall security situation in Uzbekistan has remained stable, having withstood such shocks as the crisis in Ukraine and the problems in Afghanistan, but there are also security risks, including water security, energy security, cyber-information security and terrorism. In order to cope with security risks, Uzbekistan is taking active steps. In international cooperation, Uzbekistan focuses on cooperation with China. Looking ahead to 2024, Uzbekistan will continue to maintain political stability, sustained socio-economic growth and balanced diplomacy.

Keywords: Uzbekistan; Security Situation; Balanced Diplomacy

III   Uzbekistan and the World Topics

B . 5   Relations of Uzbekistan with Key Countries and

International Organizations   *Li Zhipeng* ⁄ 112

Abstract: In 2022 − 2023, Uzbekistan's relations with key countries and international organizations have developed steadily, with fruitful results in political mutual trust, economic and trade cooperation and project implementation, and Uzbekistan's international status and influence have been reflected. However, it is also affected by external factors and international environmental changes. Uzbekistan will continue to carry out independent diplomatic development, still adopt the direction of "pluralistic and balanced" diplomatic development, seek progress and development in the game of great powers and world changes, and continue to maintain long-term exchanges and cooperation with key countries and international organizations.

Keywords: Uzbekistan; Key Countries; International Organizations; Diplomatic Relations

B . 6   Uzbekistan in the Contemporary International

Organization System

Nuriddinov Erkin Zuhriddinovich, Yu Xiang（translator）⁄ 130

Abstract: Since its independence, Uzbekistan has actively adjusted its overall assessment of the world situation and closely linked its own development and progress with its integration into the modern international system. Over the past thirty years, Uzbekistan has adhered to the diplomatic concepts of openness, pragmatism, mutual benefit, and cooperation and has become a formal member of more than 40 international organizations such as the United Nations, the

Commonwealth of Independent States, and the Shanghai Cooperation Organization. Uzbekistan has actively spoken out on global issues such as security, major infectious diseases, and combating terrorism, and has become a participant, defender and supporter of the current international system.

Keywords: Uzbekistan; International Organizations; Diplomatic Cooperation

B.7　Uzbekistan's Relations with Other Countries of Central Asia

Chen Shan / 143

Abstract: During the Karimov era, Uzbekistan pursued a foreign policy of deterrence and repression towards its Central Asian neighbours. Since President Mirziyoyev took office, the approach to developing relations with Central Asian neighbours has been revised, with the development of relations with Central Asian neighbours as a priority direction of diplomacy and the improvement of relations with Central Asian neighbours, on the basis of which close diplomatic contacts with Central Asian neighbours have been maintained, and the deepening and broadening of bilateral and multilateral relations have been continuously promoted. 2022-2023 Uzbekistan strengthens cooperation with its Central Asian neighbours in order to consolidate the Uzbekistan-Kazakhstan strategic partnership and alliance, and deepen strategic partnership with Tajikistan, Kyrgyzstan and Turkey.

Keywords: Uzbekistan; Central Asian; Bilateral Relations

B.8　Uzbekistan's Relations with Türkiye and Iran

Sun Yang / 159

Abstract: From 2022 to 2023, Uzbekistan, Türkiye and Iran will exchange high-level visits frequently, and cooperation in various fields will develop in an all-round way, and bilateral relations will enter a new stage. The changes in the situation in Central Asia and the five strategic directions of the "new Uzbekistan" proposed by Mirziyoyev have provided opportunities for Uzbekistan to deepen its cooperation with Türkiye and Iran. In particular, the important strategic positions of Türkiye and Iran will become the communication channel between Uzbekistan and the world, and their connection in transportation and energy will become closer. I believe that with the full play of the role of the Turkic state organization and Iran's formal membership in the Shanghai Cooperation Organization, the relationship between Uzbekistan and the two countries will continue to improve and advance to an ideal level.

Keywords: Uzbekistan; Türkiye; Iran; International Relation

Ⅳ　Special Reports

B.9　The Ruling Idea and Effectiveness of Uzbek
President Mirziyoev

Lang Zhengwen / 176

Abstract: President Mirziyoyev has gradually formed a set of governing ideas belonging to himself: to effectiveness as the target, to continuously improve the national governance capacity of Uzbekistan; to speed first, to continuously enhance the vitality of Uzbekistan's economic development; to the people, to continuously improve the satisfaction of the people of Uzbekistan; to harmony, to continuously expand the circle of friends of Uzbekistan. Under the guidance of the above governing ideas, since he came to power, especially since 2022, the "Mirziyoyev New Deal" has achieved remarkable results.

Keywords: Uzbekistan; Mirziyoyev; "Mirziyoyev New Deal"

B.10 Uzbekistan's Political Ecology and Party Building

Yu Xiang / 195

Abstract: The year 2022 - 2023 will be extremely extraordinary for Uzbekistan. The "Nukus" riots, "constitutional amendment" reforms, referendums and presidential elections are all important political events in the national development of Uzbekistan. The first "constitutional amendment" reform since independence is a milestone event in the history of the development of the nation-state of Uzbekistan. In the past two years, under the guidance of the "Development Action Strategy in Five Priority Areas 2017-2021" and the "New Uzbekistan Development Strategy 2022-2026", the government leadership with President Shavkat Mirziyoyev as the core significant changes were made in the political sphere. With the continuous development of democratic politics, the limited multi-Party system formed since Uzbekistan's independence has become increasingly routine and standardized, and Party politics and Party building have made certain progress.

Keywords: Uzbekistan; Administrative Reform; Presidential Election; Party Building

B.11 Reforms in the Field of Education and Humanities in Uzbekistan

Li Yuyu, Lin Qiuxia / 217

Abstract: Uzbekistan has realized the significance of education and humanities to the happiness of the people and social well-being. For the years 2022 - 2023 Uzbekistan has implemented systematic reforms in the fields of education, technology, tourism, sports, art, media, and other fields. Focus on the improvement of the quality of education and teaching and the comprehensive development of people to realize its vision to the "welfare country".

Keywords: Uzbekistan; Humanistic Cooperation; Educational Reform

Abstract: Since coming to power, Mirziyayev has regarded the development of the transportation sector as the cornerstone of socio-economic development. Through a series of policy guidance and deepening reforms, the railroad network has been gradually improved and continued to expand, with electrification updates and the planning of a high-speed rail network further contributing to the modernization of rail transport. The highway network, as one of the earliest transportation infrastructures to be improved, has taken shape, but still requires continuous maintenance and improvement, and has yet to form a complete modern highway system. In the aviation sector, the Government's reform initiatives and the introduction of competition have gradually challenged the long-standing monopoly of a single company, and the establishment of new airlines and the development of new routes have marked the beginning of successful reforms in the aviation sector. In view of Uzbekistan's unique geographic location, the Government has actively advocated cooperation on connectivity and the strengthening of relations with neighboring countries. The outbreak of the crisis in Ukraine and the disruption of access to the northern transport corridor have created favourable conditions for the development of cross-border transport in Uzbekistan.

Keywords: Uzbekistan; Railway; Road; Aviation; Interconnectivity

Abstract: Poverty is a chronic disease that affects the development of human society. Whether in the course of history or in the context of reality, poverty has been and still is a major issue that the international community pays common attention to and seeks to solve. At the beginning of 2020, President Shavkat

Mirziyoyev presented an initiative to reduce poverty in Uzbekistan. In January 2022, Mirziyoyev signed a decree to include the issue of poverty reduction in the national development strategy and to make poverty reduction the main priority of socio-economic policies. The remittance income of labor immigrants occupies a pivotal position in the development of the national economy of Uzbekistan and directly affects its poverty reduction process.

Keywords: Uzbekistan; Labour Migration; Poverty Eradication; Chinese Experience

B.14 Regional Cooperation Between Uzbekistan and the Central Asian States
Yuan Hehua / 266

Abstract: In recent years, with the increasing complexity of the international situation, the international status and influence of the Central Asian region have become more prominent, and the regional cooperation process in this area has accelerated. During the period of 2022−2023, the Uzbekistan government made significant contributions to regional cooperation in areas such as achieving political connectivity, coordinating regional security, promoting economic cooperation, and facilitating cultural exchanges.

Keywords: Uzbekistan; Central Asia; Regional Cooperation

Contents ↖↘

社会科学文献出版社

皮 书

智库成果出版与传播平台

❖ 皮书定义 ❖

皮书是对中国与世界发展状况和热点问题进行年度监测，以专业的角度、专家的视野和实证研究方法，针对某一领域或区域现状与发展态势展开分析和预测，具备前沿性、原创性、实证性、连续性、时效性等特点的公开出版物，由一系列权威研究报告组成。

❖ 皮书作者 ❖

皮书系列报告作者以国内外一流研究机构、知名高校等重点智库的研究人员为主，多为相关领域一流专家学者，他们的观点代表了当下学界对中国与世界的现实和未来最高水平的解读与分析。

❖ 皮书荣誉 ❖

皮书作为中国社会科学院基础理论研究与应用对策研究融合发展的代表性成果，不仅是哲学社会科学工作者服务中国特色社会主义现代化建设的重要成果，更是助力中国特色新型智库建设、构建中国特色哲学社会科学"三大体系"的重要平台。皮书系列先后被列入"十二五""十三五""十四五"时期国家重点出版物出版专项规划项目；自2013年起，重点皮书被列入中国社会科学院国家哲学社会科学创新工程项目。

皮书网

（网址：www.pishu.cn）

发布皮书研创资讯，传播皮书精彩内容
引领皮书出版潮流，打造皮书服务平台

栏目设置

◆关于皮书

何谓皮书、皮书分类、皮书大事记、
皮书荣誉、皮书出版第一人、皮书编辑部

◆最新资讯

通知公告、新闻动态、媒体聚焦、
网站专题、视频直播、下载专区

◆皮书研创

皮书规范、皮书出版、
皮书研究、研创团队

◆皮书评奖评价

指标体系、皮书评价、皮书评奖

所获荣誉

◆2008年、2011年、2014年，皮书网均
在全国新闻出版业网站荣誉评选中获得
"最具商业价值网站"称号；

◆2012年，获得"出版业网站百强"称号。

网库合一

2014年，皮书网与皮书数据库端口合
一，实现资源共享，搭建智库成果融合创
新平台。

皮书网

"皮书说"
微信公众号

权威报告·连续出版·独家资源

皮书数据库
ANNUAL REPORT(YEARBOOK)
DATABASE

分析解读当下中国发展变迁的高端智库平台

所获荣誉

- 2022年，入选技术赋能"新闻+"推荐案例
- 2020年，入选全国新闻出版深度融合发展创新案例
- 2019年，入选国家新闻出版署数字出版精品遴选推荐计划
- 2016年，入选"十三五"国家重点电子出版物出版规划骨干工程
- 2013年，荣获"中国出版政府奖·网络出版物奖"提名奖

皮书数据库　"社科数托邦"
微信公众号

成为用户

登录网址www.pishu.com.cn访问皮书数据库网站或下载皮书数据库APP，通过手机号码验证或邮箱验证即可成为皮书数据库用户。

用户福利

- 已注册用户购书后可免费获赠100元皮书数据库充值卡。刮开充值卡涂层获取充值密码，登录并进入"会员中心"—"在线充值"—"充值卡充值"，充值成功即可购买和查看数据库内容。
- 用户福利最终解释权归社会科学文献出版社所有。

社会科学文献出版社　皮书系列
SOCIAL SCIENCES ACADEMIC PRESS (CHINA)

卡号：749898994348
密码：

数据库服务热线：010-59367265
数据库服务QQ：2475522410
数据库服务邮箱：database@ssap.cn
图书销售热线：010-59367070/7028
图书服务QQ：1265056568
图书服务邮箱：duzhe@ssap.cn

S 基本子库
SUB DATABASE

中国社会发展数据库（下设 12 个专题子库）

紧扣人口、政治、外交、法律、教育、医疗卫生、资源环境等 12 个社会发展领域的前沿和热点，全面整合专业著作、智库报告、学术资讯、调研数据等类型资源，帮助用户追踪中国社会发展动态、研究社会发展战略与政策、了解社会热点问题、分析社会发展趋势。

中国经济发展数据库（下设 12 专题子库）

内容涵盖宏观经济、产业经济、工业经济、农业经济、财政金融、房地产经济、城市经济、商业贸易等 12 个重点经济领域，为把握经济运行态势、洞察经济发展规律、研判经济发展趋势、进行经济调控决策提供参考和依据。

中国行业发展数据库（下设 17 个专题子库）

以中国国民经济行业分类为依据，覆盖金融业、旅游业、交通运输业、能源矿产业、制造业等 100 多个行业，跟踪分析国民经济相关行业市场运行状况和政策导向，汇集行业发展前沿资讯，为投资、从业及各种经济决策提供理论支撑和实践指导。

中国区域发展数据库（下设 4 个专题子库）

对中国特定区域内的经济、社会、文化等领域现状与发展情况进行深度分析和预测，涉及省级行政区、城市群、城市、农村等不同维度，研究层级至县及县以下行政区，为学者研究地方经济社会宏观态势、经验模式、发展案例提供支撑，为地方政府决策提供参考。

中国文化传媒数据库（下设 18 个专题子库）

内容覆盖文化产业、新闻传播、电影娱乐、文学艺术、群众文化、图书情报等 18 个重点研究领域，聚焦文化传媒领域发展前沿、热点话题、行业实践，服务用户的教学科研、文化投资、企业规划等需要。

世界经济与国际关系数据库（下设 6 个专题子库）

整合世界经济、国际政治、世界文化与科技、全球性问题、国际组织与国际法、区域研究 6 大领域研究成果，对世界经济形势、国际形势进行连续性深度分析，对年度热点问题进行专题解读，为研判全球发展趋势提供事实和数据支持。

法律声明

"皮书系列"（含蓝皮书、绿皮书、黄皮书）之品牌由社会科学文献出版社最早使用并持续至今，现已被中国图书行业所熟知。"皮书系列"的相关商标已在国家商标管理部门商标局注册，包括但不限于LOGO（▨）、皮书、Pishu、经济蓝皮书、社会蓝皮书等。"皮书系列"图书的注册商标专用权及封面设计、版式设计的著作权均为社会科学文献出版社所有。未经社会科学文献出版社书面授权许可，任何使用与"皮书系列"图书注册商标、封面设计、版式设计相同或者近似的文字、图形或其组合的行为均系侵权行为。

经作者授权，本书的专有出版权及信息网络传播权等为社会科学文献出版社享有。未经社会科学文献出版社书面授权许可，任何就本书内容的复制、发行或以数字形式进行网络传播的行为均系侵权行为。

社会科学文献出版社将通过法律途径追究上述侵权行为的法律责任，维护自身合法权益。

欢迎社会各界人士对侵犯社会科学文献出版社上述权利的侵权行为进行举报。电话：010-59367121，电子邮箱：fawubu@ssap.cn。

社会科学文献出版社